Dr Me...
wedi ysgrifennu *Overcoming Low S*...
Boost Your Confidence a'r llyfr llafar
Overcoming Low Self-Esteem. Roedd hi'n un o arloeswyr Therapi
Ymddygia... Gwybyddol (CBT: Cognitive Behavioural Therapy)
yn y D... as Unedig, ac mae'n Gymrawd Sefydlu Canolfan
Therapi... ybyddol... canolfan o fri rhyngwladol ym
maes hyff... ddi CBT lle mae hi wedi datblygu ac arwain
lefel Diplom... a Meistr. Mae hefyd wedi cyflwyno nifer...
a phapurau mewn cynadleddau rhyngwladol pwysig. Fel aelod o
dimau ymchwil yn Adran Seiciatreg Prifysgol Rhydychen, mae
Melanie wedi cyfrannu at y gwaith o ddatblygu a gwerthuso
therapi ymddygiad gwybyddol ar gyfer ystod o broblemau
emosiynol, yn enwedig iselder. Tyfodd ei diddordeb mewn diffyg
hunan-werth o'r gwaith hwn. Mae *Goresgyn Diffyg Hunan-werth*
wedi datblygu'n glasur ymhlith llenyddiaeth hunangymorth,
gan ennill clod am ei ddull ymarferol ac am fod yn rhwydd i'w
ddarllen a'i ddefnyddio, a chael ei argymell gan 'Darllen yn Well',
cynllun hunangymorth 'Llyfrau ar Bresgripsiwn' y Gwasanaeth
Iechyd Gwladol, sydd bellach ar gael yn y Gymraeg. Ym mis
Gorffennaf 2002, etholwyd Melanie yn 'Therapydd Gwybyddol
Benywaidd Mwyaf Dylanwadol y Deyrnas Unedig' gan aelodau
Cymdeithas Seicotherapïau Ymddygiadol a Gwybyddol Prydain,
ac yn 2013 dyfarnwyd Cymrodoriaeth er Anrhydedd iddi gan y
Gymdeithas.

Nod y gyfres **Goresgyn** yw galluogi pobl sydd ag amrywiaeth o broblemau ac anhwylderau cyffredin i gymryd rheolaeth dros eu rhaglen adferiad eu hunain.

Mae gan bob teitl yn y gyfres raglen sydd wedi'i theilwra'n arbennig, ac wedi'i llunio gan glinigwr gweithredol sy'n defnyddio technegau diweddaraf therapi ymddygiad gwybyddol – technegau a brofwyd yn hynod effeithiol wrth newid y ffordd y mae cleifion yn meddwl amdanynt eu hunain ac am eu problemau.

Caiff llawer o lyfrau yn y gyfres Goresgyn eu hargymell gan Adran Iechyd y Deyrnas Unedig fel rhan o'r cynllun Darllen yn Well, ac mae rhai ohonynt bellach ar gael yn y Gymraeg.

Mae'r teitlau yn y gyfres yn cynnwys:

GORESGYN DICTER A THYMER FLIN
GORESGYN GORBRYDER
OVERCOMING ANOREXIA NERVOSA
OVERCOMING BODY IMAGE PROBLEMS
OVERCOMING BULIMIA NERVOSA AND BINGE-EATING, 2^{il} argraffiad
OVERCOMING CHILDHOOD TRAUMA
OVERCOMING CHRONIC FATIGUE
OVERCOMING CHRONIC PAIN
OVERCOMING COMPULSIVE GAMBLING
OVERCOMING DEPERSONALIZATION AND FEELINGS OF UNREALITY
OVERCOMING DEPRESSION, 3^{ydd} argraffiad
OVERCOMING DISTRESSING VOICES
OVERCOMING GRIEF
OVERCOMING HEALTH ANXIETY
OVERCOMING INSOMNIA AND SLEEP PROBLEMS
OVERCOMING MOOD SWINGS
OVERCOMING OBSESSIVE COMPULSIVE DISORDER
OVERCOMING PANIC AND AGORAPHOBIA
OVERCOMING PARANOID AND SUSPICIOUS THOUGHTS, 2^{il} argraffiad
OVERCOMING RELATIONSHIP PROBLEMS
OVERCOMING SEXUAL PROBLEMS
OVERCOMING SOCIAL ANXIETY AND SHYNESS, 2il argraffiad
OVERCOMING TRAUMATIC STRESS
OVERCOMING WEIGHT PROBLEMS
OVERCOMING WORRY
OVERCOMING YOUR CHILD'S FEARS AND WORRIES
OVERCOMING YOUR CHILD'S SHYNESS AND SOCIAL ANXIETY,
2^{il} argraffiad
OVERCOMING YOUR SMOKING HABIT

GORESGYN DIFFYG HUNAN-WERTH

*Canllaw Hunangymorth sy'n defnyddio
Technegau Ymddygiad Gwybyddol (CBT)*

MELANIE FENNELL

Cyhoeddwyd gyntaf yng Nghymru yn 2020
© Hawlfraint Melanie Fennell, 2016
Addasiad: Testun Cyf.

Arddelir hawl foesol yr awdur.

Cedwir pob hawl.
Ni chaniateir atgynhyrchu unrhyw ran o'r cyhoeddiad hwn na'i gadw mewn cyfundrefn adferadwy na'i drosglwyddo mewn unrhyw ddull na thrwy unrhyw gyfrwng heb ganiatâd ysgrifenedig ymlaen llaw gan y cyhoeddwr, na'i gylchredeg mewn unrhyw fath o rwymiad neu glawr gwahanol i'r un y'i cyhoeddwyd ynddo, a heb fod amod tebyg, gan gynnwys yr amod hwn, yn cael ei osod ar unrhyw brynwr wedyn.

Nodyn Pwysig
Ni fwriedir i'r llyfr hwn gymryd lle cyngor neu driniaeth feddygol.
Dylai unrhyw un sydd â chyflwr sy'n gofyn am sylw meddygol ymgynghori ag ymarferydd meddygol cymwys neu therapydd addas.

Dymuna'r cyhoeddwyr gydnabod cymorth ariannol Cyngor Llyfrau Cymru

Rhif Llyfr Rhyngwladol: 978-1-78461-922-0

Cyhoeddwyd gyntaf ym Mhrydain yn 2016 gan Robinson
Argraffnod o Little, Brown Book Group
Carmelite House
50 Victoria Embankment
Llundain EC4Y ODZ

Un o gwmnïau Hachette UK
www.hachette.co.uk   www.littlebrown.co.uk

Cyhoeddwyd ac argraffwyd yng Nghymru
ar bapur o goedwigoedd cynaliadwy gan
Y Lolfa Cyf., Talybont, Ceredigion SY24 5HE
e-bost ylolfa@ylolfa.com
gwefan www.ylolfa.com
ffôn 01970 832 304
ffacs 01970 832 782

Cynnwys

RHAN UN
BETH YW DIFFYG HUNAN-WERTH?
Cyflwyniad i'r llyfr hwn

| 1 | Beth yw diffyg hunan-werth? | 3 |

RHAN DAU
DEALL DIFFYG HUNAN-WERTH

| 2 | Sut mae diffyg hunan-werth yn datblygu | 39 |
| 3 | Beth sy'n cynnal diffyg hunan-werth | 77 |

RHAN TRI
GORESGYN DIFFYG HUNAN-WERTH

4	Gwirio rhagfynegiadau gorbryderus	105
5	Cwestiynu meddyliau hunanfeirniadol	151
6	Ehangu hunandderbyn	201
7	Newid y Rheolau	257
8	Creu Llinell Sylfaen newydd	315
9	Cynllunio at y dyfodol	373

Llyfrau a chyfeiriadau defnyddiol	407
Atodiad	411
Mynegai	427

RHAN UN

BETH YW DIFFYG HUNAN-WERTH?

Cyflwyniad i'r llyfr hwn

1

Beth yw diffyg hunan-werth?

Beth ydyn ni'n ei olygu wrth 'ddiffyg hunan-werth'?

Hunanddelwedd
Hunangysyniad
Hunanamgyffred
Hunanhyder
Hunaneffeithiolrwydd
Hunandderbyn
Hunanystyriaeth
Hunan-werth

Mae'r geiriau hyn i gyd yn cyfeirio at agweddau ar y ffordd rydyn ni'n edrych arnon ni'n hunain, y meddyliau sydd gennym ni amdanon ni'n hunain, a'r gwerth rydyn ni'n ei roi arnon ni'n hunain fel pobl. Mae pob un ohonyn nhw ag ystyr ychydig yn wahanol.

Mae 'hunanddelwedd', 'hunangysyniad' a 'hunanamgyffred' i gyd yn cyfeirio at y darlun cyfan sydd gan berson ohono'i hun. Dydy'r termau hyn ddim o reidrwydd yn golygu unrhyw feirniadaeth neu werthuso; ffordd ydyn nhw o ddisgrifio amrediad eang o nodweddion. Er enghraifft:

- Hunaniaeth genedlaethol, neu efallai ranbarthol (e.e. 'Dwi'n Gymro/Gymraes', 'Dwi'n dod o Efrog Newydd')
- Hunaniaeth hiliol neu ddiwylliannol (e.e. 'Dwi'n ddu', 'Dwi'n Iddew/Iddewes')
- Rôl gymdeithasol neu broffesiynol (e.e. 'Dwi'n fam', 'Dwi'n blismon')
- Adeg mewn bywyd (e.e. 'Dwi'n dair ar ddeg oed', 'Dwi'n dad-cu/fam-gu')
- Ymddangosiad (e.e. 'Dwi'n dal', 'Mae gen i lygaid brown')
- Hoff bethau a chas bethau (e.e. 'Dwi'n hoffi pêl-droed', 'Mae'n gas gen i sbigoglys')
- Gweithgareddau rheolaidd (e.e. 'Dwi'n chwarae rygbi', 'Dwi'n defnyddio cyfrifiadur')

a hefyd

- Nodweddion seicolegol (e.e. 'Mae gen i synnwyr digrifwch', 'Dwi'n colli fy nhymer yn hawdd')

Mae 'hunanhyder' a 'hunaneffeithiolrwydd', ar y llaw arall, yn cyfeirio at y syniad y gallwn lwyddo i wneud pethau, a'u gwneud efallai i safon neilltuol. Fel y dywedodd un person hunanhyderus, 'Dwi'n gallu gwneud pethau a dwi'n gwybod 'mod i'n gallu eu gwneud nhw'. Er enghraifft:

> - Medrau penodol (e.e. 'Dwi'n dda mewn mathemateg', 'Dwi'n gallu dal pêl')
> - Perthynas gymdeithasol ag eraill (e.e. 'Pan fydda i'n cwrdd â phobl newydd, ar y cyfan dwi'n dod mlaen yn dda gyda nhw', 'Dwi'n dda am wrando')
> - Gallu cyffredinol i ymdopi (e.e. 'Os bydda i wedi penderfynu cael rhywbeth, gan amla dwi'n ei gael e', 'Dwi'n berson da i droi ato mewn argyfwng')

Mae 'hunanderbyn', 'hunan-barch' a 'hunan-werth' yn cyflwyno elfen wahanol. Dydyn nhw ddim yn cyfeirio'n unig at y nodweddion, da neu ddrwg, rydyn ni'n eu priodoli i ni ein hunain. Dydyn nhw ddim chwaith yn adlewyrchu'r pethau y credwn ein bod yn gallu neu'n methu eu gwneud yn unig. Yn hytrach, maen nhw'n adlewyrchu'r farn gyffredinol sydd gennym ni amdanom ein hunain a'r gwerth rydyn ni'n ei roi arnon ni ein hunain fel pobl, ein hymdeimlad sylfaenol o werth. Gall hyn fod yn gymharol gadarnhaol (e.e. 'Dwi'n dda', 'Dwi'n fuddiol') neu'n negyddol (e.e. 'Dwi'n ddrwg', 'Dwi'n dda i ddim'). Pan fydd yn gymharol gadarnhaol, mae'n adlewyrchu hunan-werth sydd ar y cyfan yn iach. Ond pan mae'n negyddol, yna rydyn ni'n sôn am ddiffyg hunan-werth.

Beth yw hunan-werth iach?

Mae pobl weithiau'n camgymryd y term 'hunan-werth' am rywbeth sydd yr un mor eithafol ac afreal i gyfeiriad cadarnhaol ag y mae diffyg hunan-werth i gyfeiriad negyddol. Yn naturiol ddigon, dydy hynny ddim yn swnio fel opsiwn deniadol – does neb yn hoffi pobl sy'n hunanbwysig, sy'n argyhoeddedig o'u perffeithrwydd, yn teimlo'u bod â hawl disgwyl i fywyd fynd o'u plaid bob amser, yn rhoi eu buddiannau eu hunain o flaen lles eraill, ac yn llongyfarch eu hunain yn barhaus am eu doniau anghyffredin.

Nid dyna mae hunan-werth iach yn ei olygu, ac nid bwriad y llyfr hwn yw mynd â chi i'r cyfeiriad di-fudd hwn. Yr hyn rydyn ni'n ei olygu wrth sôn am 'hunan-werth iach' yw ymdeimlad o'ch gwerth sydd ar y cyfan yn gadarnhaol, a hwnnw'n cael ei adlewyrchu mewn barn gytbwys amdanoch eich hun. Pan mae'ch hunan-werth yn isel, mae tuedd gref i'ch barn amdanoch eich hun fod yn negyddol – eich diffygion, eich gwendidau, eich camgymeriadau, y troeon rydych chi wedi syrthio'n fyr. Mae'ch cryfderau, eich doniau a'ch nodweddion da yn tueddu i gael eu hanwybyddu neu eu diystyru. Y gwrthwyneb sy'n wir pan mae hunan-werth person yn orgadarnhaol: y cadarnhaol yn unig sy'n hawlio'r lle canolog, gan anwybyddu neu ddiystyru beiau sy'n anochel ac yn rhan normal o fod yn aelod amherffaith o'r ddynoliaeth.

Bwriad y llyfr hwn yw eich helpu i feithrin hunan-werth iach – derbyn eich hun yn sylfaenol fel rydych chi, y gwych a'r gwachul. Felly, oes, fel pob bod dynol sydd wedi bodoli erioed, mae gennych chi wendidau, rydych chi'n cael pethau'n anghywir, rydych chi'n gwneud pethau ac yna'n difaru'u gwneud, ac mae pethau amdanoch chi yr hoffech eu newid. Ond mae gennych chi'ch cryfderau yn ogystal, nodweddion da, sgiliau a chyflawniadau, ac maen nhw'n haeddu sylw a chael eu gwerthfawrogi hefyd. Dyna beth mae barn gytbwys yn ei olygu. Yn ganolog iddi mae'r ymdeimlad ei bod yn iawn i fod yn 'chi'.

Sut ydw i'n gwybod a oes gen i ddiffyg hunan-werth?

Edrychwch ar y deg cwestiwn isod. Ewch ati i roi tic wrth ochr pob cwestiwn, yn y golofn sy'n adlewyrchu orau'r hyn rydych yn ei deimlo amdanoch eich hun. Byddwch yn onest – does dim atebion cywir neu anghywir, dim ond ateb sy'n dweud y gwir ynghylch sut rydych chi'n eich gweld eich hun.

Os mai rhywbeth heblaw 'Ydw, yn bendant' yw eich atebion chi i'r cwestiynau, yna gall y llyfr hwn fod yn ddefnyddiol i chi. Os ydych chi fel arfer yn gysurus i dderbyn eich hun fel rydych chi, os nad ydych yn cael unrhyw anhawster i barchu a gwerthfawrogi'ch hun, os ydych yn ystyried bod gwerth i chi er gwaetha'ch gwendidau dynol, ac os ydych yn teimlo'n ddigon bodlon cymryd eich rhan yn y byd a mwynhau ei bleserau, yna rydych chi'n berchen ar y rhodd o hunan-werth iach. Er hynny, efallai y cewch chi syniadau fydd o ddiddordeb i chi neu gyflwyniad i ffyrdd nad oeddech wedi meddwl amdanyn nhw o'r blaen yn y llyfr hwn, ond bydd unrhyw newidiadau a wnewch chi yn adeiladu ar sylfaen gadarn hunanderbyn. Os teimlwch, ar y llaw arall, fod y chi go iawn yn wan, yn annigonol, yn israddol neu'n ddiffygiol mewn rhyw ffordd, os ydych chi'n cael eich plagio gan ansicrwydd a hunanamheuaeth, os yw'ch syniadau amdanoch chi eich hun yn aml yn angharedig a beirniadol, neu os ydych yn ei chael hi'n anodd credu bod gennych chi unrhyw werth neu hawl i fwynhau pleserau bywyd, yna mae hynny'n awgrymu bod gennych chi ddiffyg hunan-werth. A gall diffyg hunan-werth gael effaith boenus a dinistriol ar eich bywyd.

GORESGYN DIFFYG HUNAN-WERTH

	Ydw, yn bendant	Ydw, gan amlaf	Ydw, weithiau	Nac ydw, ddim gan amlaf	Nac ydw, ddim o gwbl
Dwi'n credu bod fy mhrofiad o fywyd wedi fy nysgu i roi gwerth arnaf fy hun ac i werthfawrogi fy hun					
Dwi'n meddwl yn uchel ohonof fy hun					
Dwi'n trin fy hun yn dda ac yn gofalu amdanaf fy hun yn iawn					
Dwi'n hoffi fy hunan					
Dwi'n rhoi llawn cymaint o bwys ar fy nodweddion da, fy sgiliau, fy rhinweddau a'm cryfderau ag ydw i'n ei roi ar fy ngwendidau a'm diffygion					

BETH YW DIFFYG HUNAN-WERTH?

Dwi'n teimlo'n dda amdanaf fy hun				
Dwi'n teimlo 'mod i'n haeddiannol o sylw ac amser pobl eraill				
Mae'n iawn i mi ofalu amdanaf fy hun a mwynhau pleserau bywyd				
Dydy'r hyn dwi'n ei ddisgwyl gennyf i fy hun yn ddim llymach na mwy llawdrwm na'r hyn dwi'n ei ddisgwyl gan bobl eraill				
Dwi'n garedig ac yn gefnogol tuag ataf fy hun, dydw i ddim yn hunanfeirniadol				

Effaith diffyg hunan-werth

Felly, mae 'hunan-werth' yn cyfeirio at y syniad cyffredinol sydd gennym ni amdanom ein hunain, sut rydyn ni'n barnu ac yn gwerthuso ein hunain, a'r gwerth rydyn ni'n ei roi arnon ni ein hunain fel pobl. Nawr rydyn ni am ystyried yn fanylach y math o effaith y gall diffyg hunan-werth ei chael ar fywyd person. Bydd yn gyfle i chi feddwl am eich barn amdanoch eich hun, a pha fath o werth rydych chi'n ei roi arnoch eich hun, yn ogystal â chyfle i ystyried sut mae'ch barn amdanoch eich hun yn effeithio ar eich meddyliau a'ch teimladau a'r ffordd rydych chi'n byw eich bywyd o ddydd i ddydd.

Hanfod diffyg hunan-werth: y credoau sy'n ganolog i'r ffordd rydych yn meddwl amdanoch eich hun

Wrth wraidd hunan-werth mae'r hyn rydych chi'n ei gredu amdanoch eich hun a'r syniadau craidd sydd gennych am y math o berson ydych chi. Fel rheol mae'r credoau hyn yn ymddangos fel datganiadau ffeithiol ('Dwi'n...'). Maen nhw fel pe baen nhw'n adlewyrchiad cywir o'ch hunaniaeth, datganiadau noeth o'r gwir amdanoch chi. Fodd bynnag, mewn gwirionedd maen nhw'n fwy tebygol o fod yn gredoau nag yn ffeithiau – gosodiadau neu gasgliadau cryno rydych chi wedi eu creu amdanoch eich hun, yn seiliedig ar y profiadau rydych chi wedi'u cael yn eich bywyd, ac yn benodol y negeseuon rydych chi wedi'u derbyn ynglŷn â'r math o berson ydych chi. Felly, yn syml, os yw'ch profiadau ar y cyfan wedi bod yn gadarnhaol, mwy na thebyg y bydd eich credoau amdanoch eich hun yn gymharol gadarnhaol hefyd. Os yw'ch profiadau wedi bod braidd yn gymysg (fel rhai'r rhan fwyaf o bobl), yna bydd gennych chi bob math o wahanol syniadau amdanoch eich hun, a byddwch yn eu cymhwyso'n hyblyg yn ôl eich amgylchiadau ar y pryd. Fodd bynnag, os yw'ch profiadau ar y cyfan wedi bod yn negyddol, yna bydd eich credoau amdanoch eich hun yn debygol o fod yr un mor negyddol. Credoau negyddol amdanoch eich hun yw hanfod diffyg hunan-werth. Ac efallai fod yr hanfod hwn wedi lliwio a halogi sawl agwedd ar eich bywyd.

Effaith diffyg hunan-werth ar y person

Mae credoau negyddol am yr hunan – sy'n creu hanfod diffyg hunan-werth – yn mynegi eu hunain mewn sawl ffordd.

I gael syniad o'r peth, gall fod yn ddefnyddiol meddwl am rywun rydych chi'n ei adnabod sydd, yn eich tyb chi, â diffyg hunan-werth. Wrth gwrs, os ydych yn credu bod gennych *chi* ddiffyg hunan-werth, gallwch ystyried eich hunan yn lle hynny. Ond hwyrach y bydd hi'n haws i chi feddwl am berson arall oherwydd wrth geisio edrych arnoch chi'ch hunan, mae'n aml yn anodd cael darlun clir – rydych chi'n rhy agos i fedru gweld yn glir. Meddyliwch nawr am y person rydych chi wedi'i ddewis. Cofiwch y troeon diweddar i chi gwrdd. Beth ddigwyddodd? Am beth fuoch chi'n siarad? Sut oedd y person yn edrych? Beth wnaeth e/hi? Sut oeddech chi'n teimlo gydag e/gyda hi? Ceisiwch gael darlun clir yn llygad eich meddwl, ceisiwch glywed llais y person. Y cwestiwn nawr yw: sut rydych chi'n gwybod bod gan y person dan sylw ddiffyg hunan-werth? Beth am y person sy'n dweud wrthych chi fod ganddo broblem yn hyn o beth?

Nodwch gymaint o bethau ag y gallwch chi feddwl amdanyn nhw sy'n awgrymu hynny i chi. Chwiliwch am gliwiau yn yr hyn mae'r person yn ei ddweud. Er enghraifft, ydych chi'n clywed llawer o hunanfeirniadaeth neu ymddiheuriadau? Beth mae hyn yn ei ddweud wrthych chi am sut mae'r person yn meddwl amdano ei hun? Edrychwch ar beth mae'r person yn ei wneud, gan gynnwys sut mae'n cyd-dynnu â chi a phobl eraill. Er enghraifft, ydy e'n nodweddiadol dawel a swil mewn cwmni? Neu i'r gwrthwyneb – efallai ei fod bob amser yn ymwthgar ac yn brolio'i hun? Beth mae hyn yn ei ddweud wrthych chi? A beth am sut mae'n cyflwyno'i hun (ystum, edrychiad, i ba gyfeiriad mae'n syllu, tôn ei lais)? Ydy e, er enghraifft, yn tueddu i wargamu ac osgoi edrych i lygaid pobl eraill trwy edrych tuag i mewn? Eto, beth mae hyn yn ei ddweud wrthych chi am sut mae'n teimlo amdano'i hun? Meddyliwch hefyd am deimladau ac emosiynau'r person. Sut deimlad yw bod yn ef neu hi? Ydy e'n edrych yn drist? Neu wedi diflasu neu'n rhwystredig? Neu'n swil neu'n ofidus? Pa deimladau neu newidiadau corfforol all gyd-fynd â'r emosiynau hynny?

Mae'n siŵr y byddwch yn darganfod fod cliwiau i'w cael mewn nifer o wahanol feysydd.

MEDDYLIAU A DATGANIADAU AM YR HUNAN

Mae credoau negyddol am yr hunan yn cael eu mynegi yn yr hyn mae pobl fel rheol yn ei ddweud a'i feddwl amdanyn nhw'u hunain. Cadwch lygad am hunanfeirniadu, hunanfeio a hunanamau – y syniad nad yw'r person yn rhoi llawer o werth arno'i hun, ei fod yn diystyru'r pethau cadarnhaol ac yn canolbwyntio ar wendidau a diffygion.

YMDDYGIAD

Mae diffyg hunan-werth yn cael ei amlygu yn y ffordd mae person yn gweithredu mewn sefyllfaoedd beunyddiol. Chwiliwch am gliwiau amlwg fel trafferth i fynegi'r hyn mae arno ei angen neu drafferth dweud ei farn, bod ag ymarweddiad ymddiheurol, neu osgoi heriau a chyfleoedd. Cadwch lygad hefyd am gliwiau bychain fel ystum gwargrwm, y pen yn isel, osgoi cyswllt llygad, llais tawel, a phetruster.

EMOSIYNAU

Mae diffyg hunan-werth yn cael effaith ar gyflwr emosiynol person. Cadwch lygad am arwyddion o dristwch, gorbryder, euogrwydd, cywilydd, anobaith, rhwystredigaeth a dicter.

CYFLWR Y CORFF

Mae'r cyflwr emosiynol yn aml yn cael ei adlewyrchu mewn teimladau corfforol anghyffordus. Cadwch lygad am arwyddion o flinder, gwynegon a phoenau, diffyg egni a thyndra.

Mae'r hyn rydych chi wedi sylwi arno yn y person hwn rydych chi'n ei adnabod yn dangos sut mae bod â chred ganolog negyddol amdanoch eich hun yn cael ei adlewyrchu ar bob lefel, ac yn effeithio ar eich meddwl, eich ymddygiad, eich cyflwr emosiynol a'ch teimladau corfforol. Nawr ystyriwch sut gall hyn fod yn berthnasol *i chi*. Pe baech chi'n edrych arnoch eich hun yn union fel roeddech chi'n edrych ar rywun arall, beth fyddech chi'n ei weld? Beth fyddai'r cliwiau amlwg yn eich achos chi?

Effaith diffyg hunan-werth ar fywyd

Yn union fel y caiff diffyg hunan-werth ei adlewyrchu mewn pob math o agweddau ar berson, mae e hefyd yn effeithio ar bob math o agweddau ar fywyd. Gall hyn yn ei dro fwydo'r diffyg hunan-werth a'i waethygu.

YSGOL A GWAITH

Mae'n bosib y bydd patrwm cyson o danberfformio neu osgoi herio, neu efallai berffeithrwydd manwl gywir a gwaith caled didrugaredd, ac ofn methu yn sail iddynt oll. Mae pobl sydd â diffyg hunan-werth yn ei chael hi'n anodd canmol eu hunain am yr hyn maen nhw wedi'i gyflawni, neu'n ei chael hi'n anodd credu mai eu sgiliau a'u cryfderau nhw sy'n gyfrifol am eu canlyniadau da. Efallai y byddan nhw'n gadael yr ysgol yn gynnar heb unrhyw gymwysterau – ac yn ddiweddarach fe fydd hyn yn effeithio ar eu bywydau gwaith. Gallan nhw yn y pen draw fod yn ennill llai ac yn treulio mwy o amser yn ddi-waith.

PERTHYNAS Â PHOBL ERAILL

Yn eu perthynas ag eraill, gall pobl â diffyg hunan-werth fod yn ddifrifol o hunanymwybodol (i raddau andwyol o bosib), gallan nhw fod yn orsensitif i feirniadaeth ac anghymeradwyaeth, a bod ag awydd eithafol i blesio – ac fe allan nhw hyd yn oed encilio'n llwyr oddi wrth unrhyw fath o agosrwydd neu gyffyrddiad. Mae rhai'n meithrin polisi o fod yn llawn hwyl a sbri ymhob achlysur, bob amser yn ymddangos yn hyderus ac mewn rheolaeth lwyr, neu bob amser yn rhoi eraill yn gyntaf, beth bynnag fo'r gost. Os na fyddan nhw'n ymddangos fel hyn, maen nhw'n credu'n siŵr na fydd pobl eisiau'u hadnabod.

GWEITHGAREDDAU HAMDDEN

Gall y modd y mae pobl yn treulio'u hamser hamdden hefyd gael ei effeithio. Gall pobl â diffyg hunan-werth osgoi unrhyw weithgaredd lle mae yna berygl iddyn nhw gael eu beirniadu (dosbarthiadau celf, er enghraifft, neu chwaraeon cystadleuol), neu fe allan nhw gredu nad ydyn nhw'n haeddu gwobrau neu bleserau na'r hawl i ymlacio a mwynhau'u hunain.

HUNANOFAL

Mae'n bosib na fydd pobl â diffyg hunan-werth yn cymryd gofal iawn ohonyn nhw'u hunain. Fe allan nhw fynnu dal ati pan maen nhw'n teimlo'n sâl, gohirio mynd at y deintydd neu dorri eu gwallt, peidio ymarfer corff neu fwyta deiet iachus, prynu fawr ddim dillad newydd, yfed neu smygu gormod neu ddefnyddio cyffuriau'r stryd. Neu, yn hollol i'r gwrthwyneb, fe allan nhw fod yn treulio oriau'n perffeithio pob manylyn o'r ffordd maen nhw'n edrych, yn gwbl argyhoeddedig mai dyna'r unig ffordd i fod yn ddeniadol i bobl eraill.

Amrywiadau yn rôl a statws diffyg hunan-werth

Dydy pawb ddim yn cael eu heffeithio i'r un graddau gan gredoau negyddol canolog am yr hunan. Mae effaith diffyg hunan-werth yn dibynnu'n rhannol ar ei union rôl yn eich bywyd.

GORESGYN DIFFYG HUNAN-WERTH

1. Gall diffyg hunan-werth fod yn agwedd ar broblemau sy'n bodoli ar y pryd

Weithiau dydy barn negyddol am yr hunan yn ddim mwy na hwyliau'r person ar y pryd. Mae pobl sydd ag iselder clinigol bob amser yn gweld eu hunain mewn goleuni negyddol iawn. Mae hyn yn wir hyd yn oed yn achos iselder sy'n ymateb yn ffafriol iawn i feddyginiaeth gwrthiselder, ac yn achos iselder sydd â sail fiocemegol gref. Dyma arwyddion cydnabyddedig iselder clinigol:

- Hwyliau isel (teimlo'n drist, yn isel, yn bruddglwyfus, neu'n wag drwy'r amser)
- Lleihad cyffredinol yn eich gallu i gael diddordeb neu bleser yn rhywbeth
- Newidiadau yn eich archwaeth am fwyd ac yn eich pwysau (yn cynyddu neu'n gostwng yn sylweddol)
- Newidiadau yn eich patrwm cysgu (eto, yn cynyddu neu'n gostwng yn sylweddol)
- Bod ar bigau'r drain ac mor aflonydd nes ei bod hi'n anodd eistedd yn llonydd, neu eich bod yn arafu o'i gymharu â'ch cyflymder arferol wrth wneud pethau (dylai hyn fod yn amlwg i eraill, nid yn rhywbeth rydych chi'n unig yn ei deimlo)
- Teimlo'n flinedig, yn swrth a heb fawr o egni
- Teimlo'n ofnadwy o euog a di-werth
- Trafferth canolbwyntio, meddwl yn glir, gwneud penderfyniadau
- Teimlo bod popeth mor wael nes mai'r peth gorau i chi fyddai marw, teimlo fel niweidio'ch hun neu hyd yn oed cynllunio i wneud hynny

BETH YW DIFFYG HUNAN-WERTH?

Er mwyn cael eu cydnabod yn rhan o iselder sy'n haeddu triniaeth bwrpasol, mae'n rhaid i o leiaf bump o'r symptomau hyn (gan gynnwys hwyliau isel neu ddiffyg pleser a diddordeb cyffredinol) fod wedi bod yn bresennol yn gyson dros gyfnod estynedig (pythefnos neu ragor). Hynny yw, nid sôn rydyn ni yma am y cyfnodau byr o ddiflastod y mae pawb yn eu cael o dro i dro pan fo pethau'n anodd, ond yn hytrach am gyflwr o ddiflastod sydd wedi mynd yn barhaol ac yn amharu ar fywyd.

Os mai yng nghyd-destun y math hwn o iselder y dechreuoch chi deimlo'n wael amdanoch eich hun, yna dylai chwilio am driniaeth i'r iselder fod yn flaenoriaeth i chi uwchlaw popeth arall. Gallai goresgyn yr iselder yn llwyddiannus hyd yn oed adfer eich hyder ynoch chi'ch hun heb i chi orfod gweithio'n helaeth ar hunan-werth. Ond wedi dweud hynny, mae'n bosib y byddwch yn dal i weld bod rhai o'r syniadau yn y llyfr hwn yn fuddiol: yn arbennig Penodau 5, 6 a 7, sy'n trafod sut i fynd i'r afael â meddwl yn feirniadol amdanoch eich hun, sut i ganolbwyntio ar eich agweddau cadarnhaol, rhoi clod i chi'ch hun am y pethau rydych wedi'u cyflawni a thrin eich hun yn garedig a thrugarog, a sut i newid Rheolau Byw nad ydynt yn llesol. Mae'n bosib y cewch fudd hefyd o ddarllen llyfr arall yn y gyfres hon, *Overcoming Depression* gan Paul Gilbert.

2. Gall diffyg hunan-werth fod yn ganlyniad i broblemau eraill

Weithiau, yr hyn sy'n gyfrifol am y diffyg hunan-werth yw problem arall sy'n peri gofid ac aflonyddwch ym mywyd person. Gall problemau gorbryder hirdymor, er enghraifft, fel gofidio'n barhaus neu byliau annisgwyl o banig na ellir eu rheoli, gyfyngu'n ddifrifol ar beth y gall person ei wneud, ac felly danseilio'i hyder ac arwain at deimladau o anallu ac o fod yn annigonol. Yn yr un modd, mae pobl sy'n dioddef o iselder yn aml yn ei ystyried yn wendid personol (yn hytrach nag ymateb dynol normal i drallod a cholled), a gallant hyd yn oed deimlo gormod o gywilydd i gyfaddef hynny wrth unrhyw un. Mae goddef trafferthion mewn perthynas, caledi, straen difrifol parhaus, poen di-baid a salwch yn gallu cael effaith debyg. Mae'n bosib y bydd yr holl anawsterau hyn yn peri digalondid a diffyg hunan-werth. Yn yr achos hwn, efallai mai mynd i'r afael â'r broblem sydd wrth wraidd y cyfan yw'r peth gorau i'w wneud. Mae pobl sy'n dysgu sut i reoli panig a gorbryder, er enghraifft, yn aml yn gweld bod y lefelau hyder oedd ganddyn nhw ynghynt wedi'u hadfer heb iddyn nhw orfod gweithio'n galed ar eu diffyg hunan-werth yn benodol. Os mai dyma'ch sefyllfa chi, a bod eich diffyg hunan-werth wedi datblygu o ganlyniad i broblem arall, mae'n dal yn bosib y gallwch ddod o hyd i syniadau defnyddiol yn y llyfr hwn i'ch helpu i adfer eich hyder ynoch eich hun mor fuan ac mor llwyr â phosib. Gallai fod o werth i chi hefyd edrych ar deitlau llyfrau eraill yn y gyfres hon i weld a oes rhai ohonyn nhw'n ymwneud yn uniongyrchol â'ch anawsterau eraill.

3. *Gall diffyg hunan-werth olygu bod person yn fwy agored i gael ei niweidio gan broblemau eraill*

Yn hytrach na bod yn agwedd ar broblemau sy'n bodoli'n barod neu'n rhywbeth sydd wedi codi o ganlyniad i'r

BETH YW DIFFYG HUNAN-WERTH?

problemau hynny, weithiau diffyg hunan-werth ynddo'i hun yw'r ddaear ffrwythlon sy'n meithrin problemau. Mae'n bosib fod y diffyg hunan-werth yno ers plentyndod neu lencyndod, neu cyn belled yn ôl ag y gall person gofio. Mae gwaith ymchwil wedi dangos y gall diffyg hunan-werth (barn negyddol barhaus am yr hunan) gyfrannu at amrywiaeth o anawsterau, gan gynnwys iselder, meddyliau hunanddinistriol, anhwylderau bwyta, camddefnyddio sylweddau a phryder cymdeithasol (swildod eithafol). Os yw hyn yn wir amdanoch chi, ac os yw eich anawsterau ar hyn o bryd yn adlewyrchu neu'n tarddu o ymdeimlad sylfaenol o ddiffyg hunan-werth, yna bydd gweithio ar yr anawsterau presennol yn sicr o fudd, ond mae'n ddigon posib na fydd yn arwain at newidiadau arwyddocaol neu barhaus yn y ffordd rydych chi'n ystyried eich hunan. Ac os na fydd y broblem diffyg hunan-werth yn cael sylw'n uniongyrchol, ar ei gyfrif ei hun, mae'n debygol y byddwch yn parhau'n agored i gael eich niweidio gan anawsterau yn y dyfodol. Os felly, gall defnyddio'r llyfr hwn fel canllaw fod o fudd mawr i chi wrth i chi weithio'n gyson gam wrth gam ar eich barn amdanoch eich hun a thanseilio'r hen syniadau negyddol i adeiladu safbwyntiau newydd a mwy buddiol.

Mae effaith diffyg hunan-werth yn amrywio

P'un a yw diffyg hunan-werth yn ganlyniad neu'n agwedd ar anawsterau eraill, neu'n feithrinfa iddyn nhw, bydd hyd a lled ei effaith ar fywyd yn amrywio o un person i'r llall. Dangosir hyn ar y raddfa ganlynol:

GORESGYN DIFFYG HUNAN-WERTH

Diffyg hunan-werth: yr amrywio o ran ei effaith

> Hunanamheuaeth ddim ond yn cael ei hachosi gan amgylchiadau neilltuol o heriol ac fel rheol yn cael ei reoli heb lawer o ofid nac anhawster. Mae safbwyntiau mwy cadarnhaol am yr hunan hefyd ar gael. Gwelir bod modd datrys problemau – nid ydynt wedi'u gwreiddio yn hunaniaeth y person. Mae newid yn gymharol hawdd.

> Achosir hunanamheuaeth a hunanfeirniadaeth gan amrywiaeth eang o sefyllfaoedd. Yn achosi loes mawr ac yn hynod andwyol. Safbwynt negyddol am yr hunan yn cael ei weld fel ffaith – nid oes dewisiadau cadarnhaol amgen ar gael. Ystyrir problemau bywyd bob dydd fel rhan annatod o'r hunan. Anodd dychmygu unrhyw bosibilrwydd o newid.

Gall person sydd â diffyg hunan-werth osod ei hun rywle ar y raddfa hon. Ar y pegwn chwith mae'r bobl hynny sy'n cael ambell eiliad o hunanamheuaeth, gan amlaf dan amgylchiadau penodol iawn (er enghraifft, cyfweliad am swydd neu ofyn i rywun fynd mas am y dêt cyntaf). Ychydig iawn y mae amheuon o'r fath yn ymyrryd ar fywydau pobl. Fe allan nhw deimlo braidd yn bryderus mewn sefyllfa heriol, ond fydden nhw ddim yn ei chael hi'n anodd rheoli'r pryder, ni fyddai'n pwyso rhyw lawer arnyn nhw; fe fydden nhw'n ei chael hi'n hawdd tawelu'u meddwl, a fydden nhw ddim yn dal yn ôl rhag ymateb i'r her yn llwyddiannus. Pan fo pobl fel hyn yn cael anawsterau mewn bywyd, maen nhw'n tueddu i'w gweld yn uniongyrchol fel problemau i'w datrys, yn hytrach nag fel arwydd fod rhywbeth sylfaenol o'i le arnyn nhw fel pobl. Yn ogystal â'r safbwynt negyddol am yr hunan sy'n cael ei achosi gan heriau, mae'n debygol bod ganddyn nhw syniadau eraill gwahanol sy'n fwy cadarnhaol ac adeiladol, ac sy'n effeithio ar sut maen nhw'n teimlo amdanyn nhw eu hunain y rhan fwyaf o'r amser. Mae'n bosib eu bod, ar y cyfan, yn ei chael hi'n gymharol hawdd ymwneud â phobl eraill, a theimlo'n gysurus wrth ofyn am help. Mae pobl o'r fath yn ei chael hi'n gymharol hawdd ynysu'r sefyllfaoedd sy'n peri iddyn nhw amau eu hunain, gan atgyfnerthu a chryfhau'r safbwyntiau cadarnhaol am yr hunan a oedd eisoes yn bodoli, ac maen nhw'n dysgu'n eithaf cyflym i amau tybiaethau gorbryderus ynghylch perfformiad a dysgu ateb meddyliau hunanfeirniadol sy'n codi.

Ar ben arall y raddfa, cawn y bobl hynny sy'n dioddef mwy neu lai'n barhaus o hunanamheuaeth a hunangondemniad. Iddyn nhw, does dim safbwynt gwahanol, mwy caredig a derbyniol, yn bodoli. Dyma, mewn gair, sut mae pethau. Mae'r peth lleiaf yn ddigon i achosi llif o feddyliau hunanfeirniadol. Maen nhw'n ei chael yn anodd credu yn eu gallu i ddelio ag unrhyw un o heriau bywyd neu i gael cysylltiad agos, parhaol â phobl eraill. Gall eu hofnau a'u credoau negyddol amdanyn nhw'u hunain fod yn ddigon cryf i achosi difrod helaeth i drefn eu bywydau – cyfleoedd yn cael eu colli, heriau'n cael eu hosgoi, perthnasoedd yn cael eu chwalu, pleserau a llwyddiannau'n cael eu tanseilio, a phatrymau ymddygiad o hunanfethiant a hunanddistryw mewn llawer maes. Pan fydd pobl ar y pegwn hwn yn cael anawsterau, yn hytrach na'u gweld fel problemau i'w datrys, maen nhw'n dueddol o'u gweld yn ganolog iddyn nhw'u hunain ('Dyma fi', 'Fel hyn ydw i'). Felly mae'n anodd camu'n ôl yn ddigon pell i weld pethau'n glir, neu weithio'n systematig i newid pethau er gwell heb help o'r tu allan. Hyd yn oed wedyn, gall symud ymlaen fod yn her, gan ei bod yn anodd bod â hyder yn y posibilrwydd o newid neu ddyfalbarhau os yw gwelliant yn araf yn dod.

Mae'r rhan fwyaf ohonon ni'n syrthio rywle rhwng y ddau begwn. Efallai mai i raddau'n unig y bydd y llyfr hwn yn berthnasol i'r bobl sydd ar begwn chwith y raddfa, er y gall fod yn ffynhonnell syniadau ddefnyddiol ar gyfer mireinio ymdeimlad o hunanhyder a hunan-werth sydd eisoes yn gadarn. Gall defnyddio'r llyfr hwn ar ei ben ei hun fod yn annigonol yn achos y rheini sydd ar y pegwn eithaf ar ochr dde y raddfa. Ond gallai, serch hynny, fod o gymorth fel rhan o raglen therapi gyda therapydd ymddygiad gwybyddol. I'r bobl hynny sy'n syrthio yn rhan ganol lydan y continiwwm y bydd y llyfr fwyaf defnyddiol – y bobl sydd â'u diffyg hunan-werth yn ddigon o broblem iddyn nhw ddymuno gwneud rhywbeth amdano, ac sy'n teimlo digon o ryddid i allu cymryd cam yn ôl o'r man y gwelant eu hunain fel arfer a chwilio am safbwyntiau gwahanol.

Sut i ddefnyddio'r llyfr hwn

Efallai eich bod chi'n berson sydd fel arfer yn hunanhyderus ond yn dioddef ambell bwl o hunanamheuaeth mewn sefyllfaoedd arbennig o heriol. Neu efallai eich bod chi'n rhywun sy'n cael ei blagio gan hunanfeirniadaeth ac yn ei gweld hi'n anodd meddwl unrhyw beth da amdanoch chi'ch hun. Y tebygolrwydd yw eich bod chi rywle yn y canol. Beth bynnag fo dwyster a hyd a lled effaith eich math arbennig chi o ddiffyg hunan-werth, bydd y llyfr hwn yn darparu cynllun ar gyfer eich siwrne tuag at hunanwybodaeth a hunanderbyn. Ei nod yw eich helpu i ddeall tarddiad eich barn wael amdanoch eich hun, a darganfod sut mae arferion di-fudd a phatrymau ymddygiad sy'n hunanddinistriol yn cynnal y farn wael honno hyd heddiw. Byddwch yn dysgu sut i ddefnyddio hunanarsylwi gofalus fel sail ar gyfer dysgu sut i herio'r ymdeimlad negyddol amdanoch chi'ch hunan ac i ddatblygu barn newydd, fwy caredig, parchus a derbyniol.

Gall nifer o bethau eich helpu ar eich siwrne, ac maen nhw'n cael eu hesbonio'n fanylach isod. Dyma nhw:

- Bod yn agored i bosibiliadau newydd
- Cymryd pethau gam wrth gam
- Bod yn barod i arbrofi wrth roi syniadau a sgiliau newydd ar waith
- Gwneud ymrwymiad i chi'ch hun
- Cadw cofnod o bethau
- Derbyn y bydd pethau weithiau ar i fyny, weithiau ar i lawr.

Bod yn agored i bosibiliadau newydd

Anifeiliaid sy'n dysgu yw bodau dynol – dyna sut rydyn ni wedi esblygu fel rhywogaeth, a sut rydyn ni fel unigolion yn dal i dyfu a datblygu trwy gydol ein hoes. Y broblem yw y gall pethau rydyn ni'n eu dysgu ar adegau arbennig a than amgylchiadau arbennig (poenus yn aml) weithiau ddatblygu'n bethau sefydlog, hirdymor sy'n gwrthwynebu newid. Gall diffyg hunan-werth fod yn enghraifft o hyn.

Does dim rhaid i chi gredu y bydd y llyfr hwn yn chwyldroi'ch bywyd ac yn eich gweddnewid yn llwyr. Y peth pwysig, yn hytrach, yw bod yn agored a gwneud y mwyaf o'r gallu dynol rhyfeddol hwnnw i ddysgu. Cadwch feddwl agored, byddwch yn effro i bosibiliadau newydd (yn lle gadael i hen arferion meddwl eu cau allan yn awtomatig), ac edrychwch i weld a allwch chi gyflwyno rhyw fath o chwilfrydedd cyfeillgar i'ch ymchwilio.

Cymryd pethau gam wrth gam

Trwy'r llyfr hwn ar ei hyd, cewch gyfleoedd di-ri i feddwl sut y datblygodd eich barn wael amdanoch chi eich hunan, ac i ystyried sut mae diffyg hunan-werth yn effeithio arnoch chi o ddydd i ddydd. Mae digon o ymarferion buddiol a thaflenni gwaith yn y llyfr i'ch helpu i wneud yr hyn a ddarllenwch yn berthnasol i'ch sefyllfa bersonol chi. Chi fydd yn penderfynu sut yn union i ddefnyddio'r llyfr. Efallai y byddwch yn penderfynu darllen trwyddo'n gyflym, gan gymryd ambell awgrym buddiol. Neu efallai y penderfynwch, ar ôl bwrw golwg sydyn ar deitlau'r penodau, y byddai'n werth buddsoddi amser ac egni i weithio'ch ffordd trwy'r llyfr yn systematig, gan sylwi'n ofalus ar y ffordd rydych chi'n ymateb ac yn adweithio mewn sefyllfaoedd sy'n eich poeni er mwyn gallu newid hen batrymau, ailystyried eich strategaethau ymdopi arferol, tanseilio hen gredoau negyddol amdanoch chi'ch hun, a chyflwyno dewisiadau realistig a buddiol yn eu lle.

Os felly, efallai mai gweithio trwy un bennod ar y tro fyddai'n fwyaf buddiol i chi, gan fod pob un yn cyflwyno syniadau a sgiliau fydd o ddefnydd i chi wrth i chi fynd yn eich blaen, a phob un yn adeiladu ar sylfeini'r bennod flaenorol. Yn gyntaf, darllenwch y bennod trwyddi'n gyflym i chi gael syniad cyffredinol o'r hyn sydd ynddi. Defnyddiwch y cipolwg hwn i nodi storïau ac enghreifftiau sy'n canu cloch yn eich meddwl chi, a dechrau ystyried sut mae'r bennod yn berthnasol i chi'n bersonol – wedi'r cwbl, chi yw'r arbenigwr arnoch chi'ch hunan. Yna ewch yn ôl a darllen y bennod yn fwy gofalus ac yn fanylach, gan wneud yr ymarferion wrth fynd ymlaen.

Peidiwch â symud ymlaen i'r bennod nesaf hyd nes eich bod yn teimlo bod gennych chi afael go dda ar y dulliau newid sydd wedi'u cyflwyno, eich bod yn deall beth ydyn nhw a sut i'w defnyddio, a'ch bod yn dechrau cael canlyniadau. Os brysiwch ymlaen, mae perygl na fyddwch chi'n gorffen dim yn iawn ac na fydd y syniadau a gafodd eu cyflwyno'n cael unrhyw effaith o bwys ar y ffordd rydych chi'n teimlo amdanoch eich hunan. Mae'n mynd i gymryd yr amser sydd ei angen – a'r amser rydych chi'n ei haeddu. Meddyliwch am y gwaith hwn fel arwydd o barch a charedigrwydd tuag atoch chi'ch hunan, cam ymlaen tuag at dderbyn eich hun a gweld gwerth ynoch eich hun.

Bod yn barod i arbrofi wrth roi syniadau a sgiliau newydd ar waith

Er mwyn dysgu cymaint â phosib, rhaid i'ch cwestiynu a'ch ailfeddwl ynghylch eich hen syniadau fynd law yn llaw â pharodrwydd i roi cynnig ar bethau yn ymarferol. Y dysgu mwyaf pwerus yw'r dysgu a ddaw trwy ymarfer uniongyrchol. Dydy hyn ddim yn golygu ffordd newydd o feddwl yn unig ac efallai drafod pethau gyda pherson arall rydych chi'n ymddiried ynddo, ond yn hytrach, bod yn barod i *wneud* yn ogystal â *dweud* a rhoi'ch syniadau newydd ar brawf yn y byd go iawn. Mae angen bod yn ddewr, wrth gwrs, ond yn ddios, profiad fydd eich athro gorau.

Gwneud ymrwymiad i chi'ch hun

Os ydych chi'n penderfynu gweithio trwy'r llyfr yn systematig, bydd hyn yn cymryd amser. Mae'n debyg mai'r ffordd orau i gael cymaint o fudd â phosib o'r llyfr fydd neilltuo rhywfaint o amser bob dydd (20–30 munud, dyweder) i ddarllen, ysgrifennu, ystyried a chynllunio beth i'w wneud ac adolygu eich cofnodion. Yn sicr, mae'n ymrwymiad go iawn, yn arbennig felly oherwydd y bydd y llyfr weithiau'n gofyn i chi feddwl am ddigwyddiadau a phethau a all fod yn boenus i chi. Fodd bynnag, yn enwedig os yw'ch amheuon amdanoch eich hun wedi'ch blino ers amser maith ac os ydyn nhw'n eich gofidio ac yn cyfyngu ar eich bywyd, fe allai eich ymrwymiad dalu ar ei ganfed. Efallai y bydd yna adegau pan fyddwch chi'n teimlo'n sownd ac yn methu meddwl sut i symud pethau yn eu blaen, neu'n methu dod o hyd i ddewisiadau eraill yn lle eich ffordd arferol o feddwl. Neu efallai y byddwch weithiau'n teimlo'n ddiamynedd neu'n anobeithiol am nad yw pethau'n symud mor gyflym ag y byddech chi'n hoffi iddyn nhw wneud neu'n meddwl y dylen nhw wneud. Peidiwch â bod yn llawdrwm arnoch eich hun na rhoi'r ffidil yn y to – rhowch eich gwaith o'r neilltu am gyfnod a dewch yn ôl ato'n ddiweddarach, pan fydd eich meddwl wedi clirio a chithau'n teimlo wedi ymlacio.

Gallai hefyd fod yn fuddiol i chi weithio drwy'r llyfr gyda ffrind triw neu rywun sydd o'ch plaid chi. Mae dau ben yn

W158.1

aml yn well nag un, ac efallai y bydd y mannau sy'n baglu'ch ffrind yn wahanol i'r rhai sy'n eich baglu chi. Gallwch roi help llaw i'ch gilydd, annog eich gilydd i ddal ati, cefnogi'ch gilydd i roi cant y cant i'r arbrofion bywyd go iawn mewn ffyrdd newydd o weithredu, canolbwyntio fwyfwy ar eich cryfderau a'ch nodweddion da, a meddwl yn greadigol am sut i fod yn ffrind da i chi'ch hun – mewn geiriau eraill, sut i drin eich hunan fel rhywun rydych chi'n ei werthfawrogi, yn ei garu ac yn ei barchu.

Cadw cofnod o bethau

Mae'n bwysig cadw cofnod o'r hyn rydych chi'n ei wneud. Trwy'r llyfr (ac ar y wefan 'Overcoming' gysylltiedig, www.overcoming.co.uk), fe welwch fod yna daflenni gwaith sydd wedi'u cynllunio i fod o gymorth i chi adnabod, ailystyried a rhoi prawf ar yr hen batrymau meddwl di-fudd. Eu bwriad yw eich helpu i wneud eich ymchwiliadau gam wrth gam, mewn ffordd systematig, strwythuredig. Cofiwch na allwn ni ddibynnu ar ein hatgofion. Gallwn feddwl eu bod yn atgynhyrchu'r pethau a ddigwyddodd go iawn. Ond mewn gwirionedd, yn hytrach nag atgynhyrchu, maen nhw'n ail-lunio – neu hyd yn oed yn ail-greu. Gall yr ail-lunio, er enghraifft, gael ei ddylanwadu gan y pethau sydd wedi digwydd ers y digwyddiadau gwreiddiol, pethau rydyn ni wedi'u clywed am yr hyn a ddigwyddodd efallai, a'n hwyliau ni wrth i ni geisio cofio. Os ydych chi'n teimlo'n isel, er enghraifft, byddwch yn ei chael hi'n hawdd iawn cofio'r profiadau anodd a phoenus ac yn llawer mwy anodd cofio'r amserau da a'r pethau a weithiodd allan yn iawn. Mae hyn yn golygu y gall dirnadaeth newydd a dealltwriaeth bwysig bylu, newid eu ffurf neu ddiflannu dros amser. Bydd eich cofnodion yn fodd i'ch atgoffa o'r gwaith rydych chi wedi'i wneud a'r ffyrdd newydd o feddwl a gweithredu rydych chi'n eu datblygu. Gall cael eich atgoffa fel hyn fod o gymorth arbennig ar adegau pan fyddwch chi dan bwysau, yn teimlo'n flinedig neu'n isel, neu pan ydych chi wedi cael ergyd i'ch hyder.

Derbyn y bydd pethau weithiau ar i fyny, weithiau ar i lawr

Wrth weithio trwy'r llyfr hwn, mae'n siŵr y byddwch yn gweld bod pethau weithiau ar i fyny, weithiau ar i lawr, yn enwedig os yw'ch hunan-werth wedi bod yn isel ers peth amser. Yn ffodus, mae yna lawer iawn i'w ddysgu o hyn. Bydd eich llwyddiannau'n dangos gwerth mynd i'r afael â phethau mewn ffordd newydd ac yn atgyfnerthu syniadau a sgiliau newydd. Ond bydd cyfnodau gwael ar y llaw arall yn rhoi cyfleoedd pellach i chi weld a sylwi ar eich diffyg hunan-werth yn gwneud yr hyn mae'n ei wneud, ac i ddarganfod y ffordd orau i fynd i'r afael ag ef. Felly does dim rhaid digalonni pan ddewch at adeg anodd.

Gair o rybudd

Fydd y llyfr hwn ddim yn helpu pawb sydd â diffyg hunan-werth. Weithiau dydy llyfr ddim yn ddigon. Y ffordd fwyaf cyffredin o ddelio â phethau sy'n ein gofidio yw siarad â rhywun arall amdanyn nhw. Yn aml, mae siarad ag aelod hoff o'r teulu neu ffrind da yn ddigon i leddfu'r gofid ac i'n symud ymlaen. Weithiau, fodd bynnag, dydy hyd yn oed hynny ddim yn ddigon. Mae angen i ni weld therapydd, rhywun sydd wedi'i hyfforddi'n broffesiynol i helpu pobl mewn trallod (gweler tudalennau 407-10). Os dewch i'r casgliad fod canolbwyntio ar hunan-werth mewn gwirionedd yn gwneud i chi deimlo'n waeth yn hytrach na'ch helpu i weld yn glir a meddwl yn adeiladol am sut i newid pethau er gwell, neu os yw'ch credoau negyddol amdanoch chi'ch hun ac am amhosibilrwydd newid mor gryf fel na allwch hyd yn oed ddechrau defnyddio'r syniadau a'r sgiliau ymarferol sy'n cael eu disgrifio, yna byddai'n dda o beth i chi geisio help proffesiynol. Mae hyn yn arbennig o wir os ydych chi'n teimlo'n isel yn y modd a ddisgrifiwyd eisoes neu'n rhy orbryderus i weithredu'n iawn, neu os ydych chi'n cael eich hun yn dechrau meddwl am weithredoedd hunanorchfygol neu hunanddinistriol.

Does dim eisiau bod â chywilydd ynghylch ceisio help seicolegol – ddim mwy na bod â chywilydd mynd â'ch car i'r garej os nad yw'n rhedeg yn iawn, neu fynd i weld cyfreithiwr os oes gennych chi broblemau cyfreithiol na allwch eu datrys. Mae penderfynu gofyn am help yn gam dewr yn ogystal â doeth. Mae'n agor drws i'r posibilrwydd o ddyfodol gwahanol. Mae'n golygu mynd ar eich siwrne tuag at hunanymwybyddiaeth a hunandderbyn gyda help arweinydd cyfeillgar sy'n malio amdanoch, yn hytrach na phalu 'mlaen ar eich pen eich hun. Os ydych chi'n teimlo'n gysurus ynglŷn â'r dull o fynd ati sy'n cael ei ddisgrifio yn y llyfr hwn, sef ei ffocws ymarferol a'i bwyslais ar hunanalluogi trwy hunanarsylwi a newid systematig, yna mae'n bosib mai therapydd ymddygiad gwybyddol fyddai'r arweinydd mwyaf buddiol i chi.

Y dull: Therapi ymddygiad gwybyddol

Math o seicotherapi a ddatblygwyd yn wreiddiol yn yr Unol Daleithiau gan yr Athro Aaron T. Beck, seiciatrydd yn gweithio yn Philadelphia, yw 'therapi ymddygiad gwybyddol' (CBT: *cognitive behavioural therapy*). Mae'n ddull o roi triniaeth sy'n seiliedig ar dystiolaeth, gyda sylfaen gadarn mewn theori seicolegol ac ymchwil clinigol. Gwelwyd ei fod yn effeithiol fel triniaeth ar gyfer iselder tua dechrau'r 1970au. Ers hynny, mae ei gwmpas wedi ehangu, a bellach mae'n cael ei ddefnyddio'n llwyddiannus i helpu pobl â phob math o broblemau. Yn eu plith mae: gorbryder, panig a gofid; anawsterau perthynas, anawsterau rhywiol; problemau delwedd corff; problemau bwyta (fel anorecsia a bwlimia nerfosa); diffyg cwsg a blinder llethol; poen parhaus; gamblo cymhellol, dibyniaeth ar alcohol a chyffuriau, a straen wedi trawma (gan gynnwys gwella o drawma plentyndod). Gallwch ddod o hyd i lyfrau eraill yn y gyfres 'Goresgyn' ('Overcoming') sy'n delio â rhai o'r problemau hyn.

Mae CBT yn ddull delfrydol o drin diffyg hunan-werth oherwydd ei fod yn canolbwyntio ar feddyliau, credoau, agweddau a daliadau (dyna beth yw ystyr 'gwybyddol') ac, fel y nodwyd eisoes, barn person amdano'i hun sydd wrth wraidd diffyg hunan-werth. Mae CBT yn rhoi fframwaith syml ond eglur ar gyfer deall sut y datblygodd y broblem a beth sy'n ei chynnal. Mae'n dangos sut mae'ch ymdeimlad sylfaenol amdanoch eich hun yn llywio eich bywyd bob dydd – sut mae'n dylanwadu ar sut rydych chi'n meddwl a theimlo a beth rydych chi'n ei wneud o un eiliad i'r llall. Ond peidiwch â thybio fod deall a dirnad pethau yn ddigon ynddynt eu hunain. Mae CBT yn cynnig dulliau cadarn, ymarferol ac effeithiol ar gyfer sicrhau newid parhaol. Mae'n ein gwahodd i gamu'n ôl o'n hen batrymau meddwl ac yn ein dysgu i weld mai arferion gwael yn y meddwl ydyn nhw, rhai ohonyn nhw'n arferion wedi'u codi flynyddoedd lawer yn ôl, ac sydd bellach yn ddi-fudd ac yn amherthnasol. Mae'n dangos i ni sut i arsylwi ar ein ffordd o feddwl a'i hamau, yn hytrach na chymryd yn ganiataol bod ein meddyliau a'n credoau yn hollol wir. Nid 'therapi siarad' yn unig yw CBT, fodd bynnag. Mae'n eich annog i gymryd rhan weithredol wrth oresgyn diffyg hunan-werth, ac i ddod o hyd i ffyrdd o roi syniadau newydd ar waith mewn sefyllfaoedd bob dydd, yn y gwaith, gyda'ch ffrindiau a'ch teulu, ac o ran sut rydych yn trin eich hunan, hyd yn oed pan fyddwch gartref ar eich pen eich hun. Byddwch yn dysgu sut i arbrofi wrth wneud pethau'n wahanol a gwylio effaith gwneud hynny ar y modd rydych chi'n teimlo amdanoch chi'ch hunan (dyma'r elfen 'ymddygiad').

Felly, i grynhoi, mae CBT yn ddull synhwyrol, ymarferol a rhesymegol o fynd i'r afael â chwestiynau hanfodol. Mae'n eich galluogi i fod yn therapydd i chi eich hun – i ddatblygu dealltwriaeth, mynd ati i gynllunio a gweithredu newid, ac asesu'r canlyniadau drosoch chi'ch hunan. Bydd y sgiliau newydd y byddwch chi'n eu datblygu a'u hymarfer yn parhau'n ddefnyddiol i chi am weddill eich oes.

Y canlyniad terfynol fydd newidiadau ym mhob un o'r meysydd a nodwyd ar ddechrau'r bennod:

- *Darlun mwy cytbwys* ohonoch eich hun, gallu gweld pob ochr ohonoch eich hun, yn hytrach na chanolbwyntio ar y negyddol a throi llygad dall i'r cadarnhaol.
- *Hunanddelwedd* neu *hunangysyniad* mwy cytbwys, sy'n eich gwerthfawrogi a'ch dathlu yn eich cyfanrwydd ac fel rydych chi, y gwych a'r gwachul – hynny yw, *hunandderbyn*.
- Mwy o *hunanhyder* a *hunaneffeithiolrwydd* – mae'ch barn am eich galluoedd, eich rhinweddau, eich sgiliau a'ch cryfderau yn llai cyfyng, ac oherwydd hynny mae'ch *hunan-barch* wedi tyfu.
- Ymdeimlad newydd, cryfach o'ch *hunan-werth*, ymwybyddiaeth o'ch gwerth cynhenid, y tawelwch meddwl a'r hyder i fwynhau'ch bywyd i'r eithaf ac i drin eich hun â'r un sylw caredig ag y byddech chi'n trin rhywun sy'n annwyl i chi.

Ffurf y llyfr hwn

Mae Pennod 2 yn edrych yn fanylach ar ffynhonnell diffyg hunan-werth. Bydd yn rhoi modd i chi ystyried pa brofiadau yn eich bywyd sydd wedi cyfrannu at y ffordd rydych chi'n gweld eich hun, ac i ddeall sut mae'r farn sydd gennych chi amdanoch eich hun yn gwneud perffaith synnwyr, o ystyried beth sydd wedi digwydd i chi.

Mae Pennod 3 yn trafod y pethau sy'n cadw'r hen safbwyntiau negyddol yn fyw o hyd, a sut gall arferion sydd bellach wedi dyddio a phatrymau ymddygiad di-fudd weithio gyda'i gilydd mewn cylch cythreulig i atal datblygiad hunan-werth iach.

Mae Pennod 4 yn awgrymu ffordd i gychwyn torri allan o'r cylch, gan ddangos i chi sut i synhwyro, cwestiynu a phrofi tybiaethau negyddol sy'n eich gwneud chi'n orbryderus, sy'n cyfyngu ar yr hyn rydych chi'n gallu'i wneud ac sy'n cyfrannu at eich diffyg hunan-werth.

Mae Penodau 5 a 6 yn ategu ei gilydd. Bydd Pennod 5 yn eich dysgu sut i ddal ac ateb meddyliau hunanfeirniadol, a sut i danseilio eich barn negyddol amdanoch eich hunan. Mae Pennod 6 yn cynnig ffyrdd o fynd ati'n fwriadol i greu a chryfhau safbwynt newydd, mwy caredig a derbyngar.

Mae Pennod 7 yn symud ymlaen i ystyried sut i newid eich Rheolau Byw, sef y strategaethau hynny rydych chi wedi'u mabwysiadu i wneud iawn am ddiffyg hunan-werth.

Mae Pennod 8 yn trafod ffyrdd o weithio'n uniongyrchol ar y credoau negyddol amdanoch chi'ch hunan sydd wrth wraidd eich diffyg hunan-werth.

Yn olaf, mae Pennod 9 yn awgrymu ffyrdd o grynhoi a chadarnhau'r hyn rydych chi wedi'i ddysgu, a sut y gallech, pe dymunech, fynd â phethau gam ymhellach.

Fe sylwch mai yn olaf y daw ffyrdd uniongyrchol o newid eich credoau amdanoch chi'ch hun. Gall hynny ymddangos yn rhyfedd. Oni ddylai newid eich credoau negyddol amdanoch chi'ch hun gael y flaenoriaeth? A dweud y gwir, gan amlaf mae'n haws newid credoau sy'n bodoli ers amser maith trwy fwrw ati i ystyried sut maen nhw'n gweithredu heddiw. Mae'n ddiddorol a defnyddiol deall sut gwnaethon nhw ddatblygu, ond y peth sydd angen ei newid fwyaf yw'r hyn sy'n eu cadw yn eu lle heddiw. Gall newid eich barn sylfaenol amdanoch chi'ch hun (neu, yn wir, am unrhyw beth arall) gymryd wythnosau os nad misoedd. Felly, petaech yn dechrau ar y lefel eang, haniaethol hon, byddech yn ceisio gwneud y peth anoddaf yn gyntaf. Gallai hyn arafu eich cynnydd a hyd yn oed eich digalonni'n llwyr.

Ar y llaw arall, gall newid sut rydych chi'n meddwl a gweithredu o un eiliad i'r llall gael effaith uniongyrchol ar y ffordd rydych chi'n teimlo amdanoch eich hunan. Gall fod yn bosib gwneud newidiadau pellgyrhaeddol o fewn dyddiau. Bydd gweithio ar eich meddyliau a'ch teimladau mewn sefyllfaoedd bob dydd yn eich helpu i weld yn glir natur eich credoau amdanoch chi'ch hun, a'r dylanwad maen nhw'n ei gael ar eich bywyd. Bydd yn rhoi sylfaen gadarn ar gyfer mynd i'r afael ag ystyriaethau dyfnach ymhellach ymlaen. Gall hefyd ddylanwadu ar eich credoau negyddol canolog amdanoch chi'ch hun, hyd yn oed cyn i chi ddechrau gweithio'n uniongyrchol arnyn nhw. Mae hyn yn dra thebygol o fod yn wir os byddwch chi, wrth i chi weithio i newid y meddyliau penodol a'r ymddygiad di-fudd sy'n codi mewn sefyllfaoedd neilltuol, yn gofyn cwestiynau tebyg i hyn i chi'ch hun:

- Beth yw goblygiadau hyn i'r credoau sydd gen i amdanaf i fy hun?
- Sut mae hyn yn ffitio (neu ddim yn ffitio) gyda'r farn wael sydd gen i amdanaf i fy hun?
- Pa newidiadau all ddod yn sgil hyn a sut dwi'n gweld fy hun fel person?

BETH YW DIFFYG HUNAN-WERTH?

Mae'n ddigon posib y gwelwch chi fod y newidiadau bychain rydych chi'n eu gwneud yn eich ffordd o feddwl a'ch ymddygiad yn dyfal doncio ar graig eich credoau negyddol canolog amdanoch chi'ch hun. Yn wir, erbyn i chi gyrraedd Pennod 8, gall y graig fod mor fach fel nad oes angen ond ychydig doncio terfynol. Hyd yn oed os na fyddwch wedi llwyddo i'w lleihau i'r fath raddau, bydd y gwaith rydych wedi'i wneud i danseilio meddyliau negyddol a chanolbwyntio ar safbwyntiau newydd, mwy caredig o fantais i chi pan ddaw'n amser i fynd i'r afael â'r cwestiynau mawr, haniaethol. Mae Pennod 8 yn benodol yn cyfeirio'n ôl ac yn pwyso ar y gwaith sydd eisoes wedi ei wneud wrth fynd trwy'r llyfr. Mae hyn yn golygu y cewch chi'r budd mwyaf os byddwch chi wedi amsugno'r syniadau a'r sgiliau sy'n cael eu trafod yn y penodau blaenorol.

Pob lwc. Mwynhewch eich siwrne!

Crynodeb o'r bennod

1. *Mae eich hunan-werth yn adlewyrchu sut rydych chi'n meddwl amdanoch eich hun, sut rydych chi'n barnu'ch hun, a'ch ymdeimlad chi o'ch gwerth a'ch budd.*
2. *Mae 'diffyg hunan-werth' yn golygu bod â barn wael amdanoch chi'ch hun, ystyried eich hun mewn modd anffafriol a theimlo nad ydych o fawr ddim gwerth na defnydd.*
3. *I'r gwrthwyneb, mae 'hunan-werth iach' yn golygu bod â barn gytbwys amdanoch chi'ch hun, un sy'n*

cydnabod ac yn derbyn eich gwendidau dynol, ond sydd hefyd yn gwerthfawrogi'ch cryfderau a'ch nodweddion da.
4. *Credoau negyddol sydd wrth wraidd diffyg hunan-werth. Maen nhw'n llywio'ch meddyliau bob dydd, eich teimladau a'ch gweithredoedd ac yn gallu cael effaith boenus ac andwyol ar agweddau lawer ar eich bywyd.*
5. *Mae rôl diffyg hunan-werth yn amrywio – gall fod yn rhan o'ch problemau presennol neu'n ganlyniad iddyn nhw, neu gall fod yn rhywbeth sydd wedi'ch gwneud yn agored i amrywiaeth eang o anawsterau gwahanol. Mae hyd a lled ei effaith andwyol ar fywyd bob dydd yn amrywio o berson i berson.*
6. *Mae'r llyfr hwn yn cynnig dealltwriaeth sy'n seiliedig ar ymddygiad gwybyddol ynghylch sut y datblygodd eich diffyg hunan-werth a beth sy'n ei gynnal. Dealltwriaeth yw'r sylfaen ar gyfer ailfeddwl am gredoau negyddol andwyol a darganfod safbwynt newydd, mwy caredig a derbyngar.*

RHAN DAU

DEALL DIFFYG HUNAN-WERTH

2

Sut mae diffyg hunan-werth yn datblygu

Cyflwyniad

Credoau negyddol am yr hunan – dyna sydd wrth wraidd diffyg hunan-werth. Gall y rhain ymddangos fel datganiadau ffeithiol, yn yr un ffordd ag y mae eich taldra, eich pwysau a ble rydych chi'n byw yn ddatganiadau ffeithiol. Oni bai eich bod yn dweud celwydd (e.e. eisiau i bobl feddwl eich bod yn byw mewn rhan fwy dymunol o'r ddinas) neu heb fod â digon o wybodaeth i roi'r ffeithiau cywir (e.e. rydych yn ei chael yn anodd cofio cyfeiriad eich cartref am mai newydd symud yno rydych chi), yna ni ellir gwadu datganiadau ffeithiol fel hyn – ac, yn wir, mae'n ddigon hawdd i chi eich hun neu i bobl eraill eu gwirio a'u dilysu.

Dydy hynny ddim yn wir am y farn rydyn ni'n ei chreu amdanon ni'n hunain a'r gwerth rydyn ni'n ei roi arnon ni'n hunain fel pobl. Tybiaeth wedi'i dysgu ac nid ffaith yw'r farn sydd gennych amdanoch eich hunan. A gall credoau fod yn anghywir, yn rhagfarnllyd ac yn wallus – neu, yn wir, yn gwbl anghywir. Mae'ch syniadau chi amdanoch chi'ch hun wedi datblygu o ganlyniad i'ch profiadau mewn bywyd. Os yw'ch profiadau, ar y cyfan, wedi bod yn rhai ffafriol a chadarnhaol, yna bydd y farn sydd gennych amdanoch eich hun fwy na thebyg yn ffafriol a chadarnhaol. Ar y llaw arall, os yw'ch profiadau mewn bywyd wedi bod, ar y cyfan, yn negyddol a thanseiliol, yna bydd y farn sydd gennych amdanoch eich hun fwy na thebyg yn negyddol a thanseiliol.

Bydd y bennod hon yn bwrw golwg ar sut mae profiad yn arwain at ddiffyg hunan-werth ac yn ei atgyfnerthu. Caiff y broses sy'n gysylltiedig â datblygiad diffyg hunan-werth ei darlunio yn y siart llif ar dudalen 42 (hanner uchaf y siart, mewn teip trwm, yw'r hyn y byddwn ni'n canolbwyntio arno yn y bennod hon). Mae'r siart llif yn dangos sut mae'n bosib deall diffyg hunan-werth o bersbectif ymddygiad gwybyddol. Cadwch hynny mewn cof wrth ddarllen trwy'r bennod. Ac, wrth ddarllen, meddyliwch sut gallai'r syniadau sy'n cael eu hamlinellu yma fod yn berthnasol i chi. Pa bethau sy'n ffitio? Pa rai sydd ddim? Pa rai sy'n rhoi help i chi wneud synnwyr o sut rydych chi'n teimlo amdanoch eich hunan? Pa rai o'r storïau yn y bennod sy'n canu cloch i chi? Pa brofiadau sydd wedi cyfrannu at y diffyg hunan-werth yn eich achos chi? Beth yw'ch Llinell Sylfaen chi, yr hyn a elwir yn Saesneg yn 'Bottom Line'? Beth yw'ch Rheolau Byw chi?

Efallai y gwelwch chi ei bod hi'n fuddiol cadw dalen o bapur neu lyfr nodiadau wrth law (neu gyfarpar electronig cyfatebol), er mwyn nodi unrhyw beth ddaw i'ch meddwl wrth i chi ddarllen – syniadau, atgofion, amheuon. Y nod yw eich helpu i ddeall pam eich bod *chi'n* ystyried eich hun fel y gwnewch chi, ac i adnabod a rhoi trefn ar y profiadau sydd wedi cyfrannu tuag at eich diffyg hunan-werth. Fe welwch fod y farn sydd gennych chi amdanoch eich hun yn ymateb hollol ddealladwy i'r hyn sydd wedi digwydd i chi – mwy na thebyg y byddai unrhyw un a oedd wedi cael yr un profiad

SUT MAE DIFFYG HUNAN-WERTH YN DATBLYGU

mewn bywyd o'r un farn.

Y ddealltwriaeth yma yw'r cam cyntaf tuag at newid. Byddwch yn dechrau gweld sut mae'r casgliadau rydych wedi dod iddyn nhw amdanoch eich hun (flynyddoedd yn ôl efallai) wedi dylanwadu ar y ffordd rydych chi wedi meddwl a theimlo a gweithredu dros amser. Bydd y bennod nesaf yn eich helpu i ddeall sut mae'r ffordd rydych chi'n gweithredu nawr yn cadw eich hunan-werth yn isel – sut mae patrymau adweithio ac ymateb sydd wedi hen sefydlu'u hunain yn eich rhwystro rhag newid eich barn amdanoch chi'ch hunan.

Drwy fynd ati i fapio tiriogaeth diffyg hunan-werth fel hyn, gallwch wedyn gymryd y cam hanfodol cyntaf tuag at drawsnewid. Byddwch yn gallu defnyddio eich map i astudio sut rydych chi'n ymateb o ddydd i ddydd. Unwaith y byddwch chi wedi deall sut mae'r broblem yn gweithio, gallwch ei gwylio'n gwneud yr hyn mae'n ei wneud yn y fan a'r lle. Byddwch yn dechrau gweld nad yw'r syniadau cymhellol, poenus hyn yn ddim mwy na hen arferion meddwl di-fudd. Fe ddysgwch chi sut i ddweud wrthych eich hun, 'O, 'co ni'n mynd eto,' yn hytrach na derbyn yn ddigwestiwn fod llais diffyg hunan-werth yn dweud y gwir. Ac os gallwch chi ddweud, ''Co fe eto,' dydych chi ddim mor golledig ag yr oeddech chi yn eich patrymau meddwl poenus eich hun. Rydych chi wedi camu'n ôl ychydig a dechrau sylweddoli nad oes rhaid i chi ymwneud â nhw, na chael eich sugno i mewn ganddyn nhw, na chredu beth maen nhw'n ei ddweud.

A dyma brif oblygiad y ddealltwriaeth newydd hon: mae modd newid credoau. Mae'r penodau sy'n dilyn yn cynnig syniadau manylach am sut i sicrhau newid, sut i danseilio'r hen farn negyddol amdanoch chi'ch hunan a sut i sefydlu a chadarnhau barn amgen fwy cadarnhaol, caredig a derbyngar.

GORESGYN DIFFYG HUNAN-WERTH

Ffigur 1. Diffyg Hunan-werth: Map o'r Diriogaeth

Profiad (cynnar)
Digwyddiadau, perthynas ag eraill, amodau byw sydd â goblygiadau i'ch syniadau amdanoch chi'ch hun, e.e. cael eich gwrthod; eich esgeuluso; eich cam-drin; eich beirniadu a'ch cosbi; dim diddordeb ynoch, diffyg canmoliaeth a chynhesrwydd; bod 'yr un gwahanol'

Y Llinell Sylfaen
Asesiad o'ch gwerth fel person
Casgliadau amdanoch chi'ch hun, yn seiliedig ar brofiad: *'Dyma'r math o berson ydw i'*, e.e. *Dwi'n ddrwg; dwi'n ddi-werth; dwi'n dwp; dydw i ddim yn ddigon da*

Rheolau Byw
Canllawiau, polisïau neu strategaethau ar gyfer ymdopi, gan gymryd eich bod yn ystyried fod y Llinell Sylfaen yn wir
Safonau y gellir mesur hunan-werth yn eu herbyn, e.e. *Mae'n rhaid i mi roi pobl eraill yn gyntaf bob tro; Os dwi'n dweud fy marn, byddaf yn cael fy ngwrthod; Os nad ydw i'n gwneud popeth i'r safon uchaf posib, fydda i ddim yn cyflawni dim byd*

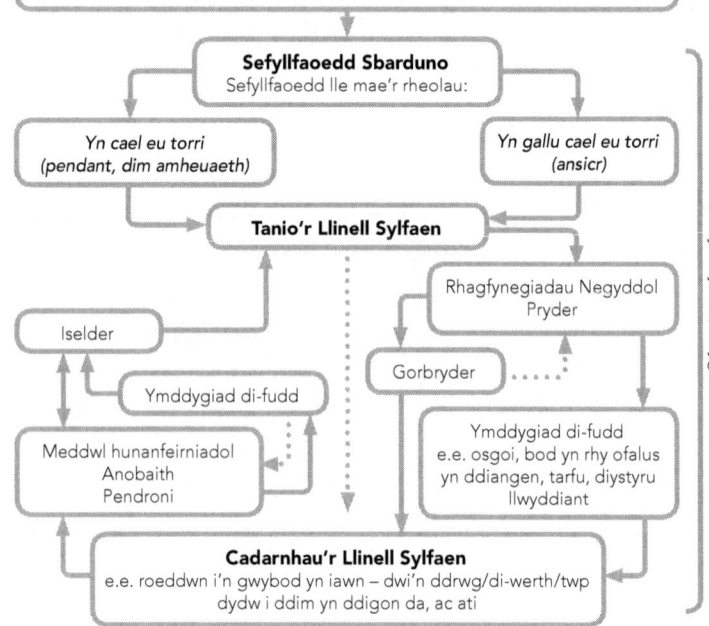

Sut mae diffyg hunan-werth yn datblygu

Sefyllfaoedd Sbarduno
Sefyllfaoedd lle mae'r rheolau:

- *Yn cael eu torri (pendant, dim amheuaeth)*
- *Yn gallu cael eu torri (ansicr)*

Tanio'r Llinell Sylfaen

Rhagfynegiadau Negyddol
Pryder

Iselder

Gorbryder

Ymddygiad di-fudd

Meddwl hunanfeirniadol
Anobaith
Pendroni

Ymddygiad di-fudd
e.e. osgoi, bod yn rhy ofalus yn ddiangen, tarfu, dïystyru llwyddiant

Cadarnhau'r Llinell Sylfaen
e.e. roeddwn i'n gwybod yn iawn – dwi'n ddrwg/di-werth/twp dydw i ddim yn ddigon da, ac ati

Beth sy'n cynnal diffyg hunan-werth

42

Sut mae profiad yn arwain at ddiffyg hunan-werth

Mae CBT yn seiliedig ar y syniad ein bod wedi dysgu ein credoau ni amdanon ni'n hunain (ac yn wir ein credoau am bobl eraill ac am fywyd). Maen nhw wedi'u gwreiddio mewn profiad. Gellir gweld eich credoau chi amdanoch chi'ch hun fel casgliadau rydych chi wedi dod iddyn nhw ar sail yr hyn sydd wedi digwydd i chi. Mae hyn yn golygu eu bod yn gwbl ddealladwy, waeth pa mor ddi-fudd a waeth faint maen nhw wedi dyddio erbyn hyn – roedd yna amser pan oedden nhw'n gwneud perffaith synnwyr, o ystyried beth oedd yn digwydd i chi.

Daw dysgu o sawl ffynhonnell – profiad uniongyrchol, arsylwi, y cyfryngau a'r cyfryngau cymdeithasol, gwrando ar beth mae pobl o'ch cwmpas chi'n ei ddweud a gwylio beth maen nhw'n ei wneud. Mae profiadau sy'n arwain at gredoau negyddol am yr hunan yn digwydd yn aml (ond nid o reidrwydd) yn gynnar mewn bywyd. Bydd yr hyn wnaethoch chi ei weld a'i glywed a'i brofi yn ystod plentyndod yn eich teulu, yn y gymdeithas lle roeddech chi'n byw, yn yr ysgol ac ymhlith eich cyfoedion, wedi dylanwadu ar eich meddylfryd mewn ffyrdd a all fod wedi parhau hyd heddiw. Mae'n bosib bod amrywiaeth o wahanol brofiadau wedi cyfrannu at y teimladau negyddol sydd gennych chi amdanoch eich hun. Mae rhai ohonyn nhw wedi'u rhestru isod. Yna byddwn yn edrych ar bob un yn fanylach.

Cosb, beirniadaeth, esgeulustod neu gamdriniaeth systematig

Gall eich syniad amdanoch chi'ch hun a'ch ymdeimlad o'ch hunan-werth fod yn ganlyniad i'r ffordd gawsoch chi'ch trin yn gynnar mewn bywyd. Os bydd plant yn cael eu trin yn wael, maen nhw'n aml yn tybio bod hyn yn adlewyrchu rhywbeth gwael ynddyn nhw – mae'n rhaid eu bod rywsut wedi'i haeddu. Os cawsoch eich beirniadu neu'ch cosbi'n aml (yn enwedig os oedd y beirniadu a'r cosbi'n eithafol, yn anrhagweladwy neu'n gwneud dim synnwyr i chi), os cawsoch eich esgeuluso, eich gadael neu'ch cam-drin, bydd y profiadau hyn wedi gadael creithiau seicolegol. Fe fyddan nhw wedi dylanwadu ar y ffordd rydych chi'n gweld eich hunan.

Cafodd **Briony**, er enghraifft, ei mabwysiadu gan frawd ei thad a'i wraig wedi i'w rhieni gael eu lladd mewn damwain car pan oedd hi'n saith oed. Roedd gan y rhieni a'i mabwysiadodd ddwy ferch hŷn na hi. Daeth Briony yn fwch dihangol y teulu. Hi oedd yn cael y bai am bopeth oedd yn mynd o'i le. Doedd hi'n gwneud dim yn iawn. Roedd Briony'n ferch fach annwyl oedd yn hoffi plesio pobl. Roedd hi'n gwneud ei gorau glas i fod yn dda, ond doedd dim yn tycio. Bob dydd roedd hi'n wynebu cosbau newydd. Cafodd ei hatal rhag cysylltu â ffrindiau, cafodd ei gorfodi i roi'r gorau i gerddoriaeth – roedd hi wrth ei bodd â cherddoriaeth – a chafodd ei gwthio i wneud mwy na'i siâr o'r gwaith tŷ. Aeth Briony'n fwy a mwy dryslyd. Allai hi ddim deall pam roedd popeth roedd hi'n ei wneud yn anghywir.

Un noson, pan oedd hi'n un ar ddeg oed, daeth llystad Briony yn dawel i'w hystafell yng nghanol y nos. Rhoddodd ei law dros ei cheg a'i threisio. Dywedodd wrthi ei bod yn frwnt ac yn ffiaidd, a'i bod wedi gofyn amdani, a phe bai'n dweud wrth rywun beth oedd wedi digwydd fyddai neb yn ei chredu hi, gan fod pawb yn gwybod mai celwyddgast fach ffiaidd oedd hi. Wedi hynny, byddai'n cerdded o gwmpas y tŷ mewn arswyd. Doedd neb fel pe baen nhw'n sylwi nac yn hidio. Dyna pryd y crisialodd barn Briony amdani hi'i hun. Roedd hi'n ddrwg. Gallai pobl eraill weld y peth, a bydden nhw'n ei thrin hi felly.

Ffigur 2: Profiadau sy'n Cyfrannu at Ddiffyg Hunanhyder

Profiadau cynnar:

- Cosb, beirniadaeth, esgeulustod neu gamdriniaeth systematig
- Methu bodloni safonau rhieni, cael eich cymharu'n anffafriol ag eraill
- Methu bodloni safonau cylch cyfoedion
- Bod yn destun bwlio neu seiberfwlio
- Dioddef straen a thrallod pobl eraill
- Bod yn rhan o deulu neu grŵp cymdeithasol sy'n cael trafferthion (e.e. caledi ariannol, salwch, yn darged i ragfarn a gelyniaeth)
- Peidio â chael yr hyn oedd ei angen i ddatblygu hunan-werth cadarn (e.e. canmoliaeth, anwyldeb, cynhesrwydd, diddordeb)
- Bod 'yr un gwahanol' gartref
- Bod 'yr un gwahanol' yn yr ysgol

Profiadau diweddarach:

- Bwlio neu gael eich bygwth yn y gweithle, cael eich cam-drin mewn perthynas, straen neu galedi parhaus, profiad o ddigwyddiadau trawmatig
- Newidiadau graddol yn y pethau oedd yn bwysig i'ch hunaniaeth (e.e. colli iechyd, prydferthwch, eich gallu i ennill arian)

GORESGYN DIFFYG HUNAN-WERTH

Methu bodloni safonau rhieni, cael eich cymharu'n anffafriol ag eraill

Roedd profiadau Briony'n eithafol. Does dim rhaid i chi gael eich cam-drin yn gyson fel hyn i ddatblygu barn wael amdanoch chi'ch hun. Bydd cosb a beirniadaeth dipyn llai eithafol hefyd yn gadael eu marc. Os yw pobl eraill wedi eich trin chi fel petai dim a wnewch yn ddigon da, gan ganolbwyntio ar eich camgymeriadau a'ch gwendidau ar draul eich llwyddiannau a'ch cryfderau, eich poeni neu'ch gwawdio, eich diraddio neu wneud i chi deimlo'n fach, gall yr holl brofiadau hyn (ie, hyd yn oed rhai llai dwys) eich gadael ag ymdeimlad bod rhywbeth mawr o'i le arnoch chi neu'ch bod yn ddiffygiol mewn rhyw ffordd.

Roedd tad **Rajiv** yn gweithio mewn banc. Doedd e erioed wedi gwireddu'i uchelgais i gael ei ddyrchafu'n rheolwr, ac roedd yn beio ei rieni am beidio â'i gefnogi yn ystod ei flynyddoedd yn yr ysgol. Doedden nhw ddim wedi cymryd rhyw lawer o ddiddordeb yn yr hyn roedd e'n ei wneud, ac roedd hi'n hawdd peidio â mynd i'r ysgol ac esgeuluso'i waith cartref. Roedd yn benderfynol o beidio â gwneud yr un camgymeriadau gyda'i blant ei hun. Bob nos, wrth y bwrdd bwyd, byddai'n holi'r plant beth roedden nhw wedi'i ddysgu. Roedd yn rhaid i bawb fod ag ateb, ac roedd yn rhaid i'r ateb fod yn ddigon da.

Roedd Rajiv yn cofio'r arswyd o gyrraedd adref a gweld car ei dad o flaen y tŷ. Roedd yn golygu rhagor o groesholi. Roedd yn siŵr y byddai'n methu meddwl yn glir ac felly'n dweud dim. Pan ddigwyddai hyn, byddai wyneb ei dad yn syrthio mewn siom. Gallai Rajiv weld ei fod yn siomi ei dad. Teimlai ei fod yn llawn haeddu'r cwestiwn fyddai'n dilyn.

SUT MAE DIFFYG HUNAN-WERTH YN DATBLYGU

'Pam na alli di fod yn debycach i dy gefnder?' fyddai ei dad yn ei ddweud. 'Os na alli di wneud yn well na hyn, ei di ddim ymhell mewn bywyd.' Ac yn ei galon, roedd Rajiv yn cytuno. Roedd yn amlwg iddo nad oedd yn ddigon da; na fyddai byth yn llwyddo mewn bywyd.

Methu bodloni safonau cylch cyfoedion

Mae plant a phobl ifanc yn agored i gael eu dylanwadu'n sylweddol, nid yn unig gan safonau penodol neu dybiedig eu rhieni, ond hefyd gan ofynion eu cyfoedion. Gall y pwysau i gydymffurfio fod yn gryf iawn, yn arbennig yn ystod blynyddoedd glasoed, pan fydd yr ymdeimlad o'r hunan fel person annibynnol yn dod i fodolaeth, a phan fydd hunaniaeth rywiol yn datblygu. Caiff ei atgyfnerthu gan ddelweddau delfrydol o enwogion sy'n cael eu hyrwyddo'n gyson gan y wasg boblogaidd a'r cyfryngau cymdeithasol. Dyma sut dylech chi edrych, dyma ddylech chi ei brynu, dyma ddylech chi anelu ato. Mae ystyried eich hun yn fethiant oherwydd i chi fethu â chyrraedd y safonau hynny yn gallu bod yn brofiad poenus, a gall fod â goblygiadau parhaol i hunan-werth.

Roedd **Evie**, er enghraifft, yn ferch ddeniadol, gadarn ac egnïol a oedd yn mwynhau chwaraeon ac wrth ei bodd yn dawnsio. Tyfodd i fyny ar adeg pan oedd pawb yn ystyried mai tal a main oedd y siâp corff delfrydol i fenyw. Er nad oedd dros bwysau o gwbl, doedd siâp corff naturiol Evie ddim yn agos at y ddelfryd yma. Ceisiodd ei mam roi hwb i'w hunan-werth drwy ddweud ei bod yn 'gryf'. Ond methodd yr ymdrech drwsgl yma i roi hwb i'w hyder. Doedd hi ddim eisiau bod yn 'gryf'. Roedd y merched poblogaidd yn yr ysgol yn anwybyddu Evie. Roedd hi wedi clywed am ferched eraill oedd wedi cael eu bwlio oherwydd sut roedden nhw'n edrych, felly doedd hi prin yn meiddio edrych ar y cyfryngau cymdeithasol. Roedd hyd yn oed ei ffrindiau fel petaen nhw'n cael eu swyno gan y lluniau wedi eu haddasu'n garedig o'r enwogion. Roedden nhw wrth eu boddau â ffasiwn, ac yn treulio oriau'n siopa ac yn trio dillad. Byddai Evie'n ymuno â nhw, ond yn teimlo'n lletchwith ac yn hunanymwybodol. Roedd pob drych yn tynnu sylw at yr holl ffyrdd nad oedd ei chorff yn bodloni'r ddelfryd. Doedd ei hysgwyddau llydan a'i chluniau crwn ddim yn taro deuddeg.

Penderfynodd Evie fynd ar ddeiet. Yn ystod yr wythnos neu ddwy gyntaf, collodd sawl pwys. Roedd ei ffrindiau'n meddwl ei bod hi'n edrych yn dda, ac roedd Evie wrth ei bodd. Ond rywsut, waeth pa mor galed fyddai hi'n ymdrechu, doedd hi ddim yn gallu bod yn ddigon tenau ac roedd hi eisiau bwyd drwy'r amser. Yn y pen draw, ildiodd a dechrau bwyta'n arferol eto, neu orfwyta a dweud y gwir. Dyma oedd dechrau patrwm oes o fod ar ddeiet a gorfwyta am yn ail. Doedd Evie byth yn hapus gyda'i chorff. O'i safbwynt hi, roedd hi'n dew ac yn hyll.

Bod yn destun bwlio neu seiberfwlio

Mae'r ymdeimlad nad ydych yn cyrraedd safonau eich cyfoedion, nad yw'n iawn i chi fod yn chi, yn cynyddu'n sylweddol os ydych yn ddigon anffodus i ddod yn destun bwlio, naill ai wyneb yn wyneb neu ar-lein. Roedd sail i bryderon Evie am y cyfryngau cymdeithasol. Gall bwlio

SUT MAE DIFFYG HUNAN-WERTH YN DATBLYGU

wyneb yn wyneb wneud niwed parhaol i hunan-werth person – ac mae seiberfwlio yn waeth fyth. Mae hyn yn wir ar unrhyw adeg mewn bywyd – mae hyd yn oed oedolion llwyddiannus iawn weithiau'n dargedau cam-drin milain a dienw ar-lein. Ond gan fod hunaniaeth pobl ifanc fel oedolion yn dal i fod wrthi'n cael ei ffurfio, maent yn arbennig o agored i niwed – yn enwedig y rhai hynny sydd eisoes yn amau eu gwerth eu hunain neu sy'n poeni beth mae pobl eraill yn ei feddwl ohonyn nhw.

Mae'r rhyngrwyd a'r cyfryngau cymdeithasol yn adnoddau bendigedig, ar gyfer ymchwilio a dysgu, ar gyfer chwarae, ar gyfer cadw mewn cysylltiad ag anwyliaid pan nad ydyn nhw gyda ni, ac er mwyn 'cyfarfod' ag amrywiaeth enfawr o bobl ym mhob cwr o'r byd. Ond mewn sawl ffordd arall, mae eu heffaith yn gallu bod yn wenwynig:

- Maen nhw'n gallu creu pwysau i greu hunaniaeth ar-lein berffaith ond ffug a'i golygu'n gyson – bywyd ffuglennol cŵl a chyffrous llawn ffrindiau niferus a fydd yn denu edmygedd ac eiddigedd.
- Gallant annog y syniad fod eich gwerth yn dibynnu ar farn pobl eraill amdanoch, yn hytrach na'ch gallu cynhenid chi i dderbyn eich hun a'ch gwerth yn union fel ag yr ydych.
- Mae'r teimladau o gywilydd a gwarth yn gwaethygu pan nad yw'r negeseuon difrïol yn gyfyngedig i nifer fechan o bobl rydych yn eu hadnabod (e.e. cyd-ddisgyblion, cyd-weithwyr), ond yn hytrach yn cael eu rhannu gyda channoedd, efallai miloedd, o bobl – y rhan fwyaf ohonyn nhw'n ddieithriaid llwyr, pobl heb

syniad pwy ydych chi na beth yw'ch amgylchiadau chi, ond sydd eto'n teimlo rhyddid i'ch barnu a'ch dilorni. Efallai fod hyn yn fwy gwir nag erioed pan fydd gwybodaeth hynod bersonol a phreifat (yn cynnwys lluniau) yn mynd ar led hefyd.

- Mae bwlio ar-lein yn tarfu ar bob dim, mae'n gallu effeithio arnoch ym mhobman. Boed ar eich ffôn neu'ch cyfrifiadur, mae modd cysylltu â chi ble bynnag rydych chi, unrhyw awr o'r dydd neu'r nos. Does dim dihangfa.
- Mae cael bod yn ddienw yn rhoi rhwydd hynt i fileindra, a hynny'n aml yn rhydd o orfod wynebu unrhyw ganlyniadau. Mae ymchwil wedi dangos ei bod yn haws i bobl oresgyn unrhyw hunanymwybyddiaeth gymdeithasol yn y seiberofod, i ddweud eu dweud heb unrhyw ymdeimlad o empathi gyda'r dioddefwyr anffodus, ac i ymddwyn mewn ffordd na fydden nhw'n breuddwydio'i wneud wyneb yn wyneb.
- Mae'n bosib y byddwch wedi cael eich brifo i'r byw ac yn teimlo gormod o gywilydd i chwilio am gymorth neu gefnogaeth, a bydd hynny'n ei gwneud yn anoddach fyth i chi sylweddoli fod yr hyn sy'n digwydd yn dweud mwy am y sawl sy'n bwlio neu gam-drin nag y mae amdanoch chi.

Mae canlyniadau seiberfwlio a cham-drin eisoes yn amlwg yn iechyd meddwl pobl ifanc. Mewn arolwg o 5,000 o bobl yn eu harddegau mewn 11 gwlad, nododd un o bob pump iddyn nhw gael eu targedu. O'r rhain, gadawyd bron eu hanner yn teimlo'n isel eu hysbryd ac yn ddiamddiffyn, a nododd un o bob pump iddyn nhw ystyried lladd eu hunain. Yn dristach fyth, aeth nifer fechan ymlaen i gyflawni hunanladdiad.

Dioddef straen a thrallod pobl eraill

Hyd yn oed mewn teuluoedd sy'n gariadus yn y bôn, gyda rhieni sy'n gwir werthfawrogi a thrysori eu plant, gall newid mewn amgylchiadau weithiau greu straen a thrallod sy'n effeithio'n barhaol ar blant. Mae rhieni sydd dan straen, sy'n drist neu sydd â rhywbeth ar eu meddyliau, yn gallu bod yn ddiamynedd yn wyneb camymddwyn arferol plant, neu'n ddiamynedd â'r diffyg hunanreolaeth a diffyg sgiliau sy'n rhan naturiol o blentyndod cynnar.

Roedd **Jack**, er enghraifft, yn fachgen bach egnïol, anturus a chwilfrydig. Unwaith y dechreuodd gerdded, roedd ei fys ym mhob brywes. Os oedd rhywbeth yn dal ei lygad, byddai'n mynd i gael golwg agosach. Doedd e ddim yn ofni fawr ddim, a hyd yn oed fel plentyn bach, byddai'n dringo coed a neidio i ddŵr dwfn heb feddwl ddwywaith. Arferai ei fam ddweud ei bod angen llygaid yng nghefn ei phen er mwyn cadw golwg arno. Roedd rhieni Jack yn falch o'i gymeriad anturus a'i feddwl chwilfrydig, ac yn meddwl ei fod yn ddoniol ac yn hoffus. Pan oedd yn dair oed, fodd bynnag, cyrhaeddodd gefeilliaid y cartref. Ar yr un pryd, collodd tad Jack ei waith a bu'n rhaid iddo dderbyn swydd gyda chyflog cryn dipyn yn is. Symudodd y teulu o'u tŷ oedd â gardd fechan i fflat bychan ar bedwerydd llawr bloc mawr o fflatiau. Gyda dau fabi newydd, roedd yn anhrefn llwyr. Roedd tad Jack yn gweld colli'i hen swydd yn arw, a throdd yn sarrug a phigog, ac roedd ei fam yn flinedig o hyd. Oherwydd prinder lle yn y fflat, doedd unman i Jack gael gwared ar ei egni, a'r cyfan a wnâi ei fusnesa a'i chwilfrydedd oedd creu llanast.

Daeth yn destun dicter a rhwystredigaeth. Gan ei fod mor ifanc, doedd e ddim yn deall pam roedd pethau wedi newid cymaint. Gwnâi ei orau i eistedd yn dawel a chadw'n glir o drwbl, ond dro ar ôl tro, byddai rhywun yn gweiddi arno ac yn ei smacio weithiau. Doedd hi ddim yn bosib iddo fod yn fe'i hun bellach, heb i rywun ddweud ei fod yn fachgen bach drwg, anufudd ac afreolus. Hyd yn oed pan oedd yn oedolyn, ac yn wynebu anghymeradwyaeth neu feirniadaeth, byddai'n profi'r hen ymdeimlad o anobaith ac o gael ei wrthod – mewn geiriau eraill, yn teimlo ar fai.

Lle eich teulu mewn cymdeithas

Mae'n bosib nad yw'r ffordd rydych chi'n meddwl amdanoch eich hun yn gyfan gwbl seiliedig ar sut cawsoch chi'n bersonol eich trin. Weithiau, mae diffyg hunan-werth yn tarddu o'r ffordd y mae unigolyn a theulu'r unigolyn yn byw, neu ei hunaniaeth ef neu hi fel aelod o grŵp. Er enghraifft, os oedd eich teulu yn dlawd iawn, os oedd gan eich rhieni anawsterau difrifol a oedd yn peri i gymdogion edrych i lawr eu trwynau arnyn nhw, neu os oeddech chi'n aelod o grŵp hiliol, diwylliannol neu grefyddol a oedd yn ennyn gelyniaeth a dirmyg, efallai i'r profiadau hynny ymdreiddio i mewn i chi a bod gennych ymdeimlad parhaol o israddoldeb hyd heddiw.

Roedd hyn yn wir yn achos **Aaron**. Mae ei stori yntau'n dangos sut gall plentyn bywiog a golygus ddod i gredu nad oes ganddo unrhyw gyfraniad i'w gynnig oherwydd i'w grŵp

SUT MAE DIFFYG HUNAN-WERTH YN DATBLYGU

teuluol gael ei wrthod gan y gymdeithas yr oedd yn byw ynddi.

Aaron oedd y plentyn canol o saith, mewn teulu o deithwyr. Cafodd ei fagu gan ei fam a'i mam hithau, heb 'ffigur tadol' cyson, ac roedd bywyd yn galed. Roedd straen ariannol parhaus a doedd dim sefydlogrwydd o fath yn y byd. Roedd nain Aaron, gwraig drawiadol oedd â gwallt llachar wedi'i gannu, yn ymdopi drwy yfed. Roedd atgofion clir gan Aaron o ruthro ar hyd y strydoedd i'r ysgol, ei nain yn gwthio dau blentyn wedi'u stwffio i mewn i goets babi, a'r plant hŷn ac un plentyn bach cwynfanllyd arall yn llusgo'u traed tu ôl iddi. Oherwydd prinder arian, roedd y plant i gyd yn gwisgo dillad ail-law, wedi eu pasio i lawr o un plentyn i'r llall. Roedd eu crysau chwys a'u hwynebau yn fudr, a'u gwallt yn flêr. Bob hyn a hyn, byddai'r nain yn aros ac yn sgrechian ar y plant hŷn i frysio.

Yr hyn oedd wedi aros yng nghof Aaron oedd wynebau pobl yn cerdded i'w cyfarfod wrth i'r teulu ddynesu tuag atyn nhw. Byddai'n gweld eu cegau'n troi, yn edrych arnyn nhw'n gollfarnus, y ffordd roedden nhw'n osgoi edrych i fyw eu llygaid, ac yn clywed eu sylwadau wrth ei gilydd dan eu hanadl. Digwyddai'r un peth pan oedden nhw'n cyrraedd yr ysgol. Ar yr iard, byddai plant a rhieni eraill yn cadw draw oddi wrthyn nhw.

Roedd nain Aaron yr un mor ymwybodol o agweddau pobl eraill, ac yn ffyrnig o warchodol o'i theulu, yn ei ffordd ei hun. Byddai'n gweiddi a rhegi, gan alw enwau a sgrechian bygythiadau.

Drwy gydol ei ddyddiau ysgol, teimlai Aaron gywilydd mawr. Ystyriai ei hun yn esgymun di-werth, a chredai mai ymosod oedd yr amddiffyniad gorau. Roedd yn ymladd byth a beunydd, ac yn methu ymdopi â'r gwersi, ac o ganlyniad, gadawodd yr ysgol heb gymwysterau gan fynd i gadw cwmni i ddynion ifainc eraill oedd yn byw ar gyrion y gyfraith. Yr unig adeg y teimlai'n dda amdano'i hun oedd pan oedd wedi llwyddo i dorri'r rheolau – dwyn heb gael ei ddal neu roi cweir i rywun heb unrhyw ganlyniadau.

Diffyg yr hyn sydd ei angen i ddatblygu hunan-werth cadarn

Mae'n hawdd gweld sut gallai profiadau poenus fel y rhai a ddisgrifir uchod gyfrannu tuag at deimlo'n wael, yn annigonol, yn israddol, yn wan neu'n anodd eich caru. Weithiau, fodd bynnag, mae'r profiadau pwysig yn llai amlwg. O'r herwydd, mae'n ddirgelwch pam eich bod yn teimlo fel hyn amdanoch chi'ch hun. Wnaeth dim byd mor eithafol â hynny ddigwydd yn ystod eich plentyndod – felly pam ydych chi'n cael gymaint o drafferth i gredu yn eich gwerth eich hun?

Mae'n bosib nad profiadau dramatig o wael yw'r broblem, ond yn hytrach *diffyg* profiadau da o ddydd i ddydd i wneud i chi deimlo'n dda amdanoch chi'ch hun. Efallai na ddangoswyd *digon* o ddiddordeb ynoch chi, na chawsoch ddigon o ganmoliaeth, *digon* o anogaeth i fynegi'ch hun, *digon* o gynhesrwydd ac anwyldeb, *digon* o gysur a thawelwch meddwl pan aeth pethau o chwith, *digon* o ofal cariadus a sylwgar pan oeddech chi'n sâl neu'n ofidus – mewn geiriau eraill, dim *digon* o gadarnhad eich bod yn cael eich caru, bod rhywun eich eisiau chi a'ch bod chi'n cael eich gwerthfawrogi am fod yn union pwy oeddech chi. Neu efallai fod eich rhieni

SUT MAE DIFFYG HUNAN-WERTH YN DATBLYGU

yn orofalus ohonoch chi, yn eich gwarchod rhag heriau a gofid, ac yn gwneud pob dim ar eich rhan. Hyd yn oed os gwnaethon nhw hynny er eich lles, mae'n bosib na chawsoch y cyfleoedd angenrheidiol i ddatblygu dewrder, gwydnwch a'r ymdeimlad eich bod yn meddu ar y sgiliau i ddelio â threialon bywyd. Gallai unrhyw un o'r profiadau yma fod wedi dylanwadu ar eich syniadau chi amdanoch eich hun.

Magwyd **Kate**, er enghraifft, gan rieni hŷn o gefndir dosbarth canol llym. Yn y bôn, roedd y ddau yn bobl dda oedd yn gwneud eu gorau i gynnig magwraeth gadarn a dechrau da mewn bywyd i'w hunig ferch. Fodd bynnag, oherwydd y gwerthoedd oedd ar waith pan gawson nhw eu magu, roedden nhw'n cael trafferth mynegi eu cariad yn agored. Yr unig ffordd oedd ganddyn nhw o wneud hynny oedd drwy ofalu am ei hanghenion ymarferol, ei bod yn bwyta deiet cytbwys, yn gwisgo'n daclus ac yn berchen ar amrywiaeth dda o lyfrau a theganau.

Wrth iddi dyfu'n hŷn, gwnaethant yn siŵr ei bod yn mynd i ysgol dda, mynd â hi i'r Geidiau ac i gael gwersi nofio, a thalu iddi fynd ar wyliau gyda ffrindiau. Ond doedden nhw braidd byth yn cyffwrdd â hi – doedd dim cofleidio, dim cusanau na chwtsio, dim enwau cariadus. Ar y dechrau, prin fod Kate yn ymwybodol o hyn. Ond ar ôl iddi ddechrau gweld pa mor agored gariadus oedd teuluoedd eraill, dechreuodd deimlo rhyw dristwch gwag pan oedd gartref. Gwnaeth ei gorau i newid pethau. Byddai'n gafael yn llaw ei thad wrth iddyn nhw gerdded ar hyd y lle – a sylwodd sut byddai yntau'n gollwng ei llaw cyn gynted ag y gallai. Byddai'n rhoi ei breichiau o gwmpas ei mam – ac yn ei theimlo'n sythu'n anghyffordddus. Ceisiodd siarad ynghylch sut roedd hi'n teimlo – a gwelodd yr olwg letchwith ar wynebau ei rhieni, a sut roedden nhw'n newid y pwnc yn sydyn.

Daeth Kate i'r casgliad fod yn rhaid bod eu hymddygiad nhw yn adlewyrchu rhywbeth amdani hi. Roedd ei rhieni'n cyflawni'u dyletswyddau tuag ati, a dim mwy. Mae'n rhaid ei bod hi'n anodd ei charu.

Bod 'yr un gwahanol' gartref

Profiad arall mwy cynnil a all gyfrannu at ddiffyg hunan-werth yw'r profiad o fod yr 'eithriad'; hynny yw, o beidio â ffitio neu o fod wastad ar y tu fas yn y teulu y magwyd chi ynddo. Efallai eich bod yn blentyn artistig mewn teulu academaidd, neu'n blentyn egnïol, hoff o chwaraeon mewn teulu tawel, neu'n blentyn darllengar a meddylgar mewn teulu a oedd bob amser yn gwneud rhywbeth egnïol neu gorfforol. Neu efallai eich bod wedi sylweddoli wrth i chi dyfu i fyny na fyddai eich cyfeiriadedd rhywiol yn cael ei dderbyn na'i gymeradwyo gan eich rhieni a'ch brodyr a'ch chwiorydd mwy confensiynol. Ym mhob achos, doedd dim byd penodol o'i le arnoch chi na nhw, ond doeddech chi am ryw reswm ddim yn gweddu i dempled y teulu neu'n cyd-fynd â norm y teulu. Efallai na wnaethoch chi erioed ddioddef dim byd mwy na phryfocio nerfus neu ymatebion braidd yn ddryslyd. Ond mae pobl yn y sefyllfa hon weithiau'n cael eu gadael gyda'r teimlad fod gwahaniaethu oddi wrth y norm yn golygu bod yn od, yn annerbyniol neu'n israddol.

Roedd **Lin** yn arlunydd eithriadol. Roedd ei rhieni, ar y llaw arall, yn grediniol mai llwyddiant academaidd yn unig oedd yn bwysig. Roedden nhw'n amlwg wrth eu boddau

SUT MAE DIFFYG HUNAN-WERTH YN DATBLYGU

gyda'i dau frawd hŷn, oedd wedi gwneud yn dda yn yr ysgol cyn mynd ymlaen i'r brifysgol, un i fynd yn feddyg a'r llall yn gyfreithiwr. Disgybl cyffredin oedd Lin, fodd bynnag. Nid bod dim byd mawr o'i le ar ei gwaith ysgol – ond doedd hi ddim yn disgleirio yn unol â gobeithion ei rhieni.

Yn ei dwylo a'i llygaid roedd ei doniau hi. Gallai dynnu lluniau a phaentio, ac roedd ei gwaith *collage* yn llawn egni a lliw. Gwnaeth rhieni Lin eu gorau glas i geisio gwerthfawrogi ei thalentau artistig, ond pethau dibwys yn eu hanfod oedd celf a chrefft iddyn nhw – gwastraff amser. Doedden nhw byth yn ei beirniadu'n agored, ond allai hi ddim peidio â sylwi ar eu llygaid yn goleuo wrth sôn am lwyddiannau ei brodyr a chymharu hynny gyda'u diffyg brwdfrydedd pan fyddai hi'n dod â'i gwaith celf gartref. Roedd fel pe bai ganddyn nhw rywbeth pwysicach i'w wneud bob tro na chraffu'n fanwl ar ei gwaith ('Neis iawn, cariad').

Daeth Lin i'r casgliad ei bod yn israddol o'i chymharu â phobl eraill, fwy deallus. Yn oedolyn, cafodd anhawster i fwynhau ei doniau na gweld gwerth ynddynt; tueddai i wfftio ei gwaith fel arlunydd, ac ymddiheuro am ei safon; a byddai'n cael ei llethu gan feddyliau hunanfeirniadol, gan aros yn dawel pan oedd yng nghwmni unrhyw un roedd hi'n ei ystyried yn fwy deallus ac addysgedig na hi.

Bod 'yr un gwahanol' yn yr ysgol

Os yw teimlo'n ddieithr fel aelod o'ch teulu agosaf yn gallu'i gwneud yn anodd teimlo'n dda amdanoch chi'ch hun, yn yr un modd, mae bod yn wahanol i blant eraill yn yr ysgol mewn rhyw ffordd yn gallu peri i bobl feddwl eu bod yn od, yn estron neu'n israddol. Fel yn achos Evie'n gynharach, gall ysgol fod yn amgylchfyd dyrys. Mae'n rhaid ffitio i mewn a chyd-dynnu â phob math o bobl newydd, waeth ydyn ni'n eu hoffi ai peidio. Mae'n rhaid ymdopi â phrofion a gwaith cartref. Mae'n rhaid i ni wisgo'r dillad iawn, mae'n rhaid i ni gael y steil gwallt iawn, a gwrando ar y gerddoriaeth iawn – ac mae'r pwysau hyn yn cynyddu oherwydd y delweddau delfrydol o sut i edrych a sut i fyw sy'n cael eu hyrwyddo gan y wasg boblogaidd a'r cyfryngau cymdeithasol.

Mae plant a phobl ifanc sy'n wahanol i weddill y grŵp mewn unrhyw ffordd yn gallu bod yn destun tynnu coes creulon, bwlio a chau allan, wyneb yn wyneb neu ar-lein. I lawer o blant, mae bod yn wahanol yn gyfystyr â bod yn anghywir. Gall hyn fod yn wir o safbwynt edrych yn wahanol (e.e. lliw croen, gwisgo sbectol), gwahaniaethau mewn personoliaeth (e.e. swildod, sensitifrwydd), gwahaniaethau mewn ymddygiad (e.e. bod ag acen wahanol, bod yn agored gariadus tuag at rieni mewn oed pan nad yw hynny'n cael ei ystyried yn beth cŵl i'w wneud) a gwahaniaethau mewn gallu (e.e. bod yn amlwg ddeallus ac yn dda am wneud gwaith ysgol, neu fod yn araf yn dysgu). Mae bod yn wahanol yn unrhyw un o'r meysydd yma yn gallu gwneud i blant deimlo fod rhywbeth o'i le arnyn nhw – nad ydyn nhw'n cyrraedd y safon angenrheidiol.

Roedd plentyndod cynnar **Tom** yn hapus. Ond dechreuodd wynebu trafferthion yn syth ar ôl dechrau'r ysgol, cyn iddo yn y pen draw gael diagnosis o ddyslecsia. Roedd pob plentyn arall yn y dosbarth yn gwneud cynnydd o ran darllen ac ysgrifennu, ond roedd yntau ar ei hôl hi, a ddim i'w weld yn llwyddo o gwbl. Penodwyd athro i roi cymorth arbennig iddo, a bu'n rhaid iddo gadw cofnod darllen yn y cartref a oedd yn wahanol i un pawb arall.

Dechreuodd plant eraill wneud hwyl am ei ben a galw enwau arno, ac ymatebodd yntau drwy ddatblygu'n glown y dosbarth. Gellid dibynnu arno i fod yng nghanol unrhyw dynnu coes gwirion a direidi. O ganlyniad, dechreuodd yr athrawon golli amynedd ag e, a labelu'i anawsterau yn ddim byd mwy na diogi a chwilio am sylw. Pan alwyd ei rieni i'r ysgol eto fyth i drafod ei ymddygiad, ei ymateb oedd, 'Be ydych chi'n ei ddisgwyl? Dwi'n dwp a dyna fe.'

Profiadau diweddarach

Er bod gwreiddiau diffyg hunan-werth yn aml mewn plentyndod neu yn ystod arddegau unigolyn, mae'n bwysig sylweddoli nad yw hynny'n wir bob tro. Gall hyd yn oed pobl hyderus, sydd â delwedd ffafriol a chadarn ohonyn nhw eu hunain, weld eu hunan-werth yn cael ei danseilio gan bethau sy'n digwydd yn ddiweddarach yn ystod eu bywydau, os yw'r digwyddiadau'n ddigon cryf i adael effaith barhaol. Mae enghreifftiau'n cynnwys bwlio neu fygwth yn y gweithle, bod yn gaeth mewn priodas dreisgar, cael eich llethu gan gyfnod hir o straen diwyro neu galedi materol, neu ddioddef digwyddiadau trawmatig. Gall newidiadau llai dramatig hefyd effeithio ar hunan-werth, os ydyn nhw'n ymwneud â cholli rhywbeth sydd wedi bod yn rhan bwysig o hunaniaeth unigolyn (e.e. dirywiad o ran iechyd, ffitrwydd, pryd a gwedd neu'r gallu i ennill arian, os ydyn nhw wedi bod yn rhan ganolog o wneud i chi deimlo'n dda amdanoch chi'ch hun).

Mae stori **Mike** yn dangos sut mae modd tanseilio

hunanhyder cadarn fel hyn. Swyddog tân oedd Mike. Fel rhan o'i waith, roedd wedi delio â nifer o ddamweiniau a thanau, ac roedd wedi bod mewn sefyllfa, fwy nag unwaith, i allu achub bywydau. Roedd ei blentyndod yn hapus ac yn sefydlog, a châi ei garu a'i werthfawrogi gan ei rieni. Ystyriai ei hun yn ddyn cryf ac abl, dyn a fyddai'n gallu ymdopi ag unrhyw beth a ddôi i'w ran. Dyma sut gallodd lwyddo mewn bywyd a pharhau i fod yn rhadlon a siriol er gwaetha'i swydd anodd, beryglus a heriol. Un diwrnod, wrth iddo yrru ar hyd stryd brysur, camodd gwraig oddi ar y palmant yn syth o'i flaen a chael ei dal o dan olwynion ei gar. Erbyn iddo lwyddo i stopio, roedd hi wedi dioddef anafiadau angheuol. Roedd Mike bob amser yn cario offer cymorth cyntaf, a daeth allan o'r car i weld a allai wneud rhywbeth i helpu. Ar ôl ychydig, wedi i bobl eraill alw am ambiwlans ac ymgynnull i geisio helpu, dechreuodd deimlo'n sâl ac yn llawn sioc, ac enciliodd i'w gar.

Fel llawer o bobl sydd wedi dioddef neu fod yn dystion i ddamweiniau ofnadwy, dechreuodd Mike ddangos symptomau straen wedi trawma. Byddai'r ddamwain yn ailchwarae yn ei feddwl drosodd a throsodd. Roedd y wraig fel ysbryd yn aflonyddu arno – wastad ar ei feddwl, boed ynghwsg neu'n effro. Roedd euogrwydd yn ei lethu – dylai fod wedi gallu stopio'r car, dylai fod wedi aros gyda'r wraig hyd y diwedd un. Roedd o hyd ar bigau'r drain, yn flin ac yn ddiflas – yn hollol wahanol i'r dyn yr arferai fod.

Dull arferol Mike o ymdopi ag anawsterau oedd dweud wrtho'i hun fod bywyd yn mynd yn ei flaen, fod yn rhaid iddo roi'r cyfan tu cefn iddo a byw yn y funud. Felly ceisiodd beidio â meddwl am yr hyn a ddigwyddodd, a mygu'i

SUT MAE DIFFYG HUNAN-WERTH YN DATBLYGU

deimladau. Yn anffodus, canlyniad hyn oedd iddo fethu dod i delerau â'r hyn a ddigwyddodd. Dechreuodd deimlo bod ei bersonoliaeth wedi newid, a hynny er gwaeth. Roedd y ffaith nad oedd wedi llwyddo i osgoi'r ddamwain, ei fod wedi encilio i'r car, nad oedd wedi gallu rheoli ei deimladau a'i feddyliau, yn gwneud iddo ystyried ei hun yn ddyn gwan ac annigonol, yn hytrach nag yn gryf ac abl fel cynt – yn ddyn truenus a phathetig.

Dydy profiadau diweddarach mewn bywyd sy'n effeithio ar hunan-werth ddim bob amser mor ddramatig â hyn, o reidrwydd. Gall colledion a newidiadau mwy graddol gael effaith sylweddol hefyd, os yw'r peth sy'n cael ei golli neu sy'n newid yn rhywbeth oedd yn sail i ymdeimlad unigolyn o'i werth ei hun. Roedd **Mary**, er enghraifft, yn berson ystyriol a sensitif, yn ymwybodol iawn o anghenion eraill ac yn falch o helpu. Hi oedd yr un oedd yn gofalu am bobl eraill bob amser. Cafodd ei chanmol am fod yn ystyriol pan oedd yn blentyn, ac o ganlyniad, daeth i ystyried mai dyna'i hanfod. A dweud y gwir, roedd wrth ei bodd yn helpu, ac roedd pawb oedd yn ei hadnabod yn meddwl y byd o'i natur ofalgar a'i gweithredoedd caredig. Ond wrth iddi heneiddio, dirywiodd ei hiechyd, ei chryfder a'i hegni'n raddol. Daeth yn llai a llai abl i ofalu am ei theulu, ei ffrindiau a'i chymdogion fel yr arferai wneud yn y gorffennol. Yn hytrach na sylweddoli y gallai ddefnyddio caredigrwydd ei chalon i gynnig clust i wrando neu gefnogaeth gariadus, teimlai Mary'n fwyfwy digalon. Beth oedd ei phwrpas hi bellach? Doedd hi'n dda i ddim i neb.

Pontio'r gorffennol a'r presennol: Y Llinell Sylfaen

Mae'r straeon hyn i gyd yn dangos sut mae profiad yn llunio hunan-werth. Wrth i bobl fynd yn hŷn, maen nhw'n mynd â lleisiau pobl a oedd yn bwysig iddyn nhw yn gwmni ar y daith. Nid lleisiau rhieni yw'r rhain, o reidrwydd. Gall perthnasau (teidiau a neiniau, er enghraifft, neu frodyr neu chwiorydd hŷn), athrawon, gwarchodwyr, cyfeillion a ffrindiau ysgol gael effaith fawr ar hunanhyder a hunan-werth. Mae'n bosib y byddwn yn beirniadu'n hunain yn yr un oslef galed, yn galw'r un enwau angharedig arnon ni'n hunain, yn cymharu ein hunain â phobl eraill ac â sut dylen ni fod. Hynny yw, mae'r pethau hynny rydyn ni'n credu eu bod yn wir amdanon ni heddiw yn aml yn adlewyrchu'r union negeseuon roedden ni'n eu clywed yn gyson fel plant.

Yn ogystal â hyn, mae'n bosib y byddwn yn ailbrofi emosiynau a theimladau corfforol, ac yn gweld lluniau yn y meddwl sy'n deillio'n ôl i gyfnod llawer cynharach. Pan fyddai Lin, er enghraifft, yn cyflwyno darlun ar gyfer arddangosfa, byddai'n clywed llais amyneddgar ei mam ('Wel, os wyt ti'n hoff ohono fe, cariad') a phrofi'r un teimlad diffygiol hwnnw yn ei stumog ag a deimlai pan oedd yn blentyn. Byddai Jack, pan oedd yn ei hwyliau gorau ac yn llawn egni a syniadau, yn gweld llun yn fflachio yn ei feddwl o wyneb blin ei dad yn gweiddi ac yn syth bìn byddai'n teimlo'n chwithig, yn ddihyder ac wedi ei lethu. Mae ôl-fflachiadau fel hyn, wedi'u porthi gan atgofion poenus, yn gallu bod mor fyw, mor real, fel bod yr hyn ddigwyddodd yr holl flynyddoedd yn ôl yn ymddangos fel pe bai'n digwydd eto'r eiliad hon, gan brofi

SUT MAE DIFFYG HUNAN-WERTH YN DATBLYGU

nad oes dim wedi newid; mae'r holl bethau rydyn ni wedi'u credu amdanon ni'n hunain yn wir.

Pam mae hyn yn digwydd? Mae bywyd yn mynd yn ei flaen, wedi'r cwbl, a dydyn ni ddim yn blant bellach. Rydyn ni wedi meithrin profiadau oedolion, felly pam mae'r digwyddiadau hyn, o niwloedd y gorffennol, yn dal i ddylanwadu ar ein hymddygiad ni heddiw?

Mae'r ateb i'w ganfod yn y modd y mae ein profiadau wedi gosod sylfaen ar gyfer casgliadau cyffredinol amdanom ein hunain, ein barn ni ein hunain amdanom fel pobl. Gallwn gyfeirio at y casgliadau hyn fel y Llinell Sylfaen. Sut rydych chi'n gweld eich hun sydd wrth wraidd diffyg hunan-werth – dyna yw'r Llinell Sylfaen. Yn aml, gall y Llinell Sylfaen fod yn un frawddeg fer yn dechrau gyda'r geiriau 'Dwi...' neu 'Dydw i ddim...' Edrychwch yn ôl drwy'r straeon sydd wedi cael sylw eisoes. Allwch chi nodi Llinell Sylfaen y bobl a ddisgrifiwyd ynddyn nhw?

Ffigur 3. Y Llinell Sylfaen

Briony	Dwi'n ddrwg
Rajiv	Dydw i ddim yn ddigon da
Evie	Dwi'n dew ac yn hyll
Jack	Dwi ar fai o hyd
Aaron	Dwi'n ddi-werth
Kate	Dwi'n anodd fy ngharu
Lin	Dydw i ddim yn bwysig, dwi'n israddol

Tom	Dwi'n dwp
Mike	Dwi'n gryf ac abl → Dwi'n druenus
Mary	Dwi'n garedig a gofalgar → Dwi'n dda i ddim

Mae'r syniadau gofidus y mae'r bobl yma wedi'u datblygu ynghylch eu hunain yn deillio'n naturiol o'u profiadau personol. O ystyried beth sydd wedi digwydd iddyn nhw, mae'r farn sydd ganddyn nhw amdanyn nhw eu hunain yn gwneud perffaith synnwyr. Ond wrth i chi ddarllen eu straeon, oeddech chi'n cytuno â'r farn honno? Oeddech *chi'n* meddwl fod Briony'n ddrwg, nad oedd Rajiv yn ddigon da, fod Evie'n dew ac yn hyll, a Jack yn haeddu cael y bai am bob dim? Yn eich barn *chi*, a oedd Aaron yn ddi-werth ac yn haeddu bod yn esgymun? Oeddech *chi'n* cytuno bod Kate yn anodd ei charu, Lin yn ddibwys ac yn israddol, Tom yn dwp, Mike yn druenus a Mary'n dda i ddim?

Fel rhywun o'r tu allan, mae'n siŵr eich bod yn gallu gweld nad oedd Briony'n gyfrifol am yr hyn a ddigwyddodd iddi hi, bod anghenion penodol tad Rajiv yn cymylu ei farn, mai unig fai Evie oedd methu bodloni rhyw ddelfryd ffug, bod agwedd rhieni Jack tuag ato wedi newid oherwydd bod eu hamgylchiadau anodd wedi peri iddyn nhw fethu sylwi ar ei briodweddau cariadus a throi ei gryfderau'n ffynonellau straen. Mae'n debyg ei bod yn amlwg i chi nad bai Aaron oedd y collfarnu a ddaeth i'w ran, mai diffygion rhieni Kate oedd wrth wraidd eu hanhawster i ddangos cariad tuag ati, bod safonau cul rhieni Lin yn eu hatal rhag gwerthfawrogi ei

SUT MAE DIFFYG HUNAN-WERTH YN DATBLYGU

doniau, ac nad twpdra oedd wrth wraidd arafwch Tom. Yn yr un modd, mae'n debygol eich bod yn gallu gweld mai ymateb amlwg a dealladwy i ddigwyddiad enbyd oedd trallod Mike, nid arwydd o wendid, a bod Mary'n dal i fod yn unigolyn caredig a gofalgar, er bod ei hiechyd hi'n ei hatal rhag dangos hynny i'r un graddau ag yr arferai ei wneud.

Nawr, meddyliwch am eich barn chi amdanoch chi'ch hun, a'r profiadau a gafodd eu bwydo i'w ffurfio wrth i chi dyfu i fyny ac o bosib yn ddiweddarach yn eich bywyd. Beth ydych chi'n meddwl yw'ch Llinell Sylfaen chi? Beth ydych chi'n ei ddweud amdanoch chi'ch hun pan fyddwch chi'n beirniadu'ch hun? Pa enwau ydych chi'n galw'ch hun pan ydych chi'n ddig a rhwystredig? Pa eiriau oedd pobl yn eich bywyd yn eu defnyddio i fynegi eu dicter neu eu siom tuag atoch? Pa negeseuon amdanoch chi'ch hun rydych chi wedi'u dysgu gan eich rhieni, perthnasau eraill neu'ch cyfoedion? Pe baech chi'n gallu crynhoi hanfod eich amheuon amdanoch eich hun mewn un frawddeg 'Dwi/Dydw i ddim...', beth fyddai'r frawddeg honno?

Cofiwch, fydd eich Llinell Sylfaen ddim wedi ymddangos o nunlle. Doeddech chi ddim yn meddwl yn negyddol amdanoch chi'ch hun pan gawsoch eich geni. Mae'r farn hon yn seiliedig ar brofiad. Pa brofiadau'n union? Beth sy'n dod i'r meddwl pan ofynnwch i chi'ch hun pryd oedd y tro cyntaf i chi deimlo fel rydych chi amdanoch chi'ch hun? Oes yna un digwyddiad sy'n crynhoi'r syniadau yma i chi? Oes gennych chi atgofion penodol? Neu a oedd yna gyfres o ddigwyddiadau dros gyfnod o amser? Neu ymdeimlad llugoer cyffredinol, efallai, neu deimlad o ddiffyg cymeradwyaeth? Nodwch eich syniadau. Byddwch yn gallu defnyddio'r wybodaeth hon yn ddiweddarach fel sail i newid eich barn amdanoch chi'ch hun.

Deall gwreiddiau'r diffyg hunan-werth yw'r cam cyntaf tuag at newid. Mae'n siŵr y gallwch weld fod casgliadau Briony a'r gweddill ynghylch eu hunain yn seiliedig ar gamddealltwriaethau ynghylch ystyr eu profiadau – camddealltwriaethau sy'n gwneud synnwyr llwyr, o gofio iddyn nhw lunio'r casgliadau ar adeg pan nad oedd ganddyn nhw brofiad oedolyn i allu gosod cynsail ehangach, fwy realistig a thosturiol neu pan oedden nhw mewn gormod o ofid i allu meddwl yn gall.

Dyma sy'n allweddol am y Llinell Sylfaen sydd wrth wraidd diffyg hunan-werth. Waeth pa mor gadarn a phendant mae'n ymddangos, waeth pa mor gryf yn ôl pob golwg y mae wedi'i gwreiddio mewn profiad, mae fel arfer yn rhagfarnllyd ac yn anghywir, oherwydd iddi gael ei seilio ar safbwynt plentyn. Os yw'ch hunanhyder wedi bod yn isel erioed, mae'n debygol i'ch Llinell Sylfaen gael ei ffurfio pan oeddech chi'n rhy ifanc a dibrofiad i oedi, camu'n ôl, edrych arni'n fanwl a'i chwestiynu; yn y bôn, i sylweddoli mai barn oedd hi, nid ffaith.

Meddyliwch am eich Llinell Sylfaen chi'ch hun. Ydy hi'n bosib i chi lunio casgliadau amdanoch chi'ch hun ar sail camddealltwriaethau tebyg? I chi feio'ch hun am rywbeth nad oedd yn fai arnoch chi? I chi gymryd cyfrifoldeb am ymddygiad person arall? I chi ystyried problemau penodol fel arwydd mai gwerth isel sydd i chi fel unigolyn? I chi dderbyn safonau rhywun arall cyn bod gennych ddigon o brofiad i wybod eu hyd a'u lled? Yn benodol, meddyliwch am unigolyn arall sydd â'r un profiadau â chi – fyddech chi'n barnu'r person hwnnw mewn modd mor annheg ag rydych chi'n barnu'ch hun, neu a fyddech chi'n dod i ryw gasgliad arall yn ei gylch? Sut byddech chi'n ceisio deall ac egluro beth sydd wedi digwydd i chi pe bai wedi digwydd i rywun sy'n annwyl i chi ac rydych chi'n ei barchu?

Ar hyn o bryd, mae'n bosib y byddwch yn ei chael yn anodd llunio unrhyw fath o agwedd wahanol. Unwaith mae'r Llinell Sylfaen wedi'i ffurfio, mae'n gynyddol anoddach sylweddoli nad yw'n ddim byd mwy na syniad a gafodd ei lunio amser maith yn ôl, hen feddylfryd di-fudd, unllygeidiog – rhywbeth y gallwch ddysgu torri'n rhydd oddi wrtho, ei gwestiynu a'i brofi. Mae hyn oherwydd bod y Llinell Sylfaen yn cael ei chynnal, yn wir ei hatgyfnerthu, gan dueddiadau meddwl systematig sy'n ei gwneud yn hawdd i chi sylwi ar unrhyw beth sy'n gyson â'r llinell honno, gan atgyfnerthu'r syniadau y tu ôl iddi a'ch annog i anwybyddu a gwrthod unrhyw beth sy'n mynd yn groes iddi. Mae hefyd yn arwain at ddatblygu Rheolau Byw, sef strategaethau ar gyfer rheoli eich hun, rheoli pobl eraill a rheoli'ch byd, a'r cyfan yn seiliedig ar y rhagdybiaeth bod eich Llinell Sylfaen yn wir.

Tueddiadau a rhagfarn yn eich ffordd o feddwl

Mae dwy duedd unllygeidiog yn y meddwl sy'n cyfrannu at gadw'ch Llinell Sylfaen yn fyw ac yn iach, sef:

1. rhagfarn yn y ffordd rydych chi'n meddwl amdanoch eich hun neu yn eich canfyddiad ohonoch eich hun (canfyddiad rhagfarnllyd)
2. rhagfarn yn y ffordd rydych yn defnyddio'r hyn rydych yn ei weld (dehongli rhagfarnllyd)

GORESGYN DIFFYG HUNAN-WERTH

1. Canfyddiad rhagfarnllyd

Mae diffyg hunan-werth yn eich llywio i sylwi ar unrhyw beth sy'n ategu'ch syniadau negyddol amdanoch chi'ch hun. Rydych yn sylwi'n gyflym iawn ar unrhyw beth nad ydych yn ei hoffi amdanoch eich hun neu sy'n eich gwneud yn anhapus. Gall hyn olygu agweddau ar eich corff a'ch pryd a gwedd (e.e. mae eich llygaid yn rhy fach), eich cymeriad (e.e. dydych chi ddim yn ddigon allblyg) neu hyd yn oed gamgymeriadau rydych yn eu gwneud ('Ddim eto. Sut *gallwn* i fod mor dwp?') neu ffyrdd nad ydych yn cyrraedd rhyw safon neu ddelfryd (e.e. peidio â chael 110% mewn rhyw aseiniad). Mae eich holl ddiffygion, ffaeleddau a gwendidau yn neidio allan a'ch cnoi ar eich trwyn.

Ar y llaw arall, rydych yn diystyru'n syth unrhyw beth *nad* yw'n cyd-fynd â'ch barn chi amdanoch eich hun. Mae'n anodd i chi gael darlun clir o'ch cryfderau, eich priodweddau, eich rhinweddau a'ch sgiliau. Y canlyniad yn y pen draw yw eich bod yn byw eich bywyd gyda'r prif ffocws ar y pethau rydych yn eu gwneud o le, nid y pethau rydych yn eu gwneud yn iawn.

2. Dehongli rhagfarnllyd

Mae diffyg hunan-werth nid yn unig yn gwyrdroi'ch canfyddiad chi ohonoch eich hun, ond mae hefyd yn gwyrdroi'r ystyr a roddwch i'r hyn a welwch. Os nad yw rhywbeth yn mynd yn dda, rydych chi'n debygol o ddefnyddio hynny fel sail i farn hollgwmpasog a gorgyffredinol amdanoch chi'ch hun – rêl chi i wneud rhywbeth o'i le, ac ati. O ganlyniad, i chi, mae camgymeriadau a methiannau eithaf dibwys yn adlewyrchu eich gwerth fel person, ac mae ganddyn nhw (yn eich barn chi) oblygiadau sylweddol ar gyfer y dyfodol. Mae modd gwyrdroi profiadau niwtral a rhai cadarnhaol, hyd yn oed, i weddu i'ch barn gyffredinol amdanoch chi'ch hun. Er enghraifft, os yw rhywun yn dweud eich bod yn edrych yn dda, efallai y byddwch yn dod i'r casgliad preifat eich bod chi wedi edrych yn wael cyn hynny, neu hyd yn oed yn diystyru'r ganmoliaeth yn llwyr (mae'r eithriad yn profi'r rheol, dim ond bod yn garedig oedden nhw, ac ati). Mae eich meddwl yn gyson yn creu rhagfarn o blaid hunanfeirniadaeth, yn hytrach nag anogaeth, gwerthfawrogiad, ymfodloni neu ganmoliaeth.

Y canlyniad

Fel y gwelwch yn Ffigur 4 isod, mae'r tueddiadau rhagfarnllyd hyn yn cydweithio i atgyfnerthu diffyg hunan-werth. Oherwydd mai barn sylfaenol negyddol sydd gennych chi amdanoch chi'ch hun, rydych yn grediniol y bydd y gwaethaf yn digwydd (byddwn yn edrych ar hyn yn fanwl ym Mhennod 4). Mae'r disgwyliad hwn yn eich gwneud yn sensitif i unrhyw arwydd fod pethau'n mynd i ddigwydd fel roeddech chi'n tybio. Yn ogystal, waeth sut bydd pethau'n troi allan, rydych yn debygol o roi gogwydd negyddol ar ddigwyddiadau. O ganlyniad i hynny, bydd eich atgofion o'r digwyddiad dan sylw wedi eu lliwio gan ragfarn negyddol, a bydd hynny'n atgyfnerthu'r farn negyddol sydd gennych amdanoch chi'ch hun eisoes, ac yn eich gwneud yn fwy tebygol o ragweld y gwaethaf eto yn y dyfodol.

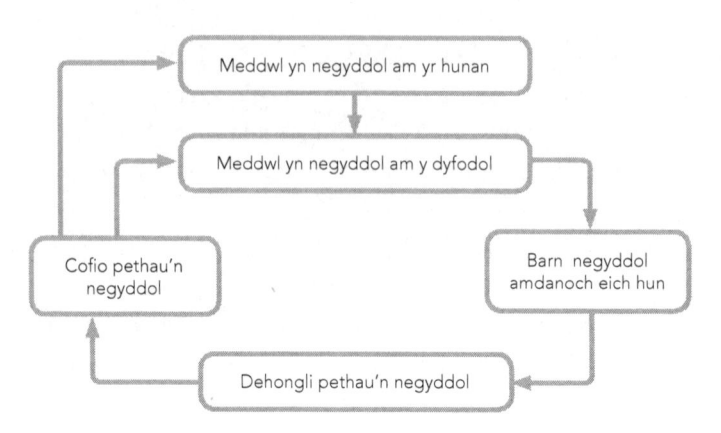

Ffigur 4. Diffyg Hunan-werth: Tueddiadau Meddwl

```
         ┌──────────────────────────────────┐
         │  Meddwl yn negyddol am yr hunan  │
         └──────────────────────────────────┘
                         │
                         ▼
         ┌──────────────────────────────────┐
    ┌───▶│  Meddwl yn negyddol am y dyfodol │
    │    └──────────────────────────────────┘
    │                                    │
    │                                    ▼
┌─────────────┐                   ┌──────────────────┐
│Cofio pethau'n│                  │ Barn negyddol    │
│  negyddol   │                   │ amdanoch eich hun│
└─────────────┘                   └──────────────────┘
    ▲                                    │
    │    ┌──────────────────────────────┐│
    └────│  Dehongli pethau'n negyddol  │◀┘
         └──────────────────────────────┘
```

Mae'r tueddiadau meddwl cyson negyddol hyn yn eich rhwystro rhag sylweddoli mai barn yn unig yw eich credoau amdanoch chi'ch hun – yn seiliedig ar brofiad, mae'n ddigon gwir, ac o bosib yn argyhoeddiadol rymus – ond barn serch hynny. Barn sydd hefyd yn gynyddol seiliedig ar ragfarn, ac felly'n llithro ymhellach ac ymhellach o bwy ydych chi go iawn. Mae Christine Padesky, therapydd ymddygiad gwybyddol o America, wedi awgrymu bod arddel barn negyddol o'r fath fel bod â rhagfarn yn eich erbyn chi'ch hun. Y peth allweddol am ragfarnau yw eu bod yn anwybyddu unrhyw beth sy'n eu gwrth-ddweud, ac yn dibynnu'n llwyr ar dystiolaeth sy'n ymddangosiadol gefnogol iddyn nhw. Gall rhagfarnau fod yn bwerus, ymhell tu hwnt i'w gwir werth. Mae'n hawdd gweld enghreifftiau o gredoau mor bwerus o'n cwmpas – rhagfarnau yn erbyn pobl o grwpiau hiliol, diwylliannol neu grefyddol penodol, yn erbyn pobl o grwpiau oedran, rhyw neu gyfeiriadedd rhywiol. Gall barn gref o'r fath, heb unrhyw dystiolaeth wirioneddol, yrru pobl i wrthod y bobl hyn neu fod yn greulon tuag atynt, a hyd yn oed i ryfel.

Dyna sut mae hi gyda diffyg hunan-werth. Mae tueddiadau yn eich meddyliau amdanoch chi'ch hun (rhagfarnau yn eich erbyn chi'ch hun) yn cynnal agweddau negyddol, yn eich gwneud yn orbryderus ac yn anhapus, yn cyfyngu ar eich bywyd ac yn eich atal rhag chwilio am ddarlun mwy caredig, tosturiol, cytbwys, derbyniol a chywir o'r person ydych chi mewn gwirionedd.

Rheolau Byw

Hyd yn oed os ydych chi'n credu eich bod chi mewn rhyw ffordd yn anghymwys neu'n annigonol, yn anneniadol neu'n anodd eich caru, neu ddim yn ddigon da, mae'n rhaid i chi ddal i weithredu yn y byd. Mae Rheolau Byw yn eich helpu i wneud hyn. Maen nhw'n eich galluogi i deimlo'n weddol gyfforddus gyda chi'ch hun, cyn belled â'ch bod yn ufuddhau i'w hamodau. Hynny yw, maen nhw'n galluogi pobl i weithredu'n effeithiol mewn bywyd, fwy neu lai, er gwaethaf eu cred yn y Llinell Sylfaen.

Yn baradocsaidd, fodd bynnag, maen nhw hefyd mewn gwirionedd yn helpu i gynnal y Llinell Sylfaen ac felly'n cynnal diffyg hunan-werth. Gall edrych ar Reolau Byw'r bobl a ddisgrifir uchod roi syniad i chi o sut maen nhw'n gwneud synnwyr yng nghyd-destun y Llinell Sylfaen, a sut maen nhw'n gweithio'n ymarferol i ddiogelu hunan-werth.

Mae'r Rheolau Byw a ddatblygwyd gan bob un o'r bobl hyn (gweler tudalennau 73–4) yn ymgais ddealladwy i ymdopi, yn 'gymal dianc', yn seiliedig ar y dybiaeth bod y Llinell Sylfaen yn wir. Mae'r Rheolau yn dweud wrthych sut mae'n rhaid i chi ymddwyn, pwy sy'n rhaid i chi fod, er mwyn teimlo'n iawn amdanoch chi'ch hun. Cyn belled â'ch bod yn dilyn y Rheolau, bydd popeth yn iawn. Ond os ydych chi'n methu, mae'r Llinell Sylfaen yn weithredol. Felly, nid mater o ddewis yw ufuddhau i'r Rheolau – mae'n rhywbeth y mae'n rhaid i chi ei wneud, doed a ddelo.

Mewn sefyllfaoedd bob dydd, caiff y Rheolau eu hadlewyrchu mewn polisïau neu strategaethau penodol. Er enghraifft, roedd rheolau Briony am beryglon ecsbloetio a gorfod cuddio'r hi go iawn wedi arwain at fabwysiadu'r strategaeth o osgoi perthynas agos. Cadwai unrhyw gyswllt cymdeithasol i'r hyn oedd yn angenrheidiol yn unig, a phe bai hi'n gorfod treulio amser gyda phobl, cadwai'r sgwrs yn ysgafn gan osgoi cwestiynau amdani hi ei hun. Byddai hi bob amser yn wyliadwrus am unrhyw arwyddion y gallai pobl ei gwthio i wneud pethau nad oedd hi'n dymuno eu gwneud, ac amddiffynnai ei gofod personol yn daer.

Mae'n bwysig sylweddoli, i ryw raddau, fod strategaethau o'r fath yn gweithio. Er enghraifft, roedd safonau uchel ac ofn methiant a beirniadaeth Rajiv wedi ei annog i berfformio i lefel gyson uchel, gan olygu ei fod wedi cael llwyddiant ysgubol yn ei fywyd gwaith. Ond talodd bris am hyn. Roedd ei Reolau Byw wedi creu ymdeimlad cynyddol o straen, a'i gwneud yn amhosib iddo ymlacio a mwynhau ei lwyddiannau. Yn ogystal, roedd ei angen i berfformio yn golygu bod gwaith wedi meddiannu ei fywyd, ar draul unrhyw berthynas bersonol ac amser hamdden.

SUT MAE DIFFYG HUNAN-WERTH YN DATBLYGU

Ffigur 5. Rheolau Byw

	Y Llinell Sylfaen	**Rheolau Byw**
Briony	Dwi'n ddrwg	Os byddaf yn gadael i rywun glosio ataf, fe fydd yn fy mrifo ac yn manteisio arnaf Rhaid i mi beidio â gadael i neb weld y fi go iawn
Rajiv	Dydw i ddim yn ddigon da	Os nad ydw i'n gwneud popeth yn iawn, wna i ddim llwyddo yn fy mywyd Os yw rhywun yn fy meirniadu, mae'n golygu fy mod wedi methu
Evie	Dwi'n dew ac yn hyll	Mae fy ngwerth yn dibynnu ar sut dwi'n edrych ac ar fy mhwysau
Jack	Dwi ar fai o hyd	Mae'n rhaid i mi gadw rheolaeth gadarn arnaf fy hun drwy'r amser
Aaron	Dwi'n ddi-werth	Mae'n rhaid taro'n ôl er mwyn goroesi Beth bynnag fydda i'n ei wneud, ni fydd neb yn fy nerbyn
Kate	Dwi'n anodd fy ngharu	Os nad ydw i'n gwneud popeth mae pobl yn ei ddisgwyl gen i, fe fydda i'n cael fy ngwrthod Os ydw i'n gofyn am beth dwi ei angen, fe gaf i fy siomi

GORESGYN DIFFYG HUNAN-WERTH

Lin	Dydw i ddim yn bwysig Dwi'n israddol	Os nad oes gan rywun ddiddordeb ynof, bydd hynny oherwydd nad ydw i'n deilwng o'i ddiddordeb Heb gydnabyddiaeth gan eraill, does dim byd wna i o unrhyw werth
Tom	Dwi'n dwp	Mae'n well peidio â thrio na methu
Mike	Dwi'n gryf ac abl ↓ Dwi'n druenus	Fe ddylwn i allu ymdopi â phopeth a ddaw i'm rhan Mae gadael i fy emosiynau fy nhrechu yn arwydd o wendid
Mary	Dwi'n garedig a gofalgar ↓ Dwi'n dda i ddim	Os nad ydw i'n gofalu am eraill, dwi'n dda i ddim

Ym Mhennod 7, rydym yn sôn yn fanylach am Reolau Byw, eu heffaith ar eich meddyliau a'ch teimladau a sut rydych yn rheoli eich bywyd, a sut i'w newid a rhyddhau eich hun o'r cyfyngiadau maen nhw'n eu gosod arnoch chi.

SUT MAE DIFFYG HUNAN-WERTH YN DATBLYGU

Crynodeb o'r bennod

1. *Barn, nid ffeithiau, yw eich teimladau negyddol chi amdanoch chi'ch hun (eich Llinell Sylfaen).*
2. *Casgliadau ydyn nhw amdanoch chi'ch hun sy'n seiliedig ar brofiadau (profiadau cynnar fel arfer, ond nid bob tro). Gall ystod eang o brofiadau gyfrannu at y casgliadau hyn, yn cynnwys rhai negyddol a diffyg profiadau cadarnhaol.*
3. *Unwaith mae'r Llinell Sylfaen yn ei lle, gall fod yn anodd ei newid, oherwydd ei bod yn cael ei chynnal a'i hatgyfnerthu gan dueddiadau unllygeidiog y meddwl. Golyga hyn fod profiadau sy'n cyd-fynd â'r farn negyddol yn cael eu derbyn yn rhwydd, ond bod profiadau sy'n ei gwrth-ddweud yn cael eu hanwybyddu neu eu diystyru.*
4. *Mae'r Llinell Sylfaen hefyd yn arwain at ddatblygu Rheolau Byw, sef safonau neu ganllawiau y mae'n rhaid i chi eu bodloni er mwyn teimlo'n gyfforddus yn eich croen. Mae'r rhain wedi eu cynllunio i'ch helpu i weithredu yn y byd, gan gymryd eich bod yn credu bod y Llinell Sylfaen yn wir. Mewn gwirionedd, mae'r Rheolau Byw yn atgyfnerthu'r Llinell Sylfaen ac yn cynnal diffyg hunan-werth.*

3

Beth sy'n cynnal diffyg hunan-werth

Cyflwyniad

Gall gwreiddiau credoau negyddol amdanoch chi'ch hun fod yn y gorffennol, ond mae eu heffaith yn parhau hyd heddiw. Fel arall, fyddech chi ddim yn darllen y llyfr hwn! Bydd y bennod hon yn eich helpu i ddeall sut mae'ch patrymau beunyddiol o feddwl ac ymddwyn yn cynnal diffyg hunan-werth ac yn eich atal rhag ymlacio i mewn i'ch profiadau, a derbyn, trysori a gwerthfawrogi eich hun.

Byddwn yn edrych ar y cylch cythreulig sy'n cael ei sbarduno pan fyddwch mewn sefyllfa lle gallech dorri eich Rheolau Byw a thrwy hynny danio eich Llinell Sylfaen a'i rhoi ar waith. Dangosir y cylch yn hanner isaf y siart llif ar dudalen 42. Efallai ei fod yn edrych braidd yn gymhleth, ond peidiwch â phoeni. Mae'n cael ei ddisgrifio'n fanwl isod, a bydd y bennod hon yn amlinellu sut mae'n gweithio yn ymarferol, gan ddangos fesul cam sut mae rhagfynegiadau gorbryderus a meddwl hunanfeirniadol yn effeithio ar sut rydych chi'n teimlo ac yn ymddwyn yn eich bywyd bob dydd. Y syniad yw ymchwilio i sut mae'r syniadau hyn yn berthnasol i *chi*, archwilio sut bydden nhw'n gallu ffitio'ch patrwm penodol chi o feddyliau, teimladau ac ymddygiad. Felly, wrth i chi ddarllen y bennod, cofiwch ofyn i chi eich hun yn rheolaidd: Sut mae hyn yn ffitio? Beth yw'r sefyllfaoedd sy'n sbarduno rhagfynegiadau gorbryderus ynof i? Sut mae fy rhagfynegiadau'n effeithio ar fy emosiynau ac ar fy nghyflwr corfforol? Beth ddylwn i ei wneud (neu beidio â'i wneud) i'w hatal rhag cael eu gwireddu? Sut deimlad yw cael yr hyn rwy'n ei gredu amdanaf fy hun wedi'i gadarnhau? Sut ydw i'n gwybod ei fod yn digwydd? Beth yw natur fy meddyliau hunanfeirniadol? Sut maen nhw'n effeithio ar fy nheimladau a'r hyn dwi'n ei wneud – ac, yn bennaf, yn effeithio ar yr hyn dwi'n ei gredu amdanaf fy hun?

Efallai y bydd yn fuddiol i chi lunio eich cylch cythreulig eich hun wrth i chi fynd drwy'r bennod, naill ai ar bapur neu'n electronig. Defnyddiwch y syniadau a ddisgrifir yma fel cyfle i feddwl yn ddwys am eich profiad eich hun, i fyfyrio arnoch chi'ch hun ac i wella'ch dealltwriaeth o sut mae diffyg hunan-werth yn dylanwadu arnoch chi o ddydd i ddydd.

Sbarduno'r system: Torri'r Rheolau

Yn y bennod ddiwethaf, cyflwynwyd y syniad y gall y Rheolau Byw a ddyfeisiwyd gennych, a'r strategaethau dyddiol y maen nhw'n eu hadlewyrchu, gynorthwyo i gadw diffyg hunan-werth draw yn y tymor byr. Fodd bynnag, yn y pen draw, mae'r Rheolau hynny yn cynnal ac yn atgyfnerthu diffyg hunan-werth oherwydd eu bod yn mynnu pethau sy'n amhosib eu bodloni – er enghraifft, perffeithrwydd, cariad a chymeradwyaeth gyffredinol, hunanreolaeth gyflawn neu reolaeth dros eich byd. Yn anochel, mae hyn yn golygu bod eich llesiant yn fregus.

BETH SY'N CYNNAL DIFFYG HUNAN-WERTH

Mae dau fath o sefyllfa yn tanio eich Llinell Sylfaen. Y math cyntaf yw sefyllfaoedd lle rydych chi'n teimlo y *gallech* chi dorri eich Rheolau – dydy e ddim yn sicr o ddigwydd, ond *gallai* ddigwydd. Yn yr achos yma, mae elfen o ansicrwydd a hwnnw wedyn yn arwain at gyfres orbryderus o adweithiau. Yr ail fath yw sefyllfaoedd lle rydych chi'n gwybod i sicrwydd bod eich Rheolau *wedi* cael eu torri, tu hwnt i unrhyw amheuaeth. Yn yr achos yma, bydd y canlyniad yn esgor ar deimladau tebycach i iselder. Gadewch i ni ystyried y ddwy sefyllfa yn eu tro.

Ffigur 6. Y Cylch Cythreulig sy'n Cynnal Diffyg Hunan-werth

```
                    Sefyllfaoedd Sbarduno
                    Sefyllfaoedd lle mae'r rheolau:

    Yn cael eu torri                    Yn gallu cael eu torri
   (pendant, dim amheuaeth)                    (ansicr)

                    Tanio'r Llinell Sylfaen

   Iselder                          Rhagfynegiadau Negyddol
                                            Pryder

        Ymddygiad di-fudd
                                        Gorbryder

   Meddwl hunanfeirniadol              Ymddygiad di-fudd
        Anobaith                   e.e. osgoi, rhagofalon diangen,
        Pendroni                    tarfu, diystyru llwyddiant

                    Cadarnhau'r Llinell Sylfaen
                    e.e. roeddwn i'n gwybod,
                    Dwi'n ddrwg/di-werth/twp
                    Dydw i ddim yn ddigon da, ac ati
```

Pan allai'ch Rheolau gael eu torri: Llwybr gorbryder

Os ydych chi mewn sefyllfa lle rydych chi mewn perygl o dorri'r Rheolau (e.e. ddim yn gweithredu gant y cant, rhywun yn bod yn gas neu'n eich anghymeradwyo, colli rheolaeth arnoch chi eich hun neu'ch byd), dydy'r Rheolau ddim yn gallu'ch llwyr ddiogelu rhag y Llinell Sylfaen, a bydd honno'n codi ei hen ben hyll eto. Mae hunanamheuaeth yn dod i'r golwg o'r cysgodion ac yn dechrau tra-arglwyddiaethu. Yn sydyn, rydych chi'n teimlo'n ansicr, yn orbryderus ac yn fregus. Rydych chi'n dechrau amau'ch hun, ac mae'n teimlo fel pe bai eich ymdeimlad o'ch gwerth eich hun yn y fantol.

Gall sefyllfaoedd sbarduno fod yn ddigwyddiadau mawr, e.e. perthynas sy'n dechrau chwalu, swydd dan fygythiad, y posibilrwydd o salwch difrifol neu blentyn ar fin gadael cartref. Ond mae nifer o'r sefyllfaoedd sy'n achosi hunanamheuaeth ac ansicrwydd o ddydd i ddydd ar raddfa lawer llai. Mae sawl un mor ddibwys fel nad ydych o bosib yn gwbl ymwybodol ohonyn nhw, neu efallai y byddwch yn eu sgubo i'r naill ochr gyda siars o 'Paid â bod yn wirion' neu 'Callia, wir'. Ond os ydych chi eisiau llawn ddeall yr hyn sy'n cynnal eich barn wael amdanoch chi'ch hun, mae craffu ar y digwyddiadau bychain yma yn gam hanfodol.

Bydd union natur y sefyllfaoedd sy'n tanio eich Llinell Sylfaen yn dibynnu ar natur y Llinell Sylfaen ei hun, ac ar y Rheolau a fabwysiadwyd gennych i ymdopi â hi. Er enghraifft, os yw'ch Llinell Sylfaen yn ymwneud â pha mor dderbyniol ydych chi i bobl eraill, a bod eich Rheolau wedi'u cynllunio i sicrhau eich bod yn cael eich derbyn, yna'r sefyllfaoedd sy'n debygol o achosi problemau i chi yw'r rhai lle rydych chi'n ofni *na* fyddwch chi'n cael eich derbyn. Ar y llaw arall, os yw'ch Llinell Sylfaen yn ymwneud â chyflawni, llwyddo neu allu gwneud rhywbeth, a bod eich Rheolau yn canolbwyntio ar safonau uchel a sicrhau eich bod bob amser yn eu cyflawni, yna'r sefyllfaoedd lle byddwch chi'n teimlo dan fygythiad yw'r rhai lle gallech chi ddisgyn yn is na'ch safonau disgwyliedig chi eich hun. Ac yn y blaen.

Meddyliwch eto am y bobl hynny y buon ni'n eu trafod yn y bennod ddiwethaf. Fel y gwelwn ni yn Ffigur 7, roedd y sefyllfaoedd a oedd yn tanio eu Llinell Sylfaen yn adlewyrchiad uniongyrchol o natur eu barn amdanyn nhw eu hunain, ac o Reolau Byw pob un ohonynt:

Ffigur 7: Sefyllfaoedd sy'n Tanio'r Llinell Sylfaen

Briony	Sefyllfaoedd lle teimlai y gallai ei hunan (drwg) gael ei ddatgelu, neu ei fod wedi cael ei ddatgelu.
Rajiv	Ofni na allai gyflawni'r safonau uchel yr oedd wedi'u gosod arno'i hun, neu yn wir fethu eu cyflawni o gwbl. Cael ei feirniadu.
Evie	Sylwi ei bod wedi magu pwysau, neu angen prynu dillad ac yn ofni y byddai pobl yn syllu arni neu na fyddai'n ffitio'r maint roedd hi'n meddwl y dylai fod.
Jack	Teimlo lefelau uchel o egni ac emosiwn (yn cynnwys emosiynau cadarnhaol); sylwi ar unrhyw arwyddion bod eraill yn anghymeradwyo.
Aaron	Sefyllfaoedd lle teimlai y byddai'n rhwydd i rywun ymosod arno neu ei wrthod, gan gynnwys perthynas agos.
Kate	Methu gwneud yr hyn y disgwylid iddi ei wneud; gorfod gofyn am help.

Lin	Arddangos ei gwaith a'i wneud yn agored i graffu cyhoeddus.
Tom	Gorfod ysgrifennu, yn enwedig o flaen pobl eraill; gorfod wynebu unrhyw her (yn enwedig unrhyw her ddeallusol).
Mike	Sylwi ar arwyddion ei fod yn dal yn ofidus a ddim fel fe'i hun.
Mary	Sefyllfaoedd lle nad oedd yn gallu gofalu am eraill fel yr arferai allu ei wneud.

Yn y penodau nesaf, byddwch yn dysgu sut i ddod yn fwy sensitif i'r newidiadau mewn hwyliau sy'n dweud wrthych fod eich Llinell Sylfaen wedi'i thanio, a sut i arsylwi ar y meddyliau, y teimladau a'r ymddygiad sy'n dilyn. Am nawr, myfyriwch am eiliad. Meddyliwch am yr wythnos ddiwethaf. A oedd yna unrhyw adegau pan oeddech chi'n teimlo'n orbryderus neu'n sâl, yn anghyffordus yn eich croen, neu'n amheus am eich gallu i ymdopi â'r hyn oedd yn digwydd? Oedd yna unrhyw adegau pan oeddech chi'n amau nad oeddech chi'n gwneud yr argraff roeddech yn dymuno'i gwneud, yn teimlo braidd yn ddi-werth neu wedi denu ymateb gan bobl eraill a oedd yn peri pryder i chi? A wnaethoch chi ar unrhyw adeg deimlo bod pethau'n dechrau mynd yn drech na chi, neu deimlo nad oeddech chi'n gweithredu ar y lefel y byddech chi'n ei ddisgwyl gennych chi eich hun?

Gwnewch nodyn o'r sefyllfaoedd hynny. Ydych chi'n sylwi ar unrhyw batrymau? Os ydych chi, beth mae hyn yn ei ddweud wrthych chi am eich Rheolau Byw – beth sydd ei angen arnoch chi eich hun a beth rydych ei angen gan bobl eraill, er mwyn teimlo'n dda amdanoch chi'ch hun? Pa Reolau oeddech chi mewn perygl o'u torri? Pa fath o syniadau amdanoch chi'ch hun a ddaeth i'ch meddwl yn y sefyllfaoedd hynny? A oeddech chi'n ymwybodol o ddefnyddio unrhyw eiriau llai na chanmoliaethus i ddisgrifio'ch hun? Beth oedden nhw? Mae'n bosib eu bod yn adlewyrchu eich credoau negyddol sylfaenol amdanoch chi'ch hun (eich Llinell Sylfaen).

Yr ymateb i fygythiad: Rhagfynegiadau gorbryderus

Unwaith y bydd y Llinell Sylfaen wedi'i thanio yn sgil y posibilrwydd y *gallech* dorri eich Rheolau Byw, mae ymdeimlad o ansicrwydd yn dilyn. Mae hyn yn arwain at ragfynegiadau negyddol penodol (ofnau ynghylch yr hyn a allai ddigwydd), ac mae union gynnwys yr ofnau hyn yn dibynnu ar natur eich pryderon penodol. Er mwyn cyfleu hyn, dychmygwch sefyllfa sy'n frawychus i'r rhan fwyaf o bobl, ond sy'n artaith wironeddol i unigolyn sydd â diffyg hunan-werth. Meddyliwch fod yn rhaid i chi sefyll ar eich traed a siarad o flaen grŵp o bobl, h.y. annerch cynulleidfa. Dychmygwch orfod gwneud hyn mewn sefyllfa rydych chi'n gyfarwydd â hi – yn y gwaith, efallai, neu'ch eglwys, dosbarth nos rydych chi wedi'i fynychu, y clinig rydych chi'n mynd â'ch babi iddo, neu wasanaeth ysgol eich plentyn. Beth yw'ch ymateb cyntaf wrth feddwl am orfod sefyll a siarad yn gyhoeddus? Pa feddyliau sy'n codi? 'Fyddwn i ddim yn gallu ei wneud e'? 'Fe fyddwn i'n gwneud ffŵl ohonof fy hun'? 'Fyddai neb eisiau gwrando arna i'? 'Fe fyddwn i'n poeni cymaint nes y byddai'n rhaid i mi redeg allan'?

Neu efallai fod llun o'r hyn a allai ddigwydd yn dod i'ch meddwl? Chithau, â'ch wyneb yn goch, yn chwysu a phawb yn syllu, er enghraifft? Y distawrwydd ofnadwy neu'r mwmian o du'r gynulleidfa wedi i chi ddweud rhywbeth? Pobl yn syllu drwy'r ffenest ac yn edrych yn ddiflas neu'n ddig? Neu efallai eu bod yn trio edrych arnoch chi'n garedig, ond yn eu calonnau yn meddwl cymaint o ffŵl ydych chi? Bydd y meddyliau a'r delweddau sy'n codi yn eich meddwl pan fyddwch chi'n ystyried rhoi sgwrs yn gyhoeddus yn siŵr o ymwneud â'r hyn rydych chi'n ofni allai ddigwydd, yn enwedig yr hyn rydych yn dychmygu allai fynd o'i le. Hynny yw, eich barn bersonol chi ynghylch y dyfodol sydd yma – rhagfynegiadau negyddol sydd, fel y gwelwn, yn cael effaith bwerus ar eich teimladau a'ch ymddygiad.

Pan fydd rhywun â diffyg hunan-werth yn wynebu siarad yn gyhoeddus, yr hyn sy'n dod i'r meddwl ar unwaith yw'r holl ffyrdd y gallai pethau fynd o chwith. Mae'n debyg y bydd ef neu hi yn tybio y bydd y gwaethaf yn digwydd, ac na all wneud dim neu fawr ddim i atal hynny. Yn union fel y mae'r sefyllfaoedd sy'n tanio'r Llinell Sylfaen yn amrywio o berson i berson, yn dibynnu ar eu pryderon penodol, felly hefyd y bydd union natur y rhagfynegiadau negyddol yn amrywio o berson i berson, yn dibynnu ar yr hyn sydd bwysicaf iddyn nhw. Pan ddychmygai Aaron orfod siarad yn gyhoeddus, er enghraifft, rhagwelai y byddai pobl yn ei wfftio cyn iddo hyd yn oed agor ei geg – fyddai neb yn derbyn y gallai rhywun fel fe fod ag unrhyw beth i'w ddweud a oedd yn werth gwrando arno. Prif bryder Kate, ar y llaw arall, oedd y byddai'n methu bodloni disgwyliadau ei chynulleidfa. Rhagfynegiad Lin oedd y byddai pobl yn diflasu, a dim mwy. Roedd Jack yn meddwl y byddai'n gwneud ffŵl ohono'i hun drwy ddweud rhywbeth amhriodol, ac y byddai pobl yn meddwl ei fod yn dangos ei hun, tra bod Mike yn poeni y byddai'n nerfus – pathetig!

Gallwch weld yma sut mae rhagfynegiadau pob person yn codi o'u credoau amdanyn nhw eu hunain, ac o'r Rheolau maen nhw wedi'u dyfeisio i wneud iawn am y credoau hynny. Unwaith y byddwch chi'n gwybod eu straeon, mae eu hofnau yn gwneud synnwyr perffaith. Ym Mhennod 4 (tudalennau 105–50), byddwch yn dysgu sut i wrando ar eich rhagfynegiadau gorbryderus eich hun trwy arsylwi ar eich ymateb mewn sefyllfaoedd sy'n eich gwneud yn nerfus ac yn craffu ar y meddyliau, y geiriau neu'r delweddau sy'n dod i'ch meddwl pan fyddwch chi'n teimlo bod eich hunan-werth yn y fantol. Mae hyn yn bwysig, gan fod rhagfynegiadau negyddol, os nad ydyn nhw'n cael eu herio, yn cael effaith bwerus ar eich cyflwr emosiynol a'ch ymddygiad, ac felly'n cyfrannu at barhau i deimlo diffyg hunan-werth. Gall rhagfynegiadau gorbryderus ddyfnhau gofid yn hawdd – yr holl bethau ofnadwy a allai fynd o chwith yn troi a throi yn y meddwl dro ar ôl tro ar ôl tro. Gadewch i ni weld sut mae hyn yn gweithio trwy ddychwelyd at yr enghraifft siarad yn gyhoeddus.

Effaith rhagfynegiadau negyddol ar eich cyflwr emosiynol

Rhowch eich hun yn y sefyllfa o orfod siarad yn gyhoeddus. Dychmygwch y gwaethaf a allai ddigwydd. Gwnewch eich rhagfynegiadau gorbryderus mor real ag y gallwch. Beth sy'n digwydd i'ch cyflwr emosiynol wrth wneud hyn? Pa newidiadau ydych chi'n sylwi arnyn nhw yn y ffordd rydych chi'n teimlo?

Mae rhagweld y bydd pethau'n mynd o chwith fel arfer yn arwain at orbryder. Efallai nad dyma'r gair y byddech chi'n ei ddefnyddio – efallai eich bod yn teimlo'n ofnus, yn bryderus, yn nerfus, dan straen, yn ddigalon, yn llawn panig neu wedi dychryn yn lân hyd yn oed. Fe welwch mai mathau gwahanol o ofn yw'r teimladau hyn i gyd. Nawr, sylwch ar yr hyn sy'n digwydd i chi'n gorfforol pan fydd ofn arnoch chi. Pa newidiadau ydych chi'n sylwi arnyn nhw? Beth sy'n digwydd i guriad eich calon? Eich anadlu? Lefel y tyndra yn eich cyhyrau? Pa gyhyrau yn arbennig sydd wedi'u tynhau? Ydych chi'n sylwi ar unrhyw chwysu – ar eich talcen, efallai, neu ar gledrau'ch dwylo? Ydych chi'n teimlo'n sigledig? Beth am eich system dreulio? Ydych chi'n sylwi ar unrhyw deimladau yn eich stumog – cryndod, efallai, neu gorddi?

Mae'r rhain i gyd yn arwyddion corfforol o orbryder, dull greddfol y corff o ymateb i fygythiad.

I berson â diffyg hunan-werth, gall yr adweithiau normal hyn fod yn fwy bygythiol. Gallant ddatblygu'n ffynhonnell rhagor o ragfynegiadau gorbryderus (mae'r cylch cythreulig bychan hwn i'w weld ar ochr dde Ffigur 6, tudalen 79). Os oedd eich ceg wedi mynd yn sych, er enghraifft, efallai y byddech yn ofni na fyddech chi'n gallu siarad. Os oedd eich dwylo'n teimlo'n grynedig, gallech ragweld y byddai eich nerfusrwydd yn amlwg i'ch cynulleidfa, ac y bydden nhw'n meddwl eich bod yn ddi-glem neu'n od. Os yw'ch meddwl yn dueddol o fynd yn wag pan ydych chi'n orbryderus, efallai y byddwch chi'n poeni am ymddangos yn fud neu'n ffwndrus, neu fel pe na baech yn gwybod am beth rydych chi'n sôn.

Mae ymateb fel hyn i arwyddion o orbryder yn naturiol yn dwysáu ac yn ychwanegu at straen y sefyllfa.

Effaith rhagfynegiadau gorbryderus ar eich ymddygiad

Gall rhagfynegiadau gorbryderus effeithio ar eich ymddygiad mewn sawl ffordd ddi-fudd. Er mwyn deall sut mae hyn yn gweithio, fe awn yn ôl at y senario siarad cyhoeddus unwaith eto.

Gall rhagfynegiadau gorbryderus arwain at:

- Osgoi llwyr
- Llunio rhagofalon diangen
- Amharu ar berfformiad
- Diystyru llwyddiant

GALL RHAGFYNEGIADAU GORBRYDERUS ARWAIN AT OSGOI

Pe baech chi'n credu'n ddigon cryf yn eich rhagfynegiadau gorbryderus, gallech benderfynu osgoi'r sefyllfa yn gyfan gwbl. Gallech ffonio'r person a ofynnodd i chi siarad a dweud wrthyn nhw eich bod yn dioddef o'r ffliw ac na fyddech yn gallu dod. Neu mae'n bosib y byddech jest yn peidio â mynd.

Byddai hyn yn golygu na fyddech yn cael y cyfle i weld a oedd eich rhagfynegiadau gorbryderus yn wir ai peidio. Mae'n bosib y byddai pethau wedi mynd yn llawer gwell na'r hyn roeddech chi wedi'i ddisgwyl – mae digwyddiadau yn aml yn llawer llai brawychus mewn gwirionedd nag y maen nhw yn y dychymyg. Mae osgoi'r sefyllfa yn eich rhwystro rhag dysgu hyn drosoch eich hun. Felly, er y bydd osgoi yn eich helpu i deimlo'n well yn y tymor byr (am ryddhad

– wnaethoch chi ddianc rhag gorfod ei wneud!), mae'n cyfrannu at barhad diffyg hunan-werth yn y pen draw.

O ganlyniad, er mwyn meithrin eich hyder ynoch chi'ch hun a'ch hunan-werth, rhaid i chi ddechrau wynebu sefyllfaoedd rydych wedi bod yn eu hosgoi. Fel arall, bydd eich ofnau yn parhau i gyfyngu ar eich bywyd, a fyddwch chi byth yn ennill y wybodaeth sydd ei hangen arnoch i gael barn realistig, gytbwys a derbyniol amdanoch eich hun.

GALL RHAGFYNEGIADAU GORBRYDERUS ARWAIN AT RAGOFALON DIANGEN

Yn hytrach nag osgoi'r sefyllfa'n gyfan gwbl, efallai y byddwch chi'n penderfynu mynd i roi eich sgwrs, ond yn rhoi amrywiaeth eang o ragofalon ar waith i sicrhau nad yw eich ofnau gwaethaf yn cael eu gwireddu ac er mwyn sicrhau y byddwch yn cadw at eich Rheolau ac yn dianc o'r sefyllfa gyda'ch hunan-werth mewn un darn. Felly byddai Kate, er enghraifft, yn meddwl y byddai angen iddi dreulio llawer o amser yn ystyried yn ofalus yr hyn y gallai pobl fod eisiau ei glywed a cheisio cynnwys yr holl bosibiliadau yn ei sgwrs. Yn ystod y sgwrs ei hun, byddai'n gwylio'n gyson am arwyddion fod pobl yn anhapus gyda'r hyn roedd hi'n ei ddweud, ac yn gwenu ar ei chynulleidfa yn aml. Credai Rajiv, ar y llaw arall, mai'r peth hanfodol oedd ymddangos yn hyderus ac yn alluog, a byddai'n ymarfer yr hyn yr oedd yn mynd i'w ddweud yn hollol drwyadl er mwyn sicrhau bod y cynnwys a'r arddull cyflwyno yn gwbl gywir ym mhob manylyn. Byddai'n gwneud yn siŵr bod ei sgwrs yn llenwi'r holl amser oedd ar gael, fel na fyddai unrhyw amser ar gyfer cwestiynau na fyddai'n gallu eu hateb.

BETH SY'N CYNNAL DIFFYG HUNAN-WERTH

Beth fyddech chi'n ei wneud pe bai'n rhaid i chi siarad yn gyhoeddus, er mwyn sicrhau na fyddai eich ofnau pennaf yn cael eu gwireddu?

Fodd bynnag, y broblem gyda chamau hunanamddiffynnol fel y rhain yw, waeth pa mor dda fydd pethau'n mynd, byddwch yn cael eich gadael gyda'r teimlad i chi gael dihangfa ffodus. Pe *na* baech wedi cymryd y rhagofalon hyn, yna byddai'r gwaethaf yn sicr wedi digwydd. Mewn gwirionedd, mae rhagofalon ar eu gorau yn eich atal rhag dysgu a diweddaru eich barn amdanoch chi'ch hun, ac ar eu gwaethaf yn gallu gwneud y sefyllfa'n waeth. Er enghraifft, mae pobl sy'n gymdeithasol orbryderus oherwydd eu bod yn ofni y bydd eraill â barn wael amdanyn nhw yn aml yn defnyddio strategaethau hunanamddiffynnol sydd, yn anffodus, yn methu. Er enghraifft, gall osgoi edrych i fyw llygaid rhywun a siarad cyn lleied â phosib er mwyn amddiffyn eich hun wneud i chi ymddangos, ar gam, fel petaech chi'n dipyn o ben bach, yn oeraidd neu fel pe na bai gennych ddiddordeb yn y person arall – sydd wedyn yn gadael cyn gynted â phosib a heb fod yn awyddus iawn, mwy na thebyg, i'ch cyfarfod chi eto.

Pa ragofalon bynnag y byddwch yn eu mabwysiadu, chewch chi mo'r cyfle i ddarganfod drosoch eich hun a oedd eich ofnau yn rhai dilys ai peidio, i ddarganfod a oedd eich rhagofalon yn ormodol, yn hunandrechol neu'n ddiangen. Cewch eich gadael gyda'r argraff bod eich llwyddiant (a'ch ymdeimlad o hunan-werth) yn deillio'n llwyr o'ch rhagofalon. Yn ymarferol, mae hyn yn golygu mai rhan o'r broses o fod yn hyderus a bodlon yn eich croen yw eich bod, mewn sefyllfaoedd lle byddech chi fel arfer yn defnyddio rhagofalon, yn mynd i'r afael â'r sefyllfaoedd hynny heb unrhyw ragofalon ar waith. Dyma'r unig ffordd i ddarganfod nad oes angen eich rhagofalon arnoch – y gallwch gael yr hyn rydych chi ei eisiau o'ch bywyd hebddyn nhw.

GALL RHAGFYNEGIADAU GORBRYDERUS ARWAIN AT AMHARU AR BERFFORMIAD

Mae'n bosib, ar brydiau, fod gorbryderu wir yn amharu ar eich perfformiad. Byddwch yn dioddef atal dweud efallai, neu'n gweld eich nodiadau'n crynu yn eich llaw neu fod eich meddwl yn mynd yn wag. Mae'r pethau hyn yn digwydd, hyd yn oed i siaradwyr medrus. Pe bai rhywbeth fel hyn yn digwydd i chi, beth fyddai eich ymateb? Beth fyddai'n croesi'ch meddwl chi?

Mae'n debyg y byddai pobl â hunan-werth cadarn yn sylwi ar arwyddion o nerfusrwydd drwy feddwl eu bod yn ddiddorol neu deimlo datgysylltiad yn hytrach nag ofn, ac yn eu hystyried yn ymateb dealladwy i'r profiad o fod dan bwysau. Efallai y bydden nhw'n credu ei bod yn eithaf normal i fod yn nerfus dan yr amgylchiadau yma, a theimlo'n weddol hyderus bod eu gorbryder yn llawer llai amlwg i bobl eraill nag ydyw iddyn nhw'u hunain; hyd yn oed pe bai pobl eraill yn sylwi, fydden nhw ddim yn meddwl rhyw lawer yn ei gylch. I grynhoi, dydy bod yn orbryderus ddim o ryw bwys mawr i bobl hyderus. Mae eu Rheolau personol yn caniatáu perfformiad sy'n llai na pherffaith, ac ni fyddent yn ystyried fod gan hynny unrhyw arwyddocâd gwirioneddol o ran eu hymdeimlad o werth personol.

Os ydych yn dioddef o ddiffyg hunan-werth, fodd bynnag, mae'n debygol y byddwch yn ystyried mân frychau yn eich perfformiad fel tystiolaeth o'ch lletchwithdod neu'ch blerwch arferol. Hynny yw, maen nhw'n dweud rhywbeth amdanoch chi *fel person*. Mewn gwirionedd, rydych chi'n disgwyl i chi'ch hun fod yn berffaith. Yn naturiol ddigon, mae hyn hefyd yn helpu i gynnal diffyg hunan-werth. Cofiwch na fyddwch yn gweithredu fel y dymunwch bob amser, dyna yw bywyd. Rhan bwysig o oresgyn diffyg hunan-werth yw dechrau edrych ar eich gwendidau a'ch diffygion – y pethau nad ydych yn eu gwneud yn arbennig o dda a'r camgymeriadau a wnewch – fel rhan o fod yn fod dynol normal, amherffaith, yn hytrach na rheswm dros gondemnio'ch hun fel person.

GALL RHAGFYNEGIADAU GORBRYDERUS ARWAIN AT DDIYSTYRU LLWYDDIANT

Er gwaethaf eich pryderon, efallai y bydd eich cyflwyniad llafar yn mynd yn hollol iawn. Rydych chi'n dweud yr hyn roeddech chi eisiau ei ddweud, mae pobl yn dangos diddordeb, dydy'ch nerfusrwydd chi ddim yn eich trechu, mae rhai cwestiynau diddorol yn cael eu gofyn ac rydych chithau'n eu hateb yn dda. Sut byddech chi'n ymateb pe bai hynny'n digwydd i chi? A fyddech chi'n teimlo'n dda amdanoch chi'ch hun – fyddech chi'n canmol eich hun am wneud gwaith da? Neu a fyddech chi'n amau mai llwyddo o drwch blewyn wnaethoch chi – roedd y gynulleidfa'n bod yn garedig, roeddech chi'n lwcus neu roedd ffawd o'ch plaid? Ond y tro *nesaf*...

Hyd yn oed pan fydd pethau'n mynd yn dda, gall diffyg hunan-werth danseilio'r pleser a ddaw yn sgil llwyddiannau a pheri i chi anwybyddu, diystyru neu ddibrisio unrhyw beth nad yw'n cyd-fynd â'ch barn negyddol chi amdanoch chi'ch hun. Mae'r 'rhagfarn' yn eich erbyn a ddisgrifiwyd ym Mhennod 2 (tudalennau 39–75) yn eich rhwystro rhag derbyn unrhyw dystiolaeth sy'n gwrth-ddweud hynny. Felly, rhan o oresgyn diffyg hunan-werth yw dechrau sylwi ar eich cyflawniadau a'r pethau da yn eich bywyd a chael pleser ohonynt. Bydd Pennod 6 (tudalennau 201–55) yn canolbwyntio'n fanwl ar sut i wneud hyn.

Cadarnhau'r Llinell Sylfaen

Yr un yw'r canlyniad os ydych chi'n osgoi sefyllfaoedd heriol yn gyfan gwbl, yn amddiffyn eich hun drwy ragofalon diangen, yn condemnio'ch hun fel person oherwydd nad aeth pethau'n dda, neu'n diystyru a gwadu pa mor dda yr aeth pethau mewn gwirionedd – sef y teimlad hwnnw bod eich Llinell Sylfaen wedi cael ei chadarnhau. Roeddech chi'n llygad eich lle – rydych chi *yn* ddi-werth, yn annigonol, yn anodd eich caru ac yn y blaen. Fe allech chi hyd yn oed ddweud hynny wrthych chi'ch hun – 'Dyna ni, mi oeddwn i'n iawn, dydw i ddim yn ddigon da.' Ar y llaw arall, gall cadarnhau'r Llinell Sylfaen ddigwydd ar ffurf delwedd yn eich meddwl, neu ar ffurf teimlad (tristwch, anobaith) neu gyflwr corfforol (trymder, eich calon yn suddo). Beth bynnag yw ffurf y cadarnhad, hanfod y neges yw bod yr hyn roeddech chi bob amser yn ei gredu amdanoch chi'ch hun wedi ei brofi'n wir unwaith eto – chi yw'r person roeddech chi bob amser wedi meddwl oeddech chi. Ac mae'n bosib nad dyna fydd diwedd y broses.

Meddyliau hunanfeirniadol

Ar y pwynt hwn ar y cylch cythreulig, mae'r teimlad yn newid o fod yn orbryderus i rywbeth trymach, tywyllach (dangosir

BETH SY'N CYNNAL DIFFYG HUNAN-WERTH

hyn ar ochr chwith y cylch cythreulig ar waelod y siart llif).

Unwaith y credwch fod eich Llinell Sylfaen wedi'i chadarnhau, mae'n bosib y byddwch yn ymateb gyda phob math o feddyliau hunanfeirniadol, yn aml gyda theimlad o anobaith yn gwmni iddyn nhw.

Yn y cyswllt hwn, dydy 'hunanfeirniadol' ddim yn golygu sylwi'n dawel eich bod wedi methu gwneud rhywbeth cystal ag yr oeddech chi wedi'i obeithio neu i chi gael ymateb negyddol gan rywun, ac yna ystyried a oes unrhyw beth adeiladol y gallech ei wneud i unioni pethau. Yn hytrach, mae'n golygu condemnio'ch hun fel person. Gall meddyliau hunanfeirniadol fflachio drwy'ch meddwl yn sydyn, cyn i chi droi eich sylw at rywbeth arall. Neu efallai y byddwch yn cael eich dal mewn cyfres gynyddol fileinig o ymosodiadau arnoch chi'ch hun. Yn yr un modd ag y gall rhagfynegiadau gorbryderus drawsnewid yn hawdd i ofid, gall meddyliau hunanfeirniadol drawsnewid yn hawdd i bendroni a chnoi cil – gan ganolbwyntio'n ddi-baid ar sut gwnaethoch chi fethu â chyrraedd eich safonau, a beirniadu'ch hun a chyfrif eich hun yn fethiant drosodd a throsodd. Beth arall allwch chi ei ddisgwyl? Fel hyn fyddwch chi am byth, a dyna fe.

Dyma beth ddywedodd Rajiv (y bachgen a holwyd gan ei dad dros swper) wrtho'i hun pan dorrodd ei gyfrifiadur ac fe gollodd ddogfen bwysig yr oedd yn rhuthro i'w chwblhau erbyn y dyddiad cau:

> Edrych ar beth rwyt ti wedi'i wneud nawr. Rwyt ti'n ffŵl gwirion. Sut gallet ti fod mor dwp? Rwyt ti bob amser yn gwneud llanast o bethau – rêl ti. Fyddi di byth yn llwyddo – dydy e ddim ynot ti. Pam wyt ti wastad mor gwbl anobeithiol? Pam na elli di wneud

dim byd yn iawn? Dwyt ti'n dda i ddim. Ac edrych ar dy gyflwr di nawr. Callia, ddyn.

Defnyddiodd Rajiv rywbeth nad oedd yn fai arno ef o gwbl i gadarnhau ei syniadau negyddol amdano'i hun. Oherwydd ei fod yn tybio bod methiant y cyfrifiadur yn gysylltiedig rywsut â hanfod ei bersonoliaeth, roedd yn ymddangos iddo fe fod gan y digwyddiad oblygiadau mawr ar gyfer ei ddyfodol hefyd – mai fel hyn y byddai pethau am byth. Mae'n siŵr y gallwch ddychmygu'r cymysgedd o ddicter, rhwystredigaeth ac anobaith a deimlai Rajiv ar y pryd, a pha mor anodd oedd hi iddo fynd ati i resymoli'r sefyllfa yn dawel.

Mae meddyliau hunanfeirniadol, fel rhagfynegiadau gorbryderus, yn cael effaith anferthol ar sut rydyn ni'n teimlo a sut rydyn ni'n delio â'n bywydau. Maen nhw'n cyfrannu at gynnal diffyg hunan-werth.

Meddyliwch am eich ymateb chi pan fydd pethau'n mynd o chwith neu ddim yn bodloni rhyw gynllun neu'i gilydd. Beth sy'n mynd drwy eich meddwl yn y sefyllfaoedd hynny? Ydych chi'n llawdrwm arnoch chi'ch hun? Ydych chi'n cystwyo'ch hun ac yn galw enwau arnoch chi'ch hun, fel Rajiv? Ydy'ch ymateb yn ei gwneud yn haws neu'n anoddach i chi unioni pethau a dysgu o brofiad? Rhan o oresgyn diffyg hunan-werth yw dysgu adnabod ac ymateb i'ch meddyliau hunanfeirniadol, a dod o hyd i agwedd fwy realistig a thosturiol. Bydd Pennod 5 (tudalennau 151–99) yn canolbwyntio'n fanwl ar sut i wneud hyn.

Effaith meddyliau hunanfeirniadol ar eich cyflwr emosiynol a'ch ymddygiad

Pan dorrodd cyfrifiadur Rajiv, rhoddodd y gorau i'w brosiect

BETH SY'N CYNNAL DIFFYG HUNAN-WERTH

yn llwyr. Roedd yn teimlo'n isel iawn, wedi cael llond bol arno'i hun, ac yn methu gweld unrhyw bosibilrwydd y gallai pethau newid er gwell. Cafodd hyn oll effaith ddealladwy (ond nad oedd yn helpu) ar ei ymddygiad hefyd. Roedd eisiau cau ei hun i ffwrdd gyda'i ben yn ei blu. Doedd e ddim yn gallu perswadio'i hun i ailddechrau eto. Roedd i fod i fynd i ffwrdd am benwythnos gyda rhai o'i ffrindiau, ond allai e ddim wynebu mynd. Dywedodd wrth bawb ei fod yn sâl, ac arhosodd gartref yn gwneud dim byd penodol. Doedd e ddim yn gallu meddwl am wylio'r teledu hyd yn oed. Heb ddim byd arall i feddwl amdano, dechreuodd bendroni, beirniadu ei hun fwy fyth am deimlo cynddrwg, a hel meddyliau am y dyfodol. Heb allu gweld unrhyw obaith gwirioneddol y byddai pethau'n newid, beth oedd pwynt dal ati?

Fel y gwelwn ni yn yr enghraifft hon, mae meddwl hunanfeirniadol yn effeithio ar hwyliau ac ar ymddygiad. Ystyriwch hyn ar gyfer eich sefyllfa chi: sut rydych chi'n teimlo pan fyddwch chi'n lladd arnoch eich hun neu'n llawdrwm arnoch chi'ch hun? Pa effaith mae'n ei chael ar eich cymhelliant i ddatrys problemau a mynd i'r afael ag anawsterau yn eich bywyd? Pa effaith mae'n ei chael ar eich parodrwydd i gymryd rhan mewn gweithgareddau rydych fel arfer yn eu mwynhau, i wynebu heriau, i dreulio amser gyda phobl, ac i ofalu amdanoch chi'ch hun? A sut rydych chi wedyn yn ymateb pan fyddwch chi'n sylwi ar beth sy'n digwydd? Ydych chi'n dosturiol ac yn cysuro eich hun neu, fel Rajiv, ydych chi'n mynd hyd yn oed yn fwy hunanfeirniadol? Bydd hyn hefyd yn cyfrannu at hwyliau isel.

Bydd bod yn feirniadol ohonoch chi'ch hun, yn enwedig os ydych chi'n credu bod yr hyn rydych chi'n ei feirniadu yn rhan barhaol o'ch cyfansoddiad ac na allwch newid, yn arwain at iselder. Gallant fod yn eiliadau byr o dristwch, a'r rheini'n pylu'n sydyn drwy dreulio amser gyda phobl sy'n annwyl i chi, neu drwy gymryd rhan mewn gweithgaredd sy'n mynd â'ch sylw. Neu fe all dyfu fel caseg eira – fel yn achos Rajiv – a throi'n iselder difrifol a all fod yn anodd codi ohono. Mae hyn hyd yn oed yn fwy tebygol os ydych wedi dioddef iselder difrifol yn y gorffennol. Os yw hyn yn wir yn eich achos chi, efallai y bydd angen i chi fynd i'r afael â'r iselder ei hun cyn i chi ddechrau mynd i'r afael â diffyg hunan-werth (gweler Pennod 1, tudalennau 16–17, am wybodaeth ynghylch sut i adnabod iselder y gallai fod angen ei drin).

P'un a yw'r cyfnod o hwyliau isel yn un byrhoedlog neu'n un anodd cael gwared arno, mae iselder yn cau'r cylch cythreulig. Mae iselder ynddo'i hun yn cael effaith uniongyrchol ar eich meddyliau. Unwaith rydych yn teimlo'n isel, am ba reswm bynnag, bydd yr iselder ei hun yn ei gwneud yn fwy tebygol y byddwch yn ildio i feddyliau beirniadol, ac yn edrych ar y dyfodol gydag anobaith a phesimistiaeth. Felly mae iselder yn atgyfnerthu pendroni a myfyrio sy'n fwy llym ac anobeithiol, yn ei gwneud yn anodd i chi gymryd camau adeiladol, yn cadw'r Llinell Sylfaen ar waith, ac yn creu sefyllfa lle byddwch yn parhau i ragweld y gwaethaf. Bingo! Dyna sefydlu proses hunangynhaliol sy'n gallu parhau i gylchdroi am gyfnodau hir, os nad ydych yn llwyddo i dorri'r cylch.

Pan fydd y Rheolau'n *bendant* wedi eu torri: Llwybr iselder

Pan fydd pobl sy'n dioddef o ddiffyg hunan-werth yn credu

eu bod yn bendant *wedi* torri eu Rheolau, yn hytrach na dilyn y llwybr gorbryder rydyn ni newydd ei fapio, maen nhw'n deall ar unwaith eu bod wedi cadarnhau eu Llinell Sylfaen – does dim gronyn o amheuaeth yn ei gylch. Fe *wnaethon* nhw fethu, fe *wnaeth* rhywun anghytuno â nhw, fe *wnaethon* nhw adael i'w teimladau gael y gorau arnyn nhw, ac ati. Yn yr achos hwn, maen nhw'n gallu llamu'n syth o weithredu i gadarnhau (gall hyn ddigwydd mewn chwinciad), gan symud yn syth i hunanfeirniadaeth, anobaith ac iselder heb brofi'r ansicrwydd a adlewyrchir ar y llwybr gorbryder. Mae'r llinell doredig hir yng nghanol y cylch cythreulig yn Ffigurau 1 a 6 yn adlewyrchu hyn, gan ffurfio cylch cythreulig o iselder a all gylchdroi, gan gadw'r unigolyn yn gaeth i'w hwyliau isel.

Mapio'ch cylch cythreulig eich hun

Wrth i chi fynd drwy'r bennod hon, gofynnwyd i chi ystyried o bryd i'w gilydd sut byddech chi'n bersonol yn ymateb mewn sefyllfaoedd penodol. Gofynnwyd i chi fyfyrio ar eich rhagfynegiadau gorbryderus eich hun a'u heffaith ar eich cyflwr emosiynol a'ch ymddygiad, eich ymdeimlad chi bod eich credoau negyddol amdanoch chi'ch hun wedi'u cadarnhau, eich meddyliau hunanfeirniadol nodweddiadol chi, a'r effaith y maen nhw'n ei chael ar sut rydych chi'n teimlo a pha mor hawdd yw hi i fyw eich bywyd fel y dymunwch ac i dderbyn eich hun yn union fel rydych chi. Os nad ydych chi eisoes wedi gwneud hynny, dyma'r amser i grynhoi eich arsylwadau a llunio'ch cylch cythreulig eich hun. Fel darlun enghreifftiol, mae'r cylch a luniodd Rajiv ar ôl i'w gyfrifiadur dorri i'w weld yn Ffigur 8, ar dudalen 99.

Dechreuwch arni drwy ddwyn i gof y math o sefyllfa lle rydych chi'n teimlo'n orbryderus ac yn ansicr amdanoch chi'ch hun. Nawr, chwiliwch am enghraifft ddiweddar benodol. Gwnewch yn siŵr eich bod yn dewis rhywbeth sy'n dal yn fyw yn eich meddwl, er mwyn i chi allu cofio'n fanwl sut roeddech chi'n teimlo ac yn meddwl yn ystod y sefyllfa. Dilynwch y cylch drwyddo, gan ddefnyddio'r penawdau yn y siart llif sydd yn Ffigur 6 ar dudalen 79, a nodwch eich profiadau a'ch ymateb personol o dan bob pennawd. Os dymunwch, ar ôl cwblhau un cylch, meddyliwch am sefyllfa wahanol sy'n peri gorbryder i chi gan ailadrodd y broses.

Bydd olrhain mwy nag un cylch cythreulig yn eich helpu i sylwi ar batrymau ailadroddus yn eich meddyliau, eich teimladau a'r hyn rydych chi'n ei wneud. Gallech hefyd chwilio am enghraifft o adeg pan ddigwyddodd yr ymdeimlad o gadarnhau'r Llinell Sylfaen yn syth oherwydd eich bod yn hollol sicr, y tu hwnt i unrhyw amheuaeth, eich bod *wedi* torri eich Rheol. Bydd y broses fapio hon yn eich galluogi i ddod yn fwyfwy ymwybodol o sut mae arferion meddwl gorbryderus a hunanfeirniadol yn cynnal diffyg hunan-werth. Eich tasg chi yw bod yn chwilfrydig am y dilyniant hwn – i fod yn dditectif a mynd at wraidd y cyfan. Dyma'r cam cyntaf tuag at dorri'r cylch a symud ymlaen.

Torri'r cylch

Yn y penodau sy'n dilyn, byddwch yn darganfod ffyrdd o dorri'r cylch cythreulig sy'n cynnal diffyg hunan-werth. Byddwch yn dysgu sut i ddod yn ymwybodol o'ch rhagfynegiadau gorbryderus eich hun wrth iddyn nhw godi,

BETH SY'N CYNNAL DIFFYG HUNAN-WERTH

Ffigur 8. Y Cylch Cythreulig sy'n Cynnal Diffyg Hunan-werth: Rajiv

Sefyllfa Sbarduno
Aseiniad pwysig i'r bòs, amserlen dynn. (Gallai arwain at dorri'r rheolau os nad yw'n ddigon da, neu os yw'n ennyn beirniadaeth.)

Tanio'r Llinell Sylfaen

Iselder
Teimlo'n isel, wedi cael llond bol arnaf fy hun, dan bwysau, dim egni.

Rhagfynegiadau Negyddol
Beth os nad ydw i wedi gorffen mewn pryd? Mae'n rhaid iddo fod yn wych 100 y cant – beth os nad yw'n ddigon da? Fe fyddaf yn siomi'r bòs. Dydw i ddim yn teimlo'n ddigon da i wneud hyn.

Ymddygiad Di-fudd
Aros gartref, osgoi pawb, gwneud dim.

Gorbryder, cur pen, tensiwn, dwylo'n chwysu, stumog yn corddi, methu meddwl yn glir.

Meddwl Hunanfeirniadol
Edrych ar beth rwyt ti wedi'i wneud nawr. Rwyt ti'n ffŵl dwl. Sut gallet ti fod mor dwp?

Ymddygiad Di-fudd
Rhagofalon: gweithio bob awr o'r dydd. Ceisio cael pob manylyn yn berffaith.

Cadarnhau'r Llinell Sylfaen
Cyfrifiadur yn torri, colli'r ddogfen. Teimlad o sioc a siom, ond nid syndod. Beth arall alla i ei ddisgwyl gennyf i fy hun?

sut i'w cwestiynu, a sut i ddarganfod drosoch eich hun drwy brofiad uniongyrchol a ydyn nhw'n dweud y gwir ai peidio. Drwy fynd i'r afael â sefyllfaoedd rydych chi fel arfer yn eu hosgoi a chael gwared ar ragofalon diangen, byddwch yn gweld beth sy'n digwydd go iawn. Byddwch yn dysgu sut i sylwi ar feddwl hunanfeirniadol ac ar y pendroni a'r gorfeddwl a mynd i'r afael â nhw yn syth bìn, gan darfu ar ddatblygiad iselder. Byddwch yn dysgu sut i wrthsefyll y rhagfarn yn eich erbyn eich hun drwy ganolbwyntio ar eich sgiliau, eich rhinweddau, eich priodweddau a'ch cryfderau, gan ganiatáu i chi'ch hun fwynhau'r pethau da yn eich bywyd, a dechrau trin eich hun yn garedig a gyda pharch. Byddwch yn symud ymlaen i newid y Rheolau sy'n eich rhoi mewn perygl o fynd i mewn i'r cylch cythreulig pan fyddwch yn torri eu hamodau ac, yn olaf, byddwch yn crynhoi'r holl newidiadau a wnaethoch ac yn mynd i'r afael â'ch Llinell Sylfaen. Eich nod drwy'r cyfan fydd goresgyn y diffyg hunan-werth sydd wedi bod yn llesteirio'ch gallu i'ch derbyn a'ch gwerthfawrogi eich hun, ac yn amharu ar eich gallu i fwynhau'ch bywyd yn llawn. Wrth i chi wneud hynny, bydd agwedd newydd, fwy caredig a buddiol, yn dod i'r amlwg.

Crynodeb o'r bennod

1. *Mae'r Llinell Sylfaen sydd wrth wraidd diffyg hunan-werth yn dod yn fyw mewn sefyllfaoedd lle tybiwch y gallai eich Rheolau Byw gael eu torri, neu pan gânt eu torri. Unwaith y mae'r Llinell Sylfaen wedi'i thanio, mae'n sbarduno'r cylch cythreulig sy'n cynnal diffyg hunan-werth o ddydd i ddydd.*
2. *Wedi hynny, mae ansicrwydd a hunanamheuaeth yn arwain at ragfynegiadau negyddol – rhagweld y gwaethaf a chymryd yn ganiataol nad oes fawr ddim neu ddim o gwbl y gallwch ei wneud i'w atal.*
3. *Mae rhagfynegiadau negyddol yn creu gorbryder, gyda'i holl symptomau ac arwyddion corfforol (ymateb normal y corff i fygythiad).*
4. *Maen nhw hefyd yn effeithio ar ymddygiad, gan arwain at osgoi'n llwyr, mabwysiadu rhagofalon diangen, neu amharu gwirioneddol ar berfformiad. Hyd yn oed os yw pethau'n mynd yn dda, mae'ch rhagfarn yn eich erbyn eich hun yn ei gwneud yn anodd cydnabod neu dderbyn hyn.*
5. *Y canlyniad yw ymdeimlad o gadarnhau eich Llinell Sylfaen.*
6. *Mae cadarnhad wedyn yn sbarduno meddwl hunanfeirniadol, a all droi'n bendroni parhaus.*

GORESGYN DIFFYG HUNAN-WERTH

7. *Yn aml, mae meddwl yn hunanfeirniadol yn ei dro yn arwain at newidiadau mewn ymddygiad ac at hwyliau isel, a hynny wedyn yn gallu datblygu i fod yn iselder go iawn.*
8. *Mae hwyliau isel yn sicrhau bod y Llinell Sylfaen yn parhau ar waith, ac mae hynny'n cyfannu'r cylch.*

RHAN TRI

GORESGYN DIFFYG HUNAN-WERTH

4

Gwirio rhagfynegiadau gorbryderus

Cyflwyniad

Hyd yn hyn, rydyn ni wedi canolbwyntio ar ddeall sut mae diffyg hunan-werth yn gweithio – sut mae'n datblygu, a'r arferion meddwl a phatrymau ymddygiad di-fudd sy'n ei gynnal (y cylch cythreulig). Nawr byddwch yn gallu defnyddio'r ddealltwriaeth hon yn sylfaen i danseilio hen gredoau negyddol amdanoch chi'ch hun a dechrau meithrin hunan-werth iach yn lle hynny.

Y cam cyntaf yw mynd i'r afael â'r rhagfynegiadau sy'n eich gwneud yn orbryderus mewn sefyllfaoedd lle rydych chi'n ofni y gallai eich Rheolau Byw gael eu torri. Mae hyn yn golygu archwilio tair sgìl graidd:

1. **Ymwybyddiaeth** Arsylwi'n fanwl ar yr hyn sy'n digwydd a'i gofnodi.
2. **Ailfeddwl** Dysgu camu'n ôl a chwestiynu meddyliau di-fudd, yn hytrach na'u derbyn fel adlewyrchiad cywir o sut mae pethau.
3. **Arbrofion** Defnyddio profiad uniongyrchol fel ffordd o roi hen agweddau ar brawf a gweld a fyddai rhai newydd yn fwy buddiol i chi.

Mae'r sgiliau craidd hyn yn ganolog i'ch taith tuag at ymdeimlad newydd, mwy realistig a charedig ohonoch chi'ch hun. Mae'r bennod hon felly'n gosod sylfaen gref i chi adeiladu arni wrth symud drwy'r llyfr. Bydd yr un sgiliau craidd hefyd yn fuddiol wrth ddelio â meddwl yn feirniadol, dysgu adnabod eich rhinweddau a thrin eich yn ystyriol a gyda pharch, gan ddatblygu Rheolau Byw llai cyfyng a chreu Llinell Sylfaen newydd.

Rhagfynegiadau gorbryderus a diffyg hunan-werth

Mewn ffordd o siarad, mae pobl fel gwyddonwyr. Rydyn ni'n gwneud rhagfynegiadau (e.e. 'Os byddaf yn pwyso'r switsh hwn, daw'r golau ymlaen', 'Os ydw i'n sefyll yn y glaw, byddaf yn gwlychu', 'Os byddaf yn yfed gormod, byddaf yn dioddef drannoeth') ac yna'n gweithredu arnyn nhw. A dweud y gwir, mae llawer o'n rhagfynegiadau wedi'u hymarfer cystal nes eu bod yn digwydd yn reddfol heb i ni sylwi arnyn nhw na gorfod eu rhoi mewn geiriau – rydyn ni'n gweithredu fel pe baen nhw'n wirioneddau. Rydyn ni'n defnyddio gwybodaeth o'r hyn sy'n digwydd i ni, ac o'r hyn a wnawn, i gadarnhau ein rhagfynegiadau neu i'w newid. Yn gyffredinol, mae gweithredu yn unol â rhagfynegiadau yn strategaeth ddefnyddiol – ar yr amod ein bod yn cadw meddwl agored, yn barod i dderbyn gwybodaeth newydd ac yn parhau'n barod i newid ein rhagfynegiadau yn wyneb profiad ac mewn ymateb i amgylchiadau amrywiol (e.e. gallai cadw at y rhagfynegiad switsh golau achosi rhywfaint o rwystredigaeth pe bai toriad yn y cyflenwad trydan).

GWIRIO RHAGFYNEGIADAU GORBRYDERUS

Mae diffyg hunan-werth yn golygu ei bod hi'n anodd gwneud rhagfynegiadau realistig neu weithredu arnyn nhw gyda meddwl agored. Pan fydd pobl â diffyg hunan-werth yn gwneud rhagfynegiadau amdanyn nhw'u hunain (e.e. 'Fydda i ddim yn gallu ymdopi', 'Fe fydd pawb yn meddwl fy mod i'n ffŵl', 'Os ydw i'n dangos fy nheimladau, fe fyddan nhw'n fy ngwrthod'), maen nhw'n tueddu i'w trin fel ffeithiau, yn hytrach nag fel syniadau a all fod yn wir ai peidio. Felly mae'n anodd camu'n ôl ac edrych ar y dystiolaeth yn wrthrychol neu barhau i fod yn agored i brofiadau sy'n awgrymu nad yw'r rhagfynegiadau'n cyd-fynd â'r ffeithiau. Beth yw'r pwynt? Mae'r canlyniad yn un y gallwch chi ei ragweld yn hawdd.

Gyda diffyg hunan-werth, mae rhagfynegiadau gorbryderus yn codi mewn sefyllfaoedd lle mae'r Llinell Sylfaen wedi'i thanio oherwydd bod siawns y *gallai* Rheolau Byw personol gael eu torri. (Os ydych chi'n hollol sicr bod eich rheol wedi'i thorri, yna byddwch yn osgoi gorbryder ac yn mynd yn syth at yr ymdeimlad bod eich Llinell Sylfaen wedi cael ei chadarnhau, ac at hunanfeirniadaeth ac iselder.) Os nad yw'n glir a fydd rheol yn cael ei thorri ai peidio, a bod elfen o ansicrwydd neu amheuaeth, gorbryder fydd y canlyniad fel arfer.

Mae amheuaeth ac ansicrwydd yn arwain rhywun i feddwl beth fydd yn digwydd nesaf. A fydda i'n gallu ymdopi? A fydd pobl yn fy hoffi? A fydda i'n gwneud cawl o hyn? Mae'r atebion i'r cwestiynau hyn – rhagfynegiadau am yr hyn sydd ar fin mynd o'i le – yn sbarduno gorbryder, ac yn arwain at ystod eang o strategaethau a gynlluniwyd i atal y gwaethaf rhag digwydd. Yn anffodus, yn y tymor hir, anaml y mae'r strategaethau hyn yn gweithio. Sut bynnag fydd pethau yn y pen draw, y canlyniad yw ymdeimlad bod y Llinell Sylfaen wedi'i chadarnhau neu, ar y gorau, eich bod wedi cael dihangfa ffodus.

Yn y bennod hon, byddwch yn dysgu sut i dorri'r cylch cythreulig sy'n cynnal diffyg hunan-werth ac yn rhoi mwy o ryddid i chi eich hun drwy adnabod eich rhagfynegiadau gorbryderus (ymwybyddiaeth), cwestiynu eu cywirdeb (ailfeddwl), a'u gwirio drosoch eich hun drwy roi prawf ar sefyllfaoedd y byddech fel arfer yn eu hosgoi a chael gwared ar ragofalon diangen (arbrofion). Dyma'r rhan o'r cylch cythreulig y byddwn yn mynd i'r afael ag ef:

Ffigur 9: Y Cylch Cythreulig: Rôl Rhagfynegiadau Gorbryderus wrth Gynnal Diffyg Hunan-werth

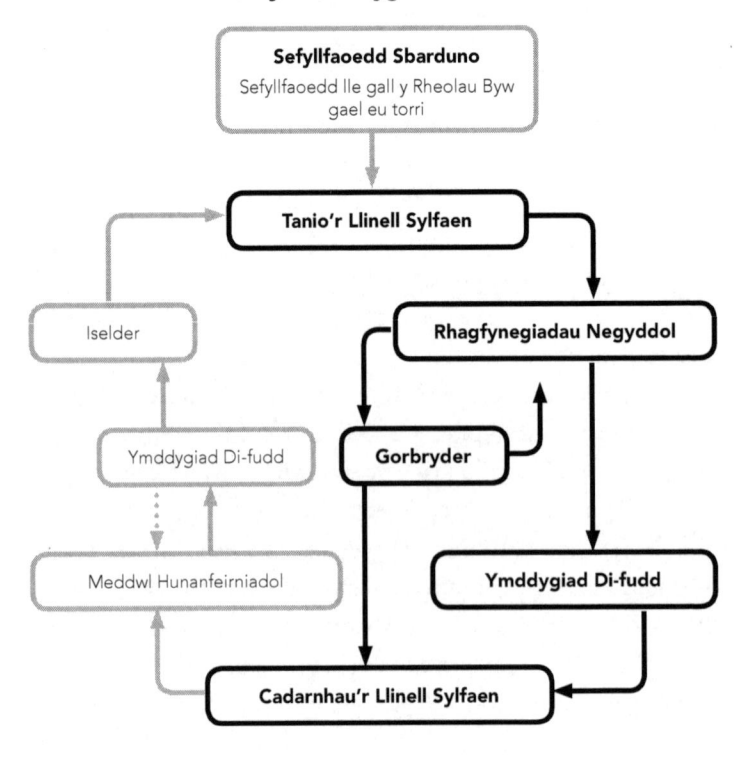

Sefyllfaoedd sy'n sbarduno gorbryder

Meddyliwch eto am y bobl a drafodwyd ym Mhenodau 2 a 3. Ar dudalennau 81–2, roedd rhestr o'r math o sefyllfaoedd a oedd yn tanio eu Llinell Sylfaen nhw. Ym mhob un o'r enghreifftiau, gallwch weld bod y rhain i gyd yn sefyllfaoedd lle gellid torri rheolau hunanamddiffynnol. Ym mhob achos hefyd, mae elfen o ansicrwydd neu amheuaeth. *Gallai'r* Briony go iawn (y Briony ddrwg) ddod i'r amlwg – ond dydy hi ddim yn siŵr o hynny. *Efallai* na fydd Rajiv yn gallu cyrraedd ei safonau uchel – ond dydy e ddim yn siŵr. Mae Evie'n *amau* cyn iddi fynd i siopa na fydd yr un dilledyn y bydd hi'n ei drio yn gweddu iddi nac yn edrych yn dda – ond hyd at y pwynt hwnnw, does ganddi ddim unrhyw dystiolaeth gadarn bod hynny'n wir.

Mae amheuaeth yn ganolog i'r profiad o orbryder. Mae'n creu gwagle, ac rydyn ni'n llenwi'r gwagle hwnnw drwy ddychmygu pob math o bethau ofnadwy – sef rhagfynegi y caiff ein hofnau pennaf eu gwireddu. Efallai fod rhan o'n meddyliau'n ymwybodol ei bod yn annhebygol iawn y bydd y gwaethaf yn digwydd, neu hyd yn oed y byddem yn gallu ymdopi â'r gwaethaf pe bai'n digwydd – ond dydyn ni ddim wedi'n hargyhoeddi, a pho fwyaf gorbryderus y byddwn ni'n teimlo, lleiaf argyhoeddedig ydyn ni.

Sut mae meddwl gorbryderus yn gweithio

Mae rhagfynegiadau gorbryderus yn codi o'r teimlad ein bod ar fin torri Rheolau sy'n bwysig i'n hymdeimlad o hunan-werth. Mae Pennod 7 (tudalennau 257–313) yn canolbwyntio ar ffyrdd o newid ac addasu'r Rheolau Byw eu hunain. Yma, rydych chi'n dechrau gosod y sylfeini ar gyfer y gwaith hwnnw drwy fynd i'r afael â'r rhagfynegiadau sy'n peri i chi fod yn orbryderus mewn sefyllfaoedd cyffredin.

Mae rhagfynegiadau gorbryderus fel arfer yn cynnwys tueddiadau meddwl sy'n bwydo'r ymdeimlad o ansicrwydd a dychryn.

Tueddiadau meddwl gorbryderus:
- Goramcanu'r siawns y bydd rhywbeth gwael yn digwydd
- Goramcanu pa mor wael fydd hi
- Tanamcanu eich adnoddau personol
- Tanamcanu adnoddau eraill

Goramcanu'r siawns y bydd rhywbeth gwael yn digwydd

Pan fyddwn ni'n cael ein hunain mewn sefyllfaoedd lle mae ein gallu i gadw at ein Rheolau personol dan fygythiad, mae'r tebygolrwydd y bydd rhywbeth yn mynd o'i le yn tyfu'n sylweddol yn ein meddyliau. Ystyriwch Kate fel enghraifft. Efallai y cofiwch fod rhieni Kate wedi cael anhawster mynegi eu teimladau tuag ati.

Ei Llinell Sylfaen oedd ei bod hi'n anodd ei charu, ac roedd ei Rheolau Byw yn mynnu y byddai'n cael ei gwrthod pe bai'n methu bodloni disgwyliadau pobl eraill, ac y byddai'n cael ei siomi pe bai hi'n gofyn am gael eu hanghenion wedi'u bodloni. Gweithio mewn siop trin gwallt yr oedd Kate. Roedd hi a'i chyd-weithwyr yn mynd allan yn eu tro i brynu brechdanau amser cinio. Un diwrnod, pan mai ei thro hi oedd mynd, anghofiodd y rheolwr ei thalu hi'n ôl am ei frechdan. Teimlai Kate yn gwbl analluog i ofyn am yr arian oedd yn ddyledus iddi. Roedd hi'n argyhoeddedig, pe bai hi'n gwneud hynny, y byddai'r rheolwr yn ei chasáu ac yn meddwl ei bod hi'n grintachlyd. Roedd hyn er gwaethaf y ffaith iddi fod yn gweithio iddo am fisoedd lawer a'i bod yn gwybod yn iawn ei fod yn ddyn caredig, hynaws a oedd yn ystyriol o les ei weithwyr. Wnaeth hi ddim ystyried y dystiolaeth, a oedd yn awgrymu y byddai yntau'n debygol o deimlo embaras, ymddiheuro a rhoi'r arian dyledus iddi ar unwaith.

Goramcanu pa mor wael fydd hi petai rhywbeth gwael yn digwydd

Mae rhagfynegiadau gorbryderus yn rhagdybio y bydd pethau gwael yn debygol o ddigwydd a phan fyddan nhw'n digwydd, y byddan nhw'n wael iawn. Anaml y tybir, os yw rhywbeth drwg yn digwydd, mai problem fyrhoedlog fydd hi, un a fydd drosodd mewn chwinciad ac y bydd bywyd yn mynd yn ei flaen wedi hynny. Wrth wraidd rhagfynegiadau gorbryderus mae'r syniad bod y peth gwaethaf posib yn sicr o ddigwydd, a phan fydd yn digwydd, y bydd yn drychineb bersonol.

Felly, allai Kate, er enghraifft, ddim gweld wrth edrych ymlaen mai eiliad o drafferth fyddai i'r rheolwr dalu ei ddyled iddi ac anghofio am y peth mewn dim o dro. Roedd hi'n tybio y byddai gofyn am yr arian yn newid eu perthynas yn barhaol. Ni fyddai byth yn edrych arni yn yr un ffordd eto, ac mae'n debyg y byddai angen iddi ddod o hyd i swydd arall – a byddai hynny'n anodd hefyd, oherwydd na fyddai ef yn dymuno rhoi geirda iddi, a gallai hithau hefyd gael enw fel rhywun oedd yn tueddu i achosi gwrthdaro a'i chael hi'n anodd cael gwaith o unrhyw fath. Ni fyddai wedyn yn gallu byw'n annibynnol, a byddai'n rhaid iddi fynd yn ôl at ei rhieni a derbyn pa swydd bynnag y gallai ddod o hyd iddi, waeth pa mor ddienaid fyddai'r gwaith na pha mor wael fyddai'r tâl. Yn ei meddwl, gallai Kate weld hyn oll yn digwydd yn hollol glir.

I rywun fyddai'n gweld pethau'n wahanol, byddai hyn – gofyn am gael eich ad-dalu am un frechdan – yn fater digon dibwys. Ond i Kate, mae'n arwain at ddatblygu cyfres o ddigwyddiadau, pob un yn waeth na'r un blaenorol. Mae'r math hwn o ddilyniant – proses y cyfeirir ati fel trychinebu – yn nodweddiadol o feddwl gorbryderus.

Tanamcanu eich adnoddau personol i'ch galluogi i ddelio â'r gwaethaf, petai hynny'n digwydd

Pan fydd pobl yn orbryderus ac yn meddwl y bydd y gwaethaf yn digwydd, maen nhw hefyd yn debygol o feddwl nad oes dim y gallan nhw ei wneud i'w atal neu i allu'i reoli. Tybiodd Kate y byddai ei bòs yn troi yn ei herbyn, beth bynnag fyddai hi'n ei wneud. Wnaeth hi ddim ystyried, er enghraifft, pe bai e'n troi yn ei herbyn, y gallai ei wynebu a mynnu bod ganddi berffaith hawl i gael ei harian yn ôl. Wnaeth hi chwaith ddim ystyried ei sgiliau a'i phrofiad proffesiynol, a oedd, mewn gwirionedd, yn ei gwneud yn debygol iawn y byddai'n dod o hyd i swydd arall yn gymharol ddidrafferth.

Tanamcanu adnoddau eraill

Yn ogystal â thanamcanu eu hadnoddau personol eu hunain, mae pobl sy'n gwneud rhagfynegiadau gorbryderus yn tueddu i danamcanu pethau eraill a allai wella'r sefyllfa neu hyd yn oed ei lleddfu'n gyfan gwbl. Anghofiodd Kate, er enghraifft, am y gefnogaeth y byddai'n ei chael gan ei chydweithwyr, ei ffrindiau a'i theulu pe bai ei rheolwr yn ymateb mor afresymol.

Llunio rhagofalon: Hunanamddiffyn yn ddiangen

Gyda'i gilydd, mae'r tueddiadau rhagfarnllyd hyn yn y meddwl yn creu rysáit berffaith ar gyfer ofn. Maen nhw'n rhoi ymdeimlad cryf i chi eich bod mewn perygl – mewn perygl o fethu, o gael eich gwrthod, o golli rheolaeth, o wneud ffŵl ohonoch eich hun. Yn gryno, o dorri eich Rheolau. Felly, fel unrhyw berson synhwyrol sy'n wynebu bygythiad, byddwch yn cymryd camau i amddiffyn eich hun, i atal y gwaethaf rhag digwydd. Mae'n bosib y bydd eich rhagofalon yn eich helpu i deimlo'n well yn y tymor byr, ond yn anffodus, yn y tymor hir maen nhw'n eich atal rhag darganfod a oes sail wirioneddol i'ch rhagfynegiadau gorbryderus, ac mae hynny'n ei dro yn eich atal rhag diweddaru hen syniadau difudd ac felly yn cynnal diffyg hunan-werth.

Fydd hi ddim yn bosib i chi ddarganfod a oes sail wirioneddol i'ch rhagfynegiadau gorbryderus heb i chi anghofio'r rhagofalon sydd gennych ar waith i sicrhau nad ydyn nhw'n dod yn wir. Dyma lle gellir arbrofi – dysgu drwy brofiad personol uniongyrchol. Dyma'r unig ffordd i ddarganfod a oes sail i'ch syniadau – os nad ydych yn arbrofi â chael gwared â'ch rhagofalon, byddwch bob amser yn cael rhyw hen deimlad chwithig i chi gael dihangfa ffodus, a fyddwch chi byth yn sicr a oedd eich meddyliau yn realistig ai peidio.

Gall enghraifft helpu i gadarnhau'r pwynt yma. Dychmygwch eich bod yn mynd am bryd o fwyd yn nhŷ Vladimir, hen ffrind i chi. Wrth i chi fynd i mewn i'r tŷ, rydych chi'n sylwi ar arogl pwerus. A allai'r arogl fod yn gysylltiedig â'r coginio? I gyd-fynd â'ch diodydd cyn bwyta, mae'n gweini *croutons* garlleg a dip garlleg. Y cwrs cyntaf yw cawl garlleg, gyda bara garlleg. Dilynir hyn gan gig oen rhost gyda garllegen gyfan, a salad sydd â dresin garlleg. Ar gyfer pwdin, hufen iâ garlleg (a oedd yn od o ddiddorol) ac, i gloi, caws hufennog Ffrengig gyda pherlysiau ac – ie, cywir – garlleg. Wrth i'r noson fynd rhagddi, rydych chi'n sylwi'n raddol fod torchau garlleg yn hongian o nenfwd yr ystafell, ac yn y pen draw, mae chwilfrydedd yn drech na chwrteisi.

'Pam yr holl arlleg?' gofynnwch.

'A!' ateba Vladimir. 'Roeddwn i'n gobeithio na fyddet ti'n sylwi. Doeddwn i ddim eisiau i ti boeni.'

'Poeni?'

'Wel, ie. Y fampirod, ti'n gweld. Doeddwn i ddim eisiau i ti boeni am y fampirod.'

'Y fampirod?'

'Ie. Ond dwi'n credu'n bod ni wedi cael digon o arlleg i'w cadw nhw draw,' meddai Vladimir yn gysurlon.

'Ond does 'na ddim fampirod, siŵr iawn!' meddech chithau.

'Yn union!' meddai Vladimir yn hunanfodlon.

Mae'r strategaethau y mae pobl yn eu defnyddio i atal eu hofnau gwaethaf rhag cael eu gwireddu yr un peth â garlleg

Vladimir. Iddo ef, yr unig reswm nad yw'r tŷ yn llawn fampirod yw oherwydd ei fod yn llawn garlleg. Wrth gwrs, gallai fod yn llygad ei le, er y byddai adolygu'r dystiolaeth sydd ar gael yn awgrymu ei fod yn gorliwio'i ofnau. Er mwyn darganfod a yw'r perygl yn ymddangos yn fwy real nag ydyw mewn gwirionedd, byddai'n rhaid iddo roi'r gorau i'r strategaeth hunanamddiffynnol hon a chael gwared ar yr holl arlleg. O ystyried cryfder ei gred mewn fampirod, mae'n debyg y byddai hyn yn eithaf anodd iddo ei wneud. Efallai y byddai'n rhaid iddo wneud hynny un cam (neu un ewin garlleg) ar y tro. Ar y llaw arall, pe bai'n gallu ystyried y dystiolaeth yn wrthrychol, gallai fynd yr holl ffordd a chael gwared â'r garlleg yn gyfan gwbl. Dim ond wedyn y gallai ddarganfod nad oedd sail i'w ofnau, a'i fod yn ddigon diogel mewn gwirionedd.

Sut i adnabod rhagfynegiadau gorbryderus a sylwi ar ragofalon diangen (Sgìl graidd 1: Ymwybyddiaeth)

Ni fyddwch yn gallu newid pethau er gwell hyd nes eich bod yn gallu gweld yn glir beth sy'n digwydd mewn sefyllfaoedd lle rydych chi'n teimlo y gallai eich Rheolau Byw gael eu torri. Felly, yn gyntaf oll, mae angen i chi ddod yn ymwybodol o'r union beth rydych chi'n ei ragweld pan fyddwch chi'n orbryderus. Yn ail, mae angen i chi sylwi ar y rhagofalon sydd gennych ar waith i atal eich rhagfynegiadau rhag cael eu gwireddu. Mae hyn yn golygu dysgu ymateb i orbryder neu bryder cyn gynted ag y bydd yn digwydd, gan nodi'r hyn sy'n rhedeg drwy eich meddwl pan fydd y teimlad yn dechrau ac wrth iddo dyfu, a sylwi ar yr hyn rydych chi'n ei wneud i amddiffyn eich hun. Bydd y wybodaeth hon yn rhoi sylfaen gadarn i chi ailfeddwl am eich rhagfynegiadau, ac yna gweld a ydynt yn gywir ai peidio drwy wneud yr hyn rydych yn ei ofni heb roi rhagofalon diangen ar waith (arbrofion).

Mae'n werth bod yn strwythuredig a systematig wrth i chi ddechrau mireinio'ch sgiliau arsylwi, a'r ffordd orau o wneud hyn yw cadw cofnod am sbel. Un o fanteision gwneud hyn yw y gallwch edrych yn ôl yn ddiweddarach dros yr hyn a ddigwyddodd, ei adolygu a gweld sut mae pethau'n datblygu. Yn ogystal, gall gweld eich rhagfynegiadau gorbryderus ar ddu a gwyn, allan yn yr awyr agored yn hytrach nag yn gaeth yn eich pen, eich helpu i gymryd cam yn ôl ac ailfeddwl amdanyn nhw. Unwaith maen nhw wedi'u cofnodi, efallai na fyddan nhw'n argyhoeddi gymaint.

Gallwch gadw'ch cofnod ar bapur os hoffech chi – mae'r teimlad o afael mewn beiro wrth ysgrifennu â llaw yn rhoi'r teimlad i rai pobl eu bod yn mynd i'r afael â phethau o ddifrif. Neu gallech gadw cofnod electronig pe bai hynny'n well gennych chi. Ar dudalen 118, mae taflen wag y gallwch ei defnyddio i gadw cofnod o'ch rhagfynegiadau gorbryderus a'r camau rydych yn eu cymryd i osgoi trychineb (taflen waith 'Rhagfynegiadau a Rhagofalon'; mae rhagor o gopïau gwag yn yr Atodiad, a gallwch lawrlwytho copïau Saesneg o wefan 'Overcoming' hefyd). Mae cyfyng-gyngor Kate yn cael ei ddefnyddio ar dudalen 119, i roi syniad i chi o'r hyn sydd angen i chi ei wneud.

Prif fantais creu cofnod strwythuredig fel hyn, yn hytrach na chadw dyddiadur o bethau sy'n codi o ddydd i ddydd, yw y bydd yn eich annog i ddilyn pethau mewn ffordd systematig. Bydd y penawdau yn eich atgoffa o'r hyn y dylech fod yn chwilio amdano ac, yn ddiweddarach, pa gamau y mae angen i chi eu cymryd i newid pethau er gwell. Ar y llaw arall, gall cadw dyddiadur naratif beri i chi fynd ar goll yn eich ofnau, yn enwedig os ydych wedi bod yn dioddef o ddiffyg hunan-werth ers peth amser a bod rhagfynegiadau gorbryderus wedi dod yn arferiad sy'n anodd rhoi'r gorau iddo. Os yw'n well gennych chi ddefnyddio math o gofnod sy'n bersonol i chi, boed ar bapur neu'n electronig, mae'n siŵr y bydd hi'n dal yn ddefnyddiol i chi ddatblygu eich ymchwiliadau drwy ddilyn y penawdau a awgrymir yma.

Ceisiwch fynd ati yn chwilfrydig ac yn ymholgar yn eich arsylwadau – sut yn union *mae'r* meddwl cyfareddol yna sydd gennych yn gweithio? Bob dydd, wrth i chi arsylwi a chofnodi, byddwch yn dechrau sylwi ar batrymau'n dod i'r amlwg – hen ffyrdd greddfol, arferol o ymateb yn codi dro ar ôl tro. Unwaith y gallwch eu gweld yn glir, byddwch mewn sefyllfa dda i ddechrau gwneud pethau'n wahanol.

Os yw'n bosib, gwnewch eich cofnod ar yr union adeg yr ydych yn teimlo'r gorbryder. Os nad yw hyn yn bosib (e.e. rydych yng nghwmni pobl a fyddai'n ei gweld hi'n od petaech chi'n dechrau cofnodi), sylwch yn ofalus ar eich ymatebion, gwnewch nodyn meddyliol o'r hyn sy'n digwydd, a llanwch y cofnod cyn gynted ag y gallwch chi. Mae hyn oherwydd ei bod yn aml yn anodd ymateb i ragfynegiadau gorbryderus pan nad ydych yng nghanol y teimladau gorbryderus. Hyd yn oed os yw'n bosib i chi eu hadnabod, maen nhw'n gallu ymddangos yn chwerthinllyd neu'n ormodol wrth edrych yn ôl neu wrth edrych arnyn nhw o ddigon pell i ffwrdd. Felly bydd yn anodd derbyn pa mor real oedden nhw ar y pryd a pha mor orbryderus oeddech chi. Dyma'r pethau sydd angen i chi eu cofnodi:

GORESGYN DIFFYG HUNAN-WERTH

Ffigur 10. Taflen Waith Rhagfynegiadau a Rhagofalon

Dyddiad/ Amser	Sefyllfa	Emosiynau a theimladau'r corff	Rhagfynegiadau gorbryderus	Rhagofalon
	Beth oeddech chi'n ei wneud pan ddechreuoch chi deimlo'n orbryderus?	(e.e. gorbryderus, panig, tensiwn, calon yn curo'n gyflym) Rhowch sgôr 0–100% yn ôl pa mor ddwys oedden nhw	Beth yn union oedd yn mynd trwy'ch meddwl pan ddechreuoch chi deimlo'n orbryderus? (e.e. meddyliau mewn geiriau, delweddau) Rhowch sgôr 0–100% yn ôl pa mor gryf roeddech chi'n credu hyn	Beth wnaethoch chi i atal eich rhagfynegiadau rhag dod yn wir? (e.e. osgoi'r sefyllfa, mathau o ymddygiadau diogelu)

GWIRIO RHAGFYNEGIADAU GORBRYDERUS

Ffigur 11: Taflen Waith Rhagfynegiadau a Rhagofalon Kate

Dyddiad/ Amser	Sefyllfa Beth oeddech chi'n ei wneud pan ddechreuoch chi deimlo'n orbryderus?	Emosiynau a theimladau'r corff (e.e. gorbryderus, panig, tensiwn, calon yn curo'n gyflym) Rhowch sgôr 0–100% yn ôl pa mor ddwys oedden nhw	Rhagfynegiadau gorbryderus Beth yn union oedd yn mynd trwy'ch meddwl pan ddechreuoch chi deimlo'n orbryderus? (e.e. meddyliau mewn geiriau, delweddau) Rhowch sgôr 0–100% yn ôl pa mor gryf roeddech chi'n credu pob un	Rhagofalon Beth wnaethoch chi i atal eich rhagfynegiadau rhag dod yn wir? (e.e. osgoi'r sefyllfa, mathau o ymddygiadau diogelu)
6 Ionawr 2pm	Prynu brechdan i ginio ar gyfer lan. Anghofiodd fy nhalu'n ôl.	Gorbryder 85 Embaras 80 Calon yn curo 90 Chwyslyd 70 Poeth 90	Os dwi'n gofyn am yr arian, fe fydd e'n meddwl fy mod yn grintachlyd 90% Fe fydd yn dinistrio'n perthynas ni am byth 80% Fe fydd yn rhaid i mi ddod o hyd i swydd arall 70% Fydda i ddim yn gallu 70% Fe fydda i'n gaeth i'r tŷ heb ddim arian 70%	Ei osgoi'n llwyr Pe bawn i'n gofyn, byddwn yn: Gwneud fy hun yn fach Ymddiheuro'n arw Peidio ag edrych arno'n uniongyrchol Cadw fy llais i lawr Dweud wrtho nad oedd ots Ei wneud cyn gynted â phosib a dianc ar frys

GORESGYN DIFFYG HUNAN-WERTH

Dyddiad ac amser

Pryd yn union wnaethoch chi ddechrau teimlo'n orbryderus? Gallai'r wybodaeth yma fod o gymorth i chi adnabod patrymau o ddydd i ddydd. Er enghraifft, os yw'ch Rheolau yn ymwneud â gallu a chyflawni, efallai y byddwch yn sylwi ar gynnydd mewn gorbryder wrth i chi gyrraedd y gwaith. Ar y llaw arall, os yw'ch amheuon yn ymwneud â pha mor dderbyniol ydych chi i bobl eraill, mae'n bosib y byddwch yn gweld mai'r penwythnosau yw'r adegau gwaethaf, y cyfnod pan mae disgwyl i chi gymdeithasu.

Y sefyllfa

Beth oedd yn digwydd pan ddechreuoch chi deimlo'n orbryderus? Beth oeddech chi'n ei wneud? Gyda phwy oeddech chi? Beth oedd yn digwydd? Ai digwyddiad penodol a daniodd eich Llinell Sylfaen (er enghraifft, gorfod ateb cwestiwn anodd o flaen cyd-weithwyr neu dderbyn bil drwy'r post)? Neu ai rhywbeth ynoch chi (er enghraifft, cofio adeg yn y gorffennol pan wnaethoch chi deimlo embaras a chywilydd, meddwl am dasg rydych wedi bod yn ei hosgoi'n fwriadol, neu sylwi fod cledrau eich dwylo'n chwyslyd a chithau ar fin ysgwyd llaw)?

Eich emosiynau

Mae gorbryder yn arwydd sy'n dweud wrthych eich bod yn gwneud rhagfynegiadau gorbryderus. Beth yn union oedd yr emosiwn – neu'r emosiynau – a deimloch chi? Gorbryder? Ofn? Gorbryder? Panig? Cadwch lygad am emosiynau eraill hefyd – er enghraifft, teimlo dan bwysau, poeni, rhwystredigaeth, teimladau blin neu ddiffyg amynedd. Rhowch sgôr rhwng 0 a 100 i bob emosiwn, yn ôl ei gryfder, gyda 100 yn golygu ei fod mor gryf ag y gallai fod, 50 yn golygu ei fod yn gymharol gryf, 5 yn golygu mai dim ond awgrym o emosiwn oedd yna, ac yn y blaen. Gallech fod ar unrhyw bwynt rhwng 0 a 100. Wrth raddio dwyster eich emosiynau yn hytrach na nodi eu bod yn bresennol, pan ddaw'r amser i fynd i'r afael â newid eich rhagfynegiadau gorbryderus, y syniad yw y byddwch yn gallu adnabod mân newidiadau yn eich cyflwr emosiynol na fyddech o reidrwydd yn sylwi arnyn nhw fel arall.

Eich teimladau corfforol

Mae ystod eang o deimladau corfforol fel arfer yn mynd law yn llaw â gorbryder. Mae'r rhain yn gliwiau hanfodol i'n cyflwr emosiynol, ac yn ffynhonnell wybodaeth werthfawr am sut rydyn ni'n teimlo, felly mae'n werth mireinio'ch ymwybyddiaeth ohonyn nhw. Beth yn union yw'ch arwyddion gorbryder corfforol personol chi? Pa deimladau ydych chi'n eu profi, ac ym mha ran o'r corff? I ryw raddau, mae arwyddion gorbryder corfforol yn amrywio o berson i berson, ac fe'u hadlewyrchir yn y dywediadau a ddefnyddiwn yn gyffredin i ddisgrifio gorbryder – 'pigog', 'crynu fel deilen', 'ar bigau'r drain', 'gwyn fel y galchen', 'yn sâl gan ofn' ac yn y blaen. Maen nhw'n cynnwys:

- Cynnydd mewn tensiwn yn y cyhyrau (er enghraifft, yn eich gên, eich talcen, eich ysgwyddau neu'ch dwylo). Mae gan lawer o bobl 'hoff' safle tensiwn yn y corff. Ble mae'ch un chi?

- Newidiadau yng nghyfradd curiad y galon (er enghraifft, mae eich calon yn cyflymu, yn curo'n drwm neu'n teimlo fel petai'n colli curiad).
- Newidiadau yn eich anadlu (efallai y sylwch eich bod yn dal eich anadl, yn anadlu'n gyflymach, yn anadlu'n anwastad, neu'n teimlo fel na allwch gael digon o aer).
- Newidiadau meddyliol (er enghraifft, gall fod yn anodd canolbwyntio ar yr hyn sy'n digwydd, gall eich meddwl fynd yn wag neu efallai y byddwch yn teimlo'n ffwndrus neu'n ddryslyd).
- Newidiadau yn y system gastrig (er enghraifft, stumog yn troi, stumog yn corddi, angen mynd i'r toiled dro ar ôl tro).
- Symptomau corfforol eraill fel cryndod, chwysu, gwendid, teimlo'n benysgafn neu ar fin llewygu, diffrwythdra neu gosi, a newidiadau o ran eich golwg (er enghraifft, pethau'n mynd yn niwlog ac aneglur neu 'welediad twnnel').

Yn y bôn, mae'r rhain i gyd yn rhan o ymateb arferol y corff i fygythiad ac maen nhw, i ryw raddau, yn ddefnyddiol. I berfformwyr, fel cerddorion neu athletwyr, er enghraifft, mae bod ar bigau'r drain yn fanteisiol i'w perfformiad. Mae symptomau corfforol gorbryder yn arwyddion fod chwarennau ger yr arennau yn rhyddhau adrenalin, hormon sy'n paratoi'r corff ar gyfer 'ymladd neu ffoi' – hynny yw, i wynebu a mynd i'r afael â'r perygl sy'n bygwth, neu i ddianc rhagddo. Mae eich rhagfynegiadau gorbryderus yn anfon neges rhybudd coch i'ch corff. Unwaith y byddwch yn dysgu dileu'r rhagfynegiadau, bydd eich corff yn rhoi'r gorau i ymateb fel hyn. Yn y cyfamser, bydd yn ddefnyddiol sylwi ar eich adweithiau corfforol penodol i orbryder, yn enwedig oherwydd (fel y nodwyd ym Mhennod 3) bod yr adweithiau hyn ynddyn nhw'u hunain yn gallu arwain at ragfynegiadau gorbryderus pellach – er enghraifft, 'Fe fydd pawb yn sylwi pa mor nerfus ydw i ac yn meddwl fy mod i'n od', 'Os yw hyn yn parhau, dwi'n mynd i'w cholli hi' neu 'A finnau'n teimlo fel hyn, does gen i ddim gobaith o allu ymdopi â'r sefyllfa yma'. Yn naturiol ddigon, mae'r rhagfynegiadau ychwanegol hyn yn debygol o ddwysáu'r gorbryder, gan ffurfio cylch cythreulig bychan sy'n cyfrannu at gynnal y broblem.

Cofnodwch eich teimladau corfforol, a'u graddio rhwng 0 a 100, yn ôl pa mor gryf ydyn nhw, yn union fel y gwnaethoch chi raddio dwyster eich emosiynau. Cadwch lygad am unrhyw ragfynegiadau ychwanegol sy'n codi ar sail eich teimladau, a chofnodwch y rheini hefyd.

Eich rhagfynegiadau gorbryderus

Beth oedd yn mynd drwy'ch meddwl chi ychydig cyn i chi ddechrau teimlo'n orbryderus? Ac wrth i'ch gorbryder gynyddu? Bydd y meddyliau rydych chi'n chwilio amdanyn nhw yn ymwneud â'r dyfodol – yr hyn sydd ar fin digwydd. Mewn gwirionedd, eich rhagfynegiadau chi am yr hyn sy'n mynd i fynd o'i le, neu eisoes yn mynd o'i le, ydyn nhw. Cofnodwch nhw, air am air, yn union fel maen nhw'n digwydd i chi, yna rhowch sgôr rhwng 0 a 100% i bob un, yn ôl pa mor gryf rydych yn eu credu. Mae 100% yn golygu eich bod yn gwbl argyhoeddedig, tu hwnt i unrhyw amheuaeth; mae 50% yn golygu eich bod rhwng dau feddwl; mae 5% yn golygu eich bod yn meddwl bod rhywfaint o bosibilrwydd, ac yn y blaen. Unwaith eto, gallech fod ar unrhyw bwynt rhwng 0 a 100%. Yn gyffredinol, rydych chi'n debygol o weld y byddwch chi'n fwy gorbryderus po gryfaf y byddwch chi'n credu eich rhagfynegiadau. Wrth gwrs, mae'r gwrthwyneb yn wir hefyd – po fwyaf gorbryderus rydych chi'n teimlo, mwyaf tebygol yw hi y bydd eich rhagfynegiadau yn eich argyhoeddi ac y byddwch yn ymddwyn yn unol â hynny, gan gymryd camau i amddiffyn eich hun sydd mewn gwirionedd yn ddiangen ac yn ddi-fudd.

Efallai y gwelwch nad yw eich meddyliau yn ffurfio rhagfynegiadau y gallwch eu hadnabod, ond yn hytrach yn ffurfio delweddau yn y meddwl, o bosib. Gall y rhain fod yn gipolwg neu'n fframiau unigol, neu gallant fod ar ffurf ffilmiau – ffrwd o ddigwyddiadau yn dilyn o un i'r llall – fel ofnau Kate am ymateb ei rheolwr a chanlyniadau hynny. Gall y delweddau a'r dilyniannau hyn fod yn danbaid iawn ac felly'n creu cryn argraff. Fel arfer, maen nhw'n dangos yr hyn y mae unigolyn yn ofni fydd yn digwydd. Hynny yw, maen nhw'n fersiwn weledol o'ch ofnau gwaethaf – eich rhagfynegiadau gorbryderus. Disgrifiwch nhw mor glir ag y gallwch, nodwch yr hyn maen nhw'n ei ragweld, a rhowch sgôr iddyn nhw yn ôl pa mor gryf rydych chi'n eu credu (rhwng 0 a 100%).

Ar y llaw arall, mae'n bosib nad yw eich meddyliau ar ffurf rhagfynegiadau penodol, ond yn hytrach ar ffurf ebychiadau byr fel 'O'r mowredd!' neu ''Co ni'n mynd eto!' Os felly, nodwch yr ebychiad ac yna treuliwch beth amser yn ystyried beth

GWIRIO RHAGFYNEGIADAU GORBRYDERUS

y gallai ei olygu. Beth yw'r rhagfynegiad sydd wedi'i guddio yn yr ebychiad? Os byddwch yn canfod yr ystyr wrth wraidd yr ebychiad, bydd lefel y gorbryder rydych yn ei deimlo yn gwneud synnwyr. Gofynnwch i chi'ch hun: Beth allai fod ar fin digwydd? Beth yw'r gwaethaf a allai ddigwydd? A beth wedyn? A beth wedyn? "Co ni'n mynd eto!' – wel, i ble? Unwaith eto, nodwch y rhagfynegiadau cudd, a rhowch sgôr ar gyfer pa mor gryf rydych yn credu pob un (rhwng 0 a 100%).

Yn olaf, efallai y bydd eich rhagfynegiad ynghudd mewn cwestiynau fel 'Fyddan nhw'n fy hoffi i?' neu 'Beth os na alla i ymdopi?' neu 'Beth os bydd popeth yn mynd o'i le?' Mae llawer o feddyliau gorbryderus yn codi ar ffurf cwestiynau, sy'n gwneud synnwyr os ydyn ni'n ystyried eu bod yn ymateb i ansicrwydd neu amheuaeth. I ddod o hyd i'r rhagfynegiad cudd, gofynnwch i chi'ch hun: Pa ateb i'r cwestiwn hwn a fyddai'n cyfrif am y gorbryder rwy'n ei deimlo? Er enghraifft, os mai'ch cwestiwn chi yw 'Fyddan nhw'n fy hoffi i?', yna dydy'r ateb 'Byddan, fe fyddan nhw' ddim yn debygol o'ch gwneud yn orbryderus. Mae'n debyg mai'r rhagfynegiad negyddol cudd fyddai, 'Fyddan nhw ddim yn fy hoffi i'. Gallech gredu hyn yn weddol gryf, prin ddim o gwbl, neu rywle yn y canol.

Eich rhagofalon er mwyn atal eich rhagfynegiadau rhag cael eu gwireddu

Pan fydd rhywun yn wynebu bygythiad gwirioneddol, mae'n gwneud synnwyr perffaith i gymryd camau i atal y bygythiad hwnnw rhag achosi niwed. Gall y bygythiad rydych yn ei wynebu ymddangos yn fwy real nag ydyw mewn gwirionedd os camwch yn ôl a chraffu arno, ond mae i'w weld yn ddigon real am y tro. Felly beth ydych chi'n ei wneud i amddiffyn eich hun rhagddo? Pa gamau ydych chi'n eu cymryd i sicrhau nad yw'n digwydd? Cwblhewch eich cofnod drwy ysgrifennu'ch rhagofalon mor fanwl ag y gallwch chi.

Yn benodol, cadwch lygad am:

- Osgoi llwyr (er enghraifft, wnaeth Kate ddim yngan gair wrth ei rheolwr am sawl diwrnod a bu'n osgoi treulio unrhyw amser gydag ef o gwbl).
- Wynebu'r sefyllfa sy'n peri ofn i chi, ond gwneud pethau i'ch amddiffyn rhag yr hyn rydych chi'n tybio a allai ddigwydd.

Mewn therapi ymddygiad gwybyddol, gelwir rhagofalon o'r fath yn ymddygiadau diogelu, oherwydd eu bod yn bethau y teimlwn y mae'n rhaid i ni eu gwneud er mwyn cadw ein hunain yn ddiogel a diogelu ein hunain rhag torri'n Rheolau. Mae osgoi llwyr yn gymharol hawdd ei adnabod. Gall ymddygiadau diogelu fod yn llai amlwg. Yn wir, maen nhw weithiau'n eithaf cynnil – efallai na fyddwch yn gwbl ymwybodol ohonyn nhw hyd yn oed. Yma eto, mae bod yn chwilfrydig ac ymholgar yn help mawr i annog hunanarsylwi craff. Os ydych yn cael anhawster adnabod eich rhagofalon, dull effeithiol iawn o gael gwybod mwy yw drwy arbrofi a wynebu sefyllfaoedd rydych chi'n eu hofni a cheisio sylwi sut rydych chi'n cadw'ch hun yn ddiogel yn y sefyllfaoedd hynny. Os yw hyn yn teimlo'n rhy anodd ac yn fygythiol, dechreuwch drwy ymarfer y camau yn eich dychymyg. Er enghraifft, ar y dechrau, doedd Kate ddim yn teimlo'n barod i fynd at ei rheolwr o gwbl. Ond wrth iddi ysgrifennu yn ei chofnod, gallai ddychmygu sut byddai hi'n ymddwyn pe bai'n magu digon o ddewrder i ofyn am ei harian yn ôl. Gallai weld sut byddai'n gwneud ei hun yn fach, yn osgoi edrych i fyw ei lygaid, yn ymddiheuro'n arw, yn dweud wrtho nad oedd o dragwyddol bwys, yn siarad yn dawel ac yn betrusgar, ac yn delio â'r mater cyn gynted ag y gallai. Cyn yngan gair, byddai'n ymarfer yn union beth i'w ddweud sawl gwaith, gan geisio sicrhau ei bod yn gwneud ei chais yn y ffordd fwyaf didramgwydd bosib.

Cadwch eich cofnod am ychydig ddyddiau neu wythnosau, gan nodi cymaint o enghreifftiau ag y gallwch chi. Erbyn diwedd y cyfnod hwnnw, fe ddylech fod â syniad eithaf da o'r sefyllfaoedd lle rydych chi'n teimlo'n orbryderus, y rhagfynegiadau sy'n tanio'ch gorbryder, a'ch rhagofalon i atal y gwaethaf rhag digwydd. Dyma'ch sail ar gyfer dechrau cwestiynu ac ailfeddwl am eich rhagfynegiadau gorbryderus, a'u gwirio drwy gael gwared ar ragofalon diangen a darganfod drosoch eich hun a yw'r hyn rydych chi'n ei ofni yn debygol o ddigwydd.

Mynd i'r afael â rhagfynegiadau gorbryderus

Does dim budd i ragfynegiadau gorbryderus. Yn hytrach na'ch paratoi i ddelio'n effeithiol â bywyd bob dydd, maen nhw'n gwneud i chi deimlo'n wael ac yn peri i chi wastraffu egni ar ragofalon sy'n cyflawni dim byd heblaw cynnal y cylch cythreulig o ddiffyg hunan-werth. O ganlyniad, mae nifer o fanteision yn codi yn sgil eu newid: mae'n gwneud i chi deimlo'n well, mae'n rhoi gwell siawns i chi wynebu bywyd yn hyderus a mwynhau eich profiadau, ac yn eich annog i arbrofi â bod yn chi'ch hun.

Dyma lle rydych chi'n cael ymarfer yr ail a'r drydedd o'r sgiliau craidd a nodwyd gennym yn y cyflwyniad: ailfeddwl (cwestiynu'ch rhagfynegiadau er mwyn dod o hyd i ddewisiadau amgen mwy realistig) ac arbrofion (rhoi prawf ar agweddau newydd wrth wynebu – yn hytrach nag osgoi – y sefyllfaoedd rydych chi'n eu hofni, a chael gwared ar eich ymddygiadau diogelu).

Gall hyn ymddangos braidd yn frawychus. Fodd bynnag, yn sgil ailfeddwl am eich rhagfynegiadau a chanfod dewisiadau amgen, byddwch yn teimlo'n llai ofnus wrth wynebu'r hyn sydd ar hyn o bryd yn teimlo fel sefyllfaoedd peryglus ac yn helpu i gael gwared ar eich strategaethau hunanamddiffynnol. Mae hyn yn bwysig: os na newidiwch y ffordd rydych yn gweithredu pan deimlwch eich bod dan fygythiad, fyddwch chi byth yn teimlo'n gwbl hyderus bod yr agweddau newydd a luniwyd gennych yn seiliedig ar wirionedd, yn hytrach nag ar resymoli di-sail. Gadewch i ysgol brofiad eich dysgu.

Canfod dewisiadau amgen i gymryd lle rhagfynegiadau gorbryderus (Sgìl graidd 2: Ailfeddwl)

Y ffordd orau i lunio safbwynt mwy buddiol a realistig ynghylch sefyllfaoedd sy'n eich gwneud chi'n orbryderus yw dysgu camu'n ôl a chwestiynu eich rhagfynegiadau, yn hytrach na'u derbyn fel ffaith. Gallwch ddefnyddio'r cwestiynau a restrir ar dudalen 130 i'ch helpu i ganfod agweddau mwy buddiol a realistig ac i fynd i'r afael â'r tueddiadau i drychinebu sy'n cyfrannu at orbryder. Bob tro y byddwch yn dod o hyd i ateb neu ffordd arall o feddwl yn lle un o'ch rhagfynegiadau gorbryderus, gwnewch gofnod ohono a rhowch sgôr i ba mor gryf rydych chi'n credu ynddo (0–100%). Efallai na fyddwch yn ffyddiog iawn bod eich dewisiadau amgen yn gadarn ar y dechrau, ond dylech o leiaf fod yn barod i dderbyn y gallen nhw fod yn wir yn ddamcaniaethol. Unwaith y cewch gyfle i'w profi yn ymarferol, fe welwch y bydd sgôr eich ffydd ynddynt yn cynyddu. Efallai y bydd yn fuddiol i chi gofnodi eich dewisiadau amgen ar y daflen waith sydd ar dudalen 131 (taflen waith Gwirio Rhagfynegiadau Gorbryderus; mae rhagor o gopïau gwag ar gael yn yr Atodiad, ac mae modd lawrlwytho copi Saesneg o wefan 'Overcoming' hefyd). Mae cofnod wedi'i lenwi, gan ddefnyddio Kate fel enghraifft, ar dudalennau 132–3. Unwaith eto, gall cofnod strwythuredig (boed ar bapur neu'n electronig) fod yn fwy buddiol na dyddiadur syml oherwydd gall eich cynorthwyo i fynd i'r afael â'r dasg mewn ffordd systematig yn hytrach na chael eich caethiwo gan eich ofnau.

Ffigur 12. Cwestiynau Allweddol i'ch Helpu i Ganfod Ymatebion Amgen i Gymryd Lle Rhagfynegiadau Gorbryderus

- Pa dystiolaeth sy'n cefnogi'r hyn dwi'n ei ragweld?
- Pa dystiolaeth sy'n gwrth-ddweud yr hyn dwi'n ei ragweld?
- Beth yw'r ymatebion amgen? Pa dystiolaeth sy'n eu cefnogi?
- Beth yw'r gwaethaf a allai ddigwydd?
- Beth yw'r gorau a allai ddigwydd?
- Beth sydd fwyaf tebygol o ddigwydd mewn difrif?
- Os yw'r gwaethaf yn digwydd, beth alla i ei wneud ynghylch hynny?

Cwestiynau allweddol i'ch helpu i ganfod ymatebion amgen i gymryd lle rhagfynegiadau gorbryderus

Pa dystiolaeth sy'n cefnogi'r hyn dwi'n ei ragfynegi?

Beth yw'r sail i'ch ofnau? Beth sy'n gwneud i chi feddwl y bydd y gwaethaf yn digwydd? A oes profiadau yn eich gorffennol (yn gynnar iawn yn eich bywyd, hyd yn oed) sydd wedi arwain at ddisgwyl trychineb yn y presennol? Neu efallai fod yna bethau rydych chi wedi cael gwybod amdanyn nhw, neu wedi darllen amdanyn nhw, neu wedi'u gweld yn digwydd i bobl eraill? Neu ai eich teimladau chi yw eich prif dystiolaeth? Neu'r ffaith eich bod bob amser yn disgwyl i bethau fynd o chwith mewn sefyllfa benodol – bod hynny'n hen arferiad?

GWIRIO RHAGFYNEGIADAU GORBRYDERUS

Ffigur 13. Taflen Waith Gwirio Rhagfynegiadau Gorbryderus

Dyddiad/ Amser	Sefyllfa	Emosiynau a theimladau'r corff Rhowch sgôr 0–100% yn ôl pa mor ddwys oedd pob un	Rhagfynegiadau gorbryderus Rhowch sgôr 0–100% yn ôl pa mor gryf roeddech chi'n credu pob un	Safbwyntiau amgen Defnyddiwch y cwestiynau allweddol i ganfod safbwyntiau eraill ar y sefyllfa Rhowch sgôr 0–100% yn ôl pa mor gryf roeddech chi'n credu pob un	Arbrawf 1 Beth wnaethoch chi yn hytrach na rhoi eich rhagofalon arferol ar waith? 2 Beth oedd y canlyniadau? 3 Beth wnaethoch chi ei ddysgu?

GORESGYN DIFFYG HUNAN-WERTH

Ffigur 14: Taflen Waith Gwirio Rhagfynegiadau Gorbryderus – Enghraifft Kate

Dyddiad/ Amser	Sefyllfa	Emosiynau a theimladau'r corff Rhowch sgôr 0–100% yn ôl pa mor ddwys oedd pob un	Rhagfynegiadau gorbryderus Rhowch sgôr 0–100% yn ôl pa mor gryf roeddech chi'n credu pob un	Safbwyntiau amgen Defnyddiwch y cwestiynau allweddol i ganfod safbwyntiau eraill ar y sefyllfa Rhowch sgôr 0–100% yn ôl pa mor gryf roeddech chi'n credu pob un	Arbrawf 1 Beth wnaethoch chi yn hytrach na rhoi eich rhagofalon arferol ar waith? 2 Beth oedd y canlyniadau? 3 Beth wnaethoch chi ei ddysgu?
20 Chwefror	Gofyn i Ian am arian	Gorbryder 95 Embaras 95 Calon yn curo 95 Teimlo'n boeth ac yn goch 100	Fe fydd e'n gweiddi arna i 90% Fe fydd e'n meddwl fy mod yn grintachlyd 90% Bydd yn dinistrio'n perthynas am byth 80% Bydd yn rhaid i mi ddod o hyd i swydd arall 80%	Dim tystiolaeth y bydd yn ymateb felly. O'r hyn dwi'n ei wybod amdano, dydy e ddim y math yna o berson 100% Efallai y bydd ychydig yn ddig, ond byddai hynny'n pasio a byddai rhywbeth arall ar ei feddwl ymhen munud neu ddau 95%	1 Gofyn iddo. Paid ag ymddiheuro na dweud nad oes ots. Bydd yn gwrtais a dymunol, ond yn gadarn. Cymer dy amser. 2 Rhoddodd yr arian i fi'n syth. Ymddiheurodd a dweud ei fod wedi anghofio. Dim arwyddion wedi hynny iddo feddwl dim mwy ynghylch y mater.

GWIRIO RHAGFYNEGIADAU GORBRYDERUS

Fydda i ddim yn gallu 70% Fe fydda i'n gaeth gartref heb ddim arian 70%	Hyd yn oed pe bai'n ymateb felly, byddai pawb yn fy nghefnogi. Dyna fyddwn i'n ei wneud pe bai rhywun arall yn yr un sefyllfa, a bod ganddo hawl i gael yr hyn sy'n ddyledus iddo 100% Efallai fod gen i hawl hefyd 30% Hyd yn oed pe bawn i'n colli fy ngwaith, dwi'n trin gwallt yn ddigon da i gael swydd arall 60% Efallai fy mod yn gwneud môr a mynydd o hyn 50%	3 Dysgais ei bod yn iawn i mi fentro gofyn am yr hyn dwi eisiau, y GALLAF wneud hynny a llwyddo – hyd yn oed os ydw i'n mynd yn nerfus.	

Pa dystiolaeth sy'n gwrth-ddweud yr hyn dwi'n ei ragfynegi?

Camwch yn ôl a chymerwch olwg ehangach. Beth yw gwir ffeithiau'r sefyllfa bresennol? Ydyn nhw'n cefnogi'r hyn rydych chi'n ei feddwl neu ydyn nhw'n ei wrth-ddweud? Yn benodol, allwch chi ddod o hyd i unrhyw dystiolaeth nad yw'n cydfynd â'ch rhagfynegiadau? A oes unrhyw beth nad ydych wedi bod yn rhoi sylw iddo a fyddai'n awgrymu eich bod chi wedi gorliwio'ch ofnau? Ydych chi wedi anwybyddu rhai o'ch adnoddau personol? Oes unrhyw arwyddion yn deillio o brofiad blaenorol neu gyfredol a fyddai'n awgrymu efallai na fydd pethau'n mynd cyn waethed ag rydych chi'n ei ofni?

Y demtasiwn gyda rhagfynegiadau gorbryderus yw meddwl y gwaethaf – llunio casgliadau byrbwyll. Glynwch at y ffeithiau.

Beth yw'r safbwyntiau amgen? Pa dystiolaeth sy'n eu cefnogi?

Ydych chi'n syrthio i'r fagl o dybio mai dim ond eich safbwynt chi sy'n bosib? Mae sawl ffordd o feddwl am brofiad, ac mae hynny'n wir bob tro. I unigolyn sy'n dioddef diffyg hunanwerth, gall camgymeriad ymddangos fel pe bai'n drychineb neu'n arwydd o fethiant. Ond i unigolyn arall, mae gwneud camgymeriadau yn rhan arferol o fywyd person amherffaith, neu'n ganlyniad i gyflyrau dros dro fel blinder neu straen, eiliad o ddiffyg sylw – mewn geiriau eraill, mae'r camgymeriadau hyn yn ddealladwy, yn cael eu caniatáu, yn bosib eu hadfer, siŵr o fod, a heb fod yn adlewyrchiad o hunaniaeth neu werth sylfaenol rhywun.

Mae bod yn barotach i dderbyn hyn yn golygu y gallwch

chi ystyried camgymeriadau fel cyfleoedd gwerthfawr i ddysgu, i dyfu ac i ymestyn gwybodaeth a sgiliau.

Ystyriwch y sefyllfa rydych chi'n ei hwynebu ar hyn o bryd. Beth fyddai eich barn chi amdani, er enghraifft, pe baech chi'n teimlo'n llai gorbryderus ac yn fwy hyderus? Sut byddai rhywun arall yn ymateb iddi? Beth fyddech chi'n ei ddweud wrth ffrind fyddai'n rhannu'r un pryderon â chi – a fyddai'ch rhagfynegiadau'n wahanol? Ydych chi'n gorliwio pwysigrwydd y sefyllfa? Yn tybio y bydd yn gadael effaith barhaol os na fydd pethau'n mynd o'ch plaid chi? Sut byddwch chi'n meddwl am y digwyddiad hwn mewn wythnos? Mis? Blwyddyn? Deng mlynedd? A fydd unrhyw un yn cofio beth ddigwyddodd hyd yn oed? Wnewch chi? Os felly, a fyddwch chi'n dal i deimlo'r un peth? Mae'n debyg na fyddwch chi.

Cofnodwch y safbwyntiau amgen rydych wedi'u nodi, ac yna adolygwch y dystiolaeth o'u plaid ac yn eu herbyn, yn union fel yr aethoch chi ati i adolygu'r dystiolaeth o blaid ac yn erbyn eich rhagfynegiadau gwreiddiol. Ni fydd safbwynt arall nad yw'n cyd-fynd â'r ffeithiau o gymorth i chi, felly gwnewch yn siŵr bod gan eich dewisiadau amgen o leiaf ryw sail mewn gwirionedd.

Beth yw'r gwaethaf a allai ddigwydd?

Mae'r cwestiwn hwn yn arbennig o ddefnyddiol wrth ddelio â rhagfynegiadau gorbryderus. Drwy nodi'n glir y 'gwaethaf' y gallwch ei ragweld, mae modd i chi gael golwg iawn arno, a gall hynny fod yn ddefnyddiol mewn nifer o ffyrdd. Ar ôl rhoi'r gwaethaf mewn geiriau, neu ei ddychmygu mewn manylder eithafol, mae'n bosib y byddwch yn gweld i chi orliwio'ch ofnau i'r fath raddau fel eu bod yn annhebygol iawn o gael eu gwireddu. Er enghraifft, dychmygodd Kate y byddai ei rheolwr yn strancio yng nghanol y salon a'i thaflu allan. Ond ni fyddai mewn gwirionedd byth yn ymddwyn mor amhroffesiynol o flaen ei gleientiaid a'i staff, waeth sut byddai'n teimlo am ei chais.

Chwiliwch am ba wybodaeth bynnag sydd ei hangen arnoch i gael syniad mwy realistig o ba mor debygol yw hi mewn gwirionedd y bydd yr hyn rydych chi'n ei ofni yn digwydd. Hyd yn oed os nad yw'n amhosib, gall fod yn llawer llai tebygol o ddigwydd. Yn ogystal, mae'n bosib y gallwch wneud mwy nag un peth i leihau'r tebygolrwydd y bydd y gwaethaf yn digwydd, yn yr un ffordd ag y gallech chi wirio'r gwifrau trydan, a phrynu larymau mwg a diffoddwr tân wrth symud i dŷ newydd.

Beth yw'r gorau a allai ddigwydd?

Mae'r cwestiwn hwn yn cyferbynnu â'r un blaenorol. Ceisiwch feddwl am ateb sydd yr un mor gadarnhaol ag y mae eich ymateb gwaethaf yn negyddol. Gyda llaw, efallai y byddwch yn sylwi eich bod yn llai tueddol o gredu yn y gorau nag yn y gwaethaf. Pam hynny? Ydych chi o bosib yn meddwl yn rhagfarnllyd mewn rhyw ffordd? Unwaith eto, dychmygwch y canlyniad gorau yn fanwl a chlir, yn union fel y gwnaethoch gyda'r canlyniad gwaethaf.

Meddyliodd Kate am ddelwedd o'i rheolwr yn ei llongyfarch o flaen pawb am sefyll yn gadarn, yn rhuthro i brynu blodau a siocledi iddi, a mynnu rhoi codiad cyflog a dyrchafiad iddi ar unwaith. Gwnâi'r weledigaeth annhebygol hon iddi wenu, a'i helpu i weld ei bod wedi gorliwio'i hofnau hefyd.

GWIRIO RHAGFYNEGIADAU GORBRYDERUS

Beth sydd fwyaf tebygol o ddigwydd mewn difrif?

Edrychwch ar y gorau a'r gwaethaf a nodwyd gennych. Mae'n debygol, mewn gwirionedd, fod yr hyn sydd fwyaf tebygol o ddigwydd rywle rhwng y ddau. Ceisiwch weithio allan beth allai hynny fod.

Os yw'r gwaethaf yn digwydd, beth alla i ei wneud ynghylch hynny?

Unwaith y byddwch wedi nodi'r canlyniad gwaethaf, gallwch gynllunio sut orau i ddelio ag ef. Ac unwaith y byddwch wedi gwneud hynny, mae popeth arall yn hawdd. Cofiwch, mae rhagfynegiadau gorbryderus yn celu'r adnoddau sy'n debygol o fod ar gael i chi mewn sefyllfaoedd anodd. Hyd yn oed os yw'r hyn rydych chi'n ei ofni yn eithaf tebygol, mae'n bosib y gallech ymdopi'n well nag y gwnaethoch chi ei ragweld, ac y byddai adnoddau ar gael (gan gynnwys ewyllys da, rhinweddau a sgiliau pobl eraill) i'ch helpu i wneud hynny. Ystyriwch:

- Pa gryfderau a sgiliau personol sydd gennych a fyddai'n eich helpu i ddelio â'r gwaethaf pe bai'n digwydd?
- Pa brofiad sydd gennych o ddelio'n llwyddiannus â bygythiadau tebyg yn y gorffennol?
- Pa gymorth, cyngor a chefnogaeth sydd ar gael i chi gan bobl eraill?
- Pa wybodaeth y gallech ei chael a fyddai'n eich helpu i gael darlun llawn o'r hyn sy'n digwydd ac

i ddelio'n fwy effeithiol â'r sefyllfa? I bwy allech chi ofyn? Pa ffynonellau gwybodaeth eraill sydd ar gael i chi (e.e. y rhyngrwyd, y cyfryngau cymdeithasol, llyfrau, pobl rydych chi'n eu hadnabod)?

- Beth allwch chi ei wneud i newid y sefyllfa ei hun? Os yw'r sefyllfa sy'n eich gwneud yn orbryderus o ddifrif yn anfoddhaol mewn rhyw ffordd, pa newidiadau sydd angen i chi eu gwneud? Efallai fod angen newid disgwyliadau afresymol rhywun ohonoch, neu fod angen i chi ddechrau gwneud mwy drosoch eich hun neu drefnu cymorth a chefnogaeth ychwanegol. Efallai y gwelwch fod y newidiadau'n cael eu rhwystro gan ragfynegiadau negyddol pellach (e.e. 'Ond fe fyddan nhw'n ddig gyda mi') neu gan feddyliau hunanfeirniadol (e.e. 'Ond fe ddylwn i allu ymdopi ar fy mhen fy hun'). Os yw hynny'n digwydd, nodwch y meddyliau hynny a chwiliwch am safbwyntiau amgen. Gallwch gwestiynu a phrofi'r rheini hefyd. Hyd yn oed os na ellir newid y sefyllfa, neu os nad dyna ffynhonnell y broblem mewn gwirionedd, mae'n dal yn bosib i chi ddysgu sut i newid y ffordd rydych chi'n meddwl am y sefyllfa a'ch teimladau amdani – a dweud y gwir, dyna'n union rydych yn ei wneud ar hyn o bryd.

Gwirio rhagfynegiadau gorbryderus ar waith (Sgìl graidd 3: Arbrofion)

Mae meddwl am safbwyntiau eraill, amgen i gymryd lle rhagfynegiadau gorbryderus yn aml yn fuddiol ynddo'i hun. Mae'n debyg i glirio'r istyfiant sy'n eich rhwystro rhag cerdded ar hyd llwybr rydych chi eisiau ei ddilyn. Gyda'r llwybr nawr yn glir, gallwch ddechrau gweld y ffordd ymlaen. Wrth i'r olygfa ddod i'r amlwg ac i chi ddechrau gweld y darlun llawn, efallai y gwelwch nad eich safbwynt arferol yw'r unig un sy'n bosib, ac y byddwch yn poeni llai ynghylch canlyniadau trychinebus torri eich rheolau.

Fodd bynnag, efallai na fydd ailfeddwl yn unig yn ddigon i'ch argyhoeddi nad yw pethau cynddrwg ag y maen nhw'n ymddangos. Mae angen i chi ymddwyn yn wahanol, hefyd, a dysgu sut mae pethau go iawn drwy brofiad uniongyrchol. Mae arbrofi gyda ffyrdd newydd o wneud pethau (er enghraifft, bod yn fwy allblyg a phendant, mentro i fod yn chi'ch hun yng nghwmni pobl eraill neu dderbyn heriau a chyfleoedd y byddech wedi eu hosgoi o'r blaen) yn eich galluogi i greu stôr o brofiad sy'n gwrth-ddweud eich rhagfynegiadau gwreiddiol ac yn cefnogi agweddau newydd.

Mae arbrofion yn brawf uniongyrchol o'r hyn rydych chi'n ei feddwl, yn gyfle i hogi'ch atebion yn y byd go iawn, i chwalu hen arferion meddwl a chryfhau rhai newydd. Maen nhw'n rhoi cyfle i chi ddarganfod a yw'ch dewisiadau amgen yn cyd-fynd â'r ffeithiau, ac felly'n ddefnyddiol i chi, neu a oes angen i chi feddwl eto. Ond wnaiff hynny ond digwydd os mentrwch i sefyllfaoedd y buoch yn eu hosgoi, ac anghofio'ch hen ragofalon i gadw'ch hun yn ddiogel.

Bydd arbrofion yn eich helpu i chwynnu ffyrdd amgen o feddwl nad ydyn nhw'n gweithio i chi, ac i gryfhau a meithrin y rhai sy'n gweithio. Hebddyn nhw, damcaniaethol yw'ch syniadau newydd, i raddau helaeth. Gyda nhw, byddwch yn gwybod, ym mêr eich esgyrn, beth yw'r realiti.

Sut i gynnal arbrofion: gwirio rhagfynegiadau gorbryderus

Rydych chi wedi dysgu adnabod eich rhagfynegiadau gorbryderus, eu heffaith ar eich teimladau a chyflwr eich corff, a'r rhagofalon a luniwyd gennych i sicrhau nad ydyn nhw'n cael eu gwireddu. Rydych wedi symud ymlaen i ddechrau ailfeddwl am eich rhagfynegiadau, gan archwilio'r dystiolaeth a chwilio am safbwyntiau gwahanol a allai fod yn fwy realistig a defnyddiol. Gallwch ddefnyddio'r sgiliau hyn fel sail ar gyfer cynnal arbrofion i wirio a yw eich rhagfynegiadau'n gywir. Gallwch wneud hyn yn fwriadol (er enghraifft, cynllunio a chynnal un arbrawf bob dydd), a gallwch hefyd ddefnyddio sefyllfaoedd sy'n codi heb i chi eu cynllunio (e.e. galwad ffôn annisgwyl neu wahoddiad) i ymarfer gweithredu'n wahanol ac arsylwi ar y canlyniad, gan ddefnyddio colofn olaf y cofnod ar dudalen 131.

Mae cynllunio, cynnal a dysgu o arbrawf yn cynnwys chwe cham allweddol:

Chwe cham allweddol ar gyfer arbrofion llwyddiannus:
1. Mynegwch eich rhagfynegiadau yn glir
2. Beth wnewch chi yn lle llunio rhagofalon?

> 3. Cynhaliwch eich arbrawf
> 4. Beth oedd canlyniad eich arbrawf?
> 5. Beth ydych chi wedi'i ddysgu? Beth nesaf?
> 6. Rhowch glod i chi'ch hun am yr hyn rydych chi wedi'i wneud

1. Mynegwch eich rhagfynegiadau yn glir

Gwnewch yn siŵr bod yr hyn rydych chi'n ofni fydd yn digwydd wedi'i nodi'n glir ac yn groyw (rydych chi eisoes wedi dysgu sut i adnabod rhagfynegiadau gorbryderus). Er mwyn profi rhagfynegiadau trafferthus penodol y mae arbrofion yn fwyaf defnyddiol. Mae rhagfynegiadau amwys yn cynhyrchu canlyniadau amwys – mae'n anodd bod yn sicr a ydyn nhw wedi eu gwireddu ai peidio. Felly, fel y dysgoch yn gynharach yn y bennod, nodwch yn union beth rydych chi'n meddwl fydd yn digwydd, gan gynnwys sut byddwch chi a phobl eraill yn ymateb, os yw'n berthnasol, a rhowch sgôr i bob rhagfynegiad yn ôl cryfder eich cred ynddo (0-100%). Er enghraifft, os ydych chi'n rhagweld y byddwch chi'n teimlo'n wael amdanoch eich hun, rhowch sgôr ymlaen llaw yn ôl pa mor wael rydych chi'n meddwl y byddwch chi'n teimlo (0-100%), ac ym mha ffordd. Mae llawer o bobl yn gweld eu bod, er mawr syndod iddyn nhw, yn teimlo'n orbryderus (er enghraifft), ond ddim cynddrwg ag yr oedden nhw'n ei ddisgwyl, yn enwedig ar ôl iddyn nhw basio'r rhwystr cychwynnol, sef wynebu'r sefyllfa oedd yn peri trafferth iddyn nhw. Bydd eich sgôr ymlaen llaw yn rhoi cyfle i chi ddarganfod ydy hyn yn wir i chi ai peidio.

Yn yr un modd, gall eich rhagfynegiadau gynnwys ymatebion pobl eraill. Os ydych chi'n ymddwyn mewn ffordd benodol, efallai eich bod yn meddwl y bydd pobl yn colli diddordeb ynoch chi neu'n anghytuno â chi. Os felly, meddyliwch sut byddech chi'n gwybod bod hyn yn digwydd. Beth fydden nhw'n ei ddweud neu'n ei wneud a fyddai'n arwydd eu bod yn colli diddordeb neu'n anghytuno? Dylech gynnwys arwyddion bychain fel newidiadau ym mynegiant yr wyneb, neu edrych i wahanol gyfeiriadau. Unwaith y byddwch wedi diffinio sut byddech chi'n gwybod bod yr hyn rydych chi'n ei ofni yn digwydd, byddwch yn gwybod yn union beth i chwilio amdano yn y sefyllfa.

2. Beth wnewch chi yn lle llunio rhagofalon i sicrhau nad yw'r rhagfynegiadau yn cael eu gwireddu?

Unwaith eto, byddwch yn gwybod o'ch cofnodion pa ragofalon rydych chi fel arfer yn eu llunio i gadw'ch hun yn ddiogel. Os ydych chi'n parhau i wneud hynny, wnewch chi ddim darganfod a yw eich rhagfynegiadau yn wir ai peidio. Hyd yn oed os yw'ch arbrawf yn ymddangos yn llwyddiannus, cewch eich gadael gyda'r ymdeimlad eich bod wedi cael dihangfa ffodus. Felly byddwch mor glir ag y gallwch chi yma. Meddyliwch am yr holl bethau, waeth pa mor fychan, y gallech gael eich temtio i'w gwneud i amddiffyn eich hun. Penderfynwch ymlaen llaw beth fyddwch chi'n ei wneud yn lle hynny ('Fe fydda i...', nid 'Fydda i ddim...'). Er enghraifft, os mai'ch patrwm arferol wrth siarad â rhywun yw osgoi edrych i fyw eu llygaid a dweud cyn lleied â phosib amdanoch chi'ch hun, rhag ofn y bydd pobl yn darganfod pa mor ddiflas ydych chi, eich patrwm newydd fyddai edrych ar bobl (sut arall, a dweud y gwir, fydd gennych chi'r syniad lleiaf beth sydd ar eu meddwl?) a siaradwch gymaint amdanoch chi'ch hun ag y maen nhw'n ei wneud amdanyn nhw'u hunain. Os mai eich patrwm arferol yn y gwaith yw bod ag ateb i bob cwestiwn a pheidio byth â chyfaddef eich anwybodaeth, rhag ofn i bobl feddwl nad ydych chi'n ddigon da i wneud eich swydd, fe allech chi weithiau ddweud 'Dydw i ddim yn gwybod' neu 'Does gen i ddim barn ar hynny'. Os mai eich patrwm arferol yw cuddio'ch teimladau, oherwydd y gallai eu dangos arwain at golli rheolaeth, gallech arbrofi drwy fod ychydig yn fwy agored gyda rhywun rydych chi'n ymddiried ynddo am rywbeth sydd wedi'ch cynhyrfu neu'ch gofidio, neu fod yn fwy agored serchus nag y byddech chi fel arfer.

3. Cynhaliwch eich arbrawf

Beth yn union ydych chi'n bwriadu ei wneud i brofi eich rhagfynegiadau? Ble fyddwch chi'n gwneud hynny a phryd? Os yw'n cynnwys pobl eraill, pwy fyddai'r person gorau i ddechrau ymddwyn yn wahanol tuag ato? A beth yn union fyddwch chi'n ei wneud yn wahanol – ydych chi'n bwriadu mynd i'r afael â rhywbeth rydych chi wedi ei osgoi erioed? Neu ydych chi'n cael gwared â rhagofalon rydych chi wastad wedi eu defnyddio i amddiffyn eich hun? Beth bynnag y penderfynwch chi ei wneud, gwnewch yn siŵr eich bod yn cadw llygad barcud ar yr hyn sy'n digwydd wrth i'r arbrawf fynd rhagddo – y meddyliau sy'n rhedeg drwy eich pen (yn enwedig os yw tueddiadau meddwl gorbryderus ar waith), yr emosiynau rydych chi'n eu teimlo, beth sy'n digwydd i chi'n gorfforol, beth rydych chi'n ei wneud (gan gynnwys cadw llygad am ymddygiadau diogelu slei), a'r hyn sy'n dilyn o hynny. Byddai hefyd yn fuddiol bod yn glir ymlaen llaw ynglŷn â pha ganlyniad fyddai'n cefnogi eich rhagfynegiadau gorbryderus, a pha ganlyniad fyddai'n eu gwrth-ddweud – hynny yw, yn union sut byddwch yn gwybod a oedden nhw'n wir ai peidio.

Y syniad yw dod o hyd i sefyllfa sy'n mynd â chi allan o'ch cylch cysurus, ond nid rhywbeth sy'n gofyn gormod gennych chi. Os ydych chi'n anelu'n rhy uchel, efallai y bydd gorbryder yn llesteirio dysgu newydd ac y cewch eich siomi a'ch digalonni. Os ydych chi'n anelu'n rhy isel, ni fydd dim yn newid. Cofiwch, rhaid cropian cyn cerdded – ewch ar y cyflymder sy'n eich galluogi i ddysgu a thyfu orau. Mae angen i'ch arbrofion fod yn heriol, ond hefyd o fewn cyrraedd.

Pan fyddwch yn glir ynglŷn â'ch cynlluniau, ac efallai eich bod wedi ymarfer beth fyddwch yn ei wneud yn eich dychymyg, mae'n bryd gwneud yr arbrawf go iawn, gan arsylwi'n fanwl ar yr hyn sy'n digwydd.

4. Beth oedd canlyniad eich arbrawf?

Beth bynnag yw natur eich arbrawf, bydd yn hanfodol arsylwi ar ganlyniadau gweithredu'n wahanol er mwyn i chi fod mewn sefyllfa, os yw'ch ofnau gwaethaf yn anghywir, i feddwl am ragfynegiadau mwy cywir mewn sefyllfaoedd tebyg yn y dyfodol. I wneud yn siŵr eich bod bob amser yn gwneud y gorau o unrhyw arbrawf rydych chi'n ei gynnal, adolygwch eich canlyniadau wedi'r arbrawf bob tro. Beth wnaethoch chi ei ddarganfod? Pa effaith gafodd ymddwyn yn wahanol

GWIRIO RHAGFYNEGIADAU GORBRYDERUS

ar sut roeddech chi'n teimlo? I ba raddau roedd yr hyn a ddigwyddodd yn gyson â'ch rhagfynegiadau gwreiddiol, ac â'ch safbwyntiau amgen? Pa oblygiadau sydd gan yr hyn a ddigwyddodd mewn gwirionedd i'ch barn negyddol amdanoch chi'ch hun? Ac i'ch Rheolau Byw? Ydy e'n taro deuddeg? Neu a oes modd i chi feddwl amdanoch chi'ch hun mewn ffordd fwy caredig?

O ran canlyniad, mae dau bosibilrwydd, yn fras, ac mae'r ddau yn fuddiol fel ffynonellau gwybodaeth i chi am yr hyn sy'n cynnal eich diffyg hunan-werth. Ar y naill law, gall profiad ddangos nad oedd eich rhagfynegiadau gorbryderus yn gywir, a bod y safbwyntiau amgen yn fwy realistig a defnyddiol. Gorau oll. Ar y llaw arall, mae profiad weithiau'n dangos bod rhagfynegiadau gorbryderus yn gwbl gywir. Os felly, peidiwch â digalonni. Mae hon yn wybodaeth amhrisiadwy. Sut felly? A oedd yn ymwneud â chi mewn gwirionedd neu ai rhywbeth arall am y sefyllfa a'i hachosodd? Pa esboniadau eraill allai fod am yr hyn a aeth o'i le, ar wahân i chi? Os gwnaethoch chi gyfrannu at yr hyn a ddigwyddodd, sut yn union? A oedd rhyw wybodaeth nad oedd gennych chi neu ryw sgìl y mae angen i chi ei hymarfer? Meddyliwch sut gallech drin y sefyllfa'n wahanol yn y dyfodol, er mwyn sicrhau canlyniad gwahanol. Un peth sy'n arbennig o bwysig: ydych chi'n hollol siŵr i chi gael gwared ar eich holl ymddygiadau diogelu?

Gall ymddygiadau diogelu fod yn slei iawn, felly byddwch yn wyliadwrus am arwyddion eu bod yn dal i loetran ar hyd y lle, yn enwedig y teimlad mai dim ond o drwch blewyn y gwnaethoch chi lwyddo. Byddwch yn onest! Edrychwch yn ôl dros yr hyn a ddigwyddodd a bwrw golwg fanwl arnoch chi'ch hun. Os oedd rhai rhagofalon yn dal i fodoli, beth yn eich barn chi allai fod wedi digwydd pe baech chi wedi cael gwared arnyn nhw (rhagfynegiadau gorbryderus)? Sut gallech chi wirio hyn? Pa newidiadau eraill sydd angen i chi eu gwneud i'ch ymddygiad? Sut byddwch chi'n sicrhau eich bod yn cael gwared ar eich ymddygiadau diogelu yn llwyr y tro nesaf?

5. Beth ydych chi wedi'i ddysgu?

Beth mae canlyniad eich arbrawf yn ei olygu? Beth mae'n ei ddweud wrthych chi amdanoch chi'ch hun, pobl eraill a sut mae'r byd yn gweithio? Ydy e'n cefnogi'ch Llinell Sylfaen a'ch Rheolau neu ydy e'n awgrymu nad ydyn nhw mewn difrif yn hollol wir nac yn fuddiol?

A beth yw'r goblygiadau o ran ble i fynd nesaf? O ystyried yr hyn sydd wedi digwydd, pa ragfynegiadau fyddai'n gwneud synnwyr y tro nesaf y byddwch chi'n mynd i'r afael â'r math yna o sefyllfa? Sut gallech chi ddefnyddio'r hyn a ddigwyddodd yn y sefyllfa benodol hon fel sail ar gyfer strategaethau mwy cyffredinol a fydd yn eich helpu i ddelio'n fwy effeithiol nag erioed â sefyllfaoedd tebyg yn y dyfodol?

Mae'n anghyffredin i un arbrawf ddileu'n llwyr ffordd orbryderus o feddwl. Fel arfer, dros amser, mae arbrofion yn graddol greu safbwyntiau newydd. Felly pan fyddwch wedi ystyried yr hyn a ddigwyddodd yn ofalus, meddyliwch pa arbrofion y mae angen i chi eu cynnal nesaf, a'u cynllunio gan ddefnyddio'r un camau'n union. Sut gallech chi adeiladu ar eich arbrawf, a chymhwyso'r hyn ddysgoch chi mewn sefyllfaoedd eraill? Pa gamau pellach sydd angen i chi eu cymryd? A ddylech chi ailadrodd yr un arbrawf i gynyddu'ch hyder yn y canlyniadau? Neu a ddylech chi symud ymlaen i roi cynnig ar newidiadau tebyg mewn sefyllfa newydd a mwy heriol efallai? Beth yw eich cam nesaf?

Mae cynllunio ymlaen fel hyn yn golygu bod pob arbrawf yn creu sylfaen ar gyfer y nesaf. Yn hytrach na darganfyddiadau ynysig, mae pob un yn dod yn gam ar eich llwybr tuag at newid go iawn.

6. Rhowch glod i chi'ch hun am yr hyn rydych chi wedi'i wneud

Beth bynnag yw canlyniad eich arbrawf, llongyfarchwch eich hun ar y dewrder a'r penderfyniad oedd eu hangen i wneud yr hyn wnaethoch chi. Mae rhoi clod i chi'ch hun am wynebu heriau a phethau sy'n cynnwys ymdrech yn rhan o ddysgu derbyn a gwerthfawrogi eich hun – mae'n rhan o gynyddu hunan-werth iach a darganfod y rhyddid i fod yn chi'ch hun yn hyderus.

Enghraifft: Kate yn mynd i siopa

Roedd angen i Kate brynu peiriant golchi newydd. Roedd wedi llwyddo gyda'i harbrawf i ofyn i'w rheolwr am yr arian oedd yn ddyledus iddi, a gwelodd nad oedd ei rhagfynegiadau'n gywir. Ond roedd hi'n dal i fod yn amheus am ei gallu i ofyn yn effeithiol am yr hyn roedd hi ei angen, a'i strategaeth siopa arferol oedd osgoi unrhyw drafferthion yn llwyr drwy ddefnyddio'r rhyngrwyd. Pe bai'n mynd i siop go iawn ac yn cymryd amser i holi'n llawn am yr opsiynau sydd ar gael, a ddim yn deall y manylion technolegol ar unwaith, roedd hi'n rhagweld y byddai'r cynorthwyydd gwerthu yn ddiamynedd ac yn colli parch tuag ati. Byddai'n gwybod hyn oherwydd byddai'r cynorthwyydd yn siarad yn bigog, yn ei gadael i ddelio â chwsmer arall, ac yn tynnu wynebau ar gynorthwywyr eraill. Byddai'n rhaid iddi esgus deall, edrych ar un neu ddau fodel yn unig, ac ymddiheuro'n llaes am fynd ag amser y cynorthwyydd.

Yn hytrach, penderfynodd Kate ofyn cynifer o gwestiynau ag roedd eu hangen er mwyn bod yn glir ynglŷn â'i dewisiadau, edrych ar beiriannau golchi ar draws yr ystod brisiau, a bod yn ddymunol a chyfeillgar ond heb ymddiheuro o gwbl. Ar ôl ailfeddwl am ei rhagfynegiad ymlaen llaw, daeth i'r casgliad, er y gallai ei hofnau gael eu gwireddu, bod hynny'n annhebygol, ac y byddai'n dweud mwy am y cynorthwyydd nag amdani hi. Rhoddodd hyn ddewrder iddi i roi cynnig arni.

Er siom iddi, yn y siop gyntaf yr aeth iddi roedd y cynorthwyydd yn ymddwyn bron yn union fel yr oedd wedi ei ragweld. Roedd yn ddiystyrllyd, yn troi i siarad â phobl eraill, a doedd e ddim fel pe bai'n poeni a oedd hi'n prynu peiriant ai peidio. Yn ffodus, y noson honno, cafodd gyfle i siarad am yr hyn oedd wedi digwydd gyda ffrind. Dywedodd ei ffrind iddi hithau gael profiad lled debyg yn yr un siop, ac argymhellodd roi cynnig ar siop arall gydag enw gwell am wasanaeth cwsmeriaid. Fe wnaeth hyn alluogi Kate i ddeall beth oedd wedi digwydd mewn ffordd newydd, yn hytrach na chymryd yn ganiataol bod y rhagfynegiadau gwreiddiol wedi eu gwireddu. Rhoddodd hynny ddigon o hwb i'w hyder iddi roi cynnig arall arni.

Gwelodd ei bod yn bosib dilyn ei strategaeth newydd, fwy pendant heb unrhyw fath o gosb. Gofynnodd lawer o gwestiynau, gofynnodd i'r cynorthwyydd ailadrodd ei hun sawl gwaith, edrychodd ar amrywiaeth eang o fodelau, ac ni phrynodd unrhyw beth yn y pen draw. Roedd y cynorthwyydd yn ei thrin yn gwrtais, yn ei gwahodd i ffonio os oedd ganddi unrhyw ymholiadau pellach, a rhoddodd ei gerdyn iddi. Cadarnhawyd y profiad newydd hwn pan aeth ati i gynnal arbrofion pellach tebyg mewn siopau eraill. Casgliad Kate oedd: 'Mae gen i hawl i gymryd cymaint o amser ag sydd ei angen arna i wrth benderfynu sut i wario fy arian. Does dim o'i le ar ofyn cwestiynau a dangos anwybodaeth – sut arall dwi'n mynd i ddysgu beth sydd angen i mi ei wybod? Os yw pobl yn ddigywilydd, eu problem nhw yw hynny – dydy hynny'n dweud dim amdana i.'

Yn naturiol, gallai ddal ati i siopa ar y rhyngrwyd pe bai'n dewis – ond dewis oedd hwn, nid rhywbeth y bu'n rhaid iddi ei wneud oherwydd ei hofnau. Roedd wedi cymryd cam pwysig tuag at ryddhau ei hun o'i hen bryderon, a thrwy wneud hynny roedd wedi creu toreth o gyfleoedd newydd.

Crynodeb o'r bennod

1. *Yn y bennod hon, cyflwynwyd y tair sgìl graidd y byddwch yn eu defnyddio i fynd i'r afael â diffyg hunan-werth, sef: ymwybyddiaeth, ailfeddwl ac arbrofion. Yma, fe wnaethon ni ganolbwyntio ar y rhain o safbwynt rhagfynegiadau gorbryderus.*
2. *Mewn sefyllfaoedd lle mae modd torri'ch Rheolau Byw, caiff eich Llinell Sylfaen ei thanio, gan sbarduno rhagfynegiadau am yr hyn a allai fynd o'i le.*

GORESGYN DIFFYG HUNAN-WERTH

3. *Mae'r rhain yn cael eu lliwio gan dueddiadau yn y meddwl: gorliwio'r siawns y bydd rhywbeth yn mynd o'i le; gorliwio pa mor wael fydd hi os bydd rhywbeth yn mynd o'i le; a bychanu'ch adnoddau personol ac adnoddau y tu hwnt i chi'ch hun a allai helpu i ymdopi â'r sefyllfa.*
4. *Er mwyn atal rhagfynegiadau rhag cael eu gwireddu, mae pobl yn llunio rhagofalon. Y ffaith yw, mae'r rhain yn ddiangen; a dweud y gwir, maen nhw'n ei gwneud yn amhosib i chi ganfod a yw'ch rhagfynegiadau'n gywir ai peidio.*
5. *Er mwyn mynd i'r afael â rhagfynegiadau gorbryderus, mae angen i chi yn gyntaf ddysgu sylwi arnyn nhw wrth iddyn nhw ddigwydd, arsylwi ar eu heffaith ar emosiwn ac ar gyflwr y corff, ac adnabod y rhagofalon diangen a ddaw yn eu sgil (ymwybyddiaeth).*
6. *Y cam nesaf yw hwyluso'r ffordd ymlaen drwy gwestiynu'r rhagfynegiadau, archwilio'r dystiolaeth sy'n eu cefnogi a'u gwrth-ddweud, a chwilio am safbwyntiau amgen, mwy realistig (ailfeddwl).*
7. *Y ffordd fwyaf pwerus o fagu hyder yw gwneud pethau'n wahanol a darganfod eich bod yn gallu gwneud hynny. Y cam olaf felly yw darganfod drwy brofiad personol uniongyrchol pa mor gywir yw'ch rhagfynegiadau a'ch safbwyntiau amgen newydd. Rydych chi'n gwneud hynny drwy gynnal arbrofion – wynebu sefyllfaoedd y byddech chi fel arfer yn eu hosgoi, a mentro i gael gwared ar ragofalon diangen.*

5

Cwestiynu meddyliau hunanfeirniadol

Cyflwyniad

Gyda diffyg hunan-werth, pan fo profiad wedi cadarnhau'r farn negyddol amdanoch eich hun (eich Llinell Sylfaen), yna bydd meddyliau hunanfeirniadol yn dilyn. Mae'r meddyliau beirniadol hyn yn bwydo diffyg hunan-werth oherwydd eu bod yn sbarduno teimladau fel euogrwydd, cywilydd ac iselder, ac felly'n cynnal y Llinell Sylfaen. Yn y bennod hon, byddwch yn archwilio pa effaith y mae meddwl yn hunanfeirniadol yn ei chael ar eich teimladau a sut rydych yn byw eich bywyd, yn ystyried pam mae hunanfeirniadaeth yn gwneud mwy o ddrwg nag o les, ac yn dysgu sut i sylwi pan fyddwch yn hel meddyliau hunanfeirniadol, eu cwestiynu ac yna (gyda chymorth taflenni cofnodi a rhestr o gwestiynau defnyddiol) ceisio mynd ati i feddwl am bethau mwy tosturiol a chytbwys.

Effaith hunanfeirniadaeth

Mae pobl sy'n dioddef o ddiffyg hunan-werth yn llawdrwm arnyn nhw eu hunain. Iddyn nhw, mae hunanfeirniadaeth fwy neu lai yn ffordd o fyw. Maen nhw'n galw enwau arnyn nhw eu hunain, yn siarsio'u hunain i wneud yn well ac yn lladd arnyn nhw eu hunain pan fydd pethau'n mynd o chwith. Maen nhw'n chwilio am yr arwydd lleiaf o wendid neu gamgymeriad. Nid arwyddion yw'r rhain o wendid arferol neu gamgymeriadau dynol naturiol – tystiolaeth ydyn nhw eu bod nhw eu hunain yn annigonol neu'n fethiant, arwyddion nad ydyn nhw'n ddigon da. Mae pobl â diffyg hunan-werth yn beirniadu eu hunain am yr holl bethau y dylen nhw fod yn eu gwneud a ddim yn eu gwneud – ac am yr holl bethau na ddylen nhw eu gwneud ac y maen nhw'n eu gwneud. Maen nhw hyd yn oed yn beirniadu'u hunain am fod mor feirniadol.

Mae pobl â diffyg hunan-werth yn sylwi ar ryw anhawster, neu rywbeth sydd o'i le amdanyn nhw eu hunain, ac yn ffurfio barn amdanyn nhw'u hunain ar sail hynny ('twp', 'lletchwith', 'anneniadol', 'mam wael' ac ati). Mae'r barnu hwn yn anwybyddu hanner arall y darlun yn llwyr, agweddau arnyn nhw eu hunain nad ydyn nhw'n gyson â'r farn dan sylw. Y canlyniad yn y pen draw yw safbwynt rhagfarnllyd, yn hytrach nag un cytbwys, ac mae'r duedd yn cael ei mynegi ar ffurf meddyliau hunanfeirniadol.

Mae meddyliau hunanfeirniadol yn arwain at deimladau poenus (tristwch, siom, dicter, euogrwydd), ac yn cynnal diffyg hunan-werth. Cymerwch Mike, er enghraifft, y dyn a drawodd ac a laddodd wraig a gamodd oddi ar y palmant o flaen ei gar (tudalen 60). Ar un adeg, ar ôl sawl mis o gael ei boeni gan yr hyn a ddigwyddodd, teimlai Mike lawer yn well am rai dyddiau. Roedd y ddamwain ar ei feddwl ychydig yn llai, ac roedd yn teimlo fel pe bai wedi ymlacio, yn ymdopi â'i broblemau ac yn debycach iddo fe'i hun.

Yna, un diwrnod, roedd ei ferch yn hwyr iawn yn dod

CWESTIYNU MEDDYLIAU HUNANFEIRNIADOL

adref o'r ysgol, ac roedd Mike wedi dychryn am ei enaid. Roedd yn sicr bod rhywbeth ofnadwy wedi digwydd iddi. Yn wir, roedd wedi anghofio ei bod yn mynd i dŷ ffrind. Pan ddaeth hi adref, aeth yn benwan gyda hi, ond ar ôl gwneud, teimlai'r fath gywilydd. Am ffordd o ymddwyn! 'Mae hyn yn brawf,' meddai. 'Dwi'n ei cholli hi. Dwi'n llanast llwyr.' Aeth i deimlo'n fwy a mwy gofidus. 'Paid â bod mor dwp,' meddai wrtho'i hun. 'Mae hyn yn druenus. Callia, wir.' Dyma'r digwyddiad a brofai'r ddamcaniaeth y tu hwnt i unrhyw amheuaeth: roedd *yn* greadur truenus, doedd dim dwywaith am y peth, a doedd fawr o obaith iddo newid. Roedd Mike bron yn barod i roi'r ffidil yn y to.

Mae'n bosib gweld yr effaith emosiynol a gaiff meddyliau hunanfeirniadol drwy gynnal yr arbrawf canlynol. Darllenwch y rhestr o eiriau isod yn ofalus, gan roi amser iddyn nhw dreiddio i'ch ymwybod. Dychmygwch eu bod yn berthnasol i chi, ac yna sylwch ar eu heffaith ar eich hyder, ac ar eich hwyliau:

Da i ddim	Anneniadol	Lletchwith
Gwan	Annymunol	Hyll
Truenus	Diangen	Twp
Di-werth	Israddol	Annigonol

Mae meddwl hunanfeirniadol yn tanseilio unrhyw ymdeimlad cadarnhaol ohonoch chi'ch hun ac yn eich tynnu i'r dyfnderoedd. Efallai y bydd rhai o'r geiriau ar y rhestr hyd yn oed yn gyfarwydd i chi o'ch meddyliau hunanfeirniadol eich hun. Os felly, uwcholeuwch nhw. Pa eiriau eraill ydych chi'n eu defnyddio i ddisgrifio'ch hun pan fyddwch chi'n hunanfeirniadol? Gwnewch nodyn ohonyn nhw. Mae'r rhain yn eiriau y bydd angen i chi gadw llygad amdanyn nhw.

Yn y bennod hon, cewch gyfle i ddefnyddio'r sgiliau craidd rydych eisoes wedi eu hymarfer mewn perthynas â rhagfynegiadau gorbryderus i'ch helpu i symud tuag at farn fwy cytbwys a derbyniol amdanoch chi'ch hun. Gweithio ar y rhan ganlynol o'r cylch cythreulig fyddwn ni:

Ffigur 15: Y Cylch Cythreulig: Rôl Rhagfynegiadau Gorbryderus wrth Gynnal Diffyg Hunan-werth

```
                    ┌─────────────────────────┐
                    │  Sefyllfaoedd Sbarduno  │
                    │ Sefyllfaoedd lle gall y │
                    │   Rheolau Byw gael eu   │
                    │          torri          │
                    └─────────────────────────┘
                                │
                                ▼
            ┌──────────────────────────────────────┐
       ┌───▶│        Tanio'r Llinell Sylfaen       │────┐
       │    └──────────────────────────────────────┘    │
       │                     ┊                          ▼
  ┌─────────┐                ┊         ┌──────────────────────────┐
  │ Iselder │                ┊         │ Rhagfynegiadau Negyddol  │
  └─────────┘                ┊         └──────────────────────────┘
       ▲                     ┊                     │
       │                     ┊                     ▼
  ┌──────────────────┐       ┊              ┌─────────────┐
  │ Ymddygiad Di-fudd│       ┊              │  Gorbryder  │
  └──────────────────┘       ┊              └─────────────┘
       ▲                     ┊                     │
       │                     ┊                     ▼
  ┌──────────────────────┐   ┊         ┌──────────────────────┐
  │ Meddwl Hunanfeirniadol│  ┊         │  Ymddygiad Di-fudd   │
  └──────────────────────┘   ┊         └──────────────────────┘
       ▲                     ▼                     │
       │           ┌──────────────────────────────┐│
       └───────────│ Cadarnhau'r Llinell Sylfaen  │◀┘
                   └──────────────────────────────┘
```

CWESTIYNU MEDDYLIAU HUNANFEIRNIADOL

Yn y bennod nesaf, byddwn yn mynd i'r afael ag ochr arall y geiniog: dysgu dod yn fwy ymwybodol o agweddau cadarnhaol arnoch chi'ch hun, rhoi mwy o sylw i'ch cryfderau, eich priodweddau, eich rhinweddau a'ch talentau, a dysgu rhoi'r un ystyriaeth i chi'ch hun ag y byddech yn ei rhoi i unrhyw unigolyn arall sy'n annwyl i chi.

Pam mae hunanfeirniadaeth yn gwneud mwy o ddrwg nag o les

Mewn llawer o ddiwylliannau, ystyrir hunanfeirniadaeth yn beth da a buddiol. Mae'r syniad hwn yn cael ei gofnodi mewn dywediadau fel 'arbed y wialen fedw a difetha'r plentyn', sy'n awgrymu mai'r ffordd at dwf a datblygiad iach yw trwy gywiro a chosbi. Weithiau mae pobl yn ofni y bydd meddwl yn dda amdanyn nhw'u hunain yn arwain at frolio ac ymffrost (byddwn yn dychwelyd at y syniad hwn yn ddiweddarach, yn y bennod ar ehangu hunanderbyn). Felly mae plant yn aml yn cael eu dysgu i ymddwyn yn well ac i weithio'n galetach drwy bwysleisio eu diffygion, yn hytrach na thrwy amlygu a chanmol eu rhinweddau a'u llwyddiannau. Gall rhieni ac athrawon dreulio eu hamser yn tynnu sylw at yr hyn y mae plant wedi'i wneud o'i le, yn hytrach na'u helpu i adeiladu ar yr hyn maen nhw wedi'i wneud yn iawn. Efallai y bydd hyn yn magu ymdeimlad mai hunanfeirniadaeth yw'r unig ffordd i gadw rhywun ar y llwybr cul, ac o beidio â gwneud hyn y gallech suddo i gors o foddhad hunangyfiawn a pheidio â gwneud unrhyw beth sy'n werth chweil byth eto.

Mae meddwl yn hunanfeirniadol yn aml yn cael ei ddysgu'n gynnar mewn bywyd felly. Mae'n dod yn arferiad, yn adwaith difeddwl, ac efallai na fyddwch yn gwbl ymwybodol ohono. Efallai y byddwch hyd yn oed yn ei ystyried yn fuddiol ac yn adeiladol – y ffordd i wella'r hunan. Mae'n werth archwilio'r syniad hwn yn fanwl. Byddwch yn darganfod, mewn gwirionedd, bod gan hunanfeirniadaeth nifer o anfanteision difrifol.

Mae hunanfeirniadaeth yn eich parlysu ac yn gwneud i chi deimlo'n wael

Dychmygwch rywun rydych chi'n ei adnabod sy'n eithaf hunanhyderus. Dychmygwch ei ddilyn o gwmpas, gan dynnu sylw at bob camgymeriad bach mae'n ei wneud, gan ddweud wrtho bod yr hyn mae wedi'i wneud yn lled dda ond y gellid bod wedi gwneud pob dim yn well/yn gyflymach/yn fwy effeithiol, gan alw enwau arno a'i siarsio i anwybyddu neu ddiystyru unrhyw beth a aeth yn dda, unrhyw lwyddiannau neu gyflawniadau. Wrth i'r dyddiau a'r wythnosau fynd heibio, pa effaith fyddech chi'n disgwyl i'r diferu beirniadol cyson yma ei chael? Sut byddai'n teimlo? Sut byddai'n effeithio ar ei hyder yn ei allu i ymdopi a llwyddo mewn bywyd? Sut byddai'n dylanwadu ar ei allu i wneud penderfyniadau a mentro? A fyddai'n gwneud bywyd yn haws neu'n anoddach iddo? A fyddech chi hyd yn oed yn ystyried gwneud hyn i un o'ch ffrindiau? Os na fyddech, pam ddim?

Os ydych chi'n arfer meddwl yn feirniadol, mae'n bur debyg mai dyma'n union rydych yn ei wneud i chi'ch hun, er nad ydych o bosib yn arbennig o ymwybodol o hynny. Mae meddyliau hunanfeirniadol fel parot ar eich ysgwydd, yn anghytuno'n gyson yn eich clust. Ystyriwch am ychydig sut gallai hyn fod yn eich gwangalonni ac yn sigo'ch ysbryd, gan barlysu'ch ymdrechion i newid a thyfu.

Mae hunanfeirniadaeth yn annheg

Roedd Sydney Smith, a fu unwaith yn Ddeon Eglwys Gadeiriol Sant Paul yn Llundain, yn dioddef o iselder. Yn 1820, cynghorodd gyfeilles iddo, a oedd wedi dioddef anawsterau tebyg, i beidio â bod yn rhy lawdrwm arni hi ei hun, i beidio â thanseilio'i hun ond *i wneud cyfiawnder â hi ei hun*. Mewn geiriau eraill, byddwch yn deg â chi'ch hun. Nid dyna mae meddwl yn hunanfeirniadol yn ei wneud.

Mae bod yn hunanfeirniadol yn golygu eich bod yn ymateb i gamgymeriadau, methiannau neu gamsyniadau bychain fel pe baen nhw'n dweud y cyfan amdanoch chi. Mae'ch gallu i synhwyro diffygion a gwendidau yn sensitif iawn, a phan fydd hynny'n digwydd, rydych chi'n ei ddefnyddio fel esgus i roi cic i chi'ch hun. Rydych chi'n dweud wrthych eich hun eich bod chi'n ddrwg, yn druenus neu'n dwp *fel person*. Ydy hynny'n deg?

Mewn gwirionedd, rydym wedi'n creu o filiynau o weithredoedd, teimladau a meddyliau – rhai ohonynt yn dda, rhai'n ddrwg a rhai'n ddibwys. Pan fyddwch yn condemnio'ch hun fel person ar sail camgymeriad neu edifeirwch am rywbeth, rydych chi'n dod i gasgliad cyffredinol amdanoch chi'ch hun ar sail tystiolaeth ragfarnllyd, gan ystyried agweddau negyddol arnoch chi'ch hun yn unig. Byddwch yn realistig: rhowch glod i chi'ch hun am eich rhinweddau a'ch cryfderau yn ogystal â chydnabod, fel gweddill yr hil ddynol, fod gennych wendidau a diffygion.

GORESGYN DIFFYG HUNAN-WERTH

Mae hunanfeirniadaeth yn rhwystro dysgu a thwf

Mae hunanfeirniadaeth yn tanseilio'ch hyder ac yn peri i chi deimlo'n isel, yn ddiobaith, yn wangalon ac yn ddrwg amdanoch chi'ch hun. Yn hytrach na'ch helpu i oresgyn problemau, mae'n eich atal rhag meddwl yn glir amdanoch chi'ch hun a'ch bywyd a newid yr agweddau hynny ohonoch chi'ch hun rydych chi wir am eu newid. Yn gyffredinol, mae pobl yn dysgu mwy pan gaiff eu llwyddiannau eu gwobrwyo, eu canmol a'u hannog na phan maen nhw'n cael eu beirniadu a'u cosbi am eu methiannau. Mae hunanfeirniadaeth yn tynnu sylw at yr hyn a wnaethoch o'i le ac yn gwneud i chi deimlo'n wael – heb gynnig unrhyw gliwiau i chi ynghylch sut i wneud yn well y tro nesaf. Os nad ydych chi ond yn talu sylw i'r hyn rydych chi'n ei wneud yn anghywir, rydych chi'n colli'r cyfle i ddysgu oddi wrth yr hyn a wnewch yn iawn, ac i ailadrodd hynny. Yn yr un modd, os byddwch yn difrïo'ch hun bob tro y byddwch yn gwneud camgymeriad, byddwch yn colli'r cyfle i ddysgu o'ch camgymeriadau ac i weithio'n adeiladol ar agweddau ohonoch eich hun rydych am eu newid.

Mae hunanfeirniadaeth yn anwybyddu realiti

Pan fydd pethau'n mynd o chwith, yn ogystal â beirniadu'ch hun am yr hyn a wnaethoch, mae'n debyg eich bod yn dweud wrthych eich hun y dylech fod wedi ymddwyn yn wahanol. Efallai eich bod yn llygad eich lle wrth feddwl y byddai gweithredu'n wahanol wedi gwneud mwy o les i chi. Mae'n aml yn hawdd, wrth edrych yn ôl, gweld sut gallai rhywun fod wedi trin sefyllfa'n well. Ond sut oedd pethau'n ymddangos i chi *ar y pryd*? Mewn gwirionedd, mae'n debygol bod gennych resymau da dros weithredu fel y gwnaethoch chi, hyd yn oed os bu hynny'n gyfeiliornus, yn annoeth neu'n anffodus. O ystyried yr holl amgylchiadau (roeddech wedi blino, doeddech chi ddim yn meddwl yn glir, nid oedd gennych yr holl wybodaeth angenrheidiol i ddelio â'r sefyllfa yn y ffordd orau bosib), *dylech* fod wedi gweithredu'n union fel y gwnaethoch chi.

Dydy hyn ddim yn golygu osgoi beio'ch hun os gwnewch rywbeth sy'n deilwng o ofid neu edifeirwch, nac anwybyddu camgymeriadau gwirioneddol a wnaethoch. Os gallwch weld pethau'n fwy eglur wrth fwrw golwg yn ôl, defnyddiwch eich dealltwriaeth newydd i ddysgu o'r profiad. Yna, os bydd sefyllfa debyg yn codi eto, bydd gennych safbwynt gwahanol ar sut i ddelio â hi. Ond dim ond gwneud i chi deimlo'n wael a'ch parlysu y bydd hel meddyliau am y gorffennol a fflangellu'ch hun oherwydd pethau rydych chi'n eu difaru.

Mae hunanfeirniadaeth ar ei gwaethaf pan fyddwch chi'n isel

Mae pobl weithiau'n gwangalonni eu hunain ac yn tanseilio'u hyder ymhellach trwy feirniadu eu hunain am fod yn ddihyder, yn amhendant, yn orbryderus neu'n isel. Ond mae'r rhain yn broblemau cyffredin fyddai'n gallu effeithio ar y rhan fwyaf ohonom (os nad pob un ohonom) dan yr amgylchiadau iawn.

Fel y gwelsom, mae anawsterau personol yn aml yn ymateb naturiol i ddigwyddiadau sy'n achosi straen, ac, yn gyffredinol, maen nhw'n ganlyniad dealladwy i'r hyn a ddysgwyd yn gynnar mewn bywyd. Dydyn nhw ddim yn golygu bod unrhyw beth sylfaenol o'i le arnoch chi. Mae'n debygol iawn y byddai unrhyw un a rannodd yr un profiadau â chi yn edrych arnyn nhw eu hunain yn yr un modd â chi, gyda'r un effaith ar eu bywyd bob dydd o'r herwydd. Gyda chymorth y llyfr hwn, ac adnoddau eraill os oes angen, byddwch yn gallu dod o hyd i ffyrdd mwy llwyddiannus o reoli hunanamheuaeth a'i ganlyniadau. Ond mae un peth yn sicr – fydd beirniadu'ch hun am ddioddef anawsterau ddim yn eich helpu i'w datrys.

Cwestiynu meddyliau hunanfeirniadol

Nawr ein bod wedi gweld pa mor niweidiol y gall meddyliau hunanfeirniadol fod, sut gallwch chi fynd i'r afael â nhw? Yr un sgiliau craidd sydd eu hangen â'r rhai a ddefnyddiwyd wrth i chi ddysgu sut i gwestiynu a phrofi rhagfynegiadau gorbryderus (Pennod 4, tudalennau 105–50), sef:

1. Ymwybyddiaeth: Dysgu sylwi ar feddyliau hunanfeirniadol wrth iddyn nhw ddigwydd
2. Ailfeddwl: Cwestiynu meddyliau hunanfeirniadol
3. Arbrofion: Ymarfer trin eich hun yn fwy caredig ac ymddwyn yn unol â'ch agwedd newydd. (Byddwn yn canolbwyntio ar hyn yn fanylach ym Mhennod 6)

Gadewch i ni ystyried pob un o'r camau hyn yn eu tro.

CWESTIYNU MEDDYLIAU HUNANFEIRNIADOL

1. Ymwybyddiaeth: Dysgu sylwi ar feddyliau hunanfeirniadol wrth iddyn nhw ddigwydd

Beth yw'r arwyddion sy'n dweud wrthych eich bod yn hunanfeirniadol? Patrymau meddwl (e.e. hunanfarnu ysgubol, 'fe ddylet ti...')? Newidiadau mewn hwyliau (e.e. colli hyder, teimlo'n euog)? Teimladau corfforol (e.e. teimlo'ch calon yn suddo, eich gên yn tynhau)? Neu efallai eich bod chi'n gwneud rhywbeth sydd wedi mynd yn arferiad i chi (osgoi pobl, gweithio'n galetach nag erioed)? Ceisiwch adnabod eich arwyddion personol chi.

Dydy hi ddim mor hawdd ag y mae hi'n swnio i ddod yn fwy ymwybodol o'ch meddyliau hunanfeirniadol eich hun. Os ydych chi wedi teimlo'n wael amdanoch chi'ch hun ers amser maith, efallai fod hunanfeirniadaeth wedi dod yn arferiad greddfol nad ydych chi'n ymwybodol ohono – rhan arferol o sut rydych chi'n meddwl amdanoch chi'ch hun. Y cam cyntaf felly yw dysgu sut i sylwi pan fyddwch chi'n beirniadu'ch hun, ac i arsylwi ar yr effaith mae hynny'n ei chael ar sut rydych chi'n teimlo a sut rydych chi'n mynd ati i fyw eich bywyd.

Bydd eich cyfnodau hunanfeirniadol yn effeithio ar eich teimladau. Mae'n bosib mai newidiadau yn eich cyflwr emosiynol yw'r cliw amlycaf fod meddwl hunanfeirniadol yn digwydd. Mae'n debyg bod yr emosiynau rydych chi'n eu teimlo pan fyddwch chi'n llawdrwm arnoch eich hun yn wahanol i'r gorbryder, y pryder, yr ofn neu'r panig sy'n cael eu sbarduno pan fyddwch chi'n rhagweld bod pethau ar fin mynd o chwith. Rydych chi'n fwy tebygol o deimlo:

Yn euog	Cywilydd
Yn drist	Embaras
Yn siomedig ynoch eich hun	Yn ddig wrthych chi'ch hun
Yn rhwystredig	Yn isel eich ysbryd
Yn ddiobaith	Yn ddigalon

Fel y gwyddoch ar ôl gweithio gyda rhagfynegiadau gorbryderus, y cam cyntaf tuag at newid hen arferion meddwl yw sylwi arnyn nhw pan fyddan nhw'n digwydd. Yn lle cael eich ysgubo i ffwrdd gan y teimladau sy'n dod yn sgil hunanfeirniadaeth, gallwch ddysgu sut i droi atyn nhw yn llawn chwilfrydedd, a'u defnyddio fel ysgogiad ar gyfer ailfeddwl a gweithredu. Unwaith eto, mae cadw cofnod o'ch ymchwiliadau yn debygol o fod o gymorth i chi. Efallai y bydd o gymorth i chi ddefnyddio'r daflen waith Sylwi ar Feddyliau Hunanfeirniadol ar dudalen 165. Bydd y daflen waith yn eich annog i sylwi ar yr hyn sy'n mynd drwy eich meddwl pan fyddwch chi'n teimlo'n wael amdanoch chi'ch hun, ac i ddeall yn glir sut mae'r meddyliau hyn yn effeithio ar eich bywyd a sut maen nhw'n cynnal cylch cythreulig diffyg hunan-werth. Efallai y sylwch fod yr un meddyliau (neu rai tebyg iawn) yn codi dro ar ôl tro.

Dros rai dyddiau, byddwch yn dod yn fwy sensitif i newidiadau yn eich teimladau, ac i'r meddyliau hunanfeirniadol sy'n peri iddyn nhw ddigwydd. Gwnewch yn siŵr eich bod yn cofio mai mater o farn yw'r meddyliau yma, hen arferiad, nid adlewyrchiad o'r chi go iawn. Fel hyn, gallwch ddechrau ymbellhau oddi wrthyn nhw – 'Aha! Dyma un arall o'r rhain!' – hyd yn oed cyn i chi ddechrau'r broses o'u cwestiynu'n systematig.

Sut i ddefnyddio'r daflen 'Sylwi ar feddyliau hunanfeirniadol'

Cynlluniwyd y daflen hon i annog hunanymwybyddiaeth, i'ch helpu i ystyried meddyliau hunanfeirniadol, fel cam cyntaf tuag at eu cwestiynu a chwilio am ffyrdd eraill o feddwl sy'n fwy buddiol a realistig. Mae enghraifft wag ar dudalen 165, ac enghraifft wedi'i chwblhau ar dudalen 166; mae rhagor o gopïau gwag ar gael yn yr Atodiad, a gallwch hefyd lawrlwytho rhai Saesneg o wefan 'Overcoming'.

Fel gyda rhagfynegiadau gorbryderus, gall taflen gofnodi strwythuredig sydd â phenawdau iddi fod yn fwy buddiol i chi na dyddiadur naratif dyddiol. Bydd yn eich helpu i ddechrau meddwl yn glir am yr hyn sy'n digwydd, yn hytrach na mynd ar goll wrth ddweud y stori neu wrth gael eich cynhyrfu. Mae hyn yn arbennig o bwysig nawr eich bod yn mynd i'r afael â hunanfeirniadaeth, gan fod meddyliau hunanfeirniadol yn aml yn adlewyrchiadau eithaf agos o'r Llinell Sylfaen ac felly maen nhw'n gallu ymddangos yn arbennig o argyhoeddiadol i chi. Hyd yn oed os ydych chi'n penderfynu cadw cofnod ar bapur neu gofnod electronig eich hun, efallai y bydd o gymorth i chi ddefnyddio'r penawdau ar y daflen waith fel canllaw.

Y ffordd orau i ddod yn fwy ymwybodol o feddyliau hunanfeirniadol yw gwneud nodyn ohonyn nhw cyn gynted ag y maen nhw'n digwydd. Fe welwch fod y penawdau ar y daflen waith yn debyg iawn i'r penawdau ar y daflen 'Rhagfynegiadau a Rhagofalon' (tudalen 118). Bydd angen i chi gofnodi:

Dyddiad ac amser

Pryd oeddech chi'n teimlo'n wael amdanoch chi'ch hun? Defnyddiwch y wybodaeth hon i gasglu patrymau dros gyfnod o amser, fel y gwnaethoch gyda'ch rhagfynegiadau gorbryderus.

Y sefyllfa

Beth oedd yn digwydd pan ddechreuoch chi deimlo'n wael amdanoch chi'ch hun? Ble oeddech chi? Gyda phwy oeddech chi? Beth oeddech chi'n ei wneud? Disgrifiwch yn fyr beth oedd yn digwydd (e.e. 'gofynnais i ferch fynd allan gyda fi – gwrthododd hithau' neu 'gofynnodd y bòs i mi ailysgrifennu adroddiad'). Efallai nad oeddech yn gwneud unrhyw beth yn benodol (e.e. golchi llestri, gwylio'r teledu) ac nid beth oedd yn digwydd o'ch cwmpas a sbardunodd y meddyliau hunanfeirniadol, ond yn hytrach rywbeth oedd ar eich meddwl ar y pryd. Yn yr achos yma, nodwch y pwnc cyffredinol a oedd ar eich meddwl (e.e. 'meddwl am fy nghyn-ŵr yn mynd â'r plant am y penwythnos' neu 'cofio cael fy mwlio yn yr ysgol'). Mae eich union feddyliau, air am air, yn perthyn i'r golofn 'Meddyliau Hunanfeirniadol'.

CWESTIYNU MEDDYLIAU HUNANFEIRNIADOL

Ffigur 16. Taflen Waith Sylwi ar Feddyliau Hunanfeirniadol

Dyddiad/Amser	Sefyllfa Beth oeddech chi'n ei wneud pan ddechreuoch chi deimlo'n wael amdanoch chi'ch hun?	Emosiynau a theimladau'r corff (e.e. trist, blin, euog) Rhowch sgôr 0–100% yn ôl pa mor ddwys oedd pob un	Meddyliau hunanfeirniadol Beth yn union oedd yn mynd trwy'ch meddwl pan ddechreuoch chi deimlo'n wael amdanoch chi'ch hun? (e.e. meddyliau mewn geiriau, delweddau, ystyron) Rhowch sgôr 0–100% yn ôl pa mor gryf roeddech chi'n credu pob un	Ymddygiad di-fudd Beth wnaethoch chi o ganlyniad i'ch meddyliau hunanfeirniadol?

GORESGYN DIFFYG HUNAN-WERTH

Ffigur 17. Taflen Waith Sylwi ar Feddyliau Hunanfeirniadol – enghraifft Mike

Dyddiad/Amser	Sefyllfa Beth oeddech chi'n ei wneud pan ddechreuoch chi deimlo'n wael amdanoch chi'ch hun?	Emosiynau a theimladau'r corff (e.e. trist, blin, euog) Rhowch sgôr 0–100% yn ôl pa mor ddwys oedd pob un	Meddyliau hunanfeirniadol Beth yn union oedd yn mynd trwy'ch meddwl pan ddechreuoch chi deimlo'n wael amdanoch chi'ch hun? (e.e. meddyliau mewn geiriau, delweddau, ystyron) Rhowch sgôr 0–100% yn ôl pa mor gryf roeddech chi'n credu pob un	Ymddygiad di-fudd Beth wnaethoch chi o ganlyniad i'ch meddyliau hunanfeirniadol?
5 Mawrth	Gwylltio gyda Kelly pan ddaeth hi adref yn hwyr. Wedi anghofio'n llwyr ei bod yn mynd i dŷ Lucy.	Euogrwydd 80 Wedi cael llond bol arnaf fy hun 100 Anobaith 95	Mae hyn yn profi'r peth – dwi'n ei cholli hi go iawn 100% Dwi'n llanast llwyr 95% Fe ddylwn i gallio 100% Mae hyn yn druenus 100% Beth sy'n bod arna i? Dydw i ddim yn meddwl y bydda i byth 'nôl fel roeddwn i 95%	Wedi rhuthro allan o'r tŷ mewn tymer a mynd i'r dafarn. Dod yn ôl yn hwyr a chau fy hun yn y stafell gefn i wylio'r teledu. Heb siarad ag unrhyw un.

CWESTIYNU MEDDYLIAU HUNANFEIRNIADOL

Emosiynau a theimladau corfforol

Efallai mai dim ond un prif emosiwn wnaethoch chi ei deimlo (e.e. tristwch). Neu efallai eich bod wedi teimlo cymysgedd o emosiynau (e.e. nid yn unig tristwch, ond euogrwydd a dicter hefyd). Fel gyda phryder, efallai i chi deimlo newidiadau yng nghyflwr eich corff (e.e. teimlo'ch calon yn suddo, eich stumog yn corddi neu bwysau ar eich ysgwyddau). Cofnodwch bob emosiwn a theimlad corfforol, a'u sgorio yn ôl eu cryfder rhwng 0 a 100. Cofiwch: byddai sgôr o 5 yn golygu dim ond ymateb emosiynol neu newid corfforol gwan iawn; byddai sgôr o 50 yn golygu emosiwn neu deimlad cymedrol; a byddai sgôr o 100 yn golygu bod yr emosiwn neu'r teimlad mor gryf ag y gallai fod. Gallech fod ar unrhyw bwynt rhwng 0 a 100.

Meddyliau hunanfeirniadol

Beth yn union oedd yn mynd drwy eich meddwl pan ddechreuoch chi deimlo'n wael amdanoch chi'ch hun? Yn yr un modd â gorbryder, efallai fod eich meddyliau ar ffurf geiriau, fel sgwrs neu sylwebaeth yn eich meddwl. Efallai eich bod wedi galw enwau arnoch eich hun, er enghraifft, neu ddweud wrthych chi'ch hun y dylech fod wedi gwneud yn well. Cofnodwch eich meddyliau air am air, cyn belled ag y bo modd. Ar y llaw arall, gall rhai o'ch meddyliau fod ar ffurf llun neu ddelwedd. Er enghraifft, gwelodd Jack – y bachgen bach oedd yn mynd i drafferthion oherwydd ei egni a'i chwilfrydedd – wyneb dig a siomedig ei dad, a theimlai ei gorff yn mynd yn fach i gyd. Disgrifiwch y ddelwedd yn gryno, yn union fel y gwelsoch chi. Os gallwch chi, nodwch y neges y mae'r ddelwedd yn ei chyfleu i chi (i Jack, y neges oedd ei fod wedi rhoi ei droed ynddi eto fyth).

Efallai y bydd adegau pan fyddwch chi'n teimlo'n ddigalon ond nad ydych chi'n gallu rhoi bys ar unrhyw syniadau neu ddelweddau fel y cyfryw. Os felly, gofynnwch i chi'ch hun beth yw *ystyr* y sefyllfa. Beth mae'n ei ddweud wrthych chi amdanoch chi'ch hun? Pa fath o berson fyddai'n cael ei hun yn y sefyllfa honno neu a fyddai'n gweithredu yn y fath ffordd? Pa oblygiadau sydd gan hynny i farn eraill amdanoch chi? Beth mae'n ei ddweud am eich dyfodol? Gall hyn gynnig cliw i chi pam mae'r sefyllfa'n peri gofid i chi. Gallai anghytundeb, er enghraifft, olygu nad yw person arall yn eich hoffi. Gallai ffrind yn sôn wrthych fod ganddo gariad newydd olygu na fyddwch chi, yn wahanol i bobl eraill sy'n fwy teilwng, byth yn dod o hyd i rywun i'ch caru chi. Myfyriwch ar y sefyllfa pan ddechreuoch chi deimlo'n wael amdanoch eich hun, chwiliwch beth yw ystyr hynny ac ar ôl i chi ddod o hyd iddo, gwnewch gofnod ohono. Byddwch yn gallu cwestiynu delweddau ac ystyron a dod o hyd i ddewisiadau amgen, yn union fel y gallwch gwestiynu a dod o hyd i ddewisiadau amgen i gymryd lle meddyliau mewn geiriau.

Yn union fel gyda rhagfynegiadau gorbryderus, rhowch sgôr rhwng 0 a 100% i bob meddwl, delwedd neu ystyr hunanfeirniadol, yn ôl pa mor gryf roeddech chi'n credu ynddyn nhw pan wnaethon nhw ddigwydd. Mae 100% yn golygu eich bod yn gwbl argyhoeddedig, tu hwnt i unrhyw amheuaeth; mae 50% yn golygu eich bod rhwng dau feddwl; mae 5% yn golygu eich bod yn meddwl bod rhywfaint o bosibilrwydd, ac yn y blaen. Unwaith eto, gallai'ch sgôr fod unrhyw le rhwng 0 a 100%.

CWESTIYNU MEDDYLIAU HUNANFEIRNIADOL

Ymddygiad hunandrechol

Pa effaith gafodd eich meddyliau hunanfeirniadol ar eich ymddygiad? Mae meddyliau hunanfeirniadol nid yn unig yn effeithio ar sut mae pobl yn teimlo, ond hefyd ar sut maen nhw'n gweithredu. Mae'n bosib iddyn nhw'ch arwain i ymddwyn mewn ffyrdd sy'n ddi-fudd i'ch lles chi, a bydd hynny'n tueddu i wneud i chi barhau i deimlo diffyg hunan-werth.

Yng ngholofn olaf y daflen waith, nodwch unrhyw beth a wnaethoch chi, neu na wnaethoch chi, o ganlyniad i'r meddyliau. Er enghraifft, a wnaethoch chi ymddiheuro drosoch eich hun? Neu gilio'n ôl i'ch cragen? Neu osgoi gofyn am rywbeth roeddech chi ei angen? A wnaethoch chi ganiatáu i chi'ch hun gael eich sathru dan draed neu gael eich diystyru? A wnaethoch chi osgoi cyfle y gallech fod wedi bachu arno fel arall?

Gwneud y gorau o sylwi ar feddyliau hunanfeirniadol

Pam trafferthu i'w roi ar ddu a gwyn?

Pam ddim gwneud nodyn meddyliol yn unig o'r hyn sy'n digwydd pan fyddwch chi'n sylwi ar feddyliau hunanfeirniadol? Oherwydd, fel y nodwyd eisoes, mae ein hatgofion yn annibynadwy – maen nhw'n newid ac yn pylu dros amser. Gall cael cofnod ysgrifenedig eich helpu i gadw mewn cysylltiad agos â'r hyn a ddigwyddodd mewn gwirionedd. Mae gennych rywbeth pendant i feddwl a myfyrio yn ei gylch, ac mae llai o siawns i chi anghofio am fanylion digwyddiadau. Gallwch sylwi ar batrymau sy'n cael eu hailadrodd, gallwch bwyso a mesur sut mae meddyliau'n effeithio ar eich ymddygiad mewn gwahanol sefyllfaoedd, a dod yn ymwybodol o'r union eiriau rydych chi'n eu dweud wrthych chi'ch hun pan fyddwch chi'n hunanfeirniadol.

Yn yr un modd, mae pobl yn aml yn gweld bod ysgrifennu'r syniadau ar ddu a gwyn yn annog ymbellhau oddi wrthyn nhw. Mae'n eu tynnu allan o'r pen, lle mae'n anodd cwestiynu eu gwirionedd oherwydd eu bod fel petaent yn rhan ohonoch chi, ac yn eu sodro ar bapur neu ar sgrin, lle gallwch gamu'n ôl, craffu arnyn nhw'n fanwl a chael safbwynt gwahanol. Fel y soniwyd yn gynharach, bydd hyn yn eich helpu i symud tuag at y pwynt lle y gallwch ddechrau dweud, 'Aha! Dyma un arall o'r rhain!' a'u gweld fel dim ond rhywbeth rydych chi'n ei wneud, yn hytrach nag fel adlewyrchiad manwl gywir ohonoch chi'ch hun.

Am ba hyd y dylwn gadw'r cofnod? Faint o syniadau sydd angen i mi eu cofnodi?

Daliwch ati cyhyd ag y mae'n ei gymryd i chi feithrin dealltwriaeth glir o'ch meddwl hunanfeirniadol a'i effaith ar eich cyflwr emosiynol a'ch ymddygiad. Gallech ddechrau drwy nodi un neu ddwy enghraifft y dydd. Dros gyfnod o amser, ceisiwch gasglu amrywiaeth o feddyliau hunanfeirniadol sy'n crynhoi'r pethau annoeth rydych chi'n eu dweud wrthych chi'ch hun. Pan fyddwch chi'n teimlo eich bod wedi cyrraedd y pwynt lle mae sylwi arnyn nhw ac arsylwi ar eu heffaith wedi datblygu'n weddol reddfol, rydych chi'n barod i symud ymlaen i chwilio am ffyrdd gwahanol o feddwl. Gall hyn gymryd ychydig ddyddiau'n unig, ond os yw eich arfer o feddwl yn hunanfeirniadol wedi'i wreiddio'n ddwfn, ac yn digwydd tu hwnt i'ch ymwybyddiaeth ar y cyfan, gall gymryd mwy o amser.

Pryd dylwn i wneud y cofnod?

Yn ddelfrydol, fel gyda rhagfynegiadau gorbryderus, dylech gofnodi'ch meddyliau hunanfeirniadol cyn gynted ag y byddan nhw'n digwydd. Mae hyn yn golygu mynd â'ch cofnod gyda chi i bobman am ychydig ddyddiau oherwydd, er y gall meddyliau hunanfeirniadol gael effaith rymus iawn pan fyddan nhw'n digwydd, gall fod yn anodd cofio beth yn union a ddigwyddodd yn eich meddwl yn ddiweddarach. Mae'n arbennig o hawdd colli union fanylion a blas meddyliau a theimladau a allai fod yn bresennol am eiliadau yn unig ac ar adegau pan oeddech chi'n teimlo'n ofidus iawn. Bydd hyn yn creu trafferth i chi pan ddaw'n bryd i chi gwestiynu'r meddyliau a chwilio am ddewisiadau amgen.

Dydy'r ddelfryd ddim bob amser yn bosib, wrth gwrs. Gallwch fod mewn cyfarfod, neu mewn parti, neu ar ganol newid y babi, neu'n gyrru ar hyd traffordd brysur. Os na allwch gofnodi'r hyn a ddigwyddodd ar y pryd, gwnewch yn siŵr eich bod o leiaf yn gwneud nodyn meddyliol o'r hyn a wnaeth beri gofid i chi, neu tarwch nodyn atgoffa ar unrhyw beth sydd wrth law (fel cefn amlen, eich dyddiadur, eich rhestr siopa, eich ffôn neu lechen). Yna neilltuwch amser yn ddiweddarach i lunio cofnod cywir, manwl. Rhedwch drwy'r digwyddiad yn eich meddwl – ceisiwch gofio mor glir ag y gallwch ble'r oeddech chi a beth roeddech chi'n ei wneud ar yr adeg pan ddechreuoch chi deimlo'n wael amdanoch chi'ch hun, beth oedd yn mynd drwy'ch meddwl ar y pryd, a sut gwnaethoch chi ymateb i'ch meddyliau.

Oni fydd canolbwyntio ar fy meddyliau yn peri gofid i mi?

Mae cwrdd â'ch meddyliau wyneb yn wyneb yn gallu ymddangos yn her ddigon brawychus, yn enwedig os ydyn nhw'n adlewyrchu'ch Llinell Sylfaen yn go agos ac yn argyhoeddiadol iawn i chi, ac os yw'r arfer o fod yn hunanfeirniadol wedi bod gyda chi ers amser maith. Efallai y cewch eich temtio i osgoi craffu arnyn nhw'n rhy agos. Efallai y bydd gennych ofn y byddan nhw'n eich cynhyrfu. A beth os ydyn nhw'n wir yn y pen draw? Neu efallai fod rhan ohonoch yn gwybod eu bod yn rhagfarnllyd neu'n gorliwio eisoes, a'ch bod yn teimlo y dylech allu eu diystyru yn hytrach na gadael i chi'ch hun gael eich gofidio a'ch cyfyngu ganddyn nhw.

Mae'n naturiol ceisio osgoi canolbwyntio ar syniadau sy'n peri gofid, yn enwedig os yw rhywun yn amau eu bod yn wir. Efallai y byddwch yn teimlo'n gyndyn o gofnodi'r teimladau damniol hyn amdanoch chi'ch hun ar ddu a gwyn, ac mae hynny'n ddigon dealladwy. Ond os ydych chi am fynd i'r afael â'ch meddyliau hunanfeirniadol yn effeithiol, mae'n rhaid eu hwynebu'n uniongyrchol. Mae angen i chi adnabod natur y gelyn. Felly gochelwch rhag esgusodion ('Fe wna i e'n nes ymlaen', 'Dydy hi'n gwneud dim lles i hel meddyliau am bethau'). Os ydych chi'n talu sylw i'r esgusodion hyn, byddwch yn colli cyfle i ddatblygu agwedd fwy caredig tuag atoch eich hun, a fydd anwybyddu'r meddyliau hyn ddim yn gwneud iddyn nhw ddiflannu.

2. Ailfeddwl: Cwestiynu meddyliau hunanfeirniadol

Dod yn ymwybodol o'ch meddyliau hunanfeirniadol yw'r cam cyntaf tuag at eu cwestiynu ac ailfeddwl amdanyn nhw, yn hytrach na'u derbyn fel adlewyrchiad o sut mae pethau mewn gwirionedd. Rydych eisoes wedi ymarfer y sgil hon pan oeddech chi'n dysgu edrych ar eich rhagfynegiadau gorbryderus (cofiwch y cwestiynau ar dudalen 130). Y nod yma yw rhoi'r gorau i ystyried eich meddyliau hunanfeirniadol fel datganiadau o'r gwirionedd amdanoch chi'ch hun, a dechrau dod o hyd i safbwyntiau eraill a fydd yn rhoi darlun mwy cytbwys i chi.

Ar dudalen 176 fe welwch daflen waith wag o'r enw 'Cwestiynu Meddyliau Hunanfeirniadol'; mae copïau gwag eraill ar gael yn yr Atodiad, a gallwch lawrlwytho copi Saesneg o wefan 'Overcoming' hefyd. Mae enghraifft wedi'i chwblhau ar dudalen 178. Fe welwch fod pedair colofn gyntaf y daflen hon yn union yr un fath â thaflen waith Sylwi ar Feddyliau Hunanfeirniadol (dyddiad/amser; sefyllfa; emosiynau a theimladau'r corff; meddyliau hunanfeirniadol). Ond mae colofnau ychwanegol ar y daflen hon sy'n gofyn i chi gofnodi 'Safbwyntiau Amgen' (ailfeddwl), ac asesu effaith y rhain ar yr hyn roeddech chi'n ei feddwl a'i deimlo'n wreiddiol. Yn olaf, gofynnir i chi benderfynu ar gynllun gweithredu i brofi pa mor fuddiol yw'r safbwyntiau amgen (arbrofion).

Yn ogystal â pharhau i gasglu'r wybodaeth rydych chi wedi bod yn ei nodi ar y daflen Sylwi ar Feddyliau Hunanfeirniadol, bydd angen i chi gofnodi'r canlynol:

GORESGYN DIFFYG HUNAN-WERTH

Safbwyntiau amgen

Ni fydd yn rhaid i chi feddwl am safbwyntiau amgen yn llwyr o'ch pen a'ch pastwn eich hun. Gallwch ddefnyddio'r gyfres o gwestiynau sydd yn Ffigur 20 ar dudalennau 183–4, ac sy'n cael eu trafod yn fanwl yn ddiweddarach yn y bennod, i'ch helpu i gynhyrchu dewisiadau eraill ac edrych ar eich meddyliau o safbwyntiau newydd. Rhowch sgôr i bob dewis arall yn ôl cryfder eich cred ynddyn nhw, yn union fel y gwnaethoch chi gyda'ch meddyliau hunanfeirniadol gwreiddiol (100% os ydych chi'n eu credu'n llwyr, 0% os nad ydych yn credu hynny o gwbl, ac ati). Does dim rhaid i chi gredu eich holl atebion 100%. Serch hynny, fe ddylent o leiaf fod â digon o argyhoeddiad i wneud rhywfaint o wahaniaeth i sut rydych chi'n teimlo.

Canlyniad

Ewch yn ôl at eich emosiynau a'ch teimladau corfforol gwreiddiol. Pa mor gryf ydyn nhw nawr? Rhowch sgôr allan o 100 i bob un. Yna ewch yn ôl at eich meddyliau hunanfeirniadol gwreiddiol. A chithau nawr wedi dod o hyd i ddewisiadau amgen, pa mor gryf ydych chi'n eu credu erbyn hyn? Rhowch sgôr newydd allan o 100 i bob un. Os yw'ch atebion wedi bod yn effeithiol, dylech weld bod eich cred yn y meddyliau hunanfeirniadol, ynghyd â'r emosiynau poenus sy'n cyd-fynd â nhw, wedi lleihau i ryw raddau.

Cwestiynau allweddol i'ch helpu i ganfod ymatebion amgen i gymryd lle meddyliau hunanfeirniadol

Anaml y bydd pobl yn llwyddo i feddwl yn syth am ddewisiadau amgen ar gyfer meddyliau hunanfeirniadol.

GORESGYN DIFFYG HUNAN-WERTH

Ffigur 18: Taflen Waith Cwestiynu Meddyliau Hunanfeirniadol

| Dyddiad/ Amser | Sefyllfa | Emosiynau a theimladau'r corff

Rhowch sgôr 0–100% i bob un | Meddyliau hunanfeirniadol

Rhowch sgôr 0–100% yn ôl pa mor gryf roeddech chi'n credu pob un | Safbwyntiau amgen

Defnyddiwch y cwestiynau allweddol i ddod o hyd i safbwyntiau eraill amdanoch chi'ch hun.

Rhowch sgôr 0–100% yn ôl pa mor gryf roeddech chi'n credu pob un | Canlyniad

1 A chithau nawr wedi dod o hyd i safbwyntiau amgen i gymryd lle eich meddyliau hunanfeirniadol, sut rydych chi'n teimlo (0–100%)?

2 Pa mor gryf ydych chi'n credu eich meddyliau hunanfeirniadol nawr (0–100%)?

3 Beth allwch chi ei wneud nawr (cynllun gweithredu, arbrofion)? |
|---|---|---|---|---|---|
| | | | | | |

CWESTIYNU MEDDYLIAU HUNANFEIRNIADOL

GORESGYN DIFFYG HUNAN-WERTH

Ffigur 19: Taflen Waith Cwestiynu Meddyliau Hunanfeirniadol – Enghraifft Mike

Dyddiad/ Amser	Sefyllfa	Emosiynau a theimladau'r corff Rhowch sgôr 0–100% i bob un	Meddyliau hunanfeirniadol Rhowch sgôr 0–100% yn ôl pa mor gryf roeddech chi'n credu pob un	Safbwyntiau amgen Defnyddiwch y cwestiynau allweddol i ddod o hyd i safbwyntiau eraill amdanoch chi'ch hun. Rhowch sgôr 0–100% yn ôl pa mor gryf roeddech chi'n credu pob un	Canlyniad 1 A chithau nawr wedi dod o hyd i safbwyntiau amgen i'ch meddyliau hunanfeirniadol, sut rydych chi'n teimlo (0–100%)? 2 Pa mor gryf ydych chi'n credu eich meddyliau hunanfeirniadol nawr (0–100%)? 3 Beth allwch chi ei wneud nawr (cynllun gweithredu, arbrofion)?
8 Mawrth	Ffraeo gyda Kelly eto. Roedd hi eisiau mynd allan ar feic modur ffrind	Euogrwydd 80 Yn ddig gyda mi fy hun 100 Anobaith 90 Ar bigau'r drain ac yn biwis 100	'Co fi'n mynd eto, yn colli fy nhymer ar ddim. Dwi'n llanast 100%	Mae'n wir 'mod i'n fwy blin nag oedd y sefyllfa'n ei haeddu, ond dwi'n pryderu amdani.	1. Euogrwydd 40% Yn ddig gyda mi fy hun 30% Anobaith 40%

178

CWESTIYNU MEDDYLIAU HUNANFEIRNIADOL

		2.	3.
Mae'n rhaid i mi gallio neu mi fydda i'n difetha popeth 100% Does dim diwedd ar hyn 90%	Mae beiciau modur yn eithaf peryglus, a dwi ofn ei cholli. Felly roedd yn fwy na ffrae am ddim byd. 100% Mae'n wir fod angen i mi wneud rhywbeth ynghylch hyn. Dwi wedi newid cryn dipyn. Ond ar y llaw arall, fe wnes i gael profiad gwael iawn, felly efallai nad ydw i'n syndod nad ydw i'n fi fy hun. 90% Dydy ffraeo ddim yn gwneud lles i'r un ohonon ni. Ond mewn gwirionedd, rydyn ni'n dod dros y peth fel arfer. Mae hi'n ferch dda, hyd yn oed os yw hi fymryn yn anodd ar hyn o bryd. Ond rydyn ni'n cael amser da gyda'n gilydd yn aml. 95% Dydw i ddim yn gwybod sut i ateb – mae hyn yn digwydd ers sbel go hir. Dwi ddim yn hoffi gwneud hynny, ond efallai ei bod hi'n bryd chwilio am help. 50%	30% 20% 50%	Ymddiheuro i Kelly am weiddi arni ac esbonio pam. Siarad â Viv (fy ngwraig) a dweud wrthi sut dwi'n teimlo yn hytrach na'i chau allan. Chwilio am help?

Dyma rai cwestiynau a gynlluniwyd i'ch helpu i feddwl am safbwyntiau ffres, gwahanol a chydnabod sut mae'ch meddyliau hunanfeirniadol nid yn unig yn rhagfarnllyd ac yn unochrog, ond hefyd yn ddi-fudd ac yn angharedig (fe'u gwelir gyda'i gilydd ar dudalennau 183–4). Efallai y bydd o gymorth i chi ddefnyddio'r rhestr yn ei chyfanrwydd yn y lle cyntaf i'ch helpu i fynd ati i gwestiynu'ch meddyliau hunanfeirniadol. Wrth i chi fynd drwyddi, sylwch pa gwestiynau sy'n ymddangos yn arbennig o fuddiol wrth fynd i'r afael â'ch dull personol chi o feddwl yn feirniadol. Er enghraifft, efallai y gwelwch fod gennych arfer o gymryd y bai am bethau nad ydych chi'n gyfrifol amdanynt nhw. Neu efallai y gwelwch fod ystyried yr hyn y byddech chi'n ei ddweud wrth berson arall yn eich sefyllfa chi yn esgor ar syniadau newydd. Er mwyn atgoffa eich hun, gallech ysgrifennu'r cwestiynau arbennig o ddefnyddiol ar gerdyn sy'n ddigon bach i'w gario yn eich waled neu'ch pwrs, neu ar gyfarpar electronig, a'u defnyddio i ryddhau'ch meddwl wrth i feddyliau hunanfeirniadol daro. Gydag ymarfer, bydd cwestiynau defnyddiol yn dod yn rhan greiddiol o'ch ffordd o feddwl. Ar yr adeg honno, ni fydd angen ysgogiad ysgrifenedig arnoch mwyach.

Beth yw'r dystiolaeth?

YDW I'N DRYSU RHWNG FFAITH A MEDDWL RHYWBETH?

Nid yw credu bod rhywbeth yn wir yn golygu ei fod yn wir. Gallwn i gredu fy mod yn jiráff, ond a fyddai hynny'n fy ngwneud yn un? Gall eich meddyliau hunanfeirniadol fod yn safbwyntiau sydd wedi'u seilio ar brofiadau dysgu anffodus a gawsoch, yn hytrach nag yn adlewyrchiad ohonoch chi go iawn.

CWESTIYNU MEDDYLIAU HUNANFEIRNIADOL

BETH YW'R DYSTIOLAETH O BLAID YR HYN DWI'N EI FEDDWL AMDANAF FY HUN?

Pa sylfaen ydych chi'n ei defnyddio wrth farnu'ch hun mewn modd beirniadol? Pa dystiolaeth wirioneddol sydd gennych i gefnogi'r hyn rydych chi'n ei feddwl ohonoch chi'ch hun? Pa ffeithiau neu arsylwadau (yn hytrach na syniadau neu farn) sy'n ategu'ch meddyliau hunanfeirniadol?

BETH YW'R DYSTIOLAETH YN ERBYN YR HYN DWI'N EI FEDDWL AMDANAF FY HUN?

Allwch chi feddwl am unrhyw beth sy'n awgrymu nad yw eich barn wael amdanoch chi'ch hun yn gwbl wir? Neu, yn wir, sy'n ei gwrth-ddweud? Er enghraifft, os ydych chi wedi beirniadu eich hun am fod yn dwp, allwch chi feddwl am unrhyw beth amdanoch chi, yn y gorffennol a'r presennol, sy'n mynd yn groes i'r syniad eich bod chi'n dwp? Efallai na fydd yn hawdd dod o hyd i dystiolaeth i wrthbrofi hynny, oherwydd byddwch yn tueddu i'w hanwybyddu neu ei diystyru. Dydy hyn ddim yn golygu nad yw'n bodoli. Efallai y bydd yn ddefnyddiol trafod hyn gyda ffrind neu rywun sydd o'ch plaid chi – mae'n bosib y bydd ganddyn nhw farn gliriach amdanoch chi nag sydd gennych chi eich hun.

Pa safbwyntiau amgen sydd ar gael?

YDW I'N TYBIO MAI FY SAFBWYNT I YW'R UNIG UN SY'N BOSIB?

Gallwch edrych ar unrhyw sefyllfa o sawl ongl wahanol. Sut byddech chi'n edrych ar y sefyllfa arbennig hon ar ddiwrnod pan oeddech chi'n teimlo'n fwy hyderus ac ar eich gorau? Beth ydych chi'n meddwl y byddwch chi'n ei weld ymhen deng mlynedd? Beth fyddech chi'n ei ddweud pe bai ffrind i chi yn dod atoch chi gyda'r un broblem? A beth fyddai eich ffrind yn ei ddweud pe bai'n gwybod beth oeddech chi'n ei feddwl? A fyddai'n cytuno? Os yw'ch diffyg hyder yn beth cymharol ddiweddar, sut byddech chi wedi gweld y sefyllfa cyn i'r trafferthion ddechrau? Cofiwch osod safbwyntiau amgen yn erbyn y dystiolaeth sydd ar gael. Ni fydd dewis amgen heb unrhyw sail yn fawr o gymorth i chi.

Beth yw effaith y ffordd dwi'n meddwl amdanaf fy hun?

YDY'R MEDDYLIAU HUNANFEIRNIADOL AMDANAF FY HUN YN GYMORTH NEU'N RHWYSTR?

Yn y sefyllfa benodol hon, beth ydych chi ei eisiau? Beth yw eich nodau neu'ch amcanion? Pa ganlyniad ydych chi ei *eisiau*? Cofiwch fanteision ac anfanteision meddwl yn feirniadol y buon ni'n eu trafod ynghynt. Ar hyn o bryd, ydy'r anfanteision yn gorbwyso'r manteision? Ai dyma'r ffordd orau i gael yr hyn rydych chi ei eisiau o'r sefyllfa, neu a fyddai safbwynt mwy cytbwys, tosturiol ac anogol yn fwy buddiol? Ydy'ch meddyliau hunanfeirniadol yn eich helpu i ddelio â phethau'n adeiladol neu a ydyn nhw'n annog ymddygiad hunandrechol?

Beth yw fy meddyliau rhagfarnllyd amdanaf fy hun?

YDW I'N NEIDIO I GASGLIADAU BYRBWYLL?

Mae hyn yn golygu penderfynu ar bethau heb dystiolaeth briodol i gefnogi'ch safbwynt – er enghraifft, dod i'r casgliad bod y ffaith na wnaeth rhywun eich ffonio yn golygu eich bod wedi gwneud rhywbeth i'w dramgwyddo, mae'n rhaid, pan nad oes gennych chi mewn gwirionedd unrhyw syniad beth allai fod wrth wraidd ei ymddygiad. Mae pobl â diffyg hunanwerth fel arfer yn dod i ba gasgliad bynnag sy'n adlewyrchu'n wael arnyn nhw eu hunain. Ydy'r arfer yma'n canu cloch gyda chi? Os felly, cofiwch adolygu'r dystiolaeth, y ffeithiau. Wrth i chi edrych ar y darlun mawr, efallai y gwelwch chi fod eich casgliad beirniadol amdanoch eich hun yn anghywir.

Ffigur 20. Cwestiynau Allweddol i'ch Helpu i Ganfod Ymatebion Amgen i Gymryd Lle Meddyliau Hunanfeirniadol

- Beth yw'r dystiolaeth?
    Ydw i'n drysu rhwng ffaith a meddwl?
    Beth yw'r dystiolaeth o blaid yr hyn dwi'n ei feddwl amdanaf fy hun?
    Beth yw'r dystiolaeth yn erbyn yr hyn dwi'n ei feddwl amdanaf fy hun?
- Pa safbwyntiau amgen sydd ar gael?
    Ydw i'n tybio mai fy safbwynt i yw'r unig un sy'n bosib?
    Pa dystiolaeth sydd gen i i gefnogi safbwyntiau amgen?
- Beth yw effaith y ffordd dwi'n meddwl amdanaf fy hun?
    Ydy'r meddyliau hunanfeirniadol amdanaf fy hun yn gymorth neu'n rhwystr?
    Pa agwedd allai fod yn fwy buddiol i mi?
- Beth yw fy meddyliau rhagfarnllyd amdanaf fy hun?
    Ydw i'n neidio i gasgliadau byrbwyll?
    Ydw i'n defnyddio safon ddwbl?
    Ydw i'n meddwl ei bod hi'n bopeth neu ddim byd?

> Ydw i'n bod yn deg â mi fy hun, neu ydw i'n condemnio fy hun yn fy nghyfanrwydd ar sail un digwyddiad?
>
> Ydw i'n canolbwyntio ar fy ngwendidau ac yn anghofio am fy nghryfderau?
>
> Ydw i'n beio fy hun am bethau nad ydyn nhw'n fai arna i mewn gwirionedd?
>
> Ydw i'n disgwyl 'mod i'n berffaith?

YDW I'N DEFNYDDIO SAFON DDWBL?

Mae pobl â diffyg hunan-werth yn aml yn llawer mwy llawdrwm arnyn nhw eu hunain nag y bydden nhw ar unrhyw un arall. Mae eu safonau ar gyfer eu hunain yn llawer uwch, yn fwy anhyblyg ac ymhellach o'u cyrraedd na'r safonau maen nhw'n disgwyl i bobl eraill eu bodloni. Ydych chi'n disgwyl mwy gennych chi'ch hun nag y byddech chi gan bobl eraill? A fyddech chi mor llawdrwm arnyn nhw?

I ddarganfod a ydych chi'n defnyddio safon ddwbl, gofynnwch i chi'ch hun beth fyddai'ch ymateb pe bai rhywun sy'n annwyl gennych yn dod atoch chi gyda phroblem. A fyddech chi'n dweud wrth y person hwnnw ei fod yn wan neu'n dwp neu'n druenus, neu y dylai wybod yn well? Neu a fyddech chi'n anogol a chefnogol, ac yn ceisio'i helpu i weld y broblem yn ei gwir oleuni ac yn chwilio am ffyrdd adeiladol o ddelio â hi? Weithiau mae pobl â diffyg hunan-werth yn ofni y byddan nhw'n methu gwneud llwyddiant o'u bywydau os ydyn nhw'n fwy caredig wrthyn nhw'u hunain. Mewn gwirionedd, mae'n debyg mai'r gwrthwyneb sy'n wir. Dychmygwch blentyn bach yn dysgu cerdded a siarad. Pe bai rhieni'r plentyn yn gweiddi arno, yn ei feirniadu ac yn galw enwau arno bob tro y byddai'n disgyn neu'n dweud gair yn anghywir, pa effaith fyddech chi'n disgwyl i hynny ei chael? A fyddech chi'n trin plentyn fel hyn? Os na fyddech chi, pam ydych chi'n trin eich hun fel hyn?

Beth am roi cynnig ar bolisi gwahanol? Camwch yn ôl oddi wrth eich agwedd feirniadol a llawdrwm arferol, ac arbrofwch drwy fod yn garedig, yn anogol a chefnogol tuag atoch chi'ch hun, fel y byddech chi tuag at berson arall. Mae'n bosib y gwelwch y byddwch chi'n teimlo'n well wrth drin eich hun yn fwy caredig, ac y byddwch yn gallu meddwl yn gliriach a gweithredu'n adeiladol.

YDW I'N MEDDWL EI BOD HI'N BOPETH NEU DDIM BYD?

Mae meddylfryd popeth-neu-ddim-byd, naill ai/neu, yn gorsymleiddio pethau. Mae bron popeth yn gymharol, ac yn dibynnu ar y sefyllfa (weithiau, nid bob amser neu byth; rhywfaint, nid yn gyfan gwbl neu ddim o gwbl; rhai, nid pob un neu ddim; rhai pobl, nid pawb). Felly, er enghraifft, dydy pobl ddim fel arfer yn dda neu'n ddrwg i gyd, ond yn gymysg oll i gyd. Dydy digwyddiadau ddim fel arfer naill ai'n drychinebau neu'n wynfyd pur, ond rhywle yn y canol. Ydych chi'n meddwl amdanoch chi'ch hun yn nhermau bod yn rhaid i bethau fod yn bopeth neu'n ddim byd? Gall y geiriau a ddefnyddiwch roi cliw i chi. Gwyliwch am eiriau eithafol (bob amser/byth, pawb/neb, popeth/dim). Efallai y byddan nhw'n adlewyrchu meddylfryd popeth neu ddim byd. Mewn gwirionedd, mae'n debyg bod pethau'n fwy amwys na hynny, felly chwiliwch am y llwyd rhwng y du a'r gwyn.

GORESGYN DIFFYG HUNAN-WERTH

YDW I'N CONDEMNIO FY HUN YN FY NGHYFANRWYDD AR SAIL UN DIGWYDDIAD?

Mae pobl â diffyg hunan-werth yn aml yn gwneud dyfarniadau cyffredinol amdanyn nhw'u hunain ar sail un peth maen nhw wedi'i ddweud neu'i wneud, un broblem sydd ganddyn nhw, un agwedd arnyn nhw'u hunain. Mae unrhyw anawsterau yn gyfystyr â diffyg gwerth llwyr fel person. Ydych chi'n llunio barn gyffredinol debyg amdanoch chi'ch hun? Os nad yw un person yn eich hoffi, ydy hynny'n golygu bod rhywbeth o'i le arnoch chi? Ydych chi'n fethiant ar ôl gwneud un camgymeriad? Ydych chi'n anghyfrifol ac yn hunanol oherwydd i chi fethu un alwad ffôn? Does dim synnwyr o gwbl mewn barnu eich hun yn eich cyfanrwydd ar sail un digwyddiad. Dychmygwch eich bod wedi gwneud un peth yn dda iawn – a fyddai hynny'n eich gwneud chi'n berson hollol wych? Mae'n debyg na fyddech hyd yn oed yn breuddwydio am feddwl felly. Ond pan ddaw'n fater o'ch gwendidau, eich methiannau a'ch camgymeriadau, efallai eich bod yn rhy barod i ddifrïo'ch hun. Mae angen i chi edrych ar y darlun mawr. Pan fyddwch chi'n teimlo'n wael amdanoch chi'ch hun, neu'n isel eich ysbryd, cofiwch hefyd y byddwch chi'n ffafrio unrhyw beth sy'n cyd-fynd â'ch barn wael amdanoch chi'ch hun ac yn anwybyddu unrhyw beth nad yw'n cyd-fynd â'r ffordd honno o feddwl. Mae hyn yn gwyrdroi'ch barn yn fwy fyth. Felly, peidiwch â gwneud dyfarniadau cyffredinol oni bai eich bod yn siŵr i chi ystyried yr holl dystiolaeth.

YDW I'N CANOLBWYNTIO AR FY NGWENDIDAU AC YN ANGHOFIO AM FY NGHRYFDERAU?

Mae diffyg hunan-werth yn gwneud i chi ganolbwyntio ar

CWESTIYNU MEDDYLIAU HUNANFEIRNIADOL

eich gwendidau ac anwybyddu'ch cryfderau. Mae pobl â diffyg hunan-werth yn aml yn anwybyddu problemau maen nhw wedi delio â nhw'n llwyddiannus yn y gorffennol, yn anghofio adnoddau a allai eu helpu i oresgyn problemau cyfredol ac yn anwybyddu eu rhinweddau. Yn lle hynny, maen nhw'n canolbwyntio ar fethiannau a gwendidau. O ddydd i ddydd, gall hyn olygu nodi a chofio popeth sy'n mynd o'i le yn ystod y dydd, ac anghofio neu ddiystyru pethau rydych chi wedi'u mwynhau neu eu cyflawni. Ar adegau gwael, gall fod yn anodd meddwl am unrhyw rinwedd neu ddawn gadarnhaol.

Mae'n bwysig ceisio cadw golwg gytbwys arnoch chi'ch hun. Wrth gwrs, mae yna bethau nad ydych chi'n dda iawn am eu gwneud, pethau rydych chi'n edifar amdanyn nhw, a phethau amdanoch chi'ch hun y byddai'n well gennych eu newid. Mae hyn yn wir am bawb. Ond beth am ochr arall y geiniog? Beth yw'r pethau rydych chi'n eu gwneud yn dda? Beth mae pobl eraill yn ei werthfawrogi amdanoch chi? Beth ydych chi'n ei hoffi amdanoch chi'ch hun?

Sut rydych chi wedi ymdopi ag anawsterau a straen yn eich bywyd? Beth yw eich cryfderau, eich rhinweddau a'ch adnoddau? (Byddwn yn rhoi mwy o sylw i'r pwynt hwn ym Mhennod 6.)

Mae'r tueddiad greddfol i ganolbwyntio ar y drwg ac anwybyddu'r da ynoch chi'ch hun yr un fath â chael erlynydd mewn llys barn y tu mewn i chi sy'n hynod o wyliadwrus, pwerus ac effeithiol, sy'n effro i bob brycheuyn a gwendid ac sy'n barod i gondemnio ar ddim. Yr hyn sydd ei angen arnoch yw 'eiriolwr mewnol' yr un mor gryf, a fydd yn cyflwyno tystiolaeth dros yr amddiffyniad gydag argyhoeddiad. Ac, yn bwysicaf oll, mae angen i chi ddarganfod 'barnwr mewnol' a fydd, fel barnwr go iawn, heb unrhyw gyllell i'w hogi ond a fydd yn ystyried yr holl dystiolaeth ac yn dyfarnu'n deg a chytbwys, yn hytrach na'ch condemnio chi ar sail tystiolaeth yr erlyniad yn unig. Cofiwch eiriau Sydney Smith: 'Gnewch gyfiawnder â chi'ch hun'.

YDW I'N BEIO FY HUN AM BETHAU NAD YDYN NHW'N FAI ARNA I MEWN GWIRIONEDD?

Pan fydd pethau'n mynd o chwith, ydych chi'n ystyried yr holl resymau posib pam y gallai hynny fod wedi digwydd, neu ydych chi'n tueddu i gymryd yn ganiataol yn syth mai rhyw ddiffyg ynoch chi sydd wrth wraidd y methiant? Er enghraifft, os yw ffrind yn methu dod i'ch cyfarfod chi, ydych chi'n tybio'n reddfol eich bod chi wedi gwneud rhywbeth i'w gythruddo neu nad yw e eisiau dim i'w wneud â chi rhagor?

Mae pob math o resymau pam mae pethau'n mynd o chwith. Weithiau, wrth gwrs, bydd yn ganlyniad rhywbeth a wnaethoch chi, ond yn amlach na pheidio, mae ffactorau eraill ar waith. Er enghraifft, efallai fod eich ffrind wedi anghofio, neu wedi bod yn eithriadol o brysur, neu wedi camddeall eich trefniadau.

Os ydych chi'n cymryd y bai yn reddfol pan fydd pethau'n mynd o chwith, fyddwch chi ddim yn y lle gorau i ddarganfod y gwir resymau dros yr hyn a ddigwyddodd. Pe bai ffrind i chi yn y sefyllfa hon, sut byddech chi'n esbonio beth oedd wedi digwydd? Faint o resymau posib allwch chi feddwl amdanyn nhw? Os ydych chi'n parhau i fod â meddwl agored ac yn dychmygu esboniadau eraill, mae'n bosib y gwnewch chi sylwi bod llai o fai arnoch nag a feddylioch chi. A dweud

CWESTIYNU MEDDYLIAU HUNANFEIRNIADOL

y gwir, efallai nad oedd cysylltiad rhyngoch chi a'r hyn a ddigwyddodd o gwbl.

YDW I'N DISGWYL 'MOD I'N BERFFAITH?

Fel rydyn ni wedi'i drafod eisoes, mae pobl â diffyg hunanwerth yn aml yn gosod safonau uchel iawn iddyn nhw'u hunain, ac mae hynny'n cael ei adlewyrchu yn eu Rheolau Byw (byddwn yn dychwelyd at y rhain ym Mhennod 7). Er enghraifft, efallai eu bod yn credu y dylen nhw allu delio'n bwyllog a medrus â phopeth mae bywyd yn ei daflu tuag atyn nhw. Neu efallai eu bod yn credu y dylai popeth gael ei wneud ganddyn nhw i'r safon uchaf, waeth beth fo'u hamgylchiadau a'r gost bersonol iddyn nhw. Dydy hyn ddim yn realistig, ac mae'n agor y llifddorau i hunanfeirniadaeth a theimladau poenus o euogrwydd, iselder ac annigonolrwydd. Oni bai eich bod yn rhyw fath o fod dynol sydd ymhell uwchlaw'r gweddill ohonom, dydy hi ddim yn bosib gwneud popeth 100% yn iawn o hyd. Os ydych chi'n disgwyl gwneud hynny, rydych chi'n gosod yr amodau ar gyfer methu.

Dydy derbyn na allwch fod yn berffaith ddim yn golygu bod yn rhaid i chi beidio hyd yn oed ymdrechu i wneud pethau'n dda. Ond mae derbyn hynny yn caniatáu i chi osod targedau realistig, a rhoi clod i chi'ch hun pan fyddwch chi'n eu bodloni, er eu bod yn llai na pherffaith. Bydd hyn yn eich annog i deimlo'n well amdanoch chi'ch hun, ac felly'n eich cymell i ddal ati a thrio eto. Mae hefyd yn golygu y gallwch ddysgu o'ch anawsterau a'ch camgymeriadau, yn hytrach na gofidio amdanyn nhw neu gael eich parlysu ganddyn nhw hyd yn oed. Fel y dywedodd yr awdur G.K. Chesterton: 'Os yw rhywbeth yn werth ei wneud, mae'n werth ei wneud yn wael.'

3. Arbrofion: Ymarfer trin eich hun yn fwy caredig ac ymddwyn yn unol â'ch agwedd newydd

Y cwestiwn yma yw: Beth alla i ei wneud i roi fy agwedd newydd, garedig ar waith a thrin fy hun yn fwy tosturiol? Yma, rydyn ni'n dychwelyd at y syniad ynghylch arbrofion a ddysgoch chi ym Mhennod 4. Nodwch beth sydd angen i chi ei wneud er mwyn profi eich agweddau newydd yn y byd go iawn, yn hytrach na'u gadael ar ddu a gwyn neu yn eich meddwl. Fel rydyn ni wedi'i drafod eisoes, profiad personol uniongyrchol yw'r athro gorau: os profwch chi eu heffaith drosoch chi'ch hun, a sut maen nhw'n newid eich teimladau a'r posibiliadau sy'n agored i chi, yna fe fydd eich dewisiadau amgen yn siŵr o'ch argyhoeddi.

Yma eto, gwelwn bwysigrwydd gwneud rhywbeth, ac arbrofi gyda gwneud pethau'n wahanol. Beth allwch chi ei wneud i roi eich agwedd newydd ar waith? Sut gallech chi ddarganfod a yw'n gweithio'n well i chi? Oes unrhyw beth y gallwch ei wneud i newid y sefyllfa a sbardunodd y meddyliau hunanfeirniadol (er enghraifft, newid neu adael swydd lle nad ydych yn cael eich gwerthfawrogi, neu derfynu perthynas gyda rhywun sy'n porthi'ch agwedd negyddol tuag atoch chi'ch hun)?

Neu a fyddech chi'n gallu newid rhywbeth am eich ymateb eich hun? Mae'n anodd troi cefn ar hen arferion – beth wnewch chi yn y dyfodol os ydych chi'n gweld eich hun yn meddwl, yn teimlo ac yn gweithredu yn yr un hen ffordd? Sut hoffech chi ymdrin â'r sefyllfa'n wahanol y tro nesaf y bydd hyn yn digwydd? Mae hyn yn cynnwys sylwi ar feddyliau hunanfeirniadol a mynd i'r afael â nhw. Gall hefyd olygu arbrofi drwy ymddwyn mewn ffyrdd newydd sy'n llai hunandrechol ac yn fwy tosturiol (derbyn canmoliaeth yn raslon, peidio ag ymddiheuro drosoch eich hun, achub ar gyfleoedd, mynnu'ch anghenion eich hun ac ati). Nodwch eich syniadau ar y daflen waith, ac yna rhowch gynnig arnyn nhw bob cyfle gewch chi, er mwyn datblygu ac atgyfnerthu agweddau newydd arnoch chi'ch hun.

Gallwch weld enghraifft Mike ar y daflen waith 'Sylwi ar Feddyliau Hunanfeirniadol' ar dudalen 166.

Gwneud y gorau o 'Gwestiynu meddyliau hunanfeirniadol'

Faint o amser fydd hi'n ei gymryd i ddod o hyd i ddewisiadau amgen yn lle fy meddyliau hunanfeirniadol?

Mae'n bur debyg nad yw cwestiynu'ch meddyliau hunanfeirniadol a chwilio am safbwyntiau gwahanol yn rhywbeth rydych chi'n arfer ei wneud. I ddechrau, efallai y bydd yr un hen feddyliau yn cronni dro ar ôl tro. Gall hefyd fod yn anodd camu'n ddigon pell oddi wrthyn nhw i'w gweld yn glir am yr hyn ydyn nhw – sef lleisiau angharedig diffyg hunan-werth. Wrth i chi ddysgu gwneud hynny, byddwch yn gallu rhyddhau'ch meddwl a dod o hyd i ddewisiadau eraill sy'n gwneud gwahaniaeth gwirioneddol i sut rydych chi'n gweld eich hun a sut rydych chi'n teimlo (er bod rhai pobl yn teimlo bod gwahaniaeth amlwg ar unwaith). Peidiwch â rhuthro pethau – rhowch ddigon o gyfle i chi'ch hun ymarfer, dysgu o'ch camgymeriadau a datblygu eich sgìl.

Mae'n cymryd amser i gael gwared ar yr arfer o hunanfeirniadu. Mae newid eich ffordd o feddwl yn eithaf tebyg i ddechrau math o ymarfer corff nad ydych chi erioed wedi rhoi cynnig arno o'r blaen. Bydd gofyn i chi ddatblygu cyhyrau meddyliol nad ydych yn eu defnyddio fel arfer, ac fe fyddan nhw'n cwyno a theimlo'n lletchwith ac yn anghyffordus. Ond, gydag ymarfer rheolaidd, fe fyddan nhw'n tyfu'n gryf ac yn hyblyg ac yn gallu gwneud yr hyn sydd ei angen arnoch chi. Yn ogystal, bydd yr ymarfer ei hun yn teimlo'n dda, heb sôn am ei ganlyniadau.

Amcan y cam hwn yw cyrraedd y pwynt lle rydych yn sylwi, yn ateb ac yn diystyru meddyliau hunanfeirniadol yn reddfol fel nad ydyn nhw bellach yn dylanwadu ar eich teimladau neu sut rydych chi'n gweithredu. Ymarferion dyddiol rheolaidd (un neu ddwy enghraifft wedi'u cofnodi'n drwyadl bob dydd) yw'r ffordd orau o gyflawni hyn. Yn ddiweddarach, byddwch yn gallu dod o hyd i atebion i feddyliau hunanfeirniadol yn eich pen heb orfod ysgrifennu dim ar ddu a gwyn. Yn y pen draw, efallai na fydd angen i chi hyd yn oed ateb meddyliau yn eich pen – oherwydd fyddan nhw ddim yn digwydd yn aml iawn. Er hynny, efallai y bydd y daflen waith yn dal yn ddefnyddiol i chi ddelio â meddyliau arbennig o anodd, neu ar adegau pan fyddan nhw'n codi eto (er enghraifft, mae rhywbeth yn digwydd sy'n eich tynnu chi'n ôl at brofiadau yn y gorffennol, neu rydych chi'n teimlo'n flinedig, dan straen neu'n anhapus). Mae'r daflen waith yn arf a fydd bob amser wrth law i'ch cynorthwyo i ddelio ag anawsterau a sefyllfaoedd anodd yn y dyfodol. Ond rhaid dal ati i gadw cofnod ysgrifenedig bob dydd hyd nes eich bod wedi cyflawni'r nod o ddelio â meddyliau hunanfeirniadol yn eich pen.

CWESTIYNU MEDDYLIAU HUNANFEIRNIADOL

Sut mae disgwyl i mi feddwl yn wahanol pan fydda i'n teimlo'n ofidus iawn?

Meddyliau hunanfeirniadol yw llais eich Llinell Sylfaen yn siarad ar yr eiliad honno. Mae hyn yn golygu y gallan nhw fod yn uchel, yn rymus ac yn llawn emosiwn, ond dydy e ddim yn golygu eu bod nhw'n wir. Rydych bellach yn dysgu ymbellhau oddi wrthyn nhw, a rhoi'r gorau i'w credu a'u cymryd o ddifrif.

Fodd bynnag, os bydd rhywbeth yn digwydd sy'n peri gofid dwys i chi, mae'n debyg y byddwch chi'n ei chael hi'n anodd iawn gweld unrhyw ddewisiadau amgen i'ch meddyliau hunanfeirniadol. Yn hytrach na deall fod hyn yn anhawster cyffredin a chwbl naturiol, mae'n bosib y byddwch yn syrthio i'r fagl o edrych arno fel rheswm arall i feirniadu'ch hun. Y peth mwyaf defnyddiol i'w wneud yw gwneud nodyn o'r hyn wnaeth eich cynhyrfu, a'ch teimladau a'ch meddyliau, ac yna gadael y chwilio am ddewisiadau amgen hyd nes eich bod yn teimlo'n dawelach eich meddwl. Byddwch mewn gwell sefyllfa i weld pethau'n glir ar ôl i chi oroesi'r storm.

Gochelwch rhag meddwl 'dylai hyn fod yn wahanol'

Mae hunanfeirniadaeth yn aml yn adlewyrchu'r hyn y mae seicolegwyr yn ei alw yn 'brosesu sy'n seiliedig ar anghysondeb' (*discrepancy-based processing*). Mae'r term technegol moel hwn yn golygu rhywbeth a fydd o bosib yn gyfarwydd wrth i chi ganolbwyntio ar feddyliau hunanfeirniadol: ffocws di-baid ar y bwlch (yr anghysondeb) rhwng pethau fel y maen nhw ac fel y dymunwch iddyn nhw fod neu y dylen nhw fod.

Mewn geiriau eraill, mae'ch meddwl yn gafael yn dynn yn yr holl ffyrdd rydych yn syrthio'n brin o'r nod, sy'n rysáit wych ar gyfer teimlo'n wael amdanoch chi'ch hun. Gallai enghreifftiau gynnwys: 'Dyna drueni nad ydw i'n fwy hyderus – ond dydw i ddim' neu 'Fe ddylwn i fod yn gryfach – ond dydw i ddim'. Mae meddyliau 'dylai hyn fod yn wahanol' yn ddigon ddrwg ynddyn nhw'u hunain, ond yn waeth fyth, maen nhw'n gallu arwain at bendroni a gorfeddwl.

Gochelwch rhag y fagl pendroni

Weithiau mae hunanfeirniadaeth yn cynnwys dyfarniad syml – 'Rwyt ti'n ffŵl', 'Rwyt ti wedi'i gwneud hi eto', 'Pam nad ydw i byth yn cael unrhyw beth yn iawn?' Ond mae ffin denau rhwng hynny a phendroni neu hel meddyliau. Mynd dros yr un peth, drosodd a throsodd, dro ar ôl tro, fel buwch yn cnoi cil. Llif cyson o ddatganiadau'n dechrau gyda 'Pam' neu 'Pe bawn i ond wedi', hunanfarnu annheg, yn mynd ymlaen ac ymlaen am y bwlch rhwng pwy ydych chi a phwy ydych chi eisiau bod neu pwy ddylech chi fod. Dydy hyn ddim yn ffordd adeiladol o ddatrys problemau, er ei fod yn ymddangos felly – fel y dangosodd y seicolegydd Adrian Wells drwy wahodd pobl sy'n pendroni i ystyried pam eu bod yn gwneud hynny. Fel y digwyddodd hi, roedden nhw'n teimlo y bydden nhw'n deall eu hanawsterau a sut i'w datrys pe baen nhw ond yn rhoi un cynnig arall ar feddwl drwy'r cyfan. Ond wal yw pen draw pendroni; dydy e ddim yn arwain i unman.

Pan fyddwn yn pendroni, mae atebion yn ymddangos o bryd i'w gilydd, ond yn gyffredinol – fel unrhyw fath o

CWESTIYNU MEDDYLIAU HUNANFEIRNIADOL

feddwl hunanfeirniadol – mae pendroni'n arwain at fwy o bendroni ac yn eich gwneud yn ddiflas, yn enwedig os ydych chi eisoes yn teimlo'n isel. Felly os ydych chi'n sylwi ar yr un hen beth yn dynesu unwaith eto, oedwch am eiliad a gofynnwch i chi'ch hun: Ydw i'n pendroni? Ac os ydw i, sut mae'n effeithio arna i mewn gwirionedd? Fy hwyliau? Fy nghymhelliant? Fy nheimladau amdanaf i fy hun?

Os ydych yn craffu'n fanwl, efallai y byddwch yn sylweddoli eich bod wedi'ch dal mewn dolen ddiddiwedd, heb unrhyw argoel o ddihangfa. Os felly, mae'n amser dewis. Dydyn ni ddim yn gallu rhwystro meddyliau rhag ymddangos, ond fe allwn ni wneud rhywbeth am yr hyn sy'n digwydd nesaf. Gallwn ddysgu adnabod yr arwyddion fod pendroni'n bresennol, ac ymateb yn wahanol i'w bresenoldeb.

Er enghraifft, gallwch ddewis dal ati i wrando ar eich meddyliau beirniadol, a rhoi pwys arnyn nhw, er mwyn cyrraedd rhywle defnyddiol maes o law. Neu gallwch benderfynu bod hyn yn ddibwynt ac yn peri gofid, er mor ddeniadol y gall ymddangos, a dewis arbrofi gyda throi eich sylw'n fwriadol i gyfeiriad arall. Dydy hyn ddim yr un peth â cheisio rhedeg i ffwrdd oddi wrth eich meddwl eich hun, dianc rhagddo neu ei ffrwyno. Mae'n benderfyniad ymwybodol a charedig i roi'r gorau i wneud rhywbeth nad yw'n llesol i chi. Er enghraifft, gallech arbrofi gydag agor eich holl synhwyrau (golwg, clyw, cyffyrddiad, blas ac arogl) i'ch amgylchedd presennol. Neu gallech ddewis cymryd rhan mewn gweithgaredd sy'n llyncu'ch sylw neu droi yn fwriadol at ffyrdd mwy cynhyrchiol o feddwl. Pan fyddwch chi'n gwneud y newidiadau hyn, fe sylwch chi ar effeithiau hynny ar sut rydych chi'n teimlo.

Dydy hi ddim yn hawdd ymbellhau rhag pendroni, ond daw'n po fwyaf y byddwch chi'n ymarfer. Efallai na fydd y pendroni hunanfeirniadol yn diflannu, ond efallai y gallwch ddysgu ei drin fel rhaglen radio yn y cefndir nad ydych chi'n gwrando arni. Gallwch wrando'n achlysurol os ydych chi eisiau, ond mae gennych bethau gwell i'w gwneud y rhan fwyaf o'r amser.

Pa mor dda y mae'n rhaid i'r cofnod fod?

Mae llawer o bobl â diffyg hunan-werth yn berffeithwyr sy'n disgwyl i bopeth maen nhw'n ei wneud gyrraedd y safon uchaf bosib. Dydy 'digon da' ddim yn ddigon da ganddynt. Byddwn yn dychwelyd at reolau perffeithydd ym Mhennod 7. Am y tro, fodd bynnag, mae'n bwysig cofio pwrpas cadw cofnod: cynyddu hunanymwybyddiaeth a chynyddu hyblygrwydd meddyliol. Ni fydd trin y cofnod gydag agwedd perffeithydd o gymorth i chi gyflawni hyn – bydd yn creu pwysau i berfformio, ac yn mygu creadigrwydd. Does dim rhaid i'ch cofnod fod yn gampwaith llenyddol, nac yn ddarn perffaith o ysgrifennu sydd â phob 'i' wedi'i dotio a phob 't' wedi'i chroesi. Does dim rhaid i chi ddod o hyd i'r un ateb *cywir* na'r ateb y credwch y *dylech* ei roi. Yr ateb 'cywir' yw'r ateb sy'n gweithio i chi – yr ateb sy'n gwneud synnwyr i chi, yn newid eich teimladau er gwell, ac yn agor llwybrau ar gyfer gweithredu adeiladol. Ni fydd un ateb penodol, waeth pa mor synhwyrol yw e, yn gweithio i bawb. Mae angen i chi ddod o hyd i'r un sy'n gweithio orau *i chi*. Ac os ydych chi'n digwydd bod yn berffeithydd, yna mae eich cofnod 'addas i'r diben' yn gyfle gwych i arbrofi â gwneud pethau mewn ffordd wahanol.

CWESTIYNU MEDDYLIAU HUNANFEIRNIADOL

Beth os na fydd fy safbwyntiau amgen yn gweithio?

Weithiau mae pobl yn canfod nad yw'r agweddau newydd yn cael yr effaith a ddymunir – dydyn nhw ddim yn gwneud fawr o wahaniaeth i'r ffordd maen nhw'n teimlo, a dydyn nhw ddim yn eu helpu i weithredu'n wahanol. Os yw hyn yn wir yn eich achos chi, efallai eich bod yn gwadu'r ateb mewn rhyw ffordd – dweud wrthych eich hun mai dim ond rhesymoli yw hyn, efallai, neu y gallai fod yn berthnasol i bobl eraill, ond nid i chi. Os yw ymatebion 'ie, ond' yn codi'n gyson, cofnodwch nhw yn y golofn 'Meddyliau Hunanfeirniadol' a'u cwestiynu.

Peidiwch â disgwyl i'ch cred yn yr hen feddyliau a'ch teimladau poenus grebachu'n ddim ar unwaith, yn enwedig os ydyn nhw'n adlewyrchu credoau amdanoch chi'ch hun sydd wedi bod ar waith ers blynyddoedd lawer. Gall meddwl yn hunanfeirniadol fod yn debyg i bâr o hen esgidiau – ddim yn ddymunol iawn, ond rydych chi'n gyfarwydd â nhw ac maen nhw wedi'u mowldio i'ch ffitio chi. Mae agweddau newydd, ar y llaw arall, fel esgidiau newydd – anghyfarwydd, anystwyth, ac anghyfforddus ar y dechrau. Bydd angen amser ac ymarfer i gryfhau'r farn garedig, a bydd angen arbrofi dro ar ôl tro drwy weithredu yn wahanol, er mwyn i chi ddysgu'n reddfol fod tosturi a hunandderbyn caredig yn gweithio'n well i chi na hunanfeirniadaeth.

Beth os nad ydw i'n dda am wneud hyn?

Peidiwch â gadael i chi'ch hun gael eich dal ym magl hunanfeirniadaeth wrth i chi gofnodi'ch meddyliau hunanfeirniadol. Dydy newid sut rydych yn meddwl amdanoch chi'ch hun ddim yn dasg hawdd. Mae'n cymryd amser ac ymarfer i ddatblygu'r sgìl, felly gofalwch nad ydych chi'n rhy lawdrwm arnoch chi'ch hun pan fydd y dasg yn anodd. Pe bai gennych chi ffrind a oedd yn ceisio mynd i'r afael â rhywbeth anodd, beth ydych chi'n meddwl fyddai fwyaf buddiol iddo? Beirniadaeth a chosb? Neu anogaeth a chanmoliaeth? Efallai y byddwch yn meddwl wrthych chi'ch hun, 'Mae'n rhaid fy mod i'n wirioneddol dwp i feddwl y ffordd yma' neu 'Dydw i ddim yn gwneud digon o hyn' neu 'Fydda i byth yn deall sut i wneud hyn'. Os ydych chi'n sylwi ar feddyliau fel hyn – cofnodwch nhw, atebwch nhw, ac ewch ati'n fwriadol i drin eich hun fel y byddech chi'n trin eich ffrind. Rhowch y parch a'r anogaeth haeddiannol i'ch gwaith yn cyflawni'r dasg anodd hon.

Crynodeb o'r bennod

1. *Mae meddwl hunanfeirniadol yn digwydd pan fyddwch chi'n teimlo bod digwyddiad neu brofiad wedi cadarnhau eich Llinell Sylfaen. Mae'r bennod hon wedi canolbwyntio ar y camau a fydd yn eich helpu i gwestiynu hunanfeirniadaeth a chwilio am ffyrdd tecach a mwy buddiol o feddwl amdanoch chi'ch hun.*
2. *Arfer sydd wedi'i ddysgu yw meddwl hunanfeirniadol. Dydy e ddim o reidrwydd yn adlewyrchu'r gwirionedd amdanoch chi'ch hun.*

CWESTIYNU MEDDYLIAU HUNANFEIRNIADOL

3. *Mae hunanfeirniadaeth yn gwneud mwy o ddrwg nag o les. Mae credu'ch meddyliau hunanfeirniadol yn gwneud i chi deimlo'n wael, ac yn eich annog i weithredu mewn ffyrdd hunandrechol.*

4. *Gallwch ddysgu camu'n ôl o feddyliau hunanfeirniadol, a meddwl amdanyn nhw fel llais diffyg hunan-werth, rhywbeth rydych chi'n ei wneud yn hytrach nag adlewyrchiad o'r chi go iawn.*

5. *Yn union fel rhagfynegiadau gorbryderus, mae modd cwestiynu meddyliau hunanfeirniadol. Gallwch ddysgu sut i arsylwi arnyn nhw a'u cofnodi, sylwi ar eu heffaith ar eich teimladau, eich cyflwr corfforol a'ch ymddygiad, ac ailfeddwl amdanyn nhw a chwilio am safbwyntiau mwy cytbwys a charedig arnoch chi'ch hun.*

6. *Y cam olaf yw arbrofi i drin eich hun yn fwy teg a charedig, gan werthfawrogi eich cryfderau, eich priodweddau a'ch rhinweddau eich hun fel y byddech chi'n gwerthfawrogi rhai unigolyn arall. Byddwn yn edrych ar hyn yn fanylach yn y bennod nesaf.*

6

Ehangu hunandderbyn

Cyflwyniad

Ym Mhennod 2 (tudalennau 39–75), nodwyd dwy duedd neu ffordd o feddwl ragfarnllyd sy'n cyfrannu at gynnal diffyg hunan-werth. Yn gyntaf, tuedd negyddol mewn *canfyddiad* neu eich argraff o bethau, sef cadw'ch sylw'n gadarn ar yr hyn rydych yn teimlo sydd o'i le arnoch chi, ac anwybyddu eich cryfderau a'ch nodweddion da. Yn ail, tuedd yr un mor negyddol wrth *ddehongli*, sy'n eich arwain chi i weld eich hun mewn goleuni negyddol, beth bynnag fo'r amgylchiadau. Mae'r ddau dueddiad rhagfarnllyd yma'n ei gwneud yn anodd i chi dderbyn a gwerthfawrogi eich hun yn union fel rydych chi.

Ym Mhennod 5 (tudalennau 151–99), roedd y ffocws ar y duedd negyddol wrth ddehongli: y ffordd y mae credoau negyddol amdanoch chi'ch hun yn eich hudo i'r fagl o feddwl yn hunanfeirniadol. Fe ddysgoch sut i adnabod meddyliau hunanfeirniadol ac ailfeddwl, a dechrau arbrofi gyda thrin eich hun yn fwy caredig. Yn y bennod hon, byddwn yn ymchwilio i'r ochr arall, sef y canfyddiad rhagfarnllyd sy'n ei gwneud yn anodd i chi weld agweddau cadarnhaol arnoch chi'ch hun yn glir neu drin eich hun yn dda.

Mae'r ddau newid yma mewn agwedd yr un mor bwysig â'i gilydd. Mae ailfeddwl am hunanfeirniadaeth yn eich helpu i wanhau hen batrymau meddwl di-fudd, gan ffurfio sylfaen gadarn ar gyfer gwaith maes o law ar eich Llinell Sylfaen. Mae dysgu adnabod a gwerthfawrogi eich nodweddion da a thrin eich hun gyda pharch ac ystyriaeth yn ychwanegu dimensiwn ychwanegol. Mae'n creu posibiliadau newydd o ran sut rydych chi'n ymwneud â chi'ch hun, teimlad newydd o gynhesrwydd atoch eich hun ac o'ch derbyn eich hun – ymdeimlad newydd ei bod yn iawn i chi fod yn union pwy ydych chi.

Yn naturiol, efallai na fydd hi mor hawdd yn ymarferol ag y mae'n swnio'n ddamcaniaethol i ddysgu mynd ati'n reddfol i hybu ymwybyddiaeth o'ch rhinweddau ac i drin eich hun fel rhywun sy'n deilwng o barch a charedigrwydd. Yn yr un modd ag y mae'r arfer o hunanfeirniadu yn aml yn cael ei ddysgu yn y blynyddoedd cynnar, mae'n bosib bod tabŵ ar feddwl yn dda amdanoch chi'ch hun wedi'i greu hefyd. Oni bai eich bod yn effro iddo ac yn barod i wrthsefyll ei effeithiau, gall y tabŵ hwn lesteirio'ch gallu i ddefnyddio'r dulliau a ddisgrifir yn y bennod hon i ehangu hunandderbyn a hunan-werth.

Y tabŵ yn erbyn meddwl yn dda amdanoch chi'ch hun

Dwi'n hardd
Dwi'n glyfar
Dwi'n gogydd da
Mae gen i synnwyr digrifwch gwych
Dwi'n gerddor dawnus
Dwi'n gariadus
Dwi'n wych

EHANGU HUNANDDERBYN

Pe baech yn clywed rhywun yn dweud y geiriau yma, beth fyddai eich ymateb cyntaf? Bod yn hynod o falch o gael cyfarfod â rhywun mor ddawnus? Neu ganfod eich hun yn mwmian 'Pen bach' neu 'Sôn am ganmol dy hun!' neu 'Pwy ar y ddaear mae e/hi'n feddwl yw e/hi?' A fyddech chi'n cymryd yn ganiataol fod y pethau hynny'n wir? Neu a fyddech chi'n meddwl fod datganiadau o'r fath yn ymffrostgar ac yn rhodresgar, a bod angen torri crib neu roi pìn yn swigen yr unigolyn dan sylw?

Os ydych chi'n dioddef o ddiffyg hunan-werth, mae'n debyg y byddech yn ystyried y syniad o wneud datganiadau fel y rhain amdanoch chi'ch hun (hyd yn oed os ydyn nhw'n wir) yn anghyffordus, yn beryglus, yn ffiaidd neu'n anghywir. Mae'n bosib fod meddwl yn dda amdanoch chi'ch hun, caniatáu i chi'ch hun gydnabod eich nodweddion da, yn ymddangos fel brolio i chi. Efallai y bydd hyd yn oed meddwl y fath bethau'n gwneud i chi deimlo cywilydd. Efallai y byddwch hyd yn oed yn ofni cyfaddef unrhyw beth da amdanoch chi'ch hun rhag ofn i rywun arall dorri ar eich traws a dweud 'Nac wyt, ti ddim' neu 'Ti'n meddwl 'ny, wyt ti?' neu 'Wir? O ble gest ti'r syniad yna?' Gall meddwl yn dda amdanoch chi'ch hun yn breifat deimlo'r un peth i chi â llogi system sain a sefyll yng nghanol tref, neu fynd ar y cyfryngau cymdeithasol, a chyhoeddi'ch rhinweddau gerbron y byd a'r betws. Yn amlwg, mae syniadau a theimladau o'r fath yn rhwystro ehangu hunanderbyn a hunan-werth.

Fel yr arfer o feddwl yn hunanfeirniadol, mae ystyried bod hunandderbyn yn gyfystyr â hunanlongyfarch yn aml yn cael ei ddysgu'n gynnar mewn bywyd. Yn yr un modd ag y caiff plant eu dysgu i ganolbwyntio ar eu camgymeriadau a'u camweddau, maen nhw hefyd yn gallu bod yn destun anghymeradwyaeth a gwawd os gwnân nhw ddangos unrhyw arwydd o werthfawrogi eu llwyddiannau eu hunain. Er enghraifft, gall hyn ddigwydd i blant deallus, academaidd ddawnus sy'n gwneud yn dda yn yr ysgol ac yn cael eu canmol ar goedd gan athrawon, tra bydd cyd-ddisgyblion yn eu gwawdio a'u gwrthod. Mewn rhai teuluoedd, dydy rhagoriaeth academaidd yn ddim byd i'w ddathlu, dim ond yn rhywbeth sy'n amherthnasol i fywyd go iawn. O ganlyniad, mae plant yn dysgu tanberfformio, neu guddio ac israddio eu llwyddiannau, gan eu priodoli i lwc yn hytrach na'u doniau eu hunain. Maen nhw'n rhoi'r gorau i werthfawrogi eu doniau a'u cyflawniadau, ac yn dod i gredu mai hap a damwain yw unrhyw beth da maen nhw'n ei wneud yn hytrach nag adlewyrchiad o rinweddau cynhenid a gwaith caled. Yn y pen draw, efallai na fyddan nhw hyd yn oed yn teimlo eu bod yn gallu mynd ar drywydd eu gwir ddiddordebau, mwynhau dysgu neu gyflawni eu gwir botensial. Gall gwella o'r profiadau hyn gymryd amser a dyfalbarhad.

Ysgrifennodd Hans Christian Andersen stori am Frenhines yr Eira. Ar ddechrau'r stori, mae'r diafol yn creu drych. Nid adlewyrchiad ohono'i hun fel y mae mewn gwirionedd mae'r sawl sy'n edrych ynddo yn ei weld, ond delwedd wedi'i hystumio, un wyrdroëdig a hyll. Os ydych chi'n dioddef o ddiffyg hunan-werth, dydych chi ddim hyd yn oed angen drych y diafol i weld eich hun yn y ffordd wyrdroëdig hon. Y pethau hynny nad ydych chi'n eu hoffi amdanoch chi'ch hun sy'n llamu tuag atoch – y gwendidau a'r diffygion sy'n rhan anochel o fod yn ddynol. Mae eich rhinweddau, eich priodweddau, eich adnoddau, eich cryfderau a'ch sgiliau yn llawer anoddach eu hadnabod a'u derbyn.

Yr un peth â hunanfeirniadaeth, mae'n annheg anwybyddu neu fethu rhoi gwerth llawn ar eich priodweddau cadarnhaol. Dydy'r syniad bod hunanderbyn – sylwi ar eich cryfderau a'ch rhinweddau a'u gwerthfawrogi, trin eich hun yn garedig ac yn ystyriol, a chaniatáu i chi'ch hun fwynhau a sawru'r pethau da yn eich bywyd – yn arwain at hunanfoddhad ddim yn gwneud synnwyr. Mae hunanderbyn (gwerthusiad realistig o'ch cryfderau, er eich mwyn chi) yn rhan o hunanwerth iach, yn hytrach nag ymffrost. Yn wir, mae anwybyddu eich rhinweddau yn cyfrannu at gynnal diffyg hunan-werth, gan ei fod yn eich atal rhag ffurfio barn gytbwys sy'n ystyried eich cryfderau yn ogystal â'ch gwendidau a phethau y byddech am eu newid.

Yn y bennod hon, cewch gyfle i roi cynnig ar ddwy brif strategaeth ar gyfer ehangu hunanderbyn gan ddefnyddio'r tair sgìl graidd rydych chi eisoes wedi eu hymarfer (ymwybyddiaeth, ailfeddwl ac arbrofion). Y strategaeth gyntaf yw canolbwyntio ar eich nodweddion cadarnhaol, dysgu derbyn y pethau da amdanoch chi'ch hun. Yr ail yw dysgu teimlo'n deilwng o drin eich hun gyda'r un parch a charedigrwydd ag y byddech chi'n ei ddangos i berson sy'n annwyl i chi, gan ganiatáu i chi fwynhau pleserau bywyd yn llawn a rhoi clod i chi'ch hun am yr hyn rydych yn ei wneud.

Wrth i'r bennod fynd rhagddi, sylwch ar effaith pob un o'r pethau hyn ar sut rydych chi'n teimlo amdanoch chi'ch hun a sut rydych chi'n byw eich bywyd o ddydd i ddydd. Wrth wneud hynny, byddwch hefyd yn tanseilio'ch Llinell Sylfaen yn raddol ac yn creu sylfaen ar gyfer agwedd newydd, fwy derbyniol a gwerthfawrogol tuag atoch chi'ch hun.

Yn y bôn, rydych yn dysgu bod yn ffrind da i chi'ch hun, rhywun sy'n eich gwir werthfawrogi ac, yn bwysicaf oll, yn eich derbyn am bwy ydych chi. Rydych chi'n dysgu sut i drin eich hun fel y byddech chi'n trin rhywun sy'n ffrind da i chi ers amser maith. Rydych chi'n gwybod nad yw'r person hwnnw'n berffaith o bell ffordd – fel pawb arall, mae ganddo wendidau a diffygion, ac mae hynny'n amlwg i chi. Ond dydych chi ddim yn treulio'ch holl amser yn canolbwyntio ar y gwendidau hynny. Yn hytrach, rydych chi'n eu trin fel darn o'r darlun mawr, sy'n cynnwys gwerthfawrogiad llawn o gryfderau a rhinweddau'ch ffrind. Pan fydd pethau'n mynd o chwith iddo, rydych chi'n cydymdeimlo ag ef ac yn ei drin â thosturi. Rydych chi eisiau iddo fwynhau bywyd, ac felly'n ei annog i ddathlu ei gyflawniadau a'i lwyddiannau, waeth pa mor fychan yw'r rheini. Fel yma'n union y dylech chi ddysgu trin eich hun: fel ffrind da.

Canolbwyntio ar rinweddau

Mae dysgu cydnabod a gwerthfawrogi eich rhinweddau yn cynnwys tri cham:

1. Adnabod
2. Ail-fyw
3. Cofnodi

Fe edrychwn ar y tri yma yn eu tro.

Cam 1: Adnabod (ymwybyddiaeth)

Mae'n amhosib gwerthfawrogi eich rhinweddau os nad oes gennych chi syniad beth ydyn nhw. Y cam cyntaf tuag at farn gytbwys felly yw dysgu sut i'w hadnabod ac i ganolbwyntio arnyn nhw yn hytrach na'u diystyru. Man cychwyn defnyddiol yw gwneud rhestr o'ch rhinweddau, eich doniau, eich sgiliau a'ch cryfderau, tasg sy'n lladd dau aderyn ag un garreg. Bydd yn eich helpu i lunio ac atgyfnerthu barn newydd, fwy cytbwys amdanoch chi'ch hun. Mae hefyd yn gyfle gwych i sylwi ar yr hyn sy'n cynnal eich diffyg hunan-werth, wrth iddo ddigwydd, o flaen eich llygaid – i ddod yn fwyfwy ymwybodol o sut mae anwybyddu a diystyru pethau cadarnhaol yn cuddio profiadau a allai eich annog i feddwl yn fwy caredig amdanoch chi'ch hun.

Felly, wrth i chi weithio tuag at ganolbwyntio ar eich rhinweddau, byddwch yn wyliadwrus am feddyliau hunanfeirniadol sy'n ceisio eu mygu a'ch rhwystro rhag datblygu agwedd fwy cytbwys, caredig a derbyniol tuag atoch eich hun. Mae'n bur debyg na fyddwch yn gallu atal meddyliau hunanfeirniadol rhag llamu'n reddfol i'ch pen, ar y dechrau o leiaf, ond gallwch ddysgu eu trin gyda llai o barch. Wedi'r cyfan, arferion wedi'u dysgu ydyn nhw, syniadau hen ffasiwn nad oes angen i chi eu credu, na theimlo'n wael amdanyn nhw na gweithredu arnyn nhw mwyach. Os gallwch eu gweld am yr hyn ydyn nhw a gwrthod gadael iddyn nhw fynd yn eich ffordd, fe fyddan nhw'n gwanhau ac yn crebachu. Eich nod yw cyrraedd y pwynt lle y gallwch sylwi ar y mynegiadau 'ie, ond' (O, dyma un arall o'r rhain!) a symud ymlaen, yn hytrach na'u cymryd o ddifrif a chael eich taro oddi ar eich echel. Os gallwch chi, rhowch nhw o'r neilltu a pharhau â'ch tasg. Os ydyn nhw'n rhy gyson neu'n eich argyhoeddi gormod i'w rhoi o'r neilltu fel hyn, yna gallech ddefnyddio taflen waith 'Cwestiynu Meddyliau Hunanfeirniadol' (tudalen 176) i ailfeddwl amdanyn nhw cyn symud ymlaen.

Mae gwneud rhestr o'u rhinweddau yn eithaf hawdd i rai pobl. Gall eu hamheuon amdanyn nhw'u hunain fod yn gymharol wan, neu fyddan nhw ond yn codi mewn sefyllfaoedd arbennig o heriol. Yn ogystal â golwg negyddol arnyn nhw'u hunain, mae'n ddigon posib fod ganddyn nhw farn fwy cadarnhaol a buddiol y gallan nhw ei dwyn i gof er mwyn adnabod ffactorau cadarnhaol. Ar y llaw arall, gall pobl sydd â Llinell Sylfaen gref ac argyhoeddiadol deimlo bod rhestru eu rhinweddau yn dasg amhosib bron. Gall yr arferiad o anwybyddu a diystyru rhinweddau fod mor gryf fel ei bod yn anodd derbyn unrhyw nodweddion da o gwbl ar y dechrau.

Ystyriwch hyn am eiliad: beth pe bawn i'n gofyn i chi lunio rhestr o'ch gwendidau a'ch methiannau? Efallai y byddech chi'n bwrw iddi'n syth, ac yn ysgrifennu'n brysur am beth amser! Os ydych chi wedi'ch annog i beidio â meddwl yn dda amdanoch chi'ch hun, i beidio â bod yn hunanfodlon, os yw'ch cyflawniadau wedi cael eu hanwybyddu, a'ch anghenion wedi'u hystyried yn ddibwys, yna bydd yn anodd i chi ddechrau edrych arnoch eich hun mewn ffordd garedig a gwerthfawrogol. Dydy hyn ddim yn golygu, gydag amser ac amynedd, na fyddwch chi'n gallu adnabod a gwerthfawrogi'ch rhinweddau maes o law. Ond mae'n bosib y bydd arnoch angen cymorth ffrind neu rywun arall rydych yn ymddiried ynddo. Mae'n werth buddsoddi amser yn y dasg yma. Hyd yn oed os yw'n cymryd amser i lunio rhestr werth chweil, bydd gwneud lle i greu ymwybyddiaeth o'ch rhinweddau fel rhan o'ch bywyd bob dydd yn cael effaith sylweddol, dros amser, ar sut rydych chi'n teimlo amdanoch chi'ch hun.

Er mwyn dechrau arni, dewiswch amser pan fyddwch yn siŵr

na fydd neb yn tarfu arnoch chi, a dechreuwch lunio'ch rhestr. Efallai y byddwch yn teimlo'n hapusach yn gwneud hynny gyda darn o bapur a beiro neu bensil, neu efallai y byddai'n well gennych ddefnyddio dulliau electronig. Penderfynwch chi beth sy'n gweithio orau i chi. Gwnewch yn siŵr eich bod yn eistedd mewn lle cyfforddus, lle gallwch ymlacio a theimlo'n heddychlon, a chwarae cerddoriaeth yn y cefndir, os hoffech chi. Nawr lluniwch restr o gymaint o bethau da amdanoch chi'ch hun ag y gallwch chi feddwl amdanyn nhw.

Mae'n bosib y byddwch yn gallu rhestru sawl un ar unwaith, neu'n ei chael yn anodd meddwl am hyd yn oed un neu ddau. Rhowch ddigon o amser i chi'ch hun, a pheidiwch â phoeni os yw'r dasg yn anodd ar y dechrau. Rydych chi'n rhoi cynnig ar rywbeth newydd, agwedd a safbwynt newydd arnoch chi'ch hun, newid pwyslais. Lluniwch restr mor llawn ag y gallwch, a phan deimlwch i chi nodi cymaint o rinweddau ag y gallwch am y tro, rhowch y gorau iddi. Cadwch y rhestr o fewn cyrraedd – gall fod yn ddefnyddiol ei chario gyda chi hyd yn oed. Dros yr ychydig ddyddiau nesaf, hyd yn oed os nad ydych yn ychwanegu ati, cadwch hi yng nghefn eich meddwl ac ychwanegwch ati wrth i chi feddwl am bethau. Hyd yn oed os mai un neu ddau ychwanegiad yn unig a wnewch chi, byddwch yn falch o hynny. Mae'n ddechrau da i ryddhau'ch meddwl a chymryd y cam hanfodol cyntaf tuag at gydnabod a derbyn eich rhinweddau.

Cwestiynau defnyddiol i'ch rhoi ar ben ffordd

Os ydych chi wedi dioddef o ddiffyg hunan-werth ers peth amser, mae'n debyg y byddwch yn ei chael hi'n anodd adnabod eich cryfderau a'ch rhinweddau. Dydy hyn ddim yn golygu nad oes gennych chi rai – chi sydd heb arfer sylwi a rhoi gwerth arnyn nhw. Dyma rai cwestiynau i'ch rhoi ar ben ffordd (gweler hefyd Ffigur 20). Gall pob cwestiwn arwain at ateb posib 'ie, ond', er enghraifft, 'Ie, ond mae'n fach iawn', 'Ie, ond dydw i ddim bob amser fel yna', 'Ie, ond mae pobl eraill yn debycach i hynny nag ydw i', ac yn y blaen.

Ffigur 21: Cwestiynau i'ch Cynorthwyo i Adnabod eich Nodweddion Da

- Beth ydych chi'n ei hoffi amdanoch chi'ch hun, waeth pa mor fach a dibwys?
- Pa nodweddion cadarnhaol sydd gennych chi?
- Beth ydych chi wedi'i gyflawni yn eich bywyd, waeth pa mor fach?
- Pa heriau ydych chi wedi'u hwynebu?
- Pa alluoedd neu ddoniau sydd gennych chi, waeth pa mor fach?
- Pa sgiliau ydych chi wedi'u dysgu?
- Beth mae pobl eraill yn ei hoffi neu'n ei werthfawrogi amdanoch chi?
- Pa rinweddau ydych chi'n eu gwerthfawrogi mewn pobl eraill sydd hefyd gennych chi?
- Pa elfennau sydd gennych chi fyddech chi'n eu gwerthfawrogi pe baen nhw gan berson arall?
- Pa bethau bychain cadarnhaol ydych chi'n eu diystyru?
- Beth yw'r pethau drwg nad ydyn nhw'n wir amdanoch chi?
- Sut byddai rhywun arall sy'n hoff iawn ohonoch yn eich disgrifio?

Beth ydych chi'n ei hoffi amdanoch chi'ch hun, waeth pa mor fach a dibwys?

Chwiliwch am unrhyw beth amdanoch chi'ch hun y teimlwch eich bod wedi gallu ei werthfawrogi, hyd yn oed os mai am ennyd fechan yn unig y digwyddodd hynny.

Pa nodweddion cadarnhaol sydd gennych chi?

Dylech gynnwys nodweddion nad ydych yn teimlo eich bod yn eu meddu 100% neu nad ydych yn eu dangos drwy'r amser. Does neb yn llwyr, hollol, gyfan gwbl garedig/onest/prydlon/meddylgar/cymwys ac yn y blaen o hyd. Rhowch glod i chi'ch hun am feddu ar y rhinwedd yma o gwbl, yn hytrach na'i ddiystyru oherwydd ei fod yn llai na pherffaith.

Beth ydych chi wedi'i gyflawni yn eich bywyd, waeth pa mor fach?

Dydych chi ddim yn chwilio am unrhyw beth eithriadol yma (ennill yn y Gemau Olympaidd, bod y cyntaf i groesi'r Antarctig ar gefn asyn). Ystyriwch anawsterau bychain rydych chi wedi'u meistroli a chamau rydych chi wedi'u cyflawni'n llwyddiannus. Byddai fy rhestr i, er enghraifft, yn dechrau gyda dysgu reidio beic tair olwyn drwy wthio'r pedalau'r holl ffordd rownd, yn hytrach na'u pwmpio i fyny ac i lawr.

Pa heriau ydych chi wedi'u hwynebu?

Pa bryderon a phroblemau ydych chi wedi ceisio eu goresgyn? Pa anawsterau ydych chi wedi delio â nhw? Pa rai o'ch rhinweddau mae hynny'n ei adlewyrchu? Mae wynebu heriau a phryderon yn gofyn am ddewrder a dyfalbarhad, p'un a ydych yn llwyddo i'w goresgyn ai peidio. A beth am y ffaith eich bod nawr yn ymgymryd â'r her o oresgyn eich diffyg hunan-werth? Rhowch glod i chi'ch hun am yr holl bethau hyn.

Pa alluoedd neu ddoniau sydd gennych chi, waeth pa mor fach?

Beth ydych chi'n ei wneud yn dda? Yn dda, sylwch, nid yn berffaith! Unwaith eto, cofiwch gynnwys y pethau bach. Does dim angen i chi fod yn Michelangelo neu Beethoven. Os ydych chi'n gallu berwi wy heb ei ail, neu chwibanu alaw, neu wneud sŵn rhech wrth chwythu ar fol eich babi, rhowch hynny ar y rhestr.

Pa sgiliau ydych chi wedi'u dysgu?

Beth ydych chi'n gwybod sut i'w wneud? Cofiwch gynnwys sgiliau gwaith, sgiliau domestig, sgiliau pobl, sgiliau academaidd, sgiliau chwaraeon a sgiliau hamdden. Does dim rhaid i'r rhain fod yn eithriadol, yn rhywbeth rydych chi'n unig yn gallu'i wneud, neu'n ei wneud i safon uchel iawn. Mae sgìl yn sgìl. Er enghraifft, ydych chi'n gwybod sut i ddefnyddio ffôn clyfar, y cyfryngau cymdeithasol, popty microdon neu lif? Allwch chi ddal pêl? Allwch chi yrru car neu reidio beic? Ydych chi'n gwybod sut i nofio, gwnïo neu lanhau ystafell ymolchi? Ydych chi'n dda am wrando ar bobl neu werthfawrogi eu jôcs? Allwch chi ddarllen mewn ffordd feddylgar? Ydych chi wedi dysgu unrhyw ieithoedd?

Meddyliwch am holl agweddau gwahanol eich bywyd, a nodwch y sgiliau sy'n berthnasol iddyn nhw i gyd, waeth pa mor anghyflawn neu sylfaenol ydyn nhw.

Beth mae pobl eraill yn ei hoffi neu'n ei werthfawrogi amdanoch chi?

Am beth maen nhw'n diolch i chi, beth maen nhw'n gofyn i chi ei wneud, neu'n eich canmol am ei wneud? Beth maen nhw'n ei ganmol neu'n ei werthfawrogi? Efallai nad ydych wedi cymryd llawer o sylw o hyn, ond dyma'r amser i ddechrau.

Pa rinweddau ydych chi'n eu gwerthfawrogi mewn pobl eraill sydd hefyd gennych chi?

Gall fod yn haws i chi weld rhinweddau pobl eraill na'ch rhinweddau chi eich hun. Pa rai o'r rhinweddau cadarnhaol rydych chi'n eu gwerthfawrogi mewn eraill rydych chithau yn eu rhannu? Da chi, peidiwch â gwneud cymariaethau anffafriol yma. Does dim rhaid i chi fod yn gallu gwneud dim byd cystal â'r person arall, neu feddu ar y rhinwedd i'r un graddau, dim ond i chi gydnabod eich bod yn rhannu rhinwedd penodol.

Pa elfennau sydd gennych chi fyddech chi'n eu gwerthfawrogi pe baen nhw gan berson arall?

Cofiwch y safon ddwbl y buon ni'n ei thrafod yn y bennod ar hunanfeirniadaeth. Mae'n bosib eich bod yn fwy parod i gydnabod rhinweddau neu gryfderau mewn pobl eraill nag i gydnabod yr un rhinweddau a chryfderau ynoch chi'ch hun. Byddwch yn deg. Os oes agweddau arnoch eich hun y byddech chi'n eu gwerthfawrogi pe baen nhw gan berson arall, rhowch nhw ar eich rhestr. Meddyliwch hefyd am bethau rydych chi'n eu gwneud y byddech chi'n eu gwerthfawrogi pe bai rhywun arall yn gallu'u gwneud. Cofnodwch unrhyw beth a fyddai'n cyfrif fel rhywbeth cadarnhaol pe bai rhywun arall yn ei wneud.

Pa bethau bychain cadarnhaol ydych chi'n eu diystyru?

Mae'n bosib eich bod yn teimlo mai dim ond pethau cadarnhaol mawr y dylech chi eu cynnwys ar eich rhestr. A fyddech chi'n diystyru pethau bychain negyddol yn yr un modd? Os na fyddech chi, cofnodwch y pethau bychain cadarnhaol; bydd yn amhosib cael barn gytbwys fel arall.

Beth yw'r pethau drwg nad ydyn nhw'n wir amdanoch chi?

Weithiau, mae pobl yn ei chael hi'n haws meddwl am rinweddau drwy ddechrau dwyn nodweddion negyddol i gof. Mae'r gymhariaeth yn amlygu pethau cadarnhaol a phwyntiau cryf a allai ymdoddi i'r cefndir a chael eu cymryd yn ganiataol fel arall. Felly meddyliwch am rai nodweddion drwg (e.e. bod yn anghyfrifol, creulon, anonest neu gas). A yw'r pethau hynny'n berthnasol i chi? Os mai 'nac ydyn' yw'ch ateb chi, yna, o anghenraid, mae'n rhaid eich bod chi'n rhywbeth arall. Beth ydych chi (e.e. cyfrifol, caredig, gonest neu hael)? Cofnodwch wrthwyneb y nodweddion drwg rydych chi'n eu hadnabod. Unwaith eto, peidiwch â'u diystyru oherwydd eu bod yn ymddangos yn llai na pherffaith i chi.

Sut byddai rhywun arall sy'n poeni amdanoch yn eich disgrifio?

Meddyliwch am gydnabod sy'n poeni amdanoch chi, yn eich parchu ac ar eich ochr chi. Pa fath o berson fydden *nhw'n* dweud oeddech chi? Pa eiriau fydden nhw'n eu defnyddio i'ch disgrifio chi? Sut bydden nhw'n eich gweld chi fel ffrind, rhiant, cyd-weithiwr neu aelod o'ch cymuned? Mae'n bosib y bydd gan bobl sy'n eich adnabod chi ac sy'n dymuno'n dda i chi olwg fwy caredig a chytbwys arnoch chi nag sydd gennych chi eich hun.

Yn wir, os oes gennych chi rywun agos atoch chi rydych yn ei barchu ac yn ymddiried ynddo, gallai fod yn ddefnyddiol iawn i chi ofyn iddo wneud rhestr o'r pethau mae'n eu hoffi a'u gwerthfawrogi amdanoch chi. Gwnewch yn siŵr eich bod yn gofyn i rywun a fydd yn cwblhau'r dasg hon yn yr ysbryd cywir, rhag ofn i chi losgi'ch bysedd. Peidiwch â gofyn i unrhyw un sydd wedi cyfrannu at ddatblygu'ch barn wael amdanoch chi'ch hun neu y mae ei ymddygiad yn cyfrannu at hynny ar hyn o bryd. Yn yr un modd, peidiwch â gofyn i unrhyw un sy'n credu'n gryf yn y tabŵ yn erbyn meddwl yn dda amdanoch chi'ch hun – gall y dasg fod yn rhy anodd i'r person hwnnw. Dewiswch rywun y mae gennych le da i feddwl ei fod yn credu ynoch chi ac yn dymuno'n dda i chi (e.e. rhiant, brawd neu chwaer, partner, plentyn, ffrind neu gyd-weithiwr y mae gennych berthynas agos ag ef neu hi). Mae'n bosib y bydd ei restr yn agoriad llygad, ac yn cryfhau eich perthynas. Eto, byddwch yn wyliadwrus am feddyliau sy'n eich arwain i ddiystyru a dibrisio beth rydych chi'n ei ddarllen (er enghraifft, meddwl ei fod yn dweud rhywbeth er mwyn bod yn garedig yn unig ac nad yw'n bosib ei fod yn golygu'r hyn mae'n ei ddweud). Os ydych chi'n cael meddyliau fel hyn, gweithiwch drwyddyn nhw ar y daflen waith 'Cwestiynu Meddyliau Hunanfeirniadol'.

Cafodd Lin, yr artist nad oedd ei rhieni erioed wedi gallu gwerthfawrogi ei thalent, rywfaint o anhawster gyda'i rhestr hi, fel y gallech ddychmygu. Dysgodd o brofiad i roi ychydig iawn o werth arni'i hun, ac yn arbennig i ddibrisio beth oedd yn ddawn ryfeddol i bobl eraill. Ar y dechrau, doedd hi ddim yn gallu meddwl am ddim byd i'w ysgrifennu heblaw am 'cyfeillgar' a 'gweithgar'. Sylwodd fod ceisio ychwanegu unrhyw beth arall yn ysgogi llwyth o amheuon (e.e. 'Ie, ond mae pobl eraill gymaint yn well am wneud hynny na fi' ac 'Ie, ond dydy hynny ddim wir yn bwysig'). Ar ôl rhoi sawl cynnig arni, defnyddiodd y cwestiynau ar dudalen 210 i geisio rhyddhau ei meddyliau. Ond methodd gwblhau'r dasg ddwywaith neu dair eto cyn llwyddo yn y pen draw i ychwanegu 'meddylgar', 'ymarferol', 'yn deall sut i ddefnyddio lliw', 'dyfalbarhaus', 'creadigol', 'caredig', 'chwaethus', 'cogydd anturus' ac 'agored i syniadau newydd'. Yn ogystal, ymwrolodd a gofyn i hen ffrind y gallai ymddiried ynddo lunio rhestr o'i rhinweddau hefyd. Dywedodd yntau wrthi ei bod hi'n hen bryd iddi roi hwb i'w hyder, ac aeth ati'n eiddgar. Cafodd Lin ei chyffwrdd a'i phlesio gan y cariad a oedd yn disgleirio drwy ei restr. Adleisiodd rai o'r eitemau ar ei rhestr hi ei hun, ac ychwanegodd 'mae'n gwneud i mi chwerthin', 'da am wrando', 'partner yfed da', 'wedi creu cartref croesawgar', 'deallus', 'sensitif' a 'cynnes'.

Cam 2: Ail-fyw

Ar ôl i chi ddechrau cydnabod eich rhinweddau, y cam nesaf yw helpu i'w gwreiddio, i'w gwneud yn real. Mae rhestr ynddi'i hun yn gam cyntaf da – ond nid yw'n ddigon. Mor rhwydd fyddai ei chadw mewn 'man diogel' – neu, yn wir, ei dinistrio neu ei thaflu i'r bin – ac anghofio popeth amdani. Bydd eich rhestr o gymorth mawr i chi os defnyddiwch hi'n sail i gynyddu'ch ymwybyddiaeth o'ch rhinweddau, gan anelu at gyrraedd y pwynt lle mae eu hadnabod, eu cydnabod a'u gwerthfawrogi wedi dod yn ail natur i chi. Wrth gwrs, fydd hyn ddim yn digwydd dros nos. Bydd angen i chi ymarfer, gan gymryd amser i ddod i arfer â chyfeirio'ch sylw atyn nhw'n fwriadol. Un ffordd o wneud hyn yw defnyddio'ch cof fel adnodd i chwilio am brofiadau lle roeddech wedi gweithredu yn unol â'r rhinweddau hyn.

Rhowch ychydig ddyddiau i chi'ch hun i sylwi ar fwy o eitemau i'w hychwanegu at eich rhestr ac yna, pan fyddwch chi'n teimlo eich bod wedi mynd mor bell ag y gallwch am y tro, chwiliwch am le cyfforddus ac ymlaciol eto a darllenwch y rhestr i chi'ch hun. Peidiwch â rasio drwyddi'n gyflym. Arhoswch, ystyriwch bob rhinwedd a nodwyd gennych a gadewch iddyn nhw ymdreiddio i'ch meddwl.

Ar ôl darllen yn araf ac yn ofalus drwy'r rhestr, ewch yn ôl i'r brig eto. Nawr, wrth i chi ystyried pob eitem, cofiwch adeg benodol pan wnaethoch chi ddangos y rhinwedd hwnnw yn y ffordd y gwnaethoch chi ymddwyn. Ceisiwch ddod o hyd i amser cymharol ddiweddar, fel bod yr atgof yn dal i fod yn glir yn eich meddwl. Wrth i chi wneud hyn, efallai y bydd yn ddefnyddiol i chi gau eich llygaid. Cymerwch eich amser i gofio'r profiad mor fyw â phosib – bron fel pe baech yn ei ail-fyw yn y presennol. Pryd oedd y profiad hwn? Ble oeddech chi, a gyda phwy? Beth yn union wnaethoch chi pan oedd y rhinwedd hwn ar waith? Beth oedd y canlyniadau? Defnyddiwch lygad eich meddwl i nodi beth welsoch chi ar y pryd, clywch yr hyn a glywsoch chi gyda chof eich meddwl. Pa deimladau corfforol oeddech chi'n ymwybodol ohonyn nhw (blasu, arogli, cyffwrdd, ymdeimlad o safle eich corff)? Ceisiwch hefyd gofio'r emosiynau a deimlwyd gennych ar y pryd. Cymerwch yr holl amser sydd ei angen arnoch i alluogi'r atgof i ddatblygu'n llawn yn eich dychymyg.

Cofiodd Lin, er enghraifft, amser pan oedd hi gartref ar ei phen ei hun a ffrind wedi ffonio, am sgwrs arferol yn ôl bob tebyg. Ond clywodd Lin rywbeth yn llais ei ffrind a'i hysgogodd i holi'n dawel, 'Wyt ti'n iawn?' Dechreuodd ei ffrind grio, gan gyfaddef ei bod wedi cael ffrae gyda'i chariad a'i bod yn teimlo'n isel iawn. Roedd hi'n falch o gael cyfle i siarad, a gallodd Lin dderbyn hyn fel enghraifft o'i sensitifrwydd hi ei hun. Wrth ddwyn y sefyllfa i gof, cofiodd y golau mwyn yn ei hystafell fyw a'r siapiau a'r lliwiau yn y darlun gyferbyn â'r man lle eisteddai, sŵn llais ei ffrind, meddalwch clustogau ei soffa, arogl a blas y coffi yr oedd wedi'i dywallt ychydig cyn yr alwad, y cyfuniad o hoffter a phryder roedd hi wedi'i deimlo tuag at ei ffrind, a'i phleser o allu cynnig help a chefnogaeth iddi.

Sylwch ar effaith yr ymarfer hwn ar eich hwyliau a sut rydych chi'n teimlo amdanoch chi'ch hun. Os gallwch chi ymgolli'n llwyr ynddo, fe welwch fod yr eitemau ar eich rhestr yn dod yn llawer mwy byw ac ystyrlon i chi. Dylech weld eich hwyliau'n codi, ac ymdeimlad o hunandderbyn a hyder yn cynyddu'n raddol bach.

Os na fydd hyn yn digwydd, efallai eich bod yn gwadu'r hyn rydych wedi'i ysgrifennu mewn rhyw ffordd. Drwy gydol yr ymarfer, cadwch lygad barcud am deimladau o gywilydd, embaras neu anghrediniaeth. Gall y teimladau hyn awgrymu bod meddyliau hunanfeirniadol yn rhedeg drwy eich meddwl. Ydych chi, er enghraifft, yn dweud wrthych chi'ch hun eich bod ar fai yn teimlo mor hunanfodlon? Ydych chi'n teimlo eich bod chi'n dangos eich hun? Ydych chi'n meddwl bod yr hyn a wnaethoch yn ddibwys – y gallai unrhyw un fod wedi gwneud beth wnaethoch chi? Ydych chi'n dweud wrthych chi'ch hun mai dyna fyddai'n ddisgwyliedig gan unrhyw unigolyn gwerth ei halen? Neu y gallech fod wedi ei wneud yn well? Neu'n gyflymach? Neu'n fwy effeithiol? Neu efallai eich bod yn garedig/cefnogol/galluog ac ati beth o'r amser, ond nid drwy'r amser, ac os nad yw'n 100 y cant yna nid yw'n cyfrif? Ydych chi'n dibrisio rhinweddau oherwydd bod pobl eraill yn meddu arnynt hefyd ac felly eu bod yn rhy gyffredin i fod yn werth eu hystyried?

Pan fydd meddyliau 'ie, ond' fel y rhain yn tarfu, sylwch eu bod yno cyn eu rhoi i'r naill ochr. Cofiwch: mae'n anodd iawn cael gwared ar hen arferion, felly dydy hi fawr o syndod eu bod nhw'n ailymddangos o bryd i'w gilydd. Yna hoeliwch eich sylw'n llwyr ar eich rhestr o rinweddau. Ond os yw'r meddyliau negyddol yn rhy gryf i'w rhoi o'r neilltu yn hawdd, gallwch ddefnyddio'r sgiliau rydych chi eisoes wedi'u dysgu ar gyfer delio â meddyliau hunanfeirniadol er mwyn mynd i'r afael â nhw.

Cam 3: Cofnodi: Portffolio o'ch 'Pethau Cadarnhaol'

Mae llunio rhestr o'ch rhinweddau yn gam cyntaf tuag at ehangu hunandderbyn a hunan-werth. Mae ailymweld ag enghreifftiau penodol o'r rhinweddau hynny ar waith yn mynd â chi gam ymhellach, gan ddechrau ar y broses o'u gwneud yn real i chi, rhywbeth y gallwch ei deimlo ym mêr eich esgyrn, yn hytrach na rhywbeth cymharol ddamcaniaethol y gallwch ei anwybyddu neu ei anghofio yn hawdd.

Y cam nesaf yw gwneud yr ymwybyddiaeth yma'n brofiad bob dydd, yn hytrach nag yn rhywbeth rydych chi'n ei feithrin am gyfnodau byr yn achlysurol, pan gofiwch. Yr hyn sydd angen i chi ei wneud yma yw dechrau cofnodi enghreifftiau o'ch rhinweddau bob dydd, wrth iddyn nhw godi, yn union fel y gwnaethoch chi gofnodi enghreifftiau o ragfynegiadau gorbryderus a meddyliau hunanfeirniadol. Eich amcan yw cyrraedd y pwynt lle rydych yn sylwi ar enghreifftiau o'ch rhinweddau yn reddfol, heb fod angen eich atgoffa. Efallai y cyrhaeddwch chi'r pwynt hwn mewn ychydig wythnosau, neu gall gymryd mwy o amser. Ar ôl i chi gyrraedd yno, does dim angen i chi eu cofnodi ymhellach, er y gallwch ddal ati os hoffech chi, a gallai fod yn ddefnyddiol ailddechrau gwneud hynny os bydd rhywbeth yn digwydd i sigo'ch hyder.

Un ffordd ddefnyddiol iawn o ehangu ymwybyddiaeth o'ch nodweddion da yw defnyddio 'Portffolio Pethau Cadarnhaol'. Gallech agor ffeil electronig arbennig ar gyfer hyn. Neu, os yw'n well gennych chi gofnodion papur, prynwch lyfr nodiadau arbennig sydd â chlawr deniadol, un digon bach i'w gario mewn poced, waled neu fag llaw. Mae creu lle arbennig ar gyfer eich Portffolio yn ddatganiad: mae'n dangos eich bod yn benderfynol o sylwi ar elfennau ohonoch chi'ch hun y buoch yn eu hanwybyddu, eu gwadu a'u cymryd yn ganiataol, a dechrau eu gwerthfawrogi.

Cofnodwch enghreifftiau o'ch rhinweddau *wrth iddyn nhw ddigwydd*, cystal ag y gallwch chi. Y syniad yw cywiro'ch rhagfarn yn eich erbyn eich hun drwy ganolbwyntio ar eich nodweddion cadarnhaol a'u hamlygu, gan ddod â nhw ymlaen i ganol y llwyfan yn hytrach na'u gadael yn llechu ar y cyrion. Defnyddiwch eich rhestr o rinweddau, sgiliau, cryfderau a doniau er mwyn eich helpu i ddechrau arni. Cadwch eich Portffolio gyda chi, er mwyn cofnodi pethau cyn gynted ag y byddan nhw'n digwydd. Fel arall, gellir colli, anghofio neu ddiystyru enghreifftiau. Penderfynwch ymlaen llaw sawl enghraifft o rinweddau yr hoffech eu cofnodi bob dydd. Mae llawer o bobl yn gweld bod tri yn nod da i ddechrau arni, ond os yw hynny'n teimlo'n ormod, peidiwch â bod ag ofn dechrau gyda dau, neu un hyd yn oed. Ble bynnag y dechreuwch chi, gallwch ychwanegu rhagor wrth i chi ddod i arfer. Pan fydd cofnodi tri rhinwedd yn hawdd, cynyddwch y rhif i bedwar; pan fydd pedwar yn hawdd, cynyddwch i bump ac yn y blaen. Erbyn hynny, dylai sylwi ar rinweddau fod yn digwydd yn gymharol reddfol.

Ar gyfer pob cofnod yn y llyfr nodiadau, nodwch yr hyn wnaethoch chi, a pha rinwedd mae hynny'n ei ddangos. Fel enghraifft, dyma rai o'r eitemau o wythnos gyntaf Lin yn defnyddio Portffolio Pethau Cadarnhaol:

- Treulio sawl awr yn gorffen paentio tirlun mawr (gweithgar)
- Mynd allan am y noson gyda Simon – heb chwerthin gymaint ers oes (cyfaill yfed da, doniol)
- Prynu blodau (creu cartref croesawgar)
- Trio coginio cyrri Thai am y tro cyntaf – blasu'n od, ond roedd yn fwytadwy (cogydd anturus)
- Ffonio Mam ar ei phen-blwydd (caredig)
- Trwsio silffoedd yn yr ystafell waith (ymarferol)

Sylwch nad 'gweithgar', 'doniol', 'caredig' ac ati yn unig roedd Lin yn ei ysgrifennu yn ei chofnod. Rhoddodd ddigon o fanylion i allu cofio yn ddiweddarach beth oedd wedi digwydd hefyd. Mae hyn yn bwysig, oherwydd gall eich cofnod ddod yn adnodd i chi, yn gronfa i'ch atgoffa o'ch cryfderau a'ch rhinweddau. Gallwch ei ddefnyddio'n rheolaidd i atgyfnerthu'ch golwg newydd, garedig arnoch chi'ch hun, a gallwch hefyd ddwyn i gof yr atgofion pleserus yma i roi hwb i'ch hyder unrhyw bryd rydych chi'n teimlo dan straen, yn isel neu'n wael amdanoch chi'ch hun.

Felly, ar ddiwedd pob diwrnod, yn union cyn i chi fynd i'r gwely efallai, neilltuwch amser i ymlacio ac i fod yn gyfforddus ac adolygu'r hyn rydych chi wedi'i gofnodi. Edrychwch dros eich Portffolio ac ail-greu'r atgof o'r hyn a wnaethoch yn fanwl, gan ail-fyw pob enghraifft. Gadewch iddo suddo i'ch ymwybod, er mwyn iddo effeithio ar eich teimladau a'ch ymdeimlad ohonoch eich hun. Gallwch hefyd adolygu'r Portffolio bob wythnos, i gael y darlun llawn, ac i benderfynu sawl enghraifft o nodweddion da i chwilio amdanyn nhw'r wythnos ganlynol.

Wrth i chi wneud hyn, gam wrth gam, rydych chi'n dysgu gwerthfawrogi a derbyn eich hun, yn union fel rydych chi.

Trin eich hun â pharch, yn ystyriol ac yn garedig

Yn ogystal â methu â sylwi ar eu rhinweddau, na'u gwerthfawrogi, mae pobl sydd â diffyg hunan-werth yn aml yn colli'r cyfle i brofi cyfoeth profiadau bob dydd mewn dwy ffordd sylweddol. Dydyn nhw ddim yn gwneud unrhyw ymdrech i wneud bywyd yn bleserus ac yn foddhaol, a dydyn nhw ddim yn rhoi clod iddyn nhw'u hunain am yr hyn maen nhw'n ei wneud. Y tu ôl i'r patrymau hyn, ceir ymdeimlad yn aml o fod yn sylfaenol annheilwng o'r un o'r pethau hyn. Mae'r rhan hon o'r bennod yn disgrifio ffyrdd o ddysgu trin eich hun â pharch a charedigrwydd drwy gyfoethogi'ch bywyd â phleserau, a thrwy roi clod i chi'ch hun am eich llwyddiannau a'ch cyflawniadau o ddydd i ddydd, waeth pa mor fach ydyn nhw. Bydd y syniadau yma'n arbennig o ddefnyddiol os yw'ch hwyliau'n isel; mewn gwirionedd, fe'u dyfeisiwyd yn wreiddiol fel rhan o CBT ar gyfer iselder. Rhoi hwb i'ch hwyliau yw un o brif sgileffeithiau canolbwyntio ar eich rhinweddau, cael mwy o bleser yn eich bywyd a rhoi clod i chi'ch hun am yr hyn rydych chi'n ei wneud. Mae hwyliau gwell yn ei gwneud hi'n haws i chi ailfeddwl am feddyliau hunanfeirniadol ac felly'n torri'r cylch cythreulig sy'n cynnal diffyg hunan-werth.

Cynyddu pleser a boddhad: Y Dyddiadur Gweithgareddau Dyddiol

Mae cyfoethogi eich profiad o fywyd o ddydd i ddydd drwy bethau pleserus ac ymdeimlad o gyflawniad yn cynnwys dau gam allweddol. Y cam cyntaf yw cael darlun clir o sut rydych chi'n treulio'ch amser, i ba raddau mae'ch patrwm o weithgareddau dyddiol yn eich bodloni, a pha mor dda ydych chi am gydnabod eich cyflawniadau a'ch llwyddiannau (ymwybyddiaeth). Yr hunanarsylwi yma yw'r man cychwyn ar gyfer unrhyw newidiadau yr hoffech eu cyflwyno – a dyna'r ail gam (arbrofion). Unwaith eto, mae'n bosib y byddwch chi'n dod ar draws meddyliau gorbryderus a hunanfeirniadol wrth i chi fynd ati i wneud hyn, a gallwch ddefnyddio'ch sgiliau ailfeddwl i fynd i'r afael â nhw.

Un ffordd o gael gafael ar y wybodaeth sydd ei hangen arnoch yw'r Dyddiadur Gweithgareddau Dyddiol. Mae enghraifft wag ar dudalennau 226–7 ac mae copi ychwanegol yn yr Atodiad. Gallwch lawrlwytho copïau Saesneg o wefan 'Overcoming' hefyd. Bydd yr enghraifft sydd wedi'i chwblhau'n rhannol ar dudalennau 232–3 yn rhoi syniad i chi o sut y gellid defnyddio'r dyddiadur yn ymarferol. Mae'n edrych yn debyg i amserlen ysgol, gyda'r diwrnodau ar draws y brig a'r amser ar i lawr ar yr ochr chwith. Caiff pob diwrnod ei rannu fesul awr, ac yn y fan honno gallwch gofnodi'ch gweithgaredd a'r budd a gawsoch o'r gweithgaredd hwnnw, sef yn benodol lefel eich mwynhad a faint o glod rydych chi'n ei roi i chi'ch hun am eich cyflawniadau.

Gall y dyddiadur eich helpu i nodi newidiadau yr hoffech eu gwneud o ran sut rydych chi'n treulio'ch amser, eich helpu i ganolbwyntio'ch sylw ar agweddau cadarnhaol eich profiad (yn yr un modd ag y buoch yn canolbwyntio ar agweddau cadarnhaol arnoch chi'ch hun), ac i ddysgu sylwi ar feddyliau lladd pleser a meddyliau hunanfeirniadol sy'n eich arwain i ddiystyru ac anwybyddu'ch llwyddiannau. Os nad ydych am ddefnyddio'r Dyddiadur Gweithgareddau, gallech ddefnyddio rhyw fath arall o gofnod (eich dyddiadur go iawn, er enghraifft, boed ar bapur neu'n electronig). Mantais dyddiadur fesul awr fel hwn yw ei fod yn eich annog i sylwi ar ddigwyddiadau'n fanwl ac yn cynnig trosolwg hwylus i chi o'ch diwrnod yn ei gyfanrwydd. Yn y pen draw, bydd gennych gofnod cywir a llawer o wybodaeth ddefnyddiol, yn hytrach nag argraff annelwig o sut aeth pethau. Sut bynnag rydych chi'n dewis cofnodi'ch diwrnod, dilyn fformat awr i awr fydd fwyaf tebygol o fod yn ddefnyddiol i chi, o leiaf nes y cewch syniad clir o sut rydych chi'n treulio'ch amser.

GORESGYN DIFFYG HUNAN-WERTH

Ffigur 22: Dyddiadur Gweithgareddau Dyddiol

		Llun	Mawrth	Mercher
BORE	6-7			
	7-8			
	8-9			
	9-10			
	10-11			
	11-12			
PRYNHAWN	12-1			
	1-2			
	2-3			
	3-4			
	4-5			
	5-6			
MIN NOS	6-7			
	7-8			
	8-9			
	9-10			
	10-11			
	11-12			

EHANGU HUNANDDERBYN

Iau	Gwener	Sadwrn	Sul

Y cam cyntaf: Hunanarsylwi (Ymwybyddiaeth)

Dros wythnos neu bythefnos, cadwch gofnod dyddiol manwl o'ch gweithgareddau, fesul awr. Byddwch yn casglu'r wybodaeth fwyaf defnyddiol os yw'r wythnos dan sylw'n nodweddiadol o'ch bywyd ar yr adeg honno. Dyma'r wybodaeth a fydd yn ddefnyddiol iawn pan ddaw hi'n amser ystyried newidiadau yr hoffech eu gwneud. Os byddwch yn cofnodi eich gweithgareddau yn ystod wythnos wahanol i'r arfer (e.e. ar wyliau, gartre'n sâl neu bod eich mam wedi dod i aros), fydd y wybodaeth a gasglwch ddim ond yn uniongyrchol berthnasol i amseroedd tebyg yn y dyfodol, nid i'ch bywyd arferol o ddydd i ddydd.

Beth wnaethoch chi

Yn syml, nodwch y gweithgaredd (neu weithgareddau) yr oeddech chi'n ymwneud â nhw. Mae unrhyw beth rydych yn ei wneud yn cyfrif fel gweithgaredd, yn cynnwys cysgu a gwneud dim yn arbennig. Hyd yn oed wrth 'wneud dim', rydych chi'n gwneud rhywbeth. Beth mae'n ei olygu yn union? Eistedd, yn syllu ar ddim byd? Stwna, gwneud mân dasgau domestig? Gorweddian ar y soffa, yn syrffio sianeli?

Graddfeydd pleser (P) a chyflawniad (C)

PLESER (P)

Faint wnaethoch chi fwynhau'r gweithgaredd? Rhowch sgôr rhwng 0 a 10 ar gyfer Pleser (P) i bob gweithgaredd. Byddai P10 yn golygu eich bod wedi ei fwynhau yn fawr iawn. Yn y dyddiadur a gwblhawyd yn rhannol ar dudalennau 232–3, er enghraifft, rhoddodd Lin 'P10' i noson yn y theatr gyda ffrindiau. Teimlai ei bod wedi mwynhau ei hun yn fawr. Roedd y ddrama yn ardderchog, yn ddoniol ac yn bryfoclyd, a chafodd hithau amser da iawn gyda phobl roedd hi'n eu hadnabod yn dda ac yn teimlo'n braf yn eu cwmni. Byddai 'P5' yn golygu mwynhad cymedrol, felly rhoddodd Lin P5 i gerdded yng nghefn gwlad ar ei phen ei hun, er enghraifft. Er iddi fwynhau gwres y diwrnod heulog, roedd y daith yn bellach nag roedd hi wedi'i feddwl, ac roedd hi wedi blino'n lân erbyn iddi ddychwelyd i'w char. Byddai 'P0' yn golygu peidio â mwynhau gweithgaredd o gwbl. Rhoddodd Lin 'P0' i gyfarfod gyda'i hasiant, gan iddo roi pwysau arni i gytuno i arddangos ei darluniau diweddaraf – er y byddai fel arfer wedi mwynhau ei gwmni gan ei bod yn ei hoffi a'i barchu.

Gallech, wrth gwrs, ddefnyddio unrhyw rif rhwng 0 a 10 i ddangos faint wnaethoch chi fwynhau gweithgaredd penodol. Fel Lin, mae'n debyg y gwelwch fod eich lefel pleser yn amrywio yn ôl yr hyn rydych chi'n ei wneud. Bydd yr amrywiad hwn yn ffynhonnell wybodaeth ddefnyddiol i chi. Mae'n dangos beth sy'n gweithio i chi, a beth sydd ddim yn gweithio. Gall hefyd roi cliwiau i chi am feddyliau sy'n rhwystro boddhad a mwynhad (er enghraifft, roedd Lin yn ymwybodol na allai fwynhau siarad gyda'i hasiant oherwydd bod ei meddwl yn llawn pryder am arddangos ei gwaith yn gyhoeddus).

CYFLAWNIAD (C)

I ba raddau roedd pob gweithgaredd yn fater o wneud ymdrech i feistroli rhywbeth, ac o ganlyniad yn gyflawniad? Efallai nad yw'r gweithgareddau hyn yn bleserus yng ngwir ystyr y gair, ond maen nhw'n rhoi ymdeimlad i chi o ofalu am bethau, gweithredu er eich lles eich hun, gwneud y pethau mae angen eu gwneud – mewn geiriau eraill, chi sy'n rheoli'ch bywyd yn hytrach na bod bywyd yn eich rheoli chi.

Byddai 'C10' yn golygu cyflawniad sylweddol iawn. Rhoddodd Lin 'C10' iddi'i hun am yr alwad ffôn a wnaeth i'w hasiant ychydig ddyddiau ar ôl eu sgwrs, oherwydd iddi ei ffonio i gytuno i gyflwyno gwaith i'w arddangos, er gwaethaf ei phryderon. Rhoddodd sgôr Cyflawni uchel iddi hi ei hun fel cydnabyddiaeth bod hwn yn beth anodd ei wneud, ei bod wedi gorfod gwthio'i hun, ond iddi lwyddo i wneud hynny. Byddai 'C5' yn golygu cyflawniad cymedrol. Rhoddodd Lin 'C5' iddi'i hun y bore ar ôl iddi gerdded oherwydd iddi godi mewn pryd i gwblhau llun yr oedd yn gweithio arno, er ei bod wedi blino. Ei hymateb cyntaf oedd nad oedd codi ynddo'i hun yn fawr o gamp, ond yna sylweddolodd nad oedd hynny'n wir, o ystyried pa mor flinedig oedd hi. Rhoddodd Lin 'C0' iddi'i hun am noson gartref yn gwylio'r teledu. Hunanfaldod pur a mwynhad oedd hynny, heb olygu unrhyw fath o gyflawniad, felly roedd hi'n hapus i roi sgôr o 'C0' i'r profiad.

Unwaith eto, fel Lin, gallech ddefnyddio unrhyw rif rhwng 0 a 10 i farnu faint o gyflawniad oedd yn gysylltiedig â gwneud gweithgaredd penodol.

Mae'n bwysig sylweddoli bod 'cyflawniad' yn yr ystyr yma nid yn unig yn cyfeirio at gyflawniadau eithriadol fel cael dyrchafiad, cynnal parti ar gyfer 100 o westeion, neu lanhau'r tŷ cyfan o'r top i'r gwaelod. Dydy e chwaith ddim yn golygu pethau rydych chi wedi eu gwneud yn wironeddol dda. Mae'n bosib eich bod wedi sylweddoli wrth edrych ar sgoriau Lin y gall gweithgareddau bob dydd fod yn gyflawniadau go iawn, sy'n haeddu clod. Mae hyn yn arbennig o wir os ydych chi'n teimlo dan straen, yn flinedig, yn sâl neu'n isel eich hwyliau. Pan nad ydych mewn cyflwr da yn emosiynol neu'n gorfforol, gall gweithgareddau beunyddiol cymharol ddi-nod (mynd â'r plant i'r ysgol, ateb y ffôn, paratoi byrbryd, cyrraedd y gwaith yn brydlon – hyd yn oed codi o'r gwely) fod yn gryn ymdrech. Mae hynny'n golygu, p'un a ydyn nhw'n digwydd yn feunyddiol ai peidio, eu bod nhw'n gyflawniadau go iawn. Mae methu cydnabod hyn yn aml yn arwain pobl â diffyg hunan-werth i ddibrisio eu cyflawniadau, ac wrth gwrs mae hyn yn helpu i gynnal diffyg hunan-werth.

Felly wrth roi sgôr ar gyfer 'C', gwnewch yn siŵr eich bod yn ystyried sut roeddech chi'n teimlo ar y pryd. Gofynnwch i chi'ch hun: 'Faint o gyflawniad oedd y gweithgaredd hwn, *o ystyried sut roeddwn i'n teimlo ar y pryd*?' Os yw llwyddo i wneud y gweithgaredd yn golygu trechu teimlo'n wael, yn ymdrech wirioneddol, yn anhawster a wynebwyd, yna rydych chi'n haeddu rhoi clod i chi'ch hun, hyd yn oed os oedd hi'n dasg feunyddiol, heb ei gwneud i'r safon arferol neu heb ei chwblhau.

DOD O HYD I GYDBWYSEDD 'P' AC 'C' SY'N GWEITHIO I CHI

Gwnewch yn siŵr eich bod yn rhoi sgôr i'ch holl weithgareddau ar gyfer P ac C. Mae rhai gweithgareddau (e.e. dyletswyddau, ymrwymiadau, tasgau) yn weithgareddau C yn bennaf, ac mae eraill yn weithgareddau P yn bennaf (pethau a wnawn i ymlacio neu er ein pleser ein hunain). Mae llawer o weithgareddau yn gymysgedd o'r ddau. Er enghraifft, gallai mynd i barti warantu gradd C uchel os yw cymdeithasu yn eich gwneud yn nerfus, oherwydd mae'n cynrychioli buddugoliaeth dros eich rhagfynegiadau gorbryderus. Ond ar ôl i chi gyrraedd a

GORESGYN DIFFYG HUNAN-WERTH

Ffigur 23: Dyddiadur Gweithgareddau Dyddiol – enghraifft Lin

		Llun	Mawrth	Mercher
B O R E	6-7			
	7-8			
	8-9			
	9-10			
	10-11			
	11-12			
P R Y N H A W N	12-1			
	1-2			Cyfarfod yr asiant am ginia eisiau i mi arddangos C6 P0
	2-3			" C4 P1
	3-4			Mynd i weld F C0 P1
	4-5			" C0 P5
	5-6			Gweithio C6 P3
M I N N O S	6-7			" C4 P6
	7-8			Swper C1 P4
	8-9			P yn galw teimlo'n isel C4 P2
	9-10			" C4 P4
	10-11			Darllen C0 P6
	11-12			Darllen C0 P6
	12-1			

EHANGU HUNANDDERBYN

Iau	Gwener	Sadwrn	Sul
Cysgu	Cysgu	Cysgu	Cysgu
Cysgu	Cysgu C0 P3	"	"
Cysgu C0 P5	Codi, coffi, cawod C3 P2	"	"
Codi, brecwast, radio C1 P4	Allan i brynu deunyddiau celf	" C0 P5	" C0 P5
Gweithio C2 P4	" C3 P4	Codi, brecwast C2 P4	Codi, blinedig, brecwast, cawod C5 P2
" C2 P6	Coffi gyda M C0 P6	Gyrru i Henley C3 P4	Gweithio C5 P2
" C1 P6	Gweithio C6 P5	Cinio gyda chyfnitheroedd C1 P6	Gweithio C4 P5
Cinio yn y parc C0 P6	" C6 P5	"	Cinio gyda J C0 P8
Clirio llanast yn y fflat C7 P0	" C4 P7	"	" C0 P8
" C8 P0	Ffonio'r asiant a chytuno i'r arddangosfa. C10 P2	Cerdded ar lan yr afon ar fy mhen fy hun C2 P5	Mynd i'r sw gyda J C0 P8
Eistedd a darllen C1 P4	Gweithio C4 P6	" C3 P5	"
Siopa C2 P3	" C4 P6	" C8 P3	Adref C0 P2
Cyfarfod J a F am ddiod a bwyd. C1 P6	Gweithio C3 P7	Gyrru adref C3 P2	Gweithio C2 P4
Theatr C0 P10	Swper C1 P4	Ffonio Mam C4 P1	" C5 P2
"	Teledu C0 P6	Gwrando ar gerddoriaeth, meddwl am waith	" C3 P4
"	" C0 P8	" C0 P6	" C2 P6
I'r dafarn eto C0 P8	" C0 P7	Cyfarfod P am ddiod hwyr C1 P1	Gwely C0 P5
'Nôl i fflat J C0 P8	Gwely C0 P4	"	
"		" C0 P8!	

dechrau ymlacio a chael amser da, gallai'r parti fod yn bleserus hefyd. Yn y tymor hir, eich nod yw cael cydbwysedd rhwng C a P. Bydd sgorio'r ddau mewn perthynas â'ch holl weithgareddau yn eich helpu i ddod o hyd i'r cydbwysedd hwnnw.

Adolygu

Ar ddiwedd pob diwrnod, treuliwch rai munudau yn edrych yn ôl dros eich dyddiadur. Bydd adolygiad dyddiol byr yn eich annog i fyfyrio ar yr hyn rydych wedi'i wneud, yn hytrach na'i gofnodi a gadael llonydd iddo. Beth sy'n tynnu'ch sylw ynghylch eich diwrnod? Beth mae'r cofnod yn ei ddweud wrthych chi am sut rydych chi'n treulio'ch amser, faint o bleser rydych chi'n ei gael, a pha mor hawdd yw hi i roi clod i chi'ch hun am eich cyflawniadau? Beth oedd yn gweithio i chi? Beth nad oedd yn gweithio? O ran pleser a chyflawniad, beth oedd ar y brig? Beth oedd yr iselfannau? Beth hoffech chi gael mwy neu lai ohono? Neu ei gael mewn modd gwahanol? Yn fwy cyffredinol, beth oedd y teimlad? A wnaeth eich patrwm gweithgareddau godi'ch hwyliau, eich ysgogi a'ch adfywio, neu beri i chi deimlo'n hamddenol, yn hyderus ac yn dawel? Neu a oeddech chi'n teimlo'n ddigalon, wedi ymlâdd, dan straen neu'n anesmwyth yn eich croen?

Dyma adolygiad Lin o'i Dyddiadur Gweithgareddau Dyddiol (tudalennau 232–3).

> *Adolygiad (Beth sy'n tynnu'ch sylw ynghylch eich diwrnod? Beth oedd yn gweithio i chi? Beth nad oedd yn gweithio? Beth fyddech chi'n hoffi ei newid?)*

Llun:

Mawrth:

Mercher: Wnes i ddim mwynhau cinio o gwbl. Roedd e'n fy mhlagio i. Yn ôl yr arfer, allwn i ddim credu y byddai unrhyw un yn hoffi fy ngwaith.

Iau: Ychydig o waith da, ac fe wnes i ei fwynhau. Noson wych – mae'n werth cynllunio mwy o hyn.

Gwener: Anodd dechrau gweithio, ond fe wnaeth dal ati dalu ar ei ganfed. Wedi ffonio fy asiant a dweud iawn – mae'n frawychus ond mae angen i mi wneud hyn. Gwobrwyo fy hun gyda noson hamddenol a di-hid gartref.

Sadwrn: Cerdded yn syniad da, ond y daith yn rhy hir. Dylwn fod wedi cerdded yn arafach.

Sul: Cinio oedd wedi'i drefnu gyda J yn llwyddiant mawr. Hwyl garw yn gwylio theatr stryd yn Covent Garden.

Gwneud y gorau o hunanarsylwi

Pa mor hir y dylwn barhau i gadw'r cofnod?

Bwriad y daflen gofnodi yw rhoi syniad clir i chi o sut rydych chi'n treulio'ch amser, a faint o bleser a boddhad mae eich gweithgareddau dyddiol yn eu rhoi i chi. Mae'r daflen gofnodi hefyd yn gyfle i ddechrau sylwi ar sut gallai patrymau meddwl negyddol (rhagfynegiadau gorbryderus, meddyliau hunanfeirniadol) fod yn eich atal rhag gwneud y gorau o'ch gweithgareddau. Felly daliwch ati i gadw'r cofnod nes eich bod yn teimlo bod gennych ddigon o wybodaeth i gyflawni'r amcanion hyn. I lawer o bobl, mae wythnos neu bythefnos yn ddigon, ond os ydych chi'n teimlo bod angen mwy o amser arnoch i hogi'ch ymwybyddiaeth, yna does dim angen rhoi'r gorau iddi bryd hynny.

Pryd ddylwn i lenwi'r daflen gofnodi?

Fel gyda'r holl daflenni gwaith blaenorol, mae'n bwysig cofnodi beth wnaethoch chi, a'ch sgôr, *ar y pryd* lle bynnag y bo modd. Hyd yn oed os nad yw'n bosib defnyddio'r Dyddiadur Gweithgareddau ei hun, gwnewch nodyn cyflym ar unrhyw beth sydd wrth law. Mae'n werth gwneud hyn, oherwydd ei bod yn hawdd anghofio manylion yn ystod diwrnod prysur. Yn ogystal, mae'r rhagfarnau yn erbyn yr hunan sy'n cyd-fynd â diffyg hunan-werth yn debygol o sbarduno atgof clir o'r pethau nad aethon nhw'n dda, ac anwybyddu neu ddibrisio pleserau, llwyddiannau a chyflawniadau. Bydd yr effaith yn cynyddu os ydych chi'n teimlo'n isel ac yn gyffredinol wael amdanoch chi'ch hun. Bydd nodi eich gweithgareddau a'ch sgôr *ar y pryd* yn helpu i gywiro'r duedd hon. Mae nodi'ch sgôr ar y pryd hefyd o gymorth wrth adnabod elfennau bychain o bleser a meistrolaeth na fyddech yn sylwi arnyn nhw fel arall. Yn olaf, os ydych chi'n gohirio cofnodi'ch gweithgareddau, rydych chi'n fwy tebygol o anghofio gwneud hynny, ei adael tan yfory, neu efallai roi'r gorau iddi yn gyfan gwbl cyn i chi gasglu'r wybodaeth sydd ei hangen arnoch.

EHANGU HUNANDDERBYN

Beth os byddaf yn darganfod nad ydw i'n mwynhau unrhyw beth yn fawr iawn?

Gallai hyn fod oherwydd nad ydych yn neilltuo amser ar gyfer gweithgareddau pleserus. Efallai eich bod yn wirioneddol brysur yn delio â phob math o gyfrifoldebau (e.e. pwysau gwaith neu astudio, anghenion eich teulu, gofalu am rieni oedrannus, ymrwymiad i rwydwaith cymunedol neu elusen), a bod amser ymlacio a phleser personol yn syrthio oddi ar waelod eich rhestr o bethau i'w gwneud. Gallwch ddefnyddio'r Dyddiadur Gweithgareddau i weld a yw hyn yn wir, ac i gynllunio ffyrdd o sicrhau bod eich diwrnod yn cynnwys gweithgareddau a fydd yn eich ymlacio ac yn adnewyddu'ch adnoddau. Bydd hyd yn oed mymryn o oedi ac eiliadau o bleser (munud neu ddau ychwanegol yn y gawod, ymlacio dros baned o goffi, oedi i sylwi ar yr hyn sydd o'ch cwmpas wrth i chi gerdded i'r gwaith) yn gwneud gwahaniaeth, os gwnewch chi feddwl amdanyn nhw fel seibiannau gwerthfawr, a chyfle i chi adfywio ac ymegnïo.

Neu efallai fod gennych Reol sy'n eich gwneud yn anghyfforddus ynghylch rhoi eich hun yn gyntaf neu gymryd amser i wneud pethau rydych chi'n eu mwynhau? Mae'n teimlo'n hunanol – hyd yn oed yn hunanfaldodus – blaenoriaethu'ch anghenion chi yn y fath fodd. Os ydych chi'n amau bod hyn yn wir, edrychwch yn ofalus ar batrwm eich diwrnod. Pa gyfran o'r dydd sydd ar gyfer gweithgareddau pleserus, ymlaciol, hwyliog, ac ar eich cyfer chi a neb arall? Cofiwch yr hen ddywediad: 'Gwaith heb ŵyl a wna Huw'n ddi-hwyl'. Os yw'ch diwrnod yn llawn tasgau, rhwymedigaethau, dyletswyddau a phethau rydych chi'n eu gwneud er mwyn pobl eraill, efallai y byddwch chi'n teimlo'n ddig ac wedi ymlâdd – canlyniad sy'n gwbl groes i'ch bwriadau caredig. Os mai dyma'ch patrwm chi, yna gallai arbrofi gyda chyflwyno gweithgareddau mwy pleserus i'ch diwrnod fod yn un o'ch amcanion yn ystod y cam nesaf.

Efallai fod gennych Reol sy'n mynnu nad ydych yn haeddu mwynhau eich hun – nad ydych chi'n ddigon da. Dyna sylwodd Lin arno wrth iddi edrych dros ei chofnod hithau. Ar ôl iddi ymrwymo i ddarn penodol o waith, teimlai nad oedd hawl ganddi i neilltuo amser ar gyfer gweithgareddau pleserus nes iddi gwblhau'r darn hwnnw ac iddo gael ei gymeradwyo.

Ar y llaw arall, efallai eich bod yn gwneud gweithgareddau a allai fod yn bleserus, ond bod meddyliau lladd pleser yn eich atal rhag eu mwynhau'n llawn. Gallwch ddefnyddio'r cofnod i greu ymwybyddiaeth o'r meddyliau hyn hefyd. Chwiliwch am enghreifftiau o weithgareddau a ddylai fod yn bleserus ond na wnaethoch eu mwynhau. Beth ddigwyddodd? Oeddech chi wedi ymgolli'n llawn yn y gweithgaredd dan sylw, neu a oedd pethau eraill ar eich meddwl (Lin a'i hasiant, er enghraifft)? Neu a oedd eich pen yn llawn meddyliau 'dylai hyn fod yn wahanol', a chithau'n cymharu'ch hun â phobl eraill sy'n edrych fel pe baen nhw'n mwynhau eu hunain yn fwy na chi? Neu'n cymharu â sut roedd pethau'n arfer bod ar ryw adeg yn y gorffennol? Neu â sut rydych chi'n dymuno i bethau fod, neu'n meddwl y *dylen* nhw fod?

Os yw'ch meddwl yn rhywle arall pan fyddwch chi'n gwneud gweithgareddau a allai fod yn bleserus, yna fyddwch chi ddim yn eu mwynhau. Cadwch lygad am feddyliau lladd pleser ac ewch ati i ymarfer eu rhoi i'r naill ochr er mwyn ymgolli yn y gweithgaredd dan sylw gyda'ch holl synhwyrau.

Os yw'r meddyliau'n rhy gryf i'w rhoi o'r neilltu, cofnodwch nhw a chwiliwch am atebion iddyn nhw (ailfeddwl). Dyma fendith y sgiliau craidd rydych chi wedi'u dysgu ar gyfer delio â meddyliau gorbryderus a hunanfeirniadol. Gallwch addasu'r un sgiliau craidd yn union ar gyfer meddyliau lladd pleser – ac ar gyfer unrhyw feddyliau eraill sydd wedi'ch poeni ac yn eich rhwystro rhag byw'r bywyd yr hoffech ei fyw.

Os gwelwch nad ydych chi'n mwynhau unrhyw beth fel roeddech chi'n arfer ei wneud, mae un posibilrwydd arall. Mae hyn yn un o arwyddion nodweddiadol iselder. Os yw'ch gallu i fwynhau pleser fel petai'n gyffredinol ddiffygiol ynoch, edrychwch eto ar yr arwyddion iselder sy'n cael eu disgrifio ym Mhennod 1 (tudalennau 16–17). Os ydyn nhw'n taro tant, efallai y bydd angen i chi geisio triniaeth ar gyfer iselder. Man cychwyn da fyddai darllen *Overcoming Depression*, llyfr Paul Gilbert yn y gyfres hon, neu efallai y gallech fwrw golwg ar *The Complete CBT Guide for Depression and Low Mood*, sydd hefyd yn un o gyhoeddiadau'r gyfres 'Goresgyn' ('Overcoming'). Os nad yw'r rhain yn helpu, a bod eich hwyliau'n parhau'n isel, yna efallai y byddai'n syniad da i chi geisio cymorth proffesiynol.

Beth os nad ydw i'n cyflawni dim byd?

Os yw hyn fel pe bai'n wir, defnyddiwch eich cofnodion a'ch arsylwadau ar eich meddyliau ynglŷn â'r hyn rydych yn ei wneud er mwyn darganfod mwy am yr hyn sy'n digwydd. Mae'n bosib fod diffyg hunan-werth yn peri i chi gyfyngu ar eich maes gweithgareddau. Ydych chi'n colli cyfleoedd, er enghraifft, oherwydd gorbryder na fyddwch chi'n gallu ymdopi â nhw? Ydych chi'n osgoi cyfarfodydd cymdeithasol, rhag ofn i chi wneud ffŵl ohonoch chi'ch hun neu i bobl eich gwrthod? Ydych chi'n osgoi heriau, gan eich bod yn argyhoeddiadol na fyddwch yn gallu eu bodloni? Os yw hyn yn wir, yna gallwch ddal ati i weithio ar eich meddyliau gorbryderus a hunanfeirniadol fel cam cyntaf tuag at arbrofi gydag amrywiaeth ehangach o weithgareddau. Bydd hynny yn ei dro'n eich galluogi i feithrin agwedd fwy cadarnhaol tuag at eich galluoedd ac atgyfnerthu'ch ymdeimlad o gyflawniad.

Ar y llaw arall, efallai eich bod eisoes yn ymgymryd ag amrywiaeth eang o weithgareddau, gan gynnwys rhai sy'n gymharol anodd neu heriol neu sydd angen llawer o ymdrech, ond bod meddylfryd hunanfeirniadol yn tanseilio'ch ymdeimlad o gyflawniad. Rydym eisoes wedi dysgu bod meddwl yn hunanfeirniadol yn llyncu egni ac ysgogiad ac yn rhoi'r argraff ffug nad ydych yn cyflawni dim. Gall hynny godi yn sgil y safonau hynod uchel sydd gennych chi ar eich cyfer chi'ch hun – eich Rheolau Byw. Cadwch lygad am feddyliau sy'n mynegi dyletswydd, disgwyliad neu reidrwydd – maen nhw o bosib yn arwydd fod eich Rheolau heriol ar waith, sy'n eich atal rhag cydnabod neu dderbyn llwyddiannau a chyflawniadau bychain oherwydd nad ydyn nhw'n ddigon arbennig neu oherwydd y gallen nhw fod yn well, yn gyflymach, yn fwy cyflawn ac ati.

Gall y mathau o feddyliau sy'n eich atal rhag cydnabod a gwerthfawrogi eich rhinweddau hefyd eich atal rhag rhoi clod i chi'ch hun am eich cyflawniadau o ddydd i ddydd. Sylwch beth sydd ar eich meddwl pan fyddwch chi'n cwblhau tasg. Ydy'ch meddyliau'n gwneud i chi deimlo'n dda a'ch annog i wneud mwy? Neu ydyn nhw'n eich digalonni a'ch annog i deimlo na wnaethoch chi'n dda iawn ac nad oes fawr o bwynt dal ati? Os felly, mae angen i chi eu cofnodi ac ailfeddwl amdanyn nhw, gan ddefnyddio'r sgiliau rydych chi wedi'u meithrin eisoes.

Yn sicr, fe welodd Lin fod hyn yn wir pan ddechreuodd gadw cofnodion yn ei Dyddiadur Gweithgareddau. Dyma rai enghreifftiau o'i meddyliau hunanfeirniadol a sut y gwnaeth hi ymateb iddyn nhw:

Ffigur 24: Meddyliau Hunanfeirniadol Lin

Meddyliau hunanfeirniadol	Safbwyntiau amgen
Dydw i byth yn mynd i orffen hyn	Cymer bethau un cam ar y tro. Rwyt ti'n gwneud yn iawn. Canolbwyntia ar yr hyn rwyt ti wedi'i gyflawni, nid ar yr hyn sy'n dal ar ôl i'w wneud. A rho glod i ti dy hun am beth rwyt ti wedi'i wneud, hyd yn oed os na wnei di gyflawni popeth.
Dydy hyn ddim yn werth ei wneud	Rwyt ti wastad yn meddwl hynny, nes bod rhywun yn dweud wrthyt ti fod beth rwyt ti wedi'i wneud yn iawn. Paid â phoeni beth mae pobl eraill yn ei feddwl – mae'r lliwiau yna'n wych. Ac mae'r darlun hwn yn daith anturus i ti – dim ots os yw pobl eraill yn credu'i fod e'n werth chweil ai peidio.
Iawn, dwi wedi codi o'r gwely. Dydy hynny'n fawr o gamp.	Da iawn fi. Roeddwn i wedi blino'n lân. Fe allwn i fod wedi gorweddian drwy'r dydd, ond wnes i ddim.

Ddylwn i ddim llaesu dwylo fin nos. Dydw i ddim wedi gwneud digon.	Mae gwneud pethau dwi'n eu mwynhau yn fy helpu i deimlo'n well amdanaf fy hun ac yna dwi'n ymlacio ac yn meddwl yn fwy creadigol. Os ydw i'n gweithio fy hun yn rhy galed ac yn rhuthro heb feddwl, fe fydda i'n rhygnu i stop yn y pen draw. Dwi'n gwybod o brofiad fy mod i'n gwneud mwy pan fydda i'n rhoi digon o amser i mi fy hun yn hytrach na bwrw drwyddi yn wyllt.

Mae hyn yn cysylltu'n ôl â'r hyn y buon ni'n ei drafod ym Mhennod 5 (tudalennau 190–1) ynglŷn ag arbrofi ag ymddwyn yn fwy caredig a thosturiol tuag atoch chi'ch hun, yn hytrach na thanseilio'ch hun ac ildio i ymddygiad hunandrechol. Mae'n amlwg fod y meddyliau sy'n atal Lin rhag gwneud y gorau o'i phrofiadau yn deillio o'i Llinell Sylfaen ('Dydw i ddim yn bwysig, dwi'n israddol') ac un o'i Rheolau Byw ('Heb gydnabyddiaeth gan eraill, does dim byd wna i o unrhyw werth'). Gallwch weld Lin yn dysgu i fod yn fwy anogol a gwerthfawrogol ohoni'i hun, yn sylwi ar ei llwyddiannau ac yn adeiladu arnyn nhw, ac yn trin ei hun fel rhywun sy'n haeddu canmoliaeth, ymlacio a phleser. Bydd gwneud y pethau hyn yn newid ei Llinell Sylfaen yn raddol ac yn ei helpu i weithredu yn erbyn ei Rheolau, cyn iddi ddod yn barod i ddechrau mynd i'r afael â nhw'n uniongyrchol.

Yr ail gam: Cyflwyno newidiadau (Arbrofion)

A chithau nawr yn gallu gweld sut rydych chi'n treulio'ch amser, y cam nesaf yw defnyddio'ch arsylwadau fel sail i gyflwyno newidiadau a fydd yn cynyddu eich mwynhad a'ch ymdeimlad o feistrolaeth a chyflawniad. Dylai adolygu'ch dyddiadur yn ddyddiol eisoes fod wedi rhoi syniad da i chi ynghylch rhai o'r newidiadau yr hoffech eu gwneud. Bellach, gallwch symud ymlaen i ddefnyddio'ch arsylwadau a'ch casgliadau i ddechrau blaengynllunio, er mwyn sicrhau cydbwysedd rhwng gweithgareddau Cyflawniad (dyletswyddau, heriau, ymrwymiadau, tasgau) a gweithgareddau Pleser (ymlacio, mwynhad). Mae rhoi amser i flaengynllunio yn gyfystyr â datganiad eich bod yn bwriadu cymryd hyn o ddifrif, eich bod yn gwerthfawrogi'ch amser ac eisiau gwneud y gorau o bob dydd.

Gall fod o werth i chi wneud hyn yn systematig ar y dechrau, gan flaengynllunio bob dydd gan ddefnyddio'r Dyddiadur Gweithgareddau Dyddiol. Mae'n bosib bod hyn yn arbennig o bwysig os ydych chi'n teimlo braidd yn isel ar y pryd ac yn ei chael yn anodd eich cymell eich hun. Gall hefyd fod o ddefnydd os yw'ch arsylwadau wedi dangos bod gennych safonau perffeithrwydd cryf sy'n ei gwneud yn anodd i chi roi clod i chi'ch hun am yr hyn rydych yn ei wneud, er enghraifft, neu os ydych yn cael trafferth wrth roi eich hun yn gyntaf, neu wrth ymroi i dasgau sydd angen eu gwneud ond y buoch yn osgoi mynd i'r afael â nhw. Os yw cynllunio diwrnod cyfan yn ymddangos yn ormod o dasg, gallech rannu'r diwrnod yn gyfnodau (e.e. bore, prynhawn, min nos) a chynllunio pob un yn ei dro. Neu gallai mynd ati bob dydd i lunio rhestr o ddau neu dri pheth penodol rydych am eu gwneud (tasgau y buoch yn eu hosgoi, efallai, neu bethau y byddwch chi'n eu mwynhau), fod yn ddigon i newid cydbwysedd eich gweithgareddau mewn ffordd sy'n gweithio i chi, yn enwedig os penderfynwch ymlaen llaw pryd yn union y byddwch yn gwneud y tasgau penodol hyn. Sut bynnag y dewiswch chi wneud hynny, mae'n bosib y gwelwch chi fod blaengynllunio yn peri i chi ofalu amdanoch chi'ch hun yn awtomatig drwy gydbwyso Cyflawniad a Phleser heb orfod cofnodi unrhyw beth. Serch hynny, gallai ailafael mewn cynllun ysgrifenedig llawn fod yn ddefnyddiol ar adegau yn y dyfodol, pan fyddwch chi'n arbennig o brysur neu dan bwysau, er enghraifft. Mater o reoli amser yn effeithiol fydd hynny, a phroc bach i'ch atgoffa nad yw prysurdeb o reidrwydd yn eithrio pleser ac ymlacio. Cofiwch: does gan hyn ddim byd i'w wneud ag effeithlonrwydd; mae'n ymwneud â pharchu'ch hun a bod yn sensitif i'ch anghenion, gan wneud bywyd yn brofiad cyfoethog a gwerthfawr.

Os penderfynwch arbrofi'n systematig gyda blaengynllunio, bydd angen i chi nodi'r canlynol ar bapur:

Eich cynllun ar gyfer y diwrnod

Efallai y byddai'n well gennych wneud hyn yn y bore bach neu fin nos; dewiswch pa amser bynnag sy'n debygol o fod yn fwyaf buddiol i chi. Er enghraifft, os yw bore arferol yn wirion o brysur yn cael plant yn barod i fynd i'r ysgol a chi'ch hun yn barod i fynd i'r gwaith, mae'n debyg nad ydych chi angen rhagor i'w wneud bryd hynny. Defnyddiwch gyda'r nos (efallai pan fyddwch chi'n ymlacio cyn mynd i'r gwely) yn lle hynny. Ar y llaw arall, os ydych chi fel arfer yn rhy flinedig gyda'r nos i feddwl yn glir ond fel arfer yn deffro'n ffres, yna yn y bore mae ei dal hi. Gallwch gofnodi drafft o'ch cynllun yn y Dyddiadur Gweithgareddau Dyddiol, os dymunwch, neu rywle ar wahân. Y peth allweddol yw cofnodi eich cynllun a'r hyn rydych yn ei wneud go iawn, er mwyn gallu cymharu'r ddau yn hawdd maes o law. Mae rhai pobl, er enghraifft, yn cofnodi eu cynllun a'u gwir weithgarwch yn yr un lle, ond yn defnyddio lliwiau neu deipiau gwahanol er mwyn gwahaniaethu'n hawdd rhwng y ddau.

Ceisiwch gael cydbwysedd rhwng pleser a chyflawniad bob dydd. Os ydych chi'n llenwi'ch amser gyda dyletswyddau a thasgau, ac yn gadael dim amser i fwynhau neu ymlacio, efallai y byddwch yn flinedig ac yn ddig yn y pen draw. Ar y llaw arall, os ydych chi'n anwybyddu pethau y mae'n rhaid eu gwneud yn llwyr, efallai y bydd eich mwynhad yn cael ei suro gan ymdeimlad nad oes dim wedi'i gyflawni, gyda'ch rhestr o dasgau sydd heb eu cyflawni yn loetran yng nghefn eich meddwl ac yn eich rhwystro rhag gallu ymgolli'n llawn yn eich pleserau.

Cofnodwch yr hyn rydych chi'n ei wneud mewn gwirionedd

Defnyddiwch eich cynllun fel canllaw ar gyfer y diwrnod, a chofnodwch yr hyn rydych chi'n ei wneud yn y Dyddiadur Gweithgareddau. Rhowch sgôr allan o ddeg i bob gweithgaredd ar gyfer Pleser a Chyflawniad, yn union fel y gwnaethoch chi yn y cam hunanarsylwi.

Adolygwch eich diwrnod

Ar ddiwedd pob dydd, treuliwch rai munudau'n eistedd yn gyfforddus, yn ymlacio ac yn adolygu'r hyn rydych chi wedi'i wneud.

Ystyriwch yn ddwys sut gwnaethoch chi dreulio'ch amser. I ba raddau wnaethoch chi lynu at eich cynllun? Os na wnaethoch chi, pam? A gawsoch chi'ch arwain ar gyfeiliorn? A ddigwyddodd rhywbeth nad oeddech wedi'i ragweld? A wnaethoch chi ddechrau gyda gormod o gynlluniau? Os felly, beth ysgogodd hynny – a oes Rheol perffeithydd yn llechu yma? Faint o fwynhad a boddhad gawsoch chi o'r hyn wnaethoch chi? Pa mor dda oedd y cydbwysedd rhwng P ac C? Beth hoffech chi gael mwy neu lai ohono? Neu ei gael mewn modd gwahanol? Beth oedd effaith patrwm newydd eich gweithgareddau ar eich hwyliau, ac ar eich teimladau amdanoch chi'ch hun? Bydd y wybodaeth hon yn eich helpu i roi syniad cynyddol glir i chi'ch hun o newidiadau yr hoffech o bosib eu gwneud i batrwm eich diwrnod.

Gwneud y gorau o flaengynllunio

Beth os yw fy nghynllun yn llwyddiant?

Mae llwyddiant yn golygu llunio cynllun realistig, sydd â chydbwysedd da rhwng gweithgareddau a chyflawniadau pleserus, gwneud yr hyn roeddech chi'n bwriadu ei wneud, a chael y mwynhad a'r ymdeimlad o gyflawniad a fwriadwyd. Os yw'ch cynllun yn gweithio i chi yn y ffordd hon, mae gennych sylfaen gadarnhaol iawn i adeiladu arni. Mae'n amlwg i chi ddod o hyd i batrwm i'r diwrnod sy'n gweithio'n dda i chi, ac un y byddwch am ei ailadrodd.

Ar yr un pryd, efallai y bydd yn ddefnyddiol i chi fireinio ychydig ac efallai ddefnyddio'r cynllun fel ffordd o annog eich hun i barhau i archwilio posibiliadau newydd. Er enghraifft, mae'n bosib y byddwch am ychwanegu ymarfer corff rheolaidd neu amser gwerthfawr gyda'ch teulu. Neu efallai y byddwch yn penderfynu cysylltu â rhywun rydych wedi colli cysylltiad ag ef neu hi, neu fynd i'r afael â thasg arbennig y buoch yn ei gohirio. Efallai y byddwch chi'n gwneud amser i roi cynnig ar rywbeth rydych chi wastad wedi bod eisiau ei wneud, neu gymryd y camau cyntaf tuag at heriau newydd neu newidiadau y buoch yn eu hystyried i'ch ffordd o fyw.

Beth os nad yw fy nghynllun yn gweithio?

Gall cynlluniau fethu am sawl rheswm. Er y gallech deimlo'n siomedig na weithiodd pethau'n unol â'ch gobeithion, mae 'methiant' eich cynllun, mewn gwirionedd, yn debygol o roi gwybodaeth ddefnyddiol iawn i chi am yr hyn sy'n eich cadw'n gaeth i batrwm gweithgaredd nad yw'n rhoi pleser i chi na'r ymdeimlad o gyflawniad rydych chi'n chwilio amdano.

Efallai fod rhyw reswm nad ydych chi'n hapus yn ei gylch wrth wraidd eich methiant i gadw at eich cynllun. Er enghraifft, beth petaech chi wedi bwriadu treulio noson yn y sinema gyda ffrind, ond fod cyd-weithiwr wedi'ch perswadio i weithio'n hwyr yn lle hynny? Neu beth petaech chi wedi bwriadu treulio bore yn cael trefn ar eich materion ariannol, ond i rywbeth eich rhwystro chi rhag gwneud? Dyma gyfle i ddysgu mwy am beth allai fod yn eich atal rhag gwneud y gorau o'ch profiadau. Beth yn union oedd y broblem? A wnaethoch chi fwriadu gwneud gormod mewn cyfnod rhy fyr? A wnaethoch chi gynllunio gormod o waith a gorflino? A wnaethoch chi dreulio'r diwrnod yn gwneud pethau roeddech chi'n teimlo y dylech chi eu gwneud, yn hytrach na phethau y byddech chi'n eu mwynhau? A wnaethoch chi anghofio cynnwys seibiannau: amser i chi'ch hun neu gyfnodau i ymlacio? Neu a wnaethoch chi dreulio'ch amser yn gwneud dim byd penodol a theimlo i chi wastraffu'r diwrnod cyfan yn y pen draw? A wnaethoch chi'r hyn roedd pawb arall eisiau i chi ei wneud, yn hytrach na beth fyddai wedi bod o fudd i chi? Os ydych chi'n sylwi ar batrymau fel hyn, gofynnwch i chi'ch hun: Ydy'r patrymau hyn yn gyfarwydd i mi? A oes sefyllfaoedd eraill lle dwi'n gweithredu yn yr un modd? Ydy'r hyn a aeth o'i le gyda'r cynllun yn adlewyrchu un o fy Rheolau neu strategaethau cyffredinol eraill?

Unwaith y byddwch yn deall natur y broblem, byddwch mewn sefyllfa i ddechrau mynd i'r afael â hi, drwy gyflwyno newidiadau ymarferol a thrwy adnabod ac ailfeddwl am y meddyliau hunandrechol (fel rhai Lin ar dudalennau 241–2) sy'n eich cadw'n gaeth. Efallai y gwelwch fod yr hyn a'ch rhwystrodd rhag cyflawni eich cynllun hefyd yn mynd i'ch rhwystro mewn agweddau eraill ar eich bywyd.

Beth os na allaf feddwl am unrhyw beth pleserus i'w wneud?

Efallai y cewch anhawster yn meddwl am bethau i'w gwneud y gallech eu mwynhau, yn enwedig os yw diffyg hunan-werth wedi'ch atal rhag gofalu amdanoch eich hun a mwynhau ambell bleser mewn bywyd. Gall fod yn ddefnyddiol trin yr anhawster hwn fel prosiect arbennig: sawl ffordd o fwynhau eich hun allwch chi feddwl amdanyn nhw? Peidiwch â sensro'ch hun wrth wneud hyn – nodwch y syniadau wrth iddyn nhw godi, waeth pa mor annhebygol ydyn nhw.

Gallech ddechrau drwy sylwi beth sy'n rhoi pleser i bobl eraill. Beth am eich ffrindiau a'ch cydnabod? Beth am yr hyn rydych chi'n ei weld ar y teledu neu'r cyfryngau cymdeithasol? Oes gan eich tref wefan digwyddiadau? Beth am yr holl weithgareddau ar hysbysfyrddau'ch llyfrgell, eich prifysgol neu'ch coleg addysg bellach lleol? Pan fyddwch chi allan, beth ydych chi'n sylwi ei fod yn rhoi mwynhad i bobl? Lluniwch restr, yna canolbwyntiwch arnoch chi'ch hun. Er nad oes dim yn rhoi pleser i chi bellach, a oes unrhyw weithgareddau roeddech chi'n arfer eu gwneud? Beth oedden nhw? A oes unrhyw beth rydych chi wastad wedi bod eisiau'i wneud ond erioed wedi mynd ati? Pa bethau sy'n bosib i chi eu gwneud, er nad ydych chi erioed wedi'u trio? Ychwanegwch nhw at eich rhestr.

Mae'n llesol meddwl am yr holl wahanol fathau o bleserau a allai weithio i chi o dan amgylchiadau gwahanol. Beth allech chi ei wneud ar eich pen eich hun (e.e. darllen, gwylio'r teledu neu fynd am dro)? Beth allech chi ei wneud gyda phobl eraill (e.e. mynd i'r dafarn, ymuno â dosbarth nos neu ymweld ag oriel gelf)? Beth allwch chi ei wneud sy'n cymryd amser (e.e. gwyliau, teithiau undydd neu fynd i aros gyda rhywun)? Beth allwch chi ei wneud sy'n hawdd ei gynnwys mewn munudau rhydd yn ystod y dydd (e.e. cael cwpanaid o de arbennig neu wydraid o gwrw arbennig, gorwedd mewn bath persawrus poeth neu oedi i edrych allan drwy'r ffenest)? Beth allwch chi ei wneud sy'n costio arian (e.e. prynu blodau, mynd i'r sinema neu fynd allan i gael pryd o fwyd)? Beth allwch chi ei wneud sydd yn rhad ac am ddim (e.e. gwylio'r haul yn machlud, crwydro'n hamddenol o amgylch y siopau, edrych ar hen luniau)? Pa bleserau corfforol allwch chi feddwl amdanyn nhw (e.e. mynd i nofio, hedfan barcud neu gael tylino'ch corff)? Pa bleserau meddyliol allwch chi eu hawgrymu (e.e. gwrando ar ddadl, gwneud jig-so neu groesair)? Beth allwch chi ei wneud yn yr awyr iach (e.e. garddio, mynd i'r traeth neu fynd am dro yn y car)? A beth allwch chi ei wneud gartref (e.e. dewis dillad o gatalog, gwrando ar gerddoriaeth neu chwarae gemau cyfrifiadurol)? Ychwanegwch yr holl bethau hyn at eich rhestr.

Unwaith y bydd gennych restr o bleserau posib, cynlluniwch i'w cynnwys nhw yn eich diwrnod. Efallai y bydd gennych amheuon o hyd a fyddan nhw'n gweithio i chi, ond dim ond un ffordd sydd i gadarnhau hynny: arbrofi! Cofiwch gadw llygad am feddyliau lladd pleser. Rhowch nhw o'r neilltu, os gallwch, a chofnodwch nhw ac ailfeddwl amdanyn nhw os ydyn nhw'n parhau i fynnu mynd yn eich ffordd. Wrth roi pleserau fel hyn i chi'ch hun, rydych chi'n trin eich hun fel rhywun rydych chi'n ei garu a'i werthfawrogi. Dyma'n union sy'n rhaid i chi'i wneud i wella'ch hunan-werth. Mae'n iawn gofalu amdanoch eich hun yn union fel y byddech chi'n gofalu am rywun arall y mae gennych gariad a pharch tuag ato – bod yn ffrind da i chi'ch hun.

Sut galla i ddelio â'r ffaith bod fy niwrnod wir yn llawn o ymrwymiadau?

Os yw'ch diwrnod yn wirioneddol brysur gyda phethau

y mae'n rhaid i chi eu gwneud, gall fod yn anodd caniatáu amser ar gyfer pleser ac ymlacio. Sut mae'n bosib i chi gynnwys hyd yn oed un peth arall? Mae pobl sydd â llawer o gyfrifoldebau – pob un ohonom, mae'n siŵr, ar ryw adeg neu'i gilydd – yn ei chael hi'n anodd sicrhau cydbwysedd rhwng ymrwymiadau a phleserau. Mae'n hynod o bwysig sylweddoli, fodd bynnag, y gall methu â gwneud amser i chi'ch hun arwain at broblemau maes o law. Os daliwch chi ati i dynnu dŵr o hyd ac o hyd, bydd y ffynnon yn rhedeg yn sych yn hwyr neu'n hwyrach. Byddwch o bosib yn blino fwyfwy ac yn wynebu straen cynyddol fel na fydd modd i chi bellach allu cyflawni'ch rhwymedigaethau fel yr hoffech chi. Gall hyd yn oed effeithio ar eich iechyd, felly mae dod o hyd i amser i ymlacio yn hanfodol bwysig i'ch llesiant chi a llesiant pobl o'ch cwmpas.

Os ydych yn derbyn bod ymlacio a phleser yn rhan hanfodol o ofalu amdanoch chi'ch hun, yn atgyfnerthu'ch adnoddau ac yn cynnal eich iechyd a'ch llesiant, bydd yn haws i chi wneud lle i bleserau bach, hyd yn oed ar ddiwrnodau prysur iawn. Meddyliwch amdanyn nhw fel gwobrau haeddiannol am eich holl ymdrechion. Treuliwch bum munud yn cael paned o goffi a mynd am dro o amgylch yr adeilad. Treuliwch ddeg munud yn cael cawod gyda sebon arbennig. Dewiswch rywbeth rydych chi'n arbennig o hoff ohono i'w fwyta i swper, neu prynwch dusw bach o flodau am bris rhesymol. Gwrandewch ar hoff raglen radio neu bodlediad tra byddwch chi'n smwddio neu'n trwsio'r car. Manteisiwch ar y ffaith fod eich babi yn cysgu i eistedd a darllen cylchgrawn yn hytrach na theimlo rheidrwydd i ddal i fyny â'r gwaith tŷ. Byddwch yn ddyfeisgar ac yn greadigol, a pheidiwch â gadael i chi'ch hun deimlo baich cylch diddiwedd o dasgau a rhwymedigaethau. Yn y tymor hir, fyddwch chi ddim yn gwneud lles i chi'ch hun na neb arall.

Sut galla i fynd i'r afael â'r holl bethau dwi wedi bod yn eu gohirio?

Os ydych chi wedi bod yn rhoi pethau o'r neilltu ers peth amser, gall y posibilrwydd o'u hwynebu ymddangos braidd yn frawychus. Fodd bynnag, mae mynd i'r afael â phroblemau ymarferol yn gwneud i berson deimlo'n fwy abl ac felly'n cyfrannu at hybu hunan-werth. Ar y llaw arall, mae osgoi problemau a thasgau yn debygol o danseilio'r ymdeimlad eich bod yn gyfrifol am eich bywyd, ac yn cyfrannu at deimlo'n wael amdanoch chi'ch hun.

Gallwch ddechrau mynd i'r afael â phroblemau rydych chi wedi bod yn eu gohirio drwy ddilyn y camau hyn:

1. Lluniwch restr o'r tasgau rydych chi wedi bod yn eu gohirio a phroblemau rydych chi wedi bod yn eu hosgoi, ym mha drefn bynnag y meddyliwch chi amdanyn nhw.
2. Os gallwch chi, rhifwch yr eitemau ar y rhestr yn nhrefn eu pwysigrwydd. Beth sydd angen ei wneud gyntaf? Beth nesaf? Ac yna beth? Os na allwch chi benderfynu, neu os nad ydyn nhw o dragwyddol bwys, rhifwch nhw yn nhrefn yr wyddor neu ym mha drefn bynnag y meddylioch chi amdanyn nhw.
3. Ystyriwch y dasg neu'r broblem gyntaf ar y rhestr, rhannwch hi'n gamau bach hwylus a'u hymarfer yn eich meddwl. Wrth wneud hynny, nodwch unrhyw

broblemau ymarferol y gallech ddod ar eu traws ar bob cam a meddyliwch beth allech chi ei wneud amdanyn nhw. Gall hyn olygu gofyn am gymorth neu gyngor, neu ofyn am fwy o wybodaeth.

4. Wrth i chi ymarfer yr hyn rydych chi'n bwriadu ei wneud, cadwch lygad am syniadau sy'n ei gwneud hi'n anodd i chi ddatrys problem neu fynd i'r afael â'r dasg. Efallai y bydd rhagfynegiadau gorbryderus yn ymddangos (er enghraifft, fyddwch chi ddim yn gallu dod o hyd i ateb, fyddwch chi byth yn llwyddo i wneud popeth). Neu efallai eich bod yn hunanfeirniadol (e.e. fe ddylech chi fod wedi delio â hyn wythnosau'n ôl, rydych chi'n hollol ddiog). Os bydd hyn yn digwydd, cofnodwch eich meddyliau a chwiliwch am safbwyntiau amgen, fel rydych chi wedi dysgu ei wneud eisoes.

5. Ar ôl i chi lunio cynllun cam wrth gam y mae gennych hyder ynddo, dychmygwch ddilyn y camau yn llwyddiannus, yn union fel y mae athletwr neu bêl-droediwr yn dychmygu clirio'r naid uchel neu gicio'r gic berffaith cyn bwrw ati i wneud hynny – a thrwy hynny gynyddu'r siawns y byddan nhw'n llwyddo yn y dasg go iawn.

6. Ewch i'r afael â'r dasg neu'r broblem un cam ar y tro, gan ddelio ag unrhyw anawsterau ymarferol a meddyliau gorbryderus neu hunanfeirniadol wrth iddyn nhw godi – yn union fel y gwnaethoch chi yn ystod eich ymarfer dychmygol.

7. Ysgrifennwch y canlyniad terfynol yn eich Dyddiadur Gweithgareddau Dyddiol, a rhowch sgôr ar gyfer P (Pleser) ac C (Cyflawniad). Cofiwch fod hyd yn oed

tasg fach wedi'i chwblhau a mân broblem wedi'i datrys yn haeddu canmoliaeth os oeddech chi wedi bod yn ei hosgoi hi! Rhowch glod i'ch hun am yr hyn rydych wedi'i gyflawni, yn hytrach na phoeni am bopeth sydd gennych chi ar ôl i'w wneud.

8. Ewch at y dasg nesaf ar y rhestr a mynd i'r afael â hi yn yr un modd.

Crynodeb o'r bennod

1. *Mae anwybyddu eich cryfderau, peidio â gadael i chi'ch hun fwynhau pleserau bywyd i'r eithaf, a diystyru neu wadu eich cyflawniadau yn rhan o'r tueddiad rhagfarnllyd yn eich erbyn eich hun sy'n helpu i gynnal diffyg hunan-werth.*

2. *Mae ehangu hunanderbyn (ac felly hunan-werth) yn cynnwys cydnabod eich rhinweddau (yn hytrach na chanolbwyntio ar eich gwendidau yn unig) a datblygu barn gytbwys a charedig amdanoch chi'ch hun. Mae hyn yn ategu'r gwaith rydych eisoes wedi'i wneud i fynd i'r afael â meddyliau hunanfeirniadol.*

3. *Er mwyn gwneud hyn, gallwch ddysgu, fesul cam, sut i adnabod, ail-fyw a chofnodi (yn eich Portffolio Pethau Cadarnhaol) enghreifftiau o'ch rhinweddau. Wrth wneud hynny, daw eu derbyn a'u gwerthfawrogi – a thrwy hynny dderbyn a gwerthfawrogi'ch hun – yn ail natur.*

4. *Mae rhoi sylw manwl i sut rydych chi'n treulio'ch amser, ac i faint o bleser ac ymdeimlad o gyflawniad*

> a gewch o'r hyn a wnewch, yn rhoi'r wybodaeth sydd ei hangen arnoch i ddechrau cynnig bywyd cyfoethog a boddhaol i chi'ch hun.
> 5. Nid yw'r newidiadau hyn bob amser yn syml. Gall hen batrymau meddwl di-fudd a Rheolau Byw llym eich llesteirio. Gallwch ddefnyddio'r sgiliau craidd a ddysgwyd mewn penodau blaenorol i fynd i'r afael â'r rhain.
> 6. Bwriad y newidiadau hyn yn y pen draw yw eich dysgu i dderbyn eich hun am yr hyn ydych chi, a theimlo'n deilwng i drin eich hun gyda'r un caredigrwydd ac ystyriaeth ag y byddech chi'n ei roi i unrhyw berson arall y mae gennych.

7

Newid y Rheolau

Cyflwyniad

Dydy rhagfynegiadau gorbryderus a meddyliau hunanfeirniadol ddim yn ymddangos o nunlle. Fel y dysgoch ym Mhennod 3 (tudalennau 77–102), dyna yw canlyniad eithaf Rheolau Byw sylfaenol, a ffurfiwyd yn aml yn gynnar mewn bywyd ac a gynlluniwyd i helpu person i ymdopi yn y byd, o gofio bod y Llinell Sylfaen yn ymddangos fel pe bai'n wir. Pwrpas y Rheolau yw gwneud bywyd yn haws. Ond mewn gwirionedd, yn y tymor hir, maen nhw'n eich rhwystro rhag cael yr hyn rydych chi ei eisiau o'ch bywyd, ac yn eich atal rhag derbyn eich hun fel rydych chi.

O ddydd i ddydd, mae Rheolau Byw yn cael eu hadlewyrchu mewn strategaethau neu bolisïau, ffyrdd o weithredu sy'n sicrhau bod eu hamodau yn cael eu bodloni. Pan fyddwch yn dioddef diffyg hunan-werth, mae'ch Rheolau personol yn pennu'r safonau disgwyliedig ar eich cyfer chi'ch hun, yr hyn y dylech ei wneud er mwyn cael eich caru a'ch derbyn, a sut y dylech ymddwyn er mwyn teimlo eich bod yn berson da a gwerth chweil. Mae'r Rheolau personol yma felly'n diffinio'r ffin rhwng yr hyn sy'n dderbyniol a'r hyn sy'n annerbyniol. Does dim tir canol ar gyfer dewisiadau: dyma'r ffordd y mae'n rhaid i bethau fod. Gallant hefyd fanylu ar oblygiadau methu â bodloni eu hamodau.

Byddai Rheol Briony ynglŷn â pherthynas yn enghraifft o hyn: 'Os byddaf yn gadael i rywun glosio ataf, fe fydd yn fy mrifo ac yn manteisio arnaf.' Gan fod canlyniadau torri'r Rheolau fel arfer yn boenus, mae'n bosib eich bod wedi dod yn hynod o sensitif i sefyllfaoedd pan fo perygl na fydd eu hamodau'n cael eu bodloni. Dyma'r sefyllfaoedd sy'n debygol o danio eich Llinell Sylfaen, gan arwain at y cylch cythreulig o ragfynegiadau gorbryderus a meddwl hunanfeirniadol a ddisgrifir ym Mhennod 3.

Erbyn hyn, rydych chi wedi darganfod pa mor ddefnyddiol yw hi i ailystyried rhagfynegiadau gorbryderus ac i gwestiynu ac ailfeddwl am feddyliau hunanfeirniadol. Fodd bynnag, gallai aros ar lefel meddyliau, teimladau a gweithredoedd bob dydd a gadael eich Rheolau Byw a'ch Llinell Sylfaen heb eu cyffwrdd fod yn gyfystyr â mynd i'r afael â chwyn yn eich gardd drwy dorri eu pennau i ffwrdd yn hytrach na'u dadwreiddio. Bydd y bennod hon yn dangos i chi sut i fynd ati i adnabod eich Rheolau personol eich hun a sut maen nhw'n cyfrannu at ddiffyg hunan-werth, ac yn awgrymu sut i fynd ati i'w newid a llunio Rheolau newydd. Bydd hynny wedyn yn rhoi mwy o ryddid i chi symud ac yn eich annog i dderbyn eich hun yn union fel rydych chi. Byddwch yn gweld unwaith eto pa mor ddefnyddiol yw'r sgiliau craidd a ddysgoch wrth fynd i'r afael â rhagfynegiadau gorbryderus a meddyliau hunanfeirniadol: ymwybyddiaeth, ailfeddwl ac arbrofion.

Wrth i chi weithio drwy'r bennod hon, mae'n werth crynhoi – naill ai ar bapur neu yn electronig – yr hyn rydych yn ei ddarganfod am eich Rheolau, trywydd eich dadl pan fyddwch chi'n eu cwestiynu, eich Rheol newydd a'ch cynllun gweithredu i'w rhoi ar waith. Mae awgrym o rai penawdau ar dudalen 260, ac enghraifft o grynodeb ar dudalennau 309–12. Mae'r penawdau'n adleisio'r cwestiynau sy'n codi'n ddiweddarach yn y bennod, er mwyn eich helpu i roi trefn ar eich meddyliau mewn ffurf y gallwch ddychwelyd ati a'i defnyddio i sicrhau bod eich dealltwriaeth newydd yn cael effaith ymarferol ar eich bywyd. Mae hyn yn bwysig oherwydd gall fod yn anodd newid Rheolau Byw di-fudd. Gall dadl sy'n ymddangos yn hollol glir wrth i chi weithio drwy'r bennod fynd yn aneglur ac anodd ei deall y tro nesaf y byddwch mewn sefyllfa ddyrys a'ch bod ei gwir angen. Gall hen reolau rydych chi wedi arfer ag ymateb iddyn nhw dro ar ôl tro mewn llawer o wahanol sefyllfaoedd fod yn bwerus a phendant iawn, yn enwedig os ydych chi'n bryderus ac yn cael trafferth meddwl yn glir. Bydd crynodeb ysgrifenedig yn eich helpu i ganolbwyntio ar eich Rheol newydd a gweithredu arni, hyd yn oed pan fydd hynny'n anodd.

O ble mae Rheolau Byw yn dod?

Gall rheolau fod yn ddefnyddiol. Maen nhw'n ein helpu i wneud synnwyr o'r hyn sy'n digwydd i ni, i adnabod patrymau ailadroddus ac i ymateb i brofiadau newydd heb ddryswch. Maen nhw'n gallu ein helpu i oroesi hyd yn oed (e.e. 'rhaid i mi bob amser edrych i'r ddau gyfeiriad cyn croesi'r ffordd'). Mae rheolau yn rhan o drefn cymdeithas. Mae cyfansoddiadau gwledydd, ideolegau gwleidyddol, fframweithiau cyfreithiol, credoau crefyddol, moeseg broffesiynol a chodau ymddygiad ysgolion i gyd yn rheolau.

Ffigur 25: Newid y Rheolau – Penawdau ar gyfer Crynodeb Ysgrifenedig

Fy hen Reol yw:	Nodwch y Rheol yn eich geiriau eich hun
Mae'r Rheol hon wedi cael yr effaith ganlynol ar fy mywyd:	Crynhowch y ffyrdd y mae eich hen Reol wedi effeithio arnoch chi
Dwi'n gwybod bod y Rheol ar waith oherwydd:	Sylwch ar y cliwiau sy'n dweud wrthych fod eich hen Reol ar waith (meddyliau, emosiynau, teimladau corfforol, patrymau ymddygiad)
Mae'n ddealladwy fod y Rheol hon gennyf oherwydd:	Crynhowch y profiadau a arweiniodd at ddatblygu'r Rheol ac sydd wedi'i hatgyfnerthu
Fodd bynnag, mae'r Rheol yn afresymol oherwydd:	Crynhowch y ffyrdd nad yw eich Rheol yn cyd-fynd â'r ffordd y mae'r byd yn gweithio neu sut mae'n gofyn mwy gennych chi nag sy'n rhesymol i'w ddisgwyl gan unrhyw unigolyn amherffaith normal
Manteision ufuddhau i'r Rheol yw:	Crynhowch fanteision ufuddhau i'r Rheol a'r peryglon o'i hanghofio. Gwiriwch i weld a yw'r rhain yn ymddangosiadol fwy real nag ydynt mewn gwirionedd
Ond yr anfanteision yw:	Crynhowch sgileffeithiau niweidiol ufuddhau i'r Rheol
Rheol sy'n fwy realistig a defnyddiol fyddai:	Cofnodwch eich Rheol newydd, yn eich geiriau eich hun
Er mwyn treialu'r Rheol newydd, mae angen i mi:	Cofnodwch sut rydych chi'n bwriadu cryfhau eich Rheol newydd a'i rhoi ar waith yn eich bywyd bob dydd

NEWID Y RHEOLAU

Mae rhieni yn trosglwyddo rheolau i'w plant er mwyn iddynt allu delio â bywyd yn annibynnol (e.e. 'Gwnewch yn siŵr eich bod yn bwyta deiet cytbwys'). Mae plant hefyd yn dysgu rheolau gan eu teuluoedd a'u rhieni drwy arsylwi yn unig. Maen nhw'n sylwi ar gysylltiadau (e.e. 'Os dydw i ddim yn tacluso fy ystafell, bydd Mam yn gwneud yn fy lle i') a gall y rhain ddatblygu'n sail i reolau mwy cyffredinol (e.e. 'Os bydd pethau'n mynd o chwith, bydd rhywun yno i glirio'r llanast'). Maen nhw'n sylwi ar ddisgwyliadau sydd byth yn cael eu hynganu, yn gweld beth sy'n cael ei ganmol a beth sy'n cael ei feirniadu, beth sy'n dod â gwên i wyneb rhiant a beth sy'n dod â gwg. Gall yr holl brofiadau hyn fod yn sail i Reolau personol sy'n cael effaith barhaol ar sut mae pobl yn byw eu bywydau.

Mae rheolau defnyddiol yn tueddu i fod yn rhai profedig, yn seiliedig ar sylfaen gadarn profiad. Maen nhw hefyd yn hyblyg, ac yn galluogi'r unigolyn i addasu i newidiadau mewn amgylchiadau ac i ymateb yn wahanol ar gyfer gwahanol bobl. Felly, er enghraifft, bydd person o un diwylliant sy'n teithio i ddiwylliant gwahanol yn gallu addasu'n llwyddiannus i gonfensiynau cymdeithasol lleol, cyn belled â bod ei reolau ynghylch sut i ymwneud â phobl yn hyblyg ac yn agored. Ond os yw ei reolau cymdeithasol yn gaeth iawn, ac yn enwedig os ydyn nhw'n cael eu hystyried fel *yr unig ffordd gywir* i ymddwyn, gall yr unigolyn dieithr wynebu trafferthion.

Yn hytrach na'n helpu ni i wneud synnwyr o'r byd a goresgyn ei ofynion yn llwyddiannus, mae rhai rheolau yn ein caethiwo mewn patrymau di-fudd ac yn ein hatal rhag cyflawni ein hamcanion mewn bywyd. Maen nhw wedi'u cynllunio i gynnal hunan-werth, ond maen nhw mewn gwirionedd yn ei danseilio oherwydd eu bod yn gosod gofynion sy'n amhosib i ni eu bodloni. Dydyn nhw ddim yn ystyried amgylchiadau nac anghenion unigol (e.e. 'Rhaid i chi roi 110% bob amser, waeth beth fo'r gost'). Mae rheolau eithafol a diwyro fel hyn yn creu problemau, yn caethiwo pobl, yn cyfyngu ar ryddid i symud ac yn atal newid.

Gall Rheolau personol sy'n eich gwneud yn agored i ddiffyg hunan-werth weithredu mewn sawl agwedd ar fywyd. Efallai y byddan nhw'n pennu'r perfformiad rydych yn ei ddisgwyl gennych eich hun mewn amryw o sefyllfaoedd gwahanol. Er enghraifft, mae Rheolau perffeithydd fel Rajiv nid yn unig yn mynnu perfformiad o ansawdd uchel yn y gweithle ond hefyd, o bosib, berffeithrwydd o ran ymddangosiad corfforol, lle rydych chi'n byw a sut rydych chi'n addurno a dodrefnu eich tŷ, pa fath o gar rydych chi'n ei yrru, ble rydych chi'n mynd ar eich gwyliau ac ati – mewn gwirionedd, sut rydych chi'n mynd ati i wneud y tasgau dyddiol mwyaf cyffredin.

Gall rheolau gyfyngu ar eich rhyddid i fod yn chi'ch hun yng nghwmni pobl eraill. Fel Kate, efallai y byddwch yn teimlo bod cymeradwyaeth, hoffter, cariad ac agosrwydd i gyd yn dibynnu ar ymddwyn mewn ffordd benodol. Mae rheolau'n gallu dylanwadu ar sut rydych chi'n ymateb i'ch teimladau a'ch meddyliau eich hun hyd yn oed. Fel Mike, efallai y bydd eich barn amdanoch chi'ch hun yn seiliedig ar fod mewn rheolaeth lawn o'ch emosiynau, eich meddyliau a'r hyn mae bywyd yn ei daflu atoch. Mae Rheolau di-fudd fel y rhain yn eich carcharu, yn adeiladu mur o ddisgwyliadau, safonau a gofynion o'ch cwmpas. Dyma'ch cyfle i dorri'n rhydd.

Y berthynas rhwng Rheolau Byw a'r Llinell Sylfaen

Wrth wraidd diffyg hunan-werth mae eich cred bod eich Llinell Sylfaen yn wir. Mae Rheolau Byw di-fudd fel 'ffyrdd o ddianc', ffyrdd o osgoi'r Llinell Sylfaen. Er enghraifft, efallai eich bod yn credu yn eich calon eich bod yn ddi-glem. Ond *cyhyd* â'ch bod yn dal ati i weithio'n galed a gosod safonau uchel ar eich cyfer eich hun, gallwch oresgyn hynny a theimlo'n iawn amdanoch chi'ch hun. Neu efallai eich bod yn credu nad ydych yn berson deniadol. Ond *cyhyd* â'ch bod chi'n gyforiog o straeon doniol ac yn llawn hwyl a sbri mewn parti, efallai na fydd neb yn sylwi ac unwaith eto gallwch deimlo'n iawn amdanoch chi'ch hun.

Gall rheolau tebyg weithio'n dda iawn yn aml iawn – dyna pam rydyn ni'n parhau i ufuddhau iddyn nhw. Am gyfnodau hir, maen nhw'n gallu'ch amddiffyn rhag poen diffyg hunan-werth, a'ch galluogi i deimlo'n weddol dda amdanoch chi'ch hun, er gwaethaf unrhyw amheuon sylfaenol sydd gennych. Yn anffodus, fodd bynnag, mae yna broblem sylfaenol ynglŷn â nhw. Mae rheolau yn eich galluogi i bapuro dros eich gwir deimladau amdanoch chi'ch hun (eich Llinell Sylfaen), ond dydyn nhw ddim yn eu newid. A dweud y gwir, po fwyaf llwyddiannus ydyn nhw, a gorau oll ydych chi yn bodloni eu gofynion, lleia'n y byd o gyfle gewch chi ganddyn nhw i gamu'n ôl, pwyso a mesur, cwestiynu eich Llinell Sylfaen a mabwysiadu safbwynt mwy derbyniol a gwerthfawrogol tuag atoch chi'ch hun. O ganlyniad, mae'r Llinell Sylfaen yn aros mewn un darn, ac yn aros i gael ei rhoi ar waith pan fydd eich Rheolau mewn perygl o gael eu torri. Gallwch weld sut roedd y system hon yn gweithio i Rajiv ar dudalen 264.

GORESGYN DIFFYG HUNAN-WERTH

Ffigur 26: Rheolau Byw a'r Llinell Sylfaen: Rajiv

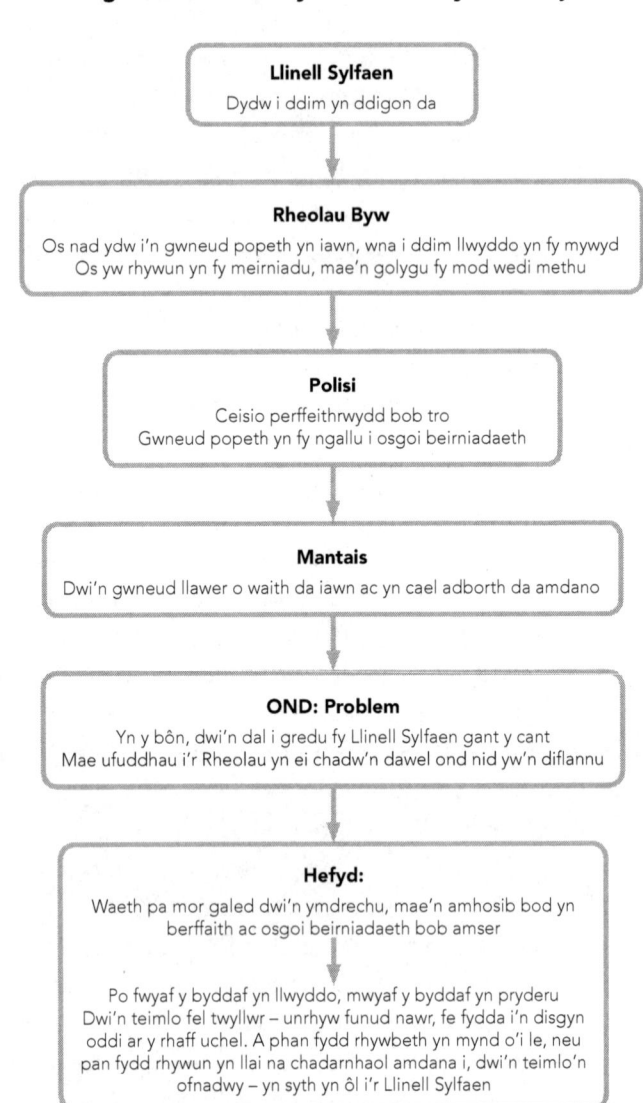

Llinell Sylfaen
Dydw i ddim yn ddigon da

↓

Rheolau Byw
Os nad ydw i'n gwneud popeth yn iawn, wna i ddim llwyddo yn fy mywyd
Os yw rhywun yn fy meirniadu, mae'n golygu fy mod wedi methu

↓

Polisi
Ceisio perffeithrwydd bob tro
Gwneud popeth yn fy ngallu i osgoi beirniadaeth

↓

Mantais
Dwi'n gwneud llawer o waith da iawn ac yn cael adborth da amdano

↓

OND: Problem
Yn y bôn, dwi'n dal i gredu fy Llinell Sylfaen gant y cant
Mae ufuddhau i'r Rheolau yn ei chadw'n dawel ond nid yw'n diflannu

↓

Hefyd:
Waeth pa mor galed dwi'n ymdrechu, mae'n amhosib bod yn berffaith ac osgoi beirniadaeth bob amser

↓

Po fwyaf y byddaf yn llwyddo, mwyaf y byddaf yn pryderu
Dwi'n teimlo fel twyllwr – unrhyw funud nawr, fe fydda i'n disgyn oddi ar y rhaff uchel. A phan fydd rhywbeth yn mynd o'i le, neu pan fydd rhywun yn llai na chadarnhaol amdana i, dwi'n teimlo'n ofnadwy – yn syth yn ôl i'r Llinell Sylfaen

Sut bethau yw Rheolau?

Mae Rheolau'n cael eu dysgu

Anaml y caiff rheolau personol di-fudd eu dysgu'n ffurfiol; yn hytrach, maen nhw'n cael eu hamsugno drwy brofiad ac arsylwi. Mae hyn yn debyg i blentyn yn dysgu siarad heb ddysgu rheolau ffurfiol gramadeg. Fel oedolyn, rydych chi'n siarad yn ramadegol (os na fyddech chi, fyddai neb yn eich deall chi) ond, oni bai i chi astudio'r pwnc yn benodol, mae'n debyg nad ydych yn ymwybodol o'r rheolau gramadegol rydych chi'n ufuddhau iddyn nhw. O ganlyniad, efallai y byddech chi'n ei chael yn anodd neu'n amhosib eu mynegi mewn geiriau.

Mae Rheolau Byw personol yn aml yr un fath – efallai y byddwch yn gweithredu'n unol â nhw'n gyson, heb erioed eu mynegi mewn geiriau. Y rheswm mwyaf tebygol am hynny yw eu bod yn adlewyrchu penderfyniadau a wnaethoch am sut i weithredu yn y byd pan oeddech yn rhy ifanc i fod â safbwynt ehangach oedolyn. Mae'n debyg bod eich Rheolau wedi gwneud synnwyr perffaith pan wnaethoch chi eu llunio, ond roedden nhw'n seiliedig ar wybodaeth anghyflawn a'ch profiad cyfyngedig ar y pryd, ac felly maen nhw'n hen ffasiwn ac yn amherthnasol i'ch bywyd chi heddiw, o bosib.

Mae Rheolau yn rhan o'r diwylliant rydyn ni'n tyfu i fyny ynddo

Mae rheolau yn rhan o'n treftadaeth gymdeithasol a theuluol. Meddyliwch, er enghraifft, am stereoteipiau rhywedd, y rheolau a ddatblygwyd gan gymdeithas ynghylch yr hyn y dylai dynion a merched fod. Hyd yn oed os ydyn ni'n anghytuno â nhw, rydyn ni'n cael ein trwytho yn y syniadau yma o'n blynyddoedd cynharaf, ac mae'n gallu bod yn anodd gweithredu yn eu herbyn. Mae'n bosib y byddwn yn cael ein cosbi am geisio gwneud hynny drwy gollfarnu cymdeithasol – neu waeth. Byddai enghreifftiau o hyn yn cynnwys anawsterau parhaus menywod i gyrraedd swyddi uwch yn y gweithle, yr ymdrech i sefydlu rôl ystyrlon i ddynion ym maes gofal plant, a'r problemau y mae pobl hoyw a thrawsrywiol o'r ddau ryw yn dal i ddod ar eu traws mewn llawer o sefyllfaoedd.

Yn aml, mae Rheolau Byw personol yn debyg i fersiynau wedi'u gorliwio o reolau'r gymdeithas y magwyd ni ynddi. Mae cymdeithas yn y Gorllewin, er enghraifft, yn rhoi gwerth uchel ar annibyniaeth a chyflawniad. Yn achos unigolyn penodol, gallai'r pwysau cymdeithasol yma gael ei fynegi drwy Reolau fel: 'Rhaid i mi beidio byth â gofyn am gymorth' ac 'Os nad ydw i ar y brig, dwi'n fethiant'. Gall rheolau cymdeithasol a diwylliannol newid, a bydd newidiadau o'r fath (drwy'r teulu) yn effeithio ar Reolau personol. Roedd y Saeson, er enghraifft, yn arfer bod yn enwog am eu stoiciaeth wrth ffrwyno'u teimladau (y *stiff upper lip*). Yn yr unigolyn, gellid mynegi hyn fel: 'Os gwna i ddangos fy nheimladau, bydd pobl yn meddwl 'mod i'n dipyn o linyn trôns' neu 'Ymwrola, bydd yn gadarn'. Yn fwy diweddar, fodd bynnag, mae hyn wedi newid, wrth i fynegi teimladau bregus ac emosiwn ddod yn fwy cyffredin. Yn yr unigolyn, mae modd mynegi hyn fel: 'Os na wna i ddilyn fy nghalon, mae'n golygu fy mod yn galed ac yn annynol.' Mae'r diwylliant sy'n ffurfio sail Rheolau personol yn gweithredu ar bob lefel – systemau gwleidyddol, grwpiau ethnig a chrefyddol, dosbarth cymdeithasol, cymuned, ysgol. Beth bynnag yw'ch cefndir, mae'n debygol bellach fod eich Rheolau personol yn adlewyrchu diwylliant eich magwraeth a'r diwylliant rydych yn byw ynddo nawr, nid diwylliant eich teulu agosaf yn unig.

Mae eich Rheolau yn unigryw i chi

Er y gallai eich Rheolau personol fod â llawer yn gyffredin â rheolau pobl eraill a fagwyd yn yr un diwylliant â chi, eto ni fydd neb arall yn rhannu'ch union brofiadau bywyd. Hyd yn oed yn yr un teulu, mae profiad pob plentyn yn wahanol. Er bod rhieni'n gwneud eu gorau i fod yn deg â'u plant, bydd pob un yn cael ei drin ychydig yn wahanol, yn cael ei garu mewn ffordd wahanol, felly mae eich Rheolau chi yn unigryw.

Mae Rheolau yn gaeth ac yn gwrthsefyll newid

Mae hyn oherwydd eu bod yn siapio sut rydych chi'n gweld pethau a sut rydych chi'n gwneud synnwyr o'r hyn sy'n digwydd i chi o ddydd i ddydd. Mae'r tueddiadau negyddol mewn canfyddiad a dehongliad a drafodwyd ym Mhennod 2 yn eu hatgyfnerthu a'u cryfhau. Mae rheolau yn eich annog i ymddwyn mewn ffyrdd sy'n ei gwneud yn anodd i chi sylweddoli pa mor ddi-fudd ydyn nhw.

Meddyliwch yn ôl i'r gwaith wnaethoch chi ar wirio rhagfynegiadau gorbryderus. Fe welsoch chi sut mae rhagofalon diangen yn eich atal rhag darganfod a yw eich ofnau yn gywir. Mae rheolau yn gweithio yn yr un modd, ond ar lefel fwy cyffredinol. Felly mae Rajiv, er enghraifft, nid yn unig yn ymdrechu i fod yn 'wych 100 y cant' wrth gwblhau ei aseiniad pwysig, ond mae ganddo safonau perffeithrwydd ar gyfer popeth y mae'n ei wneud yn ogystal. Er gwaetha'i ddoniau a'i sgiliau naturiol, mae hyn yn golygu nad yw'n cael cyfle i ddarganfod nad oes gwir angen iddo roi'r fath bwysau arno'i hun.

Mae Rheolau yn gysylltiedig ag emosiynau pwerus

Mae emosiynau cryf yn arwydd eich bod wedi torri'ch Rheolau neu eich bod mewn perygl o wneud hynny. Rydych chi'n teimlo'n isel eich ysbryd neu'n llawn anobaith, nid yn drist. Rydych chi'n teimlo cynddaredd, nid tymer ddrwg. Rydych chi'n ymateb gydag ofn, nid anesmwythyd neu bryder. Mae emosiynau pwerus o'r fath yn arwydd bod Rheol ar waith, a bod y Llinell Sylfaen ar fin cael ei thanio. Yn hyn o beth, maen nhw'n gliwiau defnyddiol. Fodd bynnag, gall eu cryfder hefyd ei gwneud yn anodd mynd ati'n wrthrychol i archwilio'r hyn sy'n digwydd, ac yn anodd bod yn chwilfrydig, ymholgar ac â meddwl agored.

Mae Rheolau yn afresymol

Fel rhagfynegiadau gorbryderus a meddyliau hunanfeirniadol, dydy Rheolau Byw personol ddim yn cyd-fynd â'r ffeithiau. Dydyn nhw ddim yn gweddu i'r ffordd y mae'r byd yn gweithio, na'r hyn y gellir ei ddisgwyl yn rhesymol gan unrhyw fod dynol amherffaith normal. Mae Rajiv (tudalen 264) yn sylweddoli hyn pan mae'n cydnabod nad yw'n bosib bod yn berffaith nac osgoi beirniadaeth drwy'r amser. Byddwn yn dychwelyd at y pwynt hwn mewn mwy o fanylder pan fyddwn yn ail-lunio eich Rheolau personol.

NEWID Y RHEOLAU

Mae Rheolau yn ormodol

Mae rheolau di-fudd yn gorgyffredinoli. Dydyn nhw ddim yn cydnabod bod yr hyn sy'n ddefnyddiol ac yn ymaddasol yn newid yn ôl amgylchiadau adegau penodol. Dydyn nhw ddim yn ymateb i newidiadau mewn amser a lle, nac yn cydnabod na fydd yr hyn sy'n gweithio mewn un sefyllfa neu ar un adeg yn eich bywyd yn gweithio mewn un arall. Mae hyn yn cael ei adlewyrchu yn yr eirfa sy'n gysylltiedig â nhw: 'bob amser'/'byth', 'pawb'/'neb', 'popeth'/'dim'. Maen nhw'n eich atal rhag ymateb yn syth i newidiadau yn eich amgylchiadau, rhag ystyried pob sefyllfa yn ôl ei haeddiant, a rhag mabwysiadu ymateb hyblyg a dewis y camau gorau, yn ôl eich anghenion penodol ar adeg benodol.

Mae rheolau yn ddu a gwyn; dydyn nhw ddim yn caniatáu unrhyw arlliw o lwyd. Unwaith eto, adlewyrchir hyn yn yr eirfa sydd ynghlwm â nhw: 'rhaid i mi...', 'fe ddylwn i', yn hytrach na 'Fe fyddai o fudd i mi...' neu 'Mae'n well gen i...'; 'Mae angen i mi...' yn hytrach na 'Dwi eisiau...' neu 'Fe hoffwn i...'. Mae'r agwedd popeth-neu-ddim-byd yma o bosib yn adlewyrchu'r ffaith iddyn nhw gael eu datblygu pan oeddech chi'n ifanc iawn, cyn i chi fagu'r amrywiaeth o brofiad i weld pethau o safbwynt mwy cymhleth.

Mae Rheolau yn sicrhau bod diffyg hunan-werth yn parhau

Mae'r dilyniant a nodwyd gan Rajiv ar dudalen 264 yn tanlinellu pwynt pwysig. Sylwodd fod ei Reolau yn gofyn am rywbeth a oedd mewn gwirionedd yn amhosib: perfformiad

100% cyson a pheidio â wynebu beirniadaeth o unrhyw fath yn y byd. Mae hyn yn nodweddiadol o Reolau di-fudd sy'n gysylltiedig â diffyg hunan-werth. Maen nhw'n golygu bod eich synnwyr o'ch gwerth eich hun yn dibynnu ar bethau sy'n amhosib (e.e. bod yn berffaith, bod â rheolaeth lawn o'r hyn sy'n digwydd i chi bob amser) neu'r tu hwnt i'ch rheolaeth (e.e. cael eich derbyn a'ch hoffi gan bawb). Mae pobl yn hongian eu hunan-werth ar amrywiaeth eang o begiau:

- Bod yn ifanc
- Bod yn brydferth
- Bod yn ffit ac yn iach
- Bod mewn gwaith cyflogedig
- Bod yn rhiant
- Arian
- Statws
- Bod yn yr ysgol iawn
- Bod â phartner
- Bod o bwysau a siâp penodol
- Bod ar y brig
- Llwyddo
- Bod yn enwog
- Cael eich caru
- Bod â phlant sy'n gwneud yn dda
- Bod yn ddiogel
- Bod yn atyniadol yn rhywiol...

Mae'r rhestr yn ddiddiwedd ac yn newid o hyd. Y broblem yw na allwn ni warantu unrhyw un o'r pethau hyn. Rydyn ni i gyd yn heneiddio; rydyn ni i gyd yn sâl o bryd i'w gilydd; mae'n bosib y byddwn yn cael ein niweidio neu ein taro gan anabledd; efallai y byddwn yn colli ein swydd (boed hynny drwy adleoli cwmni, dirywiad economaidd neu hyd yn oed ymddeoliad bwriadol); mae ein plant yn gadael cartref (neu os nad ydyn nhw, mae hynny'n datblygu'n achos pryder); mae adegau yn ein bywydau pan nad oes gennym neb arbennig i'n caru ni neu pan fydd ein dyfodol yn ansicr, ac yn y blaen. Mae'r holl bethau hyn yn fregus ac yn bethau all gael eu cipio o'n gafael ni. Hynny yw, os ydyn ni'n dibynnu arnyn nhw er mwyn teimlo'n dda amdanon ni ein hunain, mae hynny'n golygu bod ein hunan-werth hefyd yn fregus. Rydych mewn sefyllfa lawer cryfach os ydych yn hapus gyda chi'ch hun am eich bod yn fyw a dim mwy, ac yn gallu derbyn eich hun yn union fel rydych chi, waeth beth fo'ch amgylchiadau.

Sut i Adnabod eich Rheolau Byw (Ymwybyddiaeth)

Beth dwi'n chwilio amdano?

Rydych yn chwilio am Reolau cyffredinol sy'n adlewyrchu'r hyn rydych yn ei ddisgwyl ohonoch chi'ch hun, eich safonau ar gyfer pwy ddylech chi fod a sut dylech ymddwyn, eich ymdeimlad o'r hyn sy'n dderbyniol a'r hyn sydd ddim yn cael ei ganiatáu, a'ch syniad o'r hyn sy'n angenrheidiol er mwyn llwyddo mewn bywyd a sicrhau perthynas foddhaol ag eraill. Yn y bôn, rydych chi'n diffinio'r hyn y mae'n rhaid i chi ei wneud er mwyn teimlo'n dda amdanoch chi'ch hun, a'r hyn y mae'ch hunan-werth yn dibynnu arno. Os ydych chi'n dioddef o ddiffyg hunan-werth, mae'n bur debyg bod y safonau hyn yn feichus ac yn afrealistig (er enghraifft, yn fwy nag y byddech chi'n ei ddisgwyl gan unrhyw berson arall). Wrth i chi archwilio eu heffaith, byddwch yn darganfod eu bod mewn gwirionedd yn eich atal rhag magu teimlad cadarn ei bod yn iawn i chi fod fel yr ydych chi.

Pa ffurf sydd i Reolau di-fudd?

Fel arfer, gallwn ddiffinio Rheolau Byw mewn un o dair ffordd: rhagdybiaethau, ysgogwyr a dyfarniadau gwerth (*value judgements*).

1. RHAGDYBIAETHAU

Dyma'ch syniadau am y cysylltiadau rhwng hunan-werth a phethau eraill mewn bywyd (er enghraifft, y rhai a restrir ar dudalen 270). Mae'r rhain fel arfer ar ffurf datganiadau 'Os yw..., yna...' (gellir hefyd eu mynegi ar ffurf 'Os na..., yna...'). Os edrychwch yn ôl ar y rhestr Rheolau Byw ar dudalennau 73–4 ym Mhennod 2, fe welwch sawl enghraifft o ragdybiaethau, fel y canlynol:

Briony	Os byddaf yn gadael i rywun glosio ataf, fe fydd yn fy mrifo ac yn manteisio arnaf
Rajiv	Os yw rhywun yn fy meirniadu, mae'n golygu fy mod wedi methu
Kate	Os nad ydw i'n gwneud popeth mae pobl yn ei ddisgwyl gen i, fe fydda i'n cael fy ngwrthod
Lin	Heb gydnabyddiaeth gan eraill, does dim byd wna i o unrhyw werth (h.y. mae popeth yn ddi-werth os nad yw'n cael ei gydnabod gan eraill)

NEWID Y RHEOLAU

Weithiau, fydd yr 'Os.../os na..., yna...' ddim yn amlwg ar unwaith, ond byddwch yn ei weld os edrychwch yn ofalus. Er enghraifft, gellid deall syniad Aaron – 'Mae'n rhaid taro'n ôl er mwyn goroesi' – fel rhagdybiaeth: '*Os* na wna i daro'n ôl, *yna* wna i ddim goroesi'.

Mae rhagdybiaethau fel y rhain yn debyg i ragfynegiadau negyddol cwbl amlwg. Maen nhw'n disgrifio beth ydych chi'n meddwl fydd yn digwydd os ydych chi'n gweithredu (neu'n methu â gweithredu) mewn ffordd benodol. Mae hyn yn rhoi cliw yn syth bìn ynghylch un ffordd bwysig o'u newid: arbrofion. Gallwch eu profi drwy sefydlu'r sefyllfa 'Os...' a gweld a yw'r 'yna...' yn digwydd mewn gwirionedd. Fel y dysgoch gyda rhagfynegiadau gorbryderus, gallai'r bygythiad ymddangos yn fwy real na'r gwirionedd ei hun.

2. YSGOGWYR

Y rhain yw'r datganiadau 'rhaid' a 'dylwn' sy'n peri i ni weithredu mewn ffyrdd penodol neu fod yn fath arbennig o bobl, er mwyn teimlo'n dda amdanon ni ein hunain. Mae rhai enghreifftiau o 'ysgogwyr' yn y rhestr ar dudalennau 73–4:

Briony	Rhaid i mi beidio â gadael i neb weld y fi go iawn
Jack	Rhaid i mi gadw rheolaeth gadarn arnaf fy hun
Mike	Fe ddylwn i allu ymdopi â phopeth a ddaw i'm rhan

Mae ysgogwyr fel arfer yn gysylltiedig â 'neu' cudd. Os gallwch ddod o hyd i'r 'neu' hwnnw, byddwch yn gallu profi pa mor gywir a defnyddiol ydyn nhw. I Briony, y 'neu' oedd 'fe fyddan nhw'n gweld fy mod i'n berson drwg ac yn fy ngwrthod i'. 'Neu' Jack oedd 'fe fyddaf yn mynd dros ben llestri ac yn difetha pethau'. 'Neu' Mike oedd 'dwi'n druenus'.

Mae'r enghreifftiau yma'n dangos y gallai'r 'neu' fod yn agos iawn at y Llinell Sylfaen. Yn wir, gall y 'neu' fod yn ddatganiad syml o'r Llinell Sylfaen: 'neu mae'n golygu fy mod i'n annigonol/annymunol/analluog/hyll' neu beth bynnag. Yn yr achos hwn, mae'r ysgogydd yn ddatganiad clir iawn o'r safonau sy'n sail i hunan-werth unigolyn.

3. DYFARNIADAU GWERTH

Mae'r rhain yn ddatganiadau ynglŷn â sut byddai pethau pe baech yn gweithredu (neu ddim yn gweithredu) mewn ffordd benodol, neu pe baech chi (neu pe na baech chi) yn fath penodol o berson. Mewn ffordd, mae'r rhain braidd yn debyg i ragdybiaethau, ond mae eu hamodau yn llai eglur ac efallai y bydd angen eu datblethu er mwyn eu deall yn llwyr. Enghreifftiau fyddai: 'Mae gwneud camgymeriadau yn beth ofnadwy', 'Mae cael eich gwrthod yn annioddefol', 'Mae'n hanfodol cadw ar ben pob dim'. Os ydych chi'n canfod rheolau sydd ar y ffurf yma, mae angen i chi holi'ch hun er mwyn bod yn glir ynghylch y gofynion y maen nhw'n eu gosod arnoch chi. Ceisiwch ddarganfod beth yn union mae'r geiriau mawr, amwys hynny'n eu golygu ('ofnadwy', 'annioddefol', 'hanfodol'). Er enghraifft:

> - Beth sydd mor 'ofnadwy' am wneud camgymeriadau? Os ydw i'n gwneud camgymeriad, beth yw'r ots?

> Beth fyddai'n ei ddweud amdana i? Beth yw'r peth gwaethaf a allai ddigwydd? Beth fyddai'r canlyniadau?
> - Beth ydw i'n ei feddwl wrth 'annioddefol'? Os ydw i'n dychmygu cael fy ngwrthod, beth yn union sy'n dod i'r meddwl? Beth ydw i'n dychmygu fyddai'n digwydd? Sut ydw i'n meddwl y byddwn i'n teimlo? Ac am ba hyd?
> - 'Hanfodol' ym mha ffordd? Beth fyddai'n digwydd pe na bawn i'n cadw ar ben pethau? Rhag beth mae bod ar ben pob dim yn fy amddiffyn i? Beth yw'r gwaethaf a allai ddigwydd pe na bawn i'n gwneud hynny? Ble fyddai hynny'n fy rhoi i? Pa fath o berson fyddai hynny'n fy ngwneud i? Pa effaith fyddai'n ei chael ar fy safle yn y byd?

Sut bydda i'n gwybod pan fyddaf wedi canfod fy Rheolau?

Gall darganfod eich Rheolau fod yn broses ddiddorol. Rydych chi'n troi'n dditectif, yn chwilio am y cliwiau sy'n datgelu craidd y stori, yn anturiaethwr ar drywydd y map a fydd yn dangos y llwybrau drwy'r jyngl i chi. Unwaith eto, ceisiwch fynd i'r afael â'r ymchwiliad hwn drwy fod yn chwilfrydig ac ymholgar – hyd yn oed fymryn yn chwareus, efallai. Beth yn union sy'n digwydd? Beth yw'r patrymau sy'n cael eu hailadrodd? Beth maen nhw'n ei olygu? Beth maen nhw'n ei ddweud am yr hyn y mae'n rhaid i chi ei wneud neu fod er mwyn i chi deimlo'n iawn amdanoch chi'ch hun?

Os nad ydych erioed wedi mynegi eich Rheolau personol ar ffurf geiriau, mae'n bosib y byddan nhw'n anoddach eu gweld na meddyliau gorbryderus a hunanfeirniadol, sydd yn aml yn amlwg yn rhedeg drwy eich meddwl ar adegau penodol.

Efallai y bydd darganfod beth yw eich Rheolau yn peri syndod i chi ('O, mae hynny'n nonsens, dydw i ddim yn credu hynny'). Os mai dyma'ch ymateb cyntaf, pwyllwch ac ystyried am eiliad. Gall fod yn anodd credu eich Rheol pan fyddwch chi'n eistedd yn dawel a honno ar ddu a gwyn o'ch blaen. Ond beth am sefyllfaoedd pan fydd y Rheol yn berthnasol? Er enghraifft, os yw'ch Rheol yn ymwneud â phlesio pobl, beth am sefyllfaoedd lle rydych chi'n teimlo nad ydych chi wedi gwneud hynny? Neu os yw'ch Rheol yn ymwneud â llwyddiant, beth am sefyllfaoedd lle rydych chi'n teimlo eich bod wedi methu? A beth am adegau pan fyddwch chi'n ofidus ac yn teimlo'n wael amdanoch chi'ch hun? Hyd yn oed os nad yw'r Rheol a nodwyd gennych yn argyhoeddi'n llwyr gefn dydd golau, a ydych mewn gwirionedd yn ymddwyn fel pe bai'n wir? Os felly, er mor annhebygol mae hynny'n ymddangos, rydych chi wedi dod o hyd iddi.

O ran nodi eich Rheolau, mae gennych eisoes gyfoeth o wybodaeth berthnasol o'r gwaith rydych chi wedi'i wneud ar ragfynegiadau gorbryderus, meddyliau hunanfeirniadol ac ehangu hunandderbyn a hunan-werth. Efallai eich bod eisoes wedi sylwi bod rhai sefyllfaoedd yn sbarduno emosiynau anghyfforddus ac yn creu problemau i chi. Mae'r rhain yn debygol o fod yn sefyllfaoedd sy'n berthnasol i'ch Rheolau personol chi.

Y sefyllfaoedd allweddol ar gyfer Rajiv, er enghraifft, oedd yr adegau hynny pan na allai berfformio yn unol â'i safonau, gan wneud iddo ofni y byddai'n cael ei feirniadu. Efallai fod sylwi ar batrymau ailadroddus yn y ffordd rydych chi'n ymateb wedi rhoi syniad eithaf clir i chi o beth yw eich Rheolau, ond peidiwch â phoeni os nad yw hynny'n wir. Os nad ydych erioed wedi mynegi'ch Rheolau ar ffurf geiriau, yna gall gymryd amser i ddod o hyd i'r fformiwla gywir. Byddwch yn greadigol ac yn agored, ac ewch i'r afael â'r dasg o gyfeiriadau gwahanol, gan ddefnyddio'r camau isod i ddatblygu syniadau ynghylch beth yw'ch Rheolau chi. Arbrofwch gyda Rheolau a geiriad gwahanol, a defnyddiwch yr holl gliwiau sydd ar gael i chi, nes dewch chi o hyd i ddatganiad cyffredinol sydd fel petai wedi bod yn dylanwadu arnoch chi'n gyson am beth amser, ac sydd wedi effeithio ar eich bywyd mewn amryw o sefyllfaoedd gwahanol.

Adnabod Rheolau Byw: Ffynonellau gwybodaeth

Gallwch ddefnyddio nifer o ffynonellau gwybodaeth i nodi eich Rheolau. Mae rhai o'r rhain wedi'u crynhoi isod a'u disgrifio'n fanylach ar dudalennau 278-84. Mae'n debyg y bydd y broses yn fwyaf gwerth chweil a diddorol os ydych chi'n archwilio amrywiaeth o wahanol ffynonellau.

Mae'n bwysig i chi sylweddoli fod gennych nifer o Reolau o bosib, felly nodwch unrhyw reol rydych chi'n ei darganfod. Mae'n debyg ei bod yn well gweithio'n systematig a chwilio am un ar y tro. Fel arall, efallai y byddwch yn colli golwg ar yr hyn rydych chi'n ei wneud. Dewiswch Reol i weithio arni sy'n ymwneud ag agwedd ar eich bywyd rydych chi'n benodol am ei newid (e.e. eich perthynas â phobl eraill). Pan fyddwch wedi cwblhau'r broses o lunio Rheol amgen a'i phrofi, gallwch ddefnyddio'r hyn a ddysgoch chi i fynd i'r afael â newid unrhyw Reolau di-fudd eraill.

> **Ffigur 27: Adnabod Rheolau Byw Di-fudd:**
> **Ffynonellau Gwybodaeth**
>
> - Datganiadau uniongyrchol
> - Themâu
> - Eich barn amdanoch chi'ch hun a phobl eraill
> - Atgofion, dywediadau teuluol
> - Dilyn y gwrthwyneb (pethau rydych chi'n teimlo'n dda iawn yn eu cylch)
> - Saeth i lawr

Datganiadau uniongyrchol

Edrychwch drwy'ch cofnod o'ch rhagfynegiadau gorbryderus a'ch meddyliau hunanfeirniadol, a chwiliwch am unrhyw Reolau sy'n ffugio bod yn feddyliau penodol. Ystyriwch a oes unrhyw un o'ch rhagfynegiadau mewn sefyllfaoedd penodol yn adlewyrchu materion ehangach? A oes rhai o'ch meddyliau hunanfeirniadol yn enghreifftiau penodol o Reol fwy cyffredinol?

Wrth ruthro i gwblhau ei aseiniad, mae Rajiv wedi meddwl: 'Mae'n rhaid i hyn fod yn wych 100 y cant'. Ar ôl ystyried, gwelodd y gallai'r datganiad hwn fod yn berthnasol mewn llawer o sefyllfaoedd eraill hefyd – roedd yn Rheol gyffredinol.

Themâu

Hyd yn oed os na chaiff Rheolau Byw eu datgan yn uniongyrchol yn eich taflenni cofnodion, a allwch chi adnabod pryderon a hel meddyliau parhaus? Beth am themâu sy'n rhedeg drwy'r gwaith a wnaethoch? Pa fath o sefyllfaoedd sy'n siŵr o wneud i chi amau eich hun (er enghraifft, sylwi na wnaethoch chi rywbeth yn dda, neu orfod cyfarfod pobl ddieithr)? Pa elfennau ohonoch chi'ch hun rydych chi'n fwyaf llawdrwm amdanyn nhw? Pa ymddygiad mewn pobl eraill sy'n tanseilio'ch hyder? Gall ailadrodd themâu roi rhywfaint o syniad i chi o'r hyn sydd ei angen gennych chi'ch hun, pobl eraill a'r byd yn gyffredinol er mwyn cynnal eich ymdeimlad o hunan-werth.

Wrth gofnodi ei meddyliau gorbryderus a hunanfeirniadol, sylwodd Lin ei bod hi'n llawdrwm arni ei hun pryd bynnag y byddai rhywun yn dangos unrhyw arwydd o beidio â hoffi un o'i darluniau. Ar ôl ystyried, fe wnaeth hyn ei helpu i nodi Rheol newydd: 'Os yw rhywun yn feirniadol ohonof, mae'n rhaid bod rhywbeth o'i le arna i.' Ar y llaw arall, wrth gofnodi ei weithgareddau yn y Dyddiadur Gweithgareddau Dyddiol, sylwodd Rajiv ei fod yn tueddu i ddiystyru unrhyw weithgaredd nad oedd yn cael sgôr Cyflawniad o 8 neu uwch. Ar ôl ystyried, sylweddolodd fod meddylfryd popeth-neu-ddim fel hyn yn adlewyrchu un o'i Reolau perffeithydd: 'Os nad yw'n 100 y cant, 'sdim pwynt.'

Eich barn amdanoch chi'ch hun a phobl eraill

Edrychwch ar eich meddyliau hunanfeirniadol. Dan ba amgylchiadau ydych chi'n dechrau tanseilio'ch hun? Beth ydych chi'n feirniadol ohono? Beth mae hynny'n ei ddweud wrthych chi am yr hyn rydych chi'n ei ddisgwyl gennych chi'ch hun? Beth allai ddigwydd pe baech yn llacio'ch safonau? Sut byddai pethau'n gallu mynd o chwith? Beth fydd pen draw methu ffrwyno'ch hun ac ufuddhau i'r Rheol? Pa fath o berson fyddai'n bosib i chi fod (e.e. twp, diog, hunanol)? Beth na chewch chi ei wneud neu na chewch fod, doed a ddêl?

Ystyriwch hefyd beth rydych chi'n ei feirniadu mewn pobl eraill. Pa safonau ydych chi'n disgwyl iddyn nhw eu bodloni? Gall hynny adlewyrchu'r gofynion rydych chi'n eu mynnu gennych chi'ch hun. Er enghraifft, sylwodd Rajiv ei fod yn ddiamynedd gyda phobl a oedd ag agwedd hamddenol at eu gwaith, yn caniatáu awr ginio iddyn nhw'u hunain ac yn mynd adref ar amser rhesymol. Byddai'n dweud wrtho'i hun, 'Da i ddim. Pam maen nhw'n trafferthu dod i'r gwaith o gwbl?' Roedd yr agwedd lawdrwm hon tuag at bobl eraill yn gliw arall am y safonau uchel a ddisgwyliai ganddo ef ei hun.

Atgofion, dywediadau teuluol

Fel rydyn ni wedi sôn, profiad sydd wrth wraidd Rheolau. Weithiau, gall pobl eu holrhain i brofiadau cynnar penodol, neu i bethau a ddywedwyd ar aelwyd eu magwraeth. Gall adnabod y rhain eich helpu i ddeall y polisïau rydych chi wedi'u mabwysiadu. Efallai fod eich Rheolau wedi dyddio ac yn ddi-fudd bellach, ond ar un adeg, roedden nhw'n gwneud synnwyr perffaith.

Wrth ofyn am rywbeth pan oeddwn yn blentyn, byddwn gan amlaf yn derbyn yr ateb anghymeradwyol: 'Dydy "dwi eisiau" ddim yn golygu dy fod yn cael.' Y neges glir i mi oedd: os oeddwn i eisiau rhywbeth, yna ni fyddwn yn ei gael, neu byddai rhywun yn mynd ag ef oddi arna i. Er mwyn osgoi siom, roedd yn well peidio â bod eisiau unrhyw beth, ac yn sicr doedd dim lles mynegi'r hyn roeddech chi ei eisiau'n agored.

Flynyddoedd lawer yn ddiweddarach, ar ôl cael plant fy hun, sylweddolais mai neges hollol wahanol oedd y tu ôl i'r 'Dydy "dwi eisiau" ddim yn golygu dy fod yn cael', sef: 'Os wyt ti eisiau rhywbeth, dwed os gwelwch yn dda' neu, yn ehangach, 'Bydd yn gwrtais'. Er fy mod i'n deall hyn bellach, dwi weithiau'n dal i deimlo'n lletchwith ac yn anghyfforddus wrth ofyn yn uniongyrchol am yr hyn dwi ei eisiau, ac yn bryderus ynglŷn ag ymrwymo i ddeisyfu rhywbeth o waelod calon. A dweud y gwir, dwi hefyd yn cael trafferth diffinio beth dwi ei eisiau o gwbl.

Mae'r enghraifft hon yn dangos sut gall datganiadau fod ag un ystyr i'r sawl sy'n eu llunio, ac un arall i'r sawl sy'n eu derbyn. Newidiodd gwers mewn cwrteisi i fod yn rhywbeth llawer llai diniwed. Fel plentyn, heb wybod yn wahanol, derbyniais y neges yn gwbl lythrennol. O ganlyniad, mae'r polisi a ddatblygais o ganlyniad i hynny wedi aros gyda mi, a dydy deall yr anhawster a'i darddiad ddim wedi ei ddileu yn llwyr. Dim ond y cam cyntaf at newid eich Rheolau yw eu hadnabod.

Meddyliwch yn ôl i'r adeg pan oeddech chi'n ifanc, yn blentyn ac yn eich arddegau, ac ystyriwch y negeseuon a gawsoch chi ynghylch sut i ymddwyn a pha fath o berson y dylech chi fod. Gofynnwch i chi'ch hun:

Pan oeddwn i'n tyfu i fyny:

- Beth ddywedwyd wrtha i y dylwn ac na ddylwn ei wneud?
- Beth oedd canlyniadau peidio ag ufuddhau i'r hyn a ddywedwyd wrtha i? Pa fath o berson wnaeth hynny fy ngwneud i? Beth ddywedwyd wrtha i y dylwn ei ddisgwyl? Beth oedd y goblygiadau i'm perthynas â phobl eraill, neu ar gyfer fy nyfodol?
- Am beth oeddwn i'n cael fy meirniadu, fy nghosbi neu fy mychanu?
- Beth oedd pobl yn ei ddweud neu ei wneud pan fethais fodloni'r safon neu'r disgwyliadau?
- Sut gwnaeth pobl oedd yn bwysig i mi ymateb pan wnes i gamgymeriadau, neu os oeddwn yn ddrwg, neu os na wnes yn dda yn yr ysgol?
- Am beth ges i fy nghanmol a'm gwerthfawrogi?
- Beth oedd rhaid i mi ei wneud neu fod er mwyn derbyn cysur ac anwyldeb?
- Pa ddiarhebion a dywediadau teuluol sy'n dod i'r cof (e.e. 'gwell diogel nag edifar', 'mewn llafur mae elw', 'nid da lle gellir gwell', 'canmoled arall dydi')

I'ch helpu i chwilio am atgofion o brofiadau penodol, edrychwch ar eich cofnodion meddwl eto, a dewiswch deimladau a meddyliau sydd fel petaent yn nodweddiadol ohonoch chi (themâu). Gofynnwch i chi'ch hun:

- Pryd gefais i'r teimladau hynny gyntaf, neu sylwi arnaf fy hun yn meddwl ac yn ymddwyn fel hyn? Beth oedd yr amgylchiadau?
- Pan fyddaf yn edrych ar rywbeth sydd fel arfer yn fy ngwneud yn orbryderus neu'n sbarduno hunanfeirniadaeth, ydy hyn yn fy atgoffa o unrhyw beth yn fy ngorffennol? Lleisiau neu wynebau pwy sy'n dod i'r meddwl?
- Pryd wnes i sylweddoli gyntaf fod rhai pethau'n ddisgwyliedig gen i, neu synhwyro fod cymeradwyaeth neu gariad yn dibynnu ar rywbeth roedd yn ofynnol i mi ei wneud neu fod, yn hytrach nag ar fy modolaeth yn unig?
- Pa atgofion, delweddau neu ddywediadau penodol sy'n dod i'r meddwl? Atgyfnerthwyd awydd Kate i blesio, er enghraifft, gan ddatganiad cyson ei mam: 'Os wyt ti'n ferch ddrwg, fydd Mam ddim yn dy garu di mwyach.' Roedd ganddi hefyd atgof clir (a oedd yn dal i beri gofid iddi) o'i mam yn gadael y tŷ'n ddisymwth ar ôl ffrae. Gallai Kate weld ei hun yn rhedeg i lawr y stryd, yn crefu ar ei mam i ddychwelyd, yn gwbl sicr yn ei meddwl ei bod hi'n cael ei gadael.

Dilyn y gwrthwyneb

Mae eich gwybodaeth am sefyllfaoedd sy'n anodd i chi yn un ffynhonnell wybodaeth werthfawr am eich Rheolau Byw. Efallai y byddwch hefyd yn dod o hyd i gliwiau drwy edrych yn ofalus ar yr adegau pan fyddwch chi'n teimlo'n arbennig o dda. Mae'n bosib mai dyma'r adegau pan fyddwch chi wedi ufuddhau i'r Rheolau, gwneud fel y dylech a chael yr ymatebion gan eraill sydd eu hangen arnoch er mwyn teimlo'n dda amdanoch chi'ch hun. Fe *wnaethoch* chi gyrraedd y safonau uchel hynny, *roeddech* chi'n edrych yn gwbl drawiadol ym mhob manylyn, *roedd* pawb yn eich hoffi chi, *roedd* yn anodd ond fe wnaethoch chi gadw rheolaeth ar bethau. Felly, gofynnwch i chi'ch hun:

> - Beth sy'n gwneud i mi deimlo'n wironeddol dda?
> - Beth yw goblygiadau hyn? Pa Reol y gallwn fod wedi ufuddhau iddi? Pa safonau dwi wedi'u bodloni?
> - Pa rinweddau a gweithredoedd ydw i'n eu hedmygu a'u gwerthfawrogi mewn pobl eraill? Beth mae hyn yn ei ddweud wrtha i am sut ydw innau i fod i weithredu neu ymddwyn?

Saeth i lawr

Mae hon yn ffordd o ddefnyddio'ch ymwybyddiaeth o sut rydych chi'n meddwl a theimlo mewn sefyllfaoedd problemus penodol i adnabod Rheolau cyffredinol. Cafodd ei disgrifio gyntaf yn *Feeling Good* gan David Burns, sef llawlyfr CBT hunangymorth ar gyfer iselder. Fe welwch enghraifft (saeth i lawr Rajiv) ar dudalen 290. Dyma'r camau dan sylw:

EICH MAN CYCHWYN

Meddyliwch am sefyllfa broblemus sydd wastad yn gwneud i chi boeni a theimlo'n wael amdanoch chi'ch hun (er enghraifft, cael eich beirniadu, methu cadw at ddyddiad cau/ terfyn amser, osgoi cyfle). Dyma'r sefyllfaoedd lle mae'ch Llinell Sylfaen yn cael ei thanio oherwydd eich bod mewn perygl o dorri eich Rheolau, neu wedi eu torri. Nawr, dewch o hyd i enghraifft ddiweddar sy'n dal yn fyw yn eich cof.

Y MANYLION

Dewch â'r enghraifft yn fyw i'r meddwl. Beth oedd y sefyllfa? Beth yn union ddigwyddodd? Pa feddyliau neu ddelweddau oedd yn mynd drwy eich meddwl? Pa emosiynau deimloch chi? Beth oedd yn digwydd i chi'n gorfforol? Beth wnaethoch chi? A beth oedd y canlyniad? Cofnodwch bopeth rydych yn ei gofio, yn fanwl.

Wedi i chi wneud hynny, nodwch y meddwl neu'r ddelwedd y tybiwch sydd bwysicaf i chi, ac sy'n egluro'n llawn eich profiad, sut roeddech chi'n teimlo a beth wnaethoch chi.

Y SAETH I LAWR

Yna, yn lle mynd ati'n syth i chwilio am ddewisiadau amgen, gofynnwch i chi'ch hun: 'Pe bai'r meddwl hwnnw neu'r ddelwedd honno yn wir, beth fyddai hynny'n ei olygu i mi?' Pan ddewch o hyd i'ch ateb i'r cwestiwn hwn, yn hytrach na cheisio canfod dewisiadau amgen, gofynnwch y cwestiwn eto: 'Pe bai hynny hefyd yn wir, beth fyddai'n ei olygu i mi?' Yna gwnewch yr un peth eto. Daliwch ati gam wrth gam nes i chi ganfod y Rheol sylfaenol sy'n gwneud synnwyr o'ch meddyliau a'ch teimladau yn y sefyllfa broblemus benodol lle dechreuoch chi. Does dim nifer penodol o gamau rhwng y sefyllfa a'r Rheol. Mae pobl weithiau'n cyrraedd yno'n gyflym iawn, weithiau ddim – yn enwedig os nad yw'ch

Rheol erioed wedi'i mynegi ar ffurf geiriau.

'Beth fyddai hynny'n ei olygu i chi?' yw un cwestiwn posib y gallwch ei ddefnyddio i ddechrau mynd ar drywydd y saeth i lawr. Isod, mae yna gwestiynau eraill a allai fod yn ddefnyddiol i dynnu sylw at y rheol sydd wrth wraidd y broblem.

Efallai y bydd yn ddiddorol i chi ddilyn saethau i lawr o nifer o wahanol fannau cychwynnol. Mae hyn yn arbennig o bwysig os ydych chi'n ei chael hi'n anodd adnabod eich Rheol wrth fynd i'r afael am y tro cyntaf â'r saeth i lawr, a'ch bod yn synhwyro presenoldeb mwy nag un Rheol – yn aml iawn, mae gan bobl fwy nag un. Dyma ffordd o wirio eich bod ar y trywydd iawn yn ogystal â ffordd o ddarganfod unrhyw Reolau eraill posib. Arbrofwch drwy holi cwestiynau gwahanol hefyd. Gall yr atebion daflu goleuni ar bethau i chi.

Ffigur 28: Cwestiynau Saeth i Lawr

- Pe bai hynny'n wir, beth fyddai'n ei olygu i mi?
- Pe bai hynny'n wir, beth fyddai'n digwydd wedyn?
- Beth yw'r gwaethaf a allai ddigwydd? A beth fyddai'n digwydd wedyn? Ac wedyn?
- Beth fyddai mor ddrwg am hynny? (Noder: nid yw 'byddwn yn teimlo'n wael' yn ateb defnyddiol i'r cwestiwn hwn. Mae'n debyg y byddai hynny'n wir, ond nid yw'n dweud dim byd defnyddiol na diddorol am eich Rheolau. Os yw'ch ymateb cyntaf yn ymwneud â'ch teimladau, gofynnwch i chi'ch hun pam y byddech chi'n teimlo'n wael.)
- Sut byddai hynny'n broblem i mi?
- Beth yw goblygiadau hynny?

- Beth mae'n ei ddweud wrtha i am sut dylwn i ymddwyn?
- Beth mae'n ei ddweud wrtha i am yr hyn dwi'n ei ddisgwyl gennyf i fy hun, neu gan bobl eraill?
- Beth mae'n ei ddweud wrtha i am y safonau dwi'n eu gosod arnaf fy hun?
- Beth mae'n ei ddweud wrtha i am y math o berson y dylwn i fod er mwyn teimlo'n dda amdanaf fy hun?
- Beth mae'n ei ddweud wrtha i am yr hyn y mae'n rhaid i mi ei wneud neu fod, er mwyn cael fy nerbyn, fy nghymeradwyo, fy hoffi neu fy ngharu gan bobl eraill?
- Beth mae'n ei ddweud wrtha i am yr hyn y mae'n rhaid i mi ei wneud neu fod er mwyn llwyddo mewn bywyd?

Pan fyddwch chi'n dilyn y saeth i lawr ac yn cael teimlad o fynd mewn cylchoedd ar ôl pwynt penodol, y tebygolrwydd yw eich bod wedi cyrraedd eich Rheol, ond nad yw ar ffurf y gallwch ei hadnabod yn hawdd. Rhowch y gorau i holi, a chamwch yn ôl i ystyried trefn y pethau rydych wedi'u codi. Pa Reol Byw y mae'r camau terfynol yn ei hawgrymu i chi? Pan fydd gennych syniad, rhowch gynnig arni ar lefel Rheol ddrafft. Allwch chi feddwl am sefyllfaoedd eraill lle gallai hyn fod yn berthnasol? Ydy e'n gwneud synnwyr o ran sut rydych chi'n gweithredu yn rhywle arall?

Rhowch gynnig ar fan cychwyn arall tebyg. Ydych chi'n cyrraedd yr un man? Treuliwch rai dyddiau'n arsylwi arnoch eich hun, yn enwedig eich rhagfynegiadau gorbryderus a'ch meddyliau hunanfeirniadol. Ydy'ch Rheol ddrafft yn gwneud synnwyr o ran sut rydych chi'n arfer ymateb? Os ydy hi, rydych mewn sefyllfa i ddechrau chwilio am ddewis amgen mwy defnyddiol. Os nad ydy hi, pa Reol allai fod yn eglurhad gwell o'r hyn rydych wedi sylwi arno? Peidiwch â digalonni – daliwch ati a rhowch gynnig arall arni.

Efallai y gwelwch fod gennych chi syniad cyffredinol beth yw'ch Rheol, ond nad yw'r ffordd rydych chi wedi ei mynegi yn teimlo'n iawn. Chwaraewch gyda'r geiriad nes i chi ddod o hyd i fersiwn sy'n teimlo'n iawn i chi. Rhowch gynnig ar y gwahanol ffurfiau posib y gall Rheol eu cymryd: rhagdybiaethau, ysgogwyr a dyfarniadau gwerth. Pan gewch y geiriad iawn, cewch ymdeimlad o adnabyddiaeth – 'Aha! Felly dyna beth yw e.'

Asesu effaith eich Rheolau Byw

Dydy Rheolau ddim yr un peth â rhagfynegiadau gorbryderus neu feddyliau hunanfeirniadol. Dydyn nhw ddim yn neidio i'ch meddwl dan amgylchiadau penodol ar adegau penodol. Maen nhw'n llawer ehangach, yn fwy cyffredinol eu heffaith, ac yn gallu dylanwadu ar sut rydych chi'n meddwl, yn teimlo ac yn gweithredu ar draws amrywiaeth eang o wahanol sefyllfaoedd, ac ar draws amser. Fel rydyn ni wedi'i drafod eisoes, mae'n bosib eich bod wedi eu dysgu pan oeddech chi'n ifanc iawn.

Unwaith y byddwch wedi nodi Rheol ddi-fudd, mae'n werth ystyried ei heffaith ar eich bywyd. Pan ddaw'n fater o'i newid, bydd angen i chi nid yn unig lunio Rheol Byw arall amgen, un fwy realistig a defnyddiol, ond hefyd bydd angen lleihau dylanwad parhaus yr hen Reol ar eich bywyd o ddydd i ddydd.

Bydd cydnabod ei heffaith yn eich helpu i gyflawni hyn.

Bydd llawer o'r wybodaeth sydd ei hangen arnoch gennych chi eisoes o'r gwaith a wnaethoch chi ar ragfynegiadau gorbryderus, meddyliau hunanfeirniadol a chynyddu hunan-werth.

Dechreuwch drwy edrych ar eich bywyd ar hyn o bryd. Pa agweddau ar eich bywyd mae eich Rheol yn effeithio arnyn nhw? Perthynas ag eraill, efallai? Gwaith? Astudio? Sut rydych chi'n treulio'ch amser hamdden? Pa mor dda ydych chi'n gofalu amdanoch chi'ch hun? Sut rydych chi'n ymateb pan na fydd pethau'n mynd yn dda? Sut rydych chi'n ymateb i gyfleoedd a heriau? Pa mor dda ydych chi am fynegi eich teimladau a sicrhau bod eich anghenion yn cael eu diwallu? Sut rydych chi'n gwybod bod eich Rheol ar waith? Beth yw'r cliwiau? Emosiynau penodol, teimladau corfforol neu drywyddau meddwl? Pethau rydych chi'n eu gwneud (neu'n methu eu gwneud)? Ymatebion a gewch gan bobl eraill?

Nawr, edrychwch yn ôl dros amser. Allwch chi weld patrwm tebyg yn ymestyn i'ch gorffennol? O safbwynt hanesyddol, pa effaith gafodd y Rheol arnoch chi? Pa bolisïau a rhagofalon hunanddiogelu diangen y mae hi wedi'u hysgogi? Ydych chi wedi methu gwneud neu fanteisio ar rywbeth, neu wedi colli neu beryglu rhywbeth oherwydd y Rheol? Pa gyfyngiadau y mae wedi eu gosod arnoch chi? Sut mae wedi tanseilio eich rhyddid i werthfawrogi eich hun ac i ymlacio yng nghwmni pobl eraill? Sut mae wedi effeithio ar eich gallu i fwynhau pleser? Edrychwch yn ôl ar y gwaith rydych chi wedi'i wneud mewn penodau blaenorol. Faint o'r ymatebion o ddydd i ddydd y sylwoch chi arnyn nhw oedd yn gysylltiedig â'r Rheol hon?

GORESGYN DIFFYG HUNAN-WERTH

Ffigur 29: Y Saeth i Lawr: Rajiv

Sefyllfa:
Methu ateb cwestiwn mewn cyfarfod

Emosiynau:
Gorbryderus, hunanymwybodol, chwithig

Teimladau Corfforol:
Gên yn dynn, dwylo poeth

Meddwl:
'Fe ddylwn i wybod yr ateb i hynna'

Beth mae'n ei olygu i mi nad ydw i'n gwybod

'Nad ydw i'n gwneud fy ngwaith yn iawn'

Pe bai hynny'n wir, beth fyddai'n ei olygu i mi?

'Yn hwyr neu'n hwyrach, fe fydd pobl yn sylweddoli nad ydw i'n ddigon da'

Pe bai hynny'n wir, beth fyddai'n digwydd wedyn?

'Byddwn yn colli hygrededd. Efallai y byddwn yn cael fy symud i swydd ar raddfa is'

A beth yw goblygiadau hyn oll ar gyfer fy mherfformiad?

'Alla i wir ddim fforddio methu ateb unrhyw gwestiwn. Mae'n rhaid i mi fodloni'r disgwyliadau o hyd, waeth beth fo'r amgylchiadau'

Felly beth yw'r Rheol?
Os na fydda i'n cael popeth yn iawn bob tro, wna i ddim cyrraedd unman mewn bywyd

Crynhoi eich canfyddiadau

Erbyn hyn, dylech fod â syniad da o'r hyn y gallai eich Rheol (neu Reolau) fod. Atgyfnerthwch hynny drwy grynhoi'r hyn rydych wedi'i ddarganfod yn ysgrifenedig:

- Fy Rheol yw:

- Mae'r Rheol hon wedi cael yr effaith ganlynol ar fy mywyd:

- Dwi'n gwybod bod y Rheol ar waith oherwydd (nodwch eich meddyliau, emosiynau, teimladau corfforol, ymddygiad):

Efallai y bydd yn ddefnyddiol i chi gynyddu eich ymwybyddiaeth o sut mae'r Rheol yn gweithredu drwy ei gwylio ar waith am rai dyddiau. Casglwch enghreifftiau (bydd y rhain yn debyg iawn i'r hyn rydych chi wedi ei gofnodi eisoes, mae'n siŵr) a mireiniwch eich dealltwriaeth o sut mae'n dylanwadu arnoch chi a'r arwyddion sy'n dweud wrthych chi ei bod ar waith. Unwaith y byddwch wedi ei hadnabod, mae'n bosib y byddwch yn gweld ei dylanwad ar sawl agwedd ar eich bywyd bob dydd.

Newid y Rheolau: Ailfeddwl ac arbrofion

Efallai fod eich Rheolau Byw wedi bod yno ers cryn amser, ond er nad ydyn nhw'n mynd i newid dros nos, dydych chi ddim yn gorfod dechrau o'r dechrau'n deg. Mae'r sgiliau craidd rydych eisoes wedi'u meistroli wrth ddelio â rhagfynegiadau gorbryderus a meddyliau hunanfeirniadol, er mwyn canolbwyntio ar eich nodweddion da a thrin eich hun gyda pharch a charedigrwydd, i gyd yn ganolog i newid y Rheolau. A chithau nawr yn gwybod beth ydyn nhw, byddwch yn symud ymlaen i gwestiynu'r Rheolau eu hunain (ailfeddwl), ac yna i arbrofi drwy wneud pethau'n wahanol. Mae rhestr o rai cwestiynau defnyddiol ar dudalen 293 ac maen nhw'n cael eu trafod yn fanylach isod.

Eich nod yw canfod Rheolau newydd a fydd yn eich annog i fabwysiadu safonau mwy realistig a thosturiol i chi'ch hun a'ch helpu i gael yr hyn rydych chi ei eisiau o fywyd. Fel y soniwyd yn gynharach, efallai i chi ddarganfod mwy nag un Rheol ddi-fudd sy'n cynnal eich diffyg hunan-werth (er enghraifft, mae angen cymeradwyaeth arnoch chi, ac rydych hefyd yn berffeithydd). Os felly, dechreuwch gyda'r un y byddech chi'n hoffi ei newid fwyaf, ac yna defnyddiwch yr hyn rydych chi'n ei ddysgu i ail-lunio'r lleill. Bydd yn fwy buddiol i chi weithio'n systematig ar un Rheol ar y tro na neidio o un i'r llall, a gwneud ychydig fan hyn fan draw. Efallai y bydd yn ddefnyddiol i chi grynhoi'ch dadl a sut rydych chi'n bwriadu treialu eich Rheol newydd, fel yr awgrymir isod.

Ffigur 30: Newid y Rheolau: Cwestiynau Defnyddiol

- O ble ddaeth y Rheol?
- Ym mha ffyrdd y mae'r Rheol yn afresymol?
- Beth yw manteision ufuddhau i'r Rheol?
- Beth yw'r anfanteision?
- Pa Reol amgen fyddai'n fwy realistig a defnyddiol?
- Beth sydd angen i mi ei wneud i dreialu fy Rheol newydd?
- Sut galla i fynd ati i'w rhoi ar waith o ddydd i ddydd?

O ble ddaeth y Rheol?

Nid ymdrybaeddu yn y gorffennol yw'r amcan yma, ond yn hytrach rhoi eich Rheolau mewn cyd-destun, deall sut maen nhw wedi dechrau a beth sydd wedi eu cynnal. Bydd hyn yn eich helpu i gamu'n ôl a'u gweld fel strategaethau hen ffasiwn nad oes angen i chi ufuddhau iddyn nhw mwyach. Cofiwch y cwestiynau hyn:

- I ba raddau mae fy mhrofiad yn y gorffennol yn rhoi ystyr i'm Rheolau?
- Pa mor dda y mae'n esbonio'r strategaethau dwi wedi'u mabwysiadu?
- Pa mor dda y mae'n fy helpu i ddeall sut dwi'n gweithredu yn y presennol?

GORESGYN DIFFYG HUNAN-WERTH

Mae'n bosib bod gennych syniad da o ble mae eich Rheolau'n dod eisoes. Bydd deall eu tarddiad yn eich helpu i weld mai dyna oedd eich opsiynau gorau, o gofio'r wybodaeth oedd ar gael i chi ar y pryd. Ynddi'i hun, fydd y ddealltwriaeth dosturiol hon ddim o reidrwydd yn creu newid sylweddol, ond gall fod yn gam cyntaf defnyddiol tuag at ddiweddaru eich Rheolau. Fodd bynnag, os na allwch feddwl o ble maen nhw wedi dod, peidiwch â digalonni. Dydy'r wybodaeth honno ddim yn hanfodol er mwyn newid. Y cyfan mae'n ei olygu yw bod y cwestiynau canlynol yn debygol o fod yn fwy defnyddiol i chi.

Os ydych chi'n gwybod beth ydyn nhw, crynhowch y profiadau yn eich bywyd a arweiniodd at y Rheol rydych chi'n gweithio arni. Atgoffwch eich hun am y tro cyntaf i chi weld yr arwyddion ei bod ar waith. A oedd y Rheol yn rhan o'ch diwylliant teuluol, neu'n rhan o ddiwylliant ehangach eich magwraeth? Wnaethoch chi ei mabwysiadu fel ffordd o ddelio ag amgylchiadau anodd a gofidus? A oedd yn ffordd o sicrhau'r agosrwydd a'r gofal roedd arnoch eu hangen fel plentyn? Neu o reoli oedolion annoeth neu anwadal? Neu o ymdopi â gofynion ysgol, neu'r newid i fywyd fel oedolyn? Neu efallai o amddiffyn eich hun rhag bod yn destun gwawd neu'n gocyn hitio?

Efallai y byddwch hefyd am ystyried profiadau diweddarach sydd wedi cyfrannu at gadw'r Rheol yn ei lle. Er enghraifft, ydych chi wedi cael eich dal mewn perthynas gamdriniol? A oes pobl eraill wedi mabwysiadu safiad heriol a beirniadol eich rhieni tuag atoch chi? Ydych chi wedi canfod eich hun mewn amgylcheddau sy'n atgyfnerthu'r polisïau a fabwysiadwyd gennych dro ar ôl tro? Er enghraifft, roedd gan Rajiv broblemau penodol mewn un swydd lle'r oedd ei reolwr yn ddrwg ei dymer ac yn feirniadol. O dan y fath bwysau, dyblodd ei ymdrechion i wneud pethau'n iawn.

O dderbyn bod y Rheol yn gwneud synnwyr ar un adeg, pa mor berthnasol yw hi i chi bellach, fel oedolyn? Os ydych chi'n dod o gefndir sy'n Gristnogol ar y cyfan, mae'n debyg eich bod ar un adeg yn eich bywyd yn credu yn Siôn Corn, ac roedd gennych bob rheswm dros wneud hynny. Dywedodd pobl roeddech chi'n ymddiried ynddyn nhw ei fod yn bodoli, ac fe welsoch y dystiolaeth gyda'ch llygaid eich hun ar fore Nadolig. Roedd yn gwneud synnwyr perffaith i fabwysiadu polisi o geisio bod yn blentyn arbennig o dda yn y dyddiau cyn y Nadolig a hongian hosan (neu gas gobennydd) ar gyfer eich anrhegion. Pan oeddwn i'n blentyn, roedden ni hefyd yn gadael gwydraid o frandi a mins pei allan i'r hen ŵr, a moron ar gyfer y ceirw. Yn y bore, doedd dim ond briwsion yn weddill.

Ond mae pethau'n newid, ac mae gennych bellach brofiad ehangach o fywyd a dealltwriaeth wahanol o'r hyn a oedd yn digwydd ar Noswyl Nadolig. A chithau'n oedolyn, mae'n annhebygol eich bod yn dal i gredu fod Siôn Corn yn bodoli ac yn ymddwyn yn unol â hynny. Byddai'n od pe baech chi'n dal i hongian eich hosan – oni bai, wrth gwrs, bod gennych reswm da dros dybio y bydd rhywun arall yn eich cartref yn ei llenwi, neu os ydych chi'n chwarae Siôn Corn ar gyfer cenhedlaeth newydd o blant.

Os ydych chi'n dod o gefndir diwylliannol nad yw'n cydnabod Siôn Corn, efallai y gallwch feddwl am chwedlau neu straeon eraill roeddech chi'n credu ynddyn nhw fel plentyn ond yr ydych bellach, fel oedolyn, yn eu deall yn wahanol. Efallai fod yr un peth yn wir am eich Rheolau personol. Ydyn nhw'n dal i fod yn angenrheidiol neu'n fuddiol? Neu a fyddech chi'n well eich byd gyda safbwynt wedi'i ddiweddaru?

Ym mha ffyrdd y mae'r Rheol yn afresymol?

Mae'r cwestiwn hwn yn dilyn yr un math o drywydd â chwestiynu meddyliau negyddol drwy asesu'r dystiolaeth o'u plaid ac yn eu herbyn. Mae gofynion Rheolau Byw di-fudd yn eithafol. Yn yr achos yma, maen nhw'n gwyro oddi wrth y ffeithiau ac yn gwrthod cydnabod cyfoeth ac amrywiaeth profiad. Defnyddiwch eich gwybodaeth fel oedolyn i weld y ffyrdd y mae eich Rheol yn methu ystyried sut mae'r byd yn gweithio. Sut mae'n mynd y tu hwnt i'r hyn sy'n rhesymol bosib ar gyfer bod dynol normal, amherffaith, neu'r hyn y byddech chi'n ei ddisgwyl gan unigolyn arall rydych yn ei barchu ac â meddwl mawr ohono? Ym mha ffyrdd y mae gofynion y Rheol dros ben llestri, yn ormodol neu hyd yn oed yn amhosib eu bodloni?

Contract a wnaethoch gyda chi'ch hun pan oeddech yn blentyn oedd hwn, cofiwch. A fyddech chi'n caniatáu i blentyn redeg eich bywyd ar eich rhan? Pam ddim? Beth ydych chi'n gallu'i weld fel oedolyn na fyddech chi'n ei ddeall pan oeddech chi'n ifanc iawn? O ystyried eu profiad cyfyngedig o fywyd, pa mor dda yw plant am weld bod un sefyllfa yn wahanol i un arall, nad yw'r hyn sy'n gweithio gydag un person yn gweithio gydag un arall, bod popeth yn pasio, na fydd yr hyn sy'n wir ar un adeg ac mewn un lle o reidrwydd yn wir ar adeg ac mewn lle arall?

NEWID Y RHEOLAU

Beth yw manteision ufuddhau i'r Rheol?

Waeth pa mor ddi-fudd ydyn nhw yn y tymor hir, mae manteision gwirioneddol i Reolau Byw, a dyna sy'n helpu i'w cynnal.

Er enghraifft, gwyddai Rajiv fod ei safonau uchel yn ei gymell i gynhyrchu gwaith rhagorol, a bod hynny wedi ennyn parch a chanmoliaeth ac wedi helpu i ddatblygu ei yrfa. Doedd hynny ddim yn rhywbeth roedd yn awyddus i'w golli.

Mae'n bwysig bod yn glir ynglŷn â buddion eich Rheolau chi, oherwydd bydd unrhyw ddewisiadau amgen a luniwch yn gorfod cynnig manteision yr hen Reol, ond heb ei hanfanteision. Fel arall, mae'n ddigon posib na fyddwch yn barod i droi cefn ar yr hen gyfundrefn – wedi'r cyfan, gwell y drwg a wyddys na'r drwg na wyddys.

Lluniwch restr o fuddion a manteision eich Rheol. Pa fanteision ydych chi'n eu cael? Ym mha ffyrdd y mae'n ddefnyddiol i chi? Ystyriwch hefyd beth allech chi ei wynebu pe baech yn troi cefn arni. Rhag beth mae hi'n eich amddiffyn?

Yn aml, mae pobl yn teimlo'n anesmwyth, gan feddwl y byddai rhoi'r gorau i'w Rheolau yn arwain at ganlyniadau trychinebus. Roedd Rajiv yn amau, pe bai'n rhoi'r gorau i'w ysfa i fod yn berffeithydd, na fyddai byth yn cynhyrchu gwaith o safon uchel eto. Teimlai mai bod yn berffeithydd oedd yr unig beth oedd yn gwarantu y byddai pobl eraill yn ei dderbyn. Gellir profi syniadau fel hyn drwy arbrofi gyda nhw'n ddiweddarach. Am y tro, y peth pwysig yw nodi'r manteision a'r ofnau sy'n cynnal yr hen Reol.

Pan fyddwch chi wedi rhestru holl fuddion eich Rheol, edrychwch arnyn nhw'n ofalus. Bydd rhai, o bosib, yn ymddangosiadol fwy real nag ydynt mewn gwirionedd. Er enghraifft, gall Rheol sy'n mynnu'ch bod yn rhoi pobl eraill yn gyntaf eich annog i fod o gymorth gwirioneddol, a pheri i bobl deimlo'n llawn ewyllys da tuag atoch. Ond mae yna anfantais – dydy'ch anghenion chi'ch hun ddim yn cael eu diwallu, ac yn y pen draw, mae'n bosib y byddwch yn teimlo'n ddiegni ac yn dal dig, a heb fod mewn cyflwr digon da i ofalu am eraill.

Ar ôl iddo bwyso a mesur, sylweddolodd Rajiv nad oedd ei waith rhagorol mewn gwirionedd yn gwarantu ei fod yn cael ei dderbyn. Weithiau, roedd yn ymgolli yn ei waith gymaint, a dan y fath straen, fel bod pobl yn cadw draw oddi wrtho, ac yn meddwl ei fod yn ffroenuchel hyd yn oed.

Peidiwch â chymryd y buddion a nodwyd gennych yn ganiataol. Edrychwch arnyn nhw'n ofalus: i ba raddau maen nhw'n gweithio i chi'n ymarferol? Gwnewch yr un peth gyda'ch pryderon ynghylch troi cefn ar eich Rheol. Sut rydych chi'n gwybod y byddai'r pethau hyn yn digwydd mewn gwirionedd? Sut gallech chi brofi hynny?

Beth yw anfanteision ufuddhau i'r Rheol?

Rydych chi wedi archwilio'r buddion; nawr, mae'n bryd edrych ar ochr arall y geiniog. Yn y bôn, mae Rheolau di-fudd yn ei gwneud yn amhosib i chi ymlacio a bod yn chi'ch hun, oherwydd mae pwysau cyson i fod yn rhywun arall – rhywun mwy deallus, teneuach, mwy gweithgar, mwy cymdeithasol, ac ati. Ystyriwch y ffyrdd y mae eich Rheol yn cyfyngu ar eich cyfleoedd, yn eich cadw rhag mwynhau'ch hun, yn halogi a suro'ch perthynas â phobl eraill, yn tanseilio'ch ymdeimlad o gyflawniad neu'n sefyll rhyngoch a'r hyn rydych chi ei eisiau mewn bywyd. Defnyddiwch y wybodaeth rydych chi wedi ei chasglu eisoes pan oeddech chi'n asesu effaith y Rheol ar eich bywyd ac yn arsylwi arni ar waith o ddydd i ddydd.

Gall dangos effaith y Rheol ar eich gallu i fyw'r math o fywyd rydych chi eisiau ei fyw fod o gymorth. Lluniwch restr o'r hyn rydych chi'n ei werthfawrogi fwyaf, pa amcanion bywyd sydd bwysicaf i chi. Gallai enghreifftiau gynnwys: gyrfa sy'n werth chweil; mwynhau'r hyn rydych yn ei wneud; bod yn ymlaciedig a hyderus yng nghwmni pobl; defnyddio'ch doniau i roi rhywbeth o werth i eraill; manteisio ar bob profiad i'r eithaf. Yna gofynnwch i chi'ch hun: a ydy'r Rheol hon yn fy helpu i gyflawni'r amcanion yma? Ai dyma'r strategaeth orau i sicrhau'r hyn dwi'n ei werthfawrogi fwyaf mewn bywyd? Neu a yw, mewn gwirionedd, yn fy nal i'n ôl?

Mesur manteision ac anfanteision

Gall fod o gymorth i grynhoi'r buddion a'r anfanteision a nodwyd gennych drwy eu cofnodi mewn dwy golofn ochr yn ochr. Yn y golofn ar y chwith, nodwch y manteision sy'n gysylltiedig â'ch Rheol a'r peryglon tybiedig o droi cefn arni. Yn y golofn dde, rhestrwch ei hanfanteision. Ar ôl pwyso a mesur y ddwy restr, cofnodwch eich casgliadau ynglŷn â pha mor ddefnyddiol yw eich Rheol i chi ar y gwaelod. Os ydych chi'n penderfynu ei bod yn ddefnyddiol ar y cyfan ac yn eich arwain i'r cyfeiriad iawn, does dim angen i chi fynd â'r ymarfer hwn ymhellach. Ar y llaw arall, os ydych chi'n dod i'r casgliad fod y Rheol yn ddi-fudd, ac yn eich rhwystro rhag byw bywyd cyflawn yn unol â'ch gwerthoedd dyfnaf, y cam nesaf yw llunio dewis amgen a fydd yn cynnig manteision yr hen Reol i chi ond heb ei hanfanteision.

Pa Reol amgen fyddai'n fwy realistig a defnyddiol?

Gall Rheolau newydd drawsnewid profiadau bob dydd. Maen nhw'n eich galluogi i ddelio'n gyfforddus a hyderus â sefyllfaoedd a fyddai, dan yr hen drefn, wedi bod yn droseddau a fyddai'n sbarduno gorbryder neu hunanfeirniadaeth. Nid yw'r hyn fyddai unwaith yn drychinebau bellach yn ddim mwy nag anghyfleustra dros dro. Mae'r hyn oedd unwaith yn fater bywyd a marwolaeth yn datblygu'n heriau a chyfleoedd cyffrous. Mae Rheolau newydd yn agor drysau i'r hyn sydd bwysicaf i chi mewn bywyd.

Er mwyn eich helpu i feddwl yn fwy rhydd, ystyriwch a fyddech chi'n cynghori rhywun arall i fabwysiadu eich hen Reol. Er enghraifft, pe bai estron o'r gofod yn holi am gyngor i chi am sut i fyw'n hapus ar y ddaear, beth fyddech chi'n ei ddweud? Neu petai gennych chi blant, a fyddech chi am drosglwyddo'ch Rheol iddynt? Os na fyddech chi, pa Reol fyddech chi'n awyddus iddyn nhw ei mabwysiadu?

Eich tasg chi yw dod o hyd i Reol newydd sy'n eich galluogi, cyn belled ag sy'n bosib, i fwynhau'r hen fuddion ond dileu'r anfanteision. Mae'n debyg y bydd y Rheol newydd yn fwy hyblyg a realistig na'r hen un, yn fwy abl i ystyried amgylchiadau gwahanol, ac i weithredu dan amod 'rhai pobl, weithiau'. Bydd yn y tir canol yn hytrach nag ar yr eithafion. O ganlyniad, bydd yn cael ei eirio yn nhermau 'Dwi eisiau...', 'Dwi'n mwynhau...', 'Mae'n well gen i...', 'Mae'n iawn...' yn hytrach na 'Mae'n rhaid i mi...', 'Fe ddylwn i...' neu 'Fe fyddai'n ofnadwy pe bai...'. Mae'n bosib y gwelwch fod y Rheol newydd yn dechrau gyda'r un 'Os...' ond yn gorffen gydag 'yna...' gwahanol. Er enghraifft, disodlwyd Rheol Rajiv, 'Os yw rhywun yn fy meirniadu, yna mae'n golygu fy mod wedi methu', gan 'Os bydd rhywun yn fy meirniadu, yna mae'n bosib fy mod yn ei haeddu ond efallai nad oeddwn yn ei haeddu. Os ydw i'n gwneud rhywbeth sy'n haeddu cael ei feirniadu, nid arwydd o fethiant yw hynny – mae'n rhan o fod yn ddynol, yn gyfle i ddysgu, a does dim byd o'i le ar hynny.'

Mae'r enghraifft hon yn dangos rhywbeth sy'n nodweddiadol o Reolau newydd: maen nhw'n aml yn hirach ac yn fwy cymhleth na'r hen rai. Mae hyn yn adlewyrchu'r ffaith eu bod yn seiliedig ar eich gallu fel oedolyn i ddeall sut mae'r byd yn gweithio ar lefel ddyfnach ac i ystyried amrywiadau mewn amgylchiadau. Weithiau, fodd bynnag, mae'n braf crynhoi eu hanfod mewn slogan, y math o ddatganiad bachog y gallech ei weld ar fathodyn neu grys-T. Beth amser ar ôl iddo lunio ei Reol newydd, bu Rajiv yn gwylio ffilm lle'r oedd bachgen ifanc yn ei chael hi'n anodd plesio ei dad, ac yn meddwl (ar gam) mai dim ond rhywbeth eithriadol fyddai'n ennill ei gymeradwyaeth. Penderfynodd Rajiv fabwysiadu ymateb cariadus y tad fel slogan iddo'i hun: 'Does dim rhaid i ti fod yn wych i fod yn wych.'

Efallai y byddwch yn ei chael yn anodd ar y dechrau i ganfod dewis amgen sy'n teimlo'n gyfforddus. Unwaith y bydd gennych ffurf ddrafft, gall fod yn fuddiol i chi ddychmygu sut gallai weithio'n ymarferol cyn i chi roi cynnig arni yn y byd go iawn. Ewch yn ôl at y sefyllfa broblemus, sef y man cychwyn ar gyfer eich saeth i lawr. Pe bai'ch Rheol newydd ar waith bryd hynny, sut byddai wedi newid pethau? Dychmygwch mor fyw ag y gallwch pa fath o feddyliau, emosiynau a theimladau corfforol a allai fod yn bresennol, a sut gallech fod wedi ymddwyn yn wahanol. A fyddai pethau wedi digwydd yn wahanol ac yn well pe baech wedi bod yn gweithredu'n unol â'ch Rheol newydd? Pe baen nhw, yna mae'n amser i chi arbrofi. Pe na baen nhw, yna mae'n amser i chi feddwl eto.

Unwaith y bydd gennych Reol sy'n teimlo'n ymarferol, cofnodwch hi a cheisiwch ei rhoi ar waith am wythnos neu bythefnos i ddarganfod pa mor dda y mae'n gweithio i chi mewn sefyllfaoedd go iawn. Dyma ble mae arbrofion unwaith eto'n dod i'r amlwg – archwiliwch beth yw effaith eich Rheol newydd drwy ei phrofi'n uniongyrchol, a defnyddiwch y profiad hwnnw i'w hatgyfnerthu, neu i'w newid hi er gwell os oes angen.

Efallai hefyd y byddai o werth i chi siarad â phobl eraill, ac arsylwi arnyn nhw. Tybed beth allai eu Rheolau nhw fod? Bydd eich arsylwadau yn rhoi cyfle i chi ganfod y safbwyntiau amrywiol y mae pobl yn eu mabwysiadu, ac egluro pa safbwynt allai weithio orau i chi.

Beth sydd angen i chi ei wneud i dreialu eich Rheol newydd? Sut gallwch chi fynd ati i'w rhoi ar waith o ddydd i ddydd? (Arbrofion)

Efallai fod eich hen Reol wedi bod ar waith ers cryn amser. Yn gwbl groes i hynny, mae'r llall yn newydd sbon danlli, a gall gymryd amser i chi ddod i arfer â hi. Beth allwch chi ei wneud i atgyfnerthu eich polisi newydd, gweld pa mor dda y mae'n gweithio i chi, a dysgu sut i'w rhoi ar waith bob dydd? Mae hyn yn mynd â ni'n ôl at yr holl waith rydych chi eisoes wedi'i wneud, ac at y syniad canolog o ddod o hyd i bethau drosoch chi eich hun drwy sefydlu arbrofion ac archwilio eu canfyddiadau. Y peth pwysicaf y gallwch ei wneud i atgyfnerthu'ch Rheol newydd (ac yn wir i ddarganfod a oes angen i chi wneud newidiadau pellach iddi) yw gweithredu fel pe bai'n wir a gwylio i weld beth sy'n digwydd. Bydd yr adran nesaf yn cynnig rhai syniadau i chi am sut i wneud hyn.

Crynhoi'r hyn rydych chi wedi'i ddysgu

Y crynodeb ysgrifenedig

Mae'n amser da nawr i chi gwblhau eich crynodeb ysgrifenedig, a defnyddio'r penawdau ar dudalen 260 os hoffech chi, a hynny ar bapur neu'n electronig. Fe welwch enghraifft (crynodeb ysgrifenedig Rajiv) ar dudalennau 309–12. Rydych chi eisoes wedi crynhoi'r hyn wnaethoch chi ei ddarganfod pan oeddech chi'n nodi eich Rheol ddi-fudd; nawr gallwch grynhoi'r hyn ddysgoch chi wrth i chi fynd ati i'w newid.

Yn union fel eich rhestr o briodweddau cadarnhaol a nodweddion da, dydy crynodeb ysgrifenedig ar ei ben ei hun ddim yn ddigon. Mae angen i drywydd y ddadl rydych wedi'i dilyn, a'r Rheol newydd rydych wedi'i llunio, fod yn rhan o'ch ymwybyddiaeth o ddydd i ddydd, er mwyn iddynt gael y cyfle gorau posib i ddylanwadu ar eich teimladau, eich meddyliau a'r hyn rydych yn ei wneud mewn sefyllfaoedd problemus. Felly, pan fyddwch wedi cwblhau eich crynodeb, gwnewch yn siŵr ei fod yn rhywle sy'n hwylus. Dros yr wythnosau canlynol, darllenwch e'n ofalus bob dydd, gan adael iddo suddo i'ch ymwybod – efallai fwy nag unwaith y dydd, i ddechrau. Bydd yn syth ar ôl i chi godi yn amser da, gan eich rhoi yn y meddylfryd iawn am y dydd. Amser da arall yw ychydig cyn i chi fynd i'r gwely, gan y gallwch feddwl yn ôl dros eich diwrnod ac ystyried sut mae'r gwaith rydych chi wedi'i wneud yn newid pethau i chi.

Y nod yw gwneud eich Rheol newydd yn rhan reddfol o'ch meddwl fel y bydd, yn y pen draw, yn dod yn ail natur i chi. Daliwch ati i ddarllen eich crynodeb yn rheolaidd hyd nes y byddwch wedi cyrraedd y pwynt hwn.

Y cerdyn fflach

Ffordd ddefnyddiol arall o annog y newidiadau dan sylw yw ysgrifennu eich Rheol newydd ar gerdyn (cerdyn mynegai, er enghraifft) sy'n ddigon bach i gael ei gario'n hawdd mewn waled neu bwrs. Fel arall, gallech ei osod fel papur wal ar eich cyfrifiadur, neu ei raglennu i ymddangos ar eich ffôn symudol bob hyn a hyn. Gallwch ddefnyddio'r rhain fel nodiadau atgoffa am strategaethau newydd i'w mabwysiadu, er enghraifft eu darllen yn ofalus yn ystod munudau tawel yn ystod y dydd, a chyn i chi wynebu sefyllfaoedd sy'n debygol o beri problemau i chi.

Delio â'r hen Reol

Hyd yn oed pan fyddwch wedi llunio Rheol amgen ddigonol ac wedi dechrau ei rhoi ar waith, efallai y bydd eich hen Reol yn dal i godi ei phen yn yr hen sefyllfaoedd arferol am beth amser. Wedi'r cyfan, mae wedi bod ar waith ers cyn cof ac er i chi ei thanseilio, efallai na fydd yn diflannu'n ufudd ar unwaith. Os ydych chi'n barod ar gyfer hyn, gallwch fynd i'r afael â'r hen Reol yn bwyllog pan fyddwch chi'n ei gweld ar waith; meddyliwch amdano fel cyfle i ddwysáu eich dysgu newydd yn hytrach na digalonni a phoeni na fyddwch chi byth yn cael gwared arni. Dyma ble bydd y gwaith a wnaethoch ar ragfynegiadau gorbryderus a meddyliau hunanfeirniadol yn talu ar ei ganfed. Cofiwch mai dyna'r arwyddion bod yr hen Reol mewn perygl o gael ei thorri, neu wedi cael ei thorri. Daliwch ati i ddefnyddio'r sgiliau craidd a ddysgoch i gwestiynu eich meddyliau, dod o hyd i ddewisiadau amgen, ac arbrofi ag ymddwyn mewn ffyrdd gwahanol. Dros amser, fe welwch lai a llai o angen i wneud hynny.

Arbrofi gyda'r Rheol newydd

Yn ogystal â mynd i'r afael â'r hen Reol pan mae'n codi, mae angen i chi ddatblygu cynllun gweithredu clir i'ch helpu i arbrofi â gweithredu yn unol â'r Rheol newydd ac arsylwi ar y canlyniad. Ewch ati i wneud yr 'Os...' neu'r 'Os na...' a gweld a yw'r 'yna...' yn dilyn. Os edrychwch yn ôl dros benodau cynharach, mae'n bosib y byddwch yn gweld eich bod eisoes wedi bod yn gwneud hynny wrth edrych ar feddyliau gorbryderus, atal hunanfeirniadaeth drwy fod yn garedig tuag atoch chi'ch hun, canolbwyntio ar eich nodweddion da, rhoi clod i chi'ch hun am eich cyflawniadau, a thrin eich hun fel y byddech chi'n trin ffrind da. Ystyriwch yr hyn rydych eisoes wedi'i wneud, a nodwch bethau a fydd yn helpu i newid eich Rheolau, wedyn gallwch eu cynnwys yn eich cynllun gweithredu.

Yn ogystal, gofynnwch i chi'ch hun beth arall allwch chi'i wneud i sicrhau bod eich Rheol newydd wir yn bolisi defnyddiol, ac archwiliwch effaith ei mabwysiadu ar eich bywyd bob dydd. Mae hyn yn golygu ehangu eich ffiniau, a darganfod ei bod yn dal yn bosib i chi deimlo'n dda amdanoch chi'ch hun hyd yn oed os nad ydych chi'n berffaith, hyd yn oed os nad yw rhai pobl yn eich hoffi neu'n cytuno â chi, hyd yn oed os ydych chi weithiau'n rhoi eich hun yn gyntaf, neu hyd yn oed os ydych chi weithiau allan o reolaeth a heb fod yn poeni dim am hynny.

Gwnewch yn siŵr eich bod yn cynnwys newidiadau penodol yn y ffordd rydych chi'n mynd o'i chwmpas hi, nid strategaethau cyffredinol yn unig. Nid yn unig 'bod yn fwy pendant', er enghraifft, ond 'gofyn am gymorth pan fydd ei angen arna i', 'dweud pan dwi'n anghytuno â rhywun', 'gwrthod unrhyw gais fyddai'n gofyn gormod gen i', 'bod yn agored am fy meddyliau a'm teimladau gyda phobl dwi'n eu hadnabod yn dda'. Yna ystyriwch sut i drefnu'r newidiadau hyn yn rhan o'ch bywyd. Er enghraifft, gallech ddefnyddio'ch Dyddiadur Gweithgareddau Dyddiol i gynllunio arbrofion ar adegau penodol, gyda phobl benodol, mewn sefyllfaoedd penodol.

Bydd angen i chi hefyd sicrhau eich bod yn gwybod sut i fynd ati i asesu canlyniadau eich arbrofion. Mae hyn yn ddigon tebyg i'r hyn a ddysgoch chi wrth edrych ar ragfynegiadau gorbryderus. Beth yn union sydd angen i chi chwilio amdano? Beth fyddai'r arwyddion fod eich polisi newydd yn gweithio – neu beidio? Beth fyddech chi'n arsylwi arno wrth edrych arnoch eich hun (eich meddyliau a'ch teimladau, cyflwr eich corff, newidiadau yn eich ymddygiad) pe bai'r Rheol newydd yn gweithio (neu beidio)? Beth fyddech chi'n ei weld yn y ffordd mae pobl eraill yn ymateb i chi? Yn union fel y gwnaethoch chi nodi eich rhagfynegiadau a sut byddech chi'n gwybod a oedden nhw'n wir ar lefel meddyliau penodol, mae angen i chi fod yn benodol wrth gynnal arbrofion i atgyfnerthu a chryfhau Rheolau Byw newydd.

Peidiwch â synnu os yw gweithredu yn unol â'ch Rheol newydd yn teimlo'n anghyfforddus i ddechrau. Efallai eich bod yn teimlo'n bryderus iawn cyn cynnal arbrofion. Os felly, canolbwyntiwch ar yr hyn rydych chi'n ei ragfynegi a defnyddiwch eich arbrawf i wirio hynny (cofiwch gael gwared ar unrhyw ragofalon diangen, neu chewch chi mo'r wybodaeth sydd ei hangen arnoch). Yn yr un modd, efallai y byddwch yn teimlo'n euog neu'n bryderus ar ôl i chi gynnal arbrawf, hyd yn oed os yw wedi mynd yn dda. Mae hyn yn digwydd, er enghraifft, gyda phobl sy'n arbrofi â bod yn llai hunanaberthol neu wrth i bobl ostwng eu safonau o '110%' i 'ddigon da'. Fel arall, mae'n bosib y byddwch chi'n flin a hunanfeirniadol os ydych chi'n bwriadu cynnal arbrawf ac yna'n tynnu'n ôl. Os ydych chi'n cael teimladau anghyfforddus fel y rhain, chwiliwch am y meddyliau sydd y tu ôl iddyn nhw ac atebwch nhw, gan ddefnyddio'r sgiliau craidd rydych chi wedi'u hymarfer eisoes.

Byddwch yn barod

Gallai gymryd rhai misoedd i'ch Rheol newydd gymryd drosodd yn llwyr. Cyn belled â'i bod yn ddefnyddiol i chi a'ch bod yn gallu'i gweld yn mynd â chi i gyfeiriadau defnyddiol

Ffigur 31: Taflen Waith Arbrofi gyda Rheolau Newydd

Dyddiad/amser	Y sefyllfa	Beth wnes i	Y canlyniad

a diddorol, peidiwch â rhoi'r gorau iddi. Efallai y bydd yn ddefnyddiol i chi adolygu eich cynnydd yn rheolaidd a gosod targedau i chi'ch hun. Beth ydych chi wedi'i gyflawni yn ystod yr wythnos ddiwethaf? Y mis diwethaf? Beth yw eich nod yn yr wythnos nesaf? Y mis nesaf?

Bydd cadw cofnodion ysgrifenedig o'ch arbrofion a'u canfyddiadau, ac o feddyliau di-fudd yr ydych wedi mynd i'r afael â nhw ar hyd y ffordd, yn eich helpu i weld sut mae pethau'n datblygu. Defnyddiwch gofnodion papur neu gofnodion electronig – beth bynnag sydd orau gennych chi. Gall y daflen waith 'Arbrofi gyda Rheolau Newydd' ar dudalen 308 eich helpu i wneud y gwaith hwn yn systematig. Mae copïau ychwanegol yn yr Atodiad, a gallwch lawrlwytho copïau Saesneg o wefan 'Overcoming' hefyd. Gallwch edrych yn ôl dros yr hyn rydych wedi'i wneud a'i ddefnyddio fel ffynhonnell i'ch annog. Gall gweithio gyda ffrind hefyd fod yn ddefnyddiol – yn ddelfrydol, rhywun nad yw'n rhannu'ch Rheol benodol chi a rhywun nad ydych chithau'n rhannu ei Reol benodol yntau. Mae dau ben yn well nag un, ond ddim pan mae'r un safbwyntiau'n union gan y ddau ohonoch.

Ffigur 32: Newid y Rheolau – Crynodeb Ysgrifenedig Rajiv

- *Fy hen Reol yw:*
  Os nad ydw i'n gwneud popeth yn iawn, wna i ddim llwyddo yn fy mywyd

- *Mae'r Rheol hon wedi cael yr effaith ganlynol ar fy mywyd:*
  Dwi wastad wedi teimlo'n annigonol, ddim yn ddigon da. Mae hyn wedi gwneud i mi weithio'n galed iawn, i'r

graddau fy mod i dan bwysau, dan straen ac ar bigau'r drain yn gyson. Mae hyn wedi effeithio ar fy mherthynas ag eraill. Does gen i byth ddigon o amser i bobl, a dwi wedi bod ar fy ngholled oherwydd hynny. Ar adegau, mae wedi fy ngwneud yn sâl iawn.

Dwi hefyd wedi osgoi rhai cyfleoedd gan fy mod yn poeni na fyddwn yn cyrraedd y safon.

- *Dwi'n gwybod bod y Rheol ar waith oherwydd:*

    Dwi'n poeni am fethu ac yn rhoi fy hun dan fwy o bwysau. Dwi'n mynd dros ben llestri wrth fynd ati i wneud fy ngwaith – trio dotio pob 'i' a chroesi pob 't'. Mae gorbryder yn peri i mi deimlo'n sâl, ac os ydw i'n meddwl fy mod i wedi torri'r Rheol, dwi'n mynd yn hunanfeirniadol iawn, yn teimlo'n isel, ac yn rhoi'r gorau iddi yn gyfan gwbl.

- *Mae'n ddealladwy fod y Rheol hon gennyf oherwydd:*

    Pan oeddwn i'n ifanc, roedd siom fy nhad oherwydd trywydd ei fywyd yntau yn ei wneud yn awyddus iawn y dylem i gyd wneud ein gorau glas. Yn hytrach na'n hannog a'n canmol ni, byrdwn ei neges oedd nad oedden ni'n cyrraedd y nod oni bai ein bod yn bodloni ei safonau ef ar ein cyfer. Llyncais y neges honno, a dwi wedi ceisio gwneud iawn am bopeth drwy fod yn berffeithydd.

- *Fodd bynnag, mae'r Rheol yn afresymol oherwydd:*

    Yn syml, mae'n amhosib cael popeth yn iawn o hyd. Mae gwneud camgymeriadau a gwneud pethau'n anghywir i gyd yn rhan o ddysgu a thyfu.

- *Manteision ufuddhau i'r Rheol yw:*

    Weithiau, dwi'n gwneud gwaith da iawn, ac yn cael

canmoliaeth amdano. Dyma pam dwi wedi gwneud cystal yn fy ngyrfa. Mae pobl yn fy mharchu, a phan dwi'n gwneud pethau'n iawn, dwi'n teimlo'n wych.

- *Ond yr anfanteision yw:*

    Dwi dan straen o hyd. Weithiau, dydy fy ngwaith i ddim cystal ag y gallai fod, oherwydd fy mod yn mynd i gymaint o stad yn ei gylch. Dydw i ddim yn gallu dysgu o'm camgymeriadau, oherwydd eu bod yn peri cymaint o boen i mi, a dydy beirniadaeth adeiladol yn ddim cymorth i mi chwaith. Pan nad yw pethau'n mynd yn iawn, dwi'n teimlo i'r byw ac mae'n cymryd oes i mi ddod drosto. Dwi'n osgoi unrhyw dasg lle mae siawns na fyddaf yn gallu'i gwneud yn iawn, ac yn colli pob math o gyfleoedd oherwydd hynny. Efallai fod pobl yn fy mharchu i, ond maen nhw'n cadw draw oddi wrtha i. Maen nhw'n fy ngweld fel rhywun annynol, pell – ffroenuchel, hyd yn oed. Mae'r pwysau dwi'n ei roi arnaf fy hun yn gwneud drwg i fy iechyd. Hefyd, mae fy holl amser a sylw yn mynd ar fy ngwaith – dydw i ddim yn caniatáu amser i mi fy hun ymlacio na gwneud pethau dwi'n eu mwynhau. Mewn geiriau eraill, mae'r Rheol yn arwain at straen, gofid ac ofn ym mhob agwedd ar fy mywyd.

- *Rheol fwy realistig a defnyddiol fyddai:*

    Mae digon da yn ddigon da – does dim rhaid i mi fod yn wych er mwyn bod yn wych. Dwi'n mwynhau gwneud yn dda – does dim byd o'i le ar hynny. Ond meidrolyn ydw i, a byddaf yn gwneud pethau'n anghywir weithiau. Dim ond drwy wneud camgymeriadau y gallaf dyfu.

- *Er mwyn profi'r Rheol newydd, mae angen i mi:*
    - Barhau i ddarllen y crynodeb hwn

- Rhoi fy rheol newydd ar gerdyn fflach ac ar fy ffôn symudol a'i darllen sawl gwaith y dydd
- Cwtogi fy oriau gwaith a chynllunio gweithgaredd pleserus a chysylltiadau cymdeithasol
- Neilltuo amser i mi fy hun
- Adolygu fy safonau a rhoi clod i mi fy hun am berfformiad llai na pherffaith
- Arbrofi gyda chael pethau'n anghywir ac arsylwi ar y canlyniad. Er enghraifft, ymarfer dweud 'Dydw i ddim yn gwybod' pan fydd pobl yn gofyn cwestiynau i mi
- Cynllunio fy niwrnod ymlaen llaw, a chynllunio i wneud llai nag y credaf y gallaf ei wneud bob tro
- Canolbwyntio ar yr hyn dwi'n ei gyflawni, nid ar y pethau na wnes i. Mae yfory heb ei gyffwrdd
- Cofio bod beirniadaeth yn gallu bod yn ddefnyddiol – dydy e ddim yn golygu fy mod yn fethiant llwyr
- Cadw llygad ar agor am arwyddion o straen – maen nhw'n golygu fy mod yn dychwelyd at fy hen ffyrdd
- Delio â'r hen batrwm, pan mae'n codi, gan ddefnyddio'r hyn a ddysgais i fynd i'r afael â rhagfynegiadau gorbryderus a hunanfeirniadaeth

Crynodeb o'r bennod

1. *Pan fyddwch yn dioddef diffyg hunan-werth, mae Rheolau Byw di-fudd yn eich atal rhag cael yr hyn rydych ei eisiau o'ch bywyd a derbyn eich hun fel rydych chi.*

2. *Mae Rheolau'n cael eu dysgu drwy brofiad ac arsylwi. Maen nhw'n rhan o'r diwylliant rydyn ni'n tyfu i fyny ynddo, ac maen nhw fel arfer yn cael eu trosglwyddo i ni gan ein teuluoedd.*
3. *Mae llawer o reolau yn ddefnyddiol. Ond mae'r Rheolau di-fudd sy'n gysylltiedig â diffyg hunan-werth yn anhyblyg, yn heriol ac yn eithafol, yn cyfyngu ar ein rhyddid i symud, ac yn gwneud newid a thwf yn anodd neu'n amhosib.*
4. *Mae Rheolau yn ffordd o ymdopi â gwirionedd ymddangosiadol y Llinell Sylfaen, ond dydyn nhw'n gwneud dim i newid y Llinell honno. Yn wir, maen nhw'n helpu i'w chynnal.*
5. *Gan ddefnyddio'r sgiliau craidd rydych chi wedi'u dysgu eisoes, gallwch ddysgu sut i adnabod eich Rheolau di-fudd, eu cwestiynu ac ailfeddwl amdanyn nhw, gan greu Rheolau newydd sy'n fwy realistig ac sy'n rhoi mwy o ryddid i chi fod yn chi'ch hun, a sut i arbrofi â'u rhoi nhw ar brawf yn eich bywyd bob dydd.*

8

Creu Llinell Sylfaen newydd

Cyflwyniad

Erbyn hyn rydych chi wedi gosod y sylfeini ar gyfer mynd i'r afael â'ch Llinell Sylfaen, sef y credoau negyddol amdanoch chi'ch hun sy'n sail i ddiffyg hunan-werth. Dyma'ch cyfle i fanteisio ar yr holl waith rydych chi wedi'i wneud a mynd at wraidd y mater. Disgrifiodd Pennod 2 sut mae'r credoau hyn yn datblygu. Maen nhw'n gasgliadau dealladwy y daethoch chi iddyn nhw, yn blentyn yn ôl pob tebyg, ar sail profiad – barn, nid ffeithiau. Unwaith y cânt eu sefydlu, maen nhw'n cael eu cadw yn eu lle gan ragfarnau yn y ffordd rydych chi'n gweld ac yn dehongli'r hyn sy'n digwydd i chi, a gan Reolau Byw di-fudd sydd wedi'u cynllunio i'ch helpu i ymdopi yn y byd (o gofio eich bod chi'n credu bod y Llinell Sylfaen yn wir), ond mewn gwirionedd dydyn nhw ddim mwy na phapur wal dros eich ansicrwydd gan adael yr ansicrwydd hwnnw heb ei gyffwrdd. Disgrifiodd Pennod 3 sut mae'r Llinell Sylfaen yn cael ei thanio mewn sefyllfaoedd lle mae eich rheolau personol mewn perygl o gael eu torri, neu wedi cael eu torri, gan arwain at gylch cythreulig sy'n cael ei ysgogi gan ragfynegiadau gorbryderus a meddyliau hunanfeirniadol.

Mae penodau 4 i 7 wedi mynd i'r afael â'r elfennau allweddol sy'n cadw diffyg hunan-werth yn ei le, fesul un. Rydych chi wedi dysgu sut i edrych ar ragfynegiadau gorbryderus, sut i ateb meddyliau hunanfeirniadol, sut i ganolbwyntio ar eich nodweddion da, sut i drin eich hun yn garedig ac ystyriol, a sut i ganiatáu i chi'ch hun fwynhau bywyd i'r eithaf. Rydych chi wedi llunio Rheolau Byw newydd, mwy realistig a defnyddiol, ac wedi dechrau eu rhoi ar waith.

Efallai y bydd eich syniadau amdanoch chi'ch hun eisoes wedi newid erbyn i chi gwblhau'r penodau hyn, ac wedi lleihau effaith eich Llinell Sylfaen ar fywyd bob dydd. Mae'n bosib fod eich hen Linell Sylfaen negyddol eisoes yn eich argyhoeddi dipyn llai nag yr oedd hi, er nad ydych chi wedi mynd i'r afael â hi'n uniongyrchol eto.

Mae rhai pobl yn gweld, ar ôl iddynt dorri'r cylch cythreulig sy'n cynnal diffyg hunan-werth ac yn dechrau gweithredu'n unol â Rheolau Byw mwy realistig, fod problem diffyg hunan-werth yn cael ei datrys fwy na heb. Mae eraill yn ei chael hi'n anoddach defnyddio newidiadau bob dydd penodol yn eu ffordd o feddwl ac ymddwyn i newid credoau negyddol sydd wedi ymwreiddio amdanyn nhw eu hunain. Fodd bynnag, sut bynnag mae pethau i chi ar hyn o bryd, bydd y bennod hon yn eich helpu i atgyfnerthu'r hyn rydych chi wedi'i ddysgu er mwyn iddo ddylanwadu ar eich Llinell Sylfaen, gan ddefnyddio'r sgiliau craidd rydych chi wedi'u hymarfer yn barod (ymwybyddiaeth, ailfeddwl ac arbrofion).

Ers blynyddoedd lawer o bosib, rydych chi wedi cymryd yn ganiataol bod eich Llinell Sylfaen yn adlewyrchu'r gwirionedd go iawn amdanoch chi. Mae'n bryd bellach i chi edrych o'r newydd a dod o hyd i safbwynt gwahanol, un sy'n fwy gwerthfawrogol a charedig, gan fanteisio ar y gwaith rydych chi eisoes wedi'i wneud wrth i chi gymryd camau olaf eich taith tuag at hunanderbyn. Y camau hyn yw:

- Adnabod eich hen Linell Sylfaen negyddol
- Creu Llinell Sylfaen newydd, un sy'n fwy cadarnhaol
- Adolygu'r dystiolaeth rydych chi wedi'i defnyddio i gefnogi'r Hen Linell Sylfaen ac edrych am ffyrdd eraill o'i deall hi
- Chwilio am wrthdystiolaeth sy'n cefnogi'r Llinell Sylfaen Newydd ac sy'n gwrth-ddweud yr hen un
- Creu arbrofion a fydd yn atgyfnerthu ac yn cryfhau eich Llinell Sylfaen Newydd.

Adnabod y Llinell Sylfaen (Ymwybyddiaeth)

Gan eich bod wedi gweithio'ch ffordd drwy'r llyfr, efallai eich bod eisoes wedi datblygu syniad da iawn ynghylch beth yw eich Llinell Sylfaen. Bydd yr adran hon yn cyflwyno rhai ffynonellau gwybodaeth posib i'ch helpu i'w nodi'n glir (mae crynodeb ar dudalen 322). Efallai y byddai'n ddefnyddiol i chi ystyried pob ffynhonnell wybodaeth yn ei thro. Bydd pob un yn rhoi darlun ychydig yn wahanol i chi, a daw eich syniad ynghylch beth yw'ch Llinell Sylfaen felly'n fwyfwy clir.

Hyd yn oed os ydych chi'n eithaf siŵr yn barod, bydd adolygu'r adran hon yn rhoi cyfle i chi gadarnhau'ch tybiaethau, gwella'r geiriad a darganfod credoau negyddol eraill amdanoch chi'ch hun o bosib, rhai nad oeddech chi efallai mor ymwybodol ohonyn nhw. Mae'n eithaf posib bod gennych chi fwy nag un Llinell Sylfaen (fel Lin, a oedd yn gweld ei hun fel rhywun dibwys ac israddol). Os felly, gwnewch fel y gwnaethoch chi gyda'ch Rheolau Byw. Dewiswch y Llinell Sylfaen sy'n ymddangos bwysicaf i chi, yr un yr hoffech chi ei newid fwyaf, a defnyddiwch y bennod i weithio'n systematig ar hynny. Yna gallwch ddefnyddio'r hyn rydych chi wedi'i ddysgu i newid credoau negyddol eraill amdanoch chi'ch hun os dymunwch (ac, yn wir, i newid credoau negyddol di-fudd sydd gennych chi am bobl eraill, y byd yn gyffredinol a bywyd).

Ysgrifennwch pa dybiaethau bynnag am eich Llinell Sylfaen sy'n dod i'r meddwl wrth i chi ystyried pob ffynhonnell wybodaeth bosib. Pan deimlwch fod gennych chi syniad clir beth yw hi, lluniwch grynodeb ohoni i chi'ch hun ('Fy Llinell Sylfaen i yw: Dwi'n...'). Ar y raddfa isod, rhowch sgôr i ba mor gryf rydych chi'n credu'r Llinell Sylfaen hon (0–100 y cant), yn union fel y gwnaethoch chi sgorio cryfder eich cred yn eich meddyliau gorbryderus a hunanfeirniadol. Byddai 100 y cant yn golygu eich bod yn dal i gredu ei bod hi'n eich argyhoeddi chi'n llwyr, byddai 50 y cant yn dangos eich bod chi rhwng dau feddwl, 5 y cant nad ydych chi prin yn ei chredu o gwbl bellach, ac yn y blaen.

Fy Llinell Sylfaen yw:

Dwi'n ei chredu:

———————————————————

0%   100%

CREU LLINELL SYLFAEN NEWYDD

Efallai y sylwch fod y graddau rydych chi'n credu'ch Llinell Sylfaen yn amrywio. Os yw'ch hunan-werth yn gymharol gadarn, efallai mai dim ond mewn sefyllfaoedd arbennig o heriol y bydd eich Llinell Sylfaen yn eich argyhoeddi. Os felly, rhowch ddau sgôr: yn gyntaf, pa mor bendant rydych chi'n ei chredu pan fydd ar ei chryfaf, ac yn ail, pa mor gryf rydych chi'n ei chredu pan fydd hi'n eich argyhoeddi chi leiaf. Neu efallai y gwelwch chi fod eich Llinell Sylfaen yn bresennol ac yn argyhoeddiadol fwy neu lai'n gyson. Yn yr achos hwn, efallai mai dim ond un sgôr sydd ei angen arnoch chi, neu efallai fod y gwahaniaeth rhwng y sgôr 'argyhoeddi fwyaf' ac 'argyhoeddi leiaf' yn llai.

Efallai y gwelwch hefyd fod cryfder eich cred wedi newid ers i chi ddechrau gweithio ar oresgyn diffyg hunan-werth. Mae hyn yn arbennig o debygol os ydych wedi dilyn y syniadau ar gyfer newid a ddisgrifir yn y penodau blaenorol mewn ffordd systematig. Os yw hyn yn wir amdanoch chi, cofnodwch pa mor gryf roeddech chi'n credu yn eich Llinell Sylfaen cyn i chi ddechrau'r llyfr, a pha mor gryf rydych chi'n credu ynddi nawr. Ystyriwch hefyd beth sy'n gyfrifol am unrhyw newidiadau a welsoch. Ai dysgu wynebu pethau oedd yn eich dychryn chi a darganfod na wnaeth y gwaethaf ddigwydd? Ai dysgu sut i ddianc rhag y fagl o feddwl yn hunanfeirniadol? Ai gwneud yr ymdrech i ganolbwyntio ar yr hyn sy'n gryf ac yn dda ynoch chi eich hun, a dechrau gweld eich hun fel rhywun sy'n deilwng o garedigrwydd ac sy'n haeddu mwynhau bywyd? Ynteu ai'r gwaith a wnaethoch chi ar lunio Rheolau Byw newydd a'u rhoi ar waith? Neu efallai ei fod yn gyfuniad o'r rhain. Os gallwch chi weld beth wnaeth helpu, bydd hyn yn dweud wrthych chi beth sydd angen i chi barhau i'w wneud drosoch chi eich hun.

Pan fyddwch wedi rhoi sgôr i gryfder eich cred, cymerwch eiliad i ganolbwyntio ar eich Llinell Sylfaen a sylwi pa deimladau sy'n codi, yn union fel y gwnaethoch chi arsylwi ar eich teimladau pan fuoch chi'n dysgu sut i sylwi ar feddyliau gorbryderus a hunanfeirniadol. Ysgrifennwch unrhyw emosiynau a theimladau corfforol rydych chi'n eu teimlo (e.e. tristwch, dicter, tyndra, pwysau ar eich ysgwyddau), a'u sgorio yn ôl pa mor bwerus ydyn nhw (0–100). Unwaith eto, er eich bod yn dal i allu dwyn eich Llinell Sylfaen i gof, efallai y byddwch chi'n sylwi bod eich teimladau yn ei phresenoldeb wedi newid. Os nad yw'r Llinell Sylfaen yn eich argyhoeddi chi gymaint erbyn hyn ag yr oedd hi, yna dylai eich gofid pan fyddwch chi'n canolbwyntio arni fod yn llai dwys.

Ffynonellau gwybodaeth am eich Llinell Sylfaen

Fel y gwelson ni ym Mhennod 2 (tudalennau 39–75), mae yna lawer o ffynonellau posib i ddiffyg hunan-werth. Yr hyn sydd ganddyn nhw i gyd yn gyffredin yw'r rhesymeg amheus sy'n peri i chi eu hystyried yn fesur cywir o'ch gwerth. Mae modd cwestiynu, ailwerthuso, ac ailfeddwl am bob un ohonyn nhw. Mae modd deall pob un ohonyn nhw mewn ffyrdd tecach, mwy caredig, mwy tosturiol.

Eich gwybodaeth am eich hanes eich hun

Mae hyn yn manteisio ar y gwaith a wnaethoch chi wrth geisio deall sut y datblygodd eich diffyg hunan-werth. Wrth ddarllen hanes y bobl a ddisgrifir ym Mhennod 2 (tudalennau 43–63), wnaeth unrhyw un ohonyn nhw ganu cloch i chi? Wnaeth unrhyw un o'r profiadau a ddisgrifiwyd adleisio profiadau a gawsoch chi wrth dyfu i fyny? Hyd yn oed os na wnaethon nhw, wnaethoch chi sylwi eich bod chi'n meddwl yn ôl i'r adeg pan oeddech chi'n ifanc ac yn cofio pethau a ddigwyddodd i chi, a'r effaith gawson nhw ar sut roeddech chi'n teimlo amdanoch chi'ch hun?

Gallwch chi ddefnyddio'r atgofion hyn i ddeall eich Llinell Sylfaen, yn union fel y gwnaethoch chi o bosib ddefnyddio atgofion am gyfnodau cynharach i'ch helpu i nodi eich Rheolau Byw. Yn arbennig, ystyriwch:

- Pa brofiadau cynnar wnaeth eich annog i fod â barn wael amdanoch chi'ch hun? Pa ddigwyddiadau yn eich plentyndod ac yn eich llencyndod – neu'n ddiweddarach – wnaeth eich arwain i'r casgliad nad oeddech chi'n ddigonol fel person mewn rhyw ffordd?
- Pryd gawsoch chi'r teimlad hwn amdanoch chi'ch hun gyntaf? Pa ddelweddau ac atgofion sy'n dod i'r meddwl pan fyddwch chi'n teimlo'n orbryderus neu'n isel, neu'n wael amdanoch chi'ch hun? Beth am weld a allwch chi gofio profiadau penodol? Fel Briony pan wnaeth ei llystad ei cham-drin hi gyntaf, efallai y byddwch chi'n dod o hyd i un atgof allweddol am ddigwyddiad pan grisialwyd eich ymdeimlad ohonoch chi'ch hun. Neu efallai nad oedd yna un digwyddiad oedd yn bwysig (fel yn achos Lin), ond yn hytrach roedd yna hinsawdd barhaus o angharedigrwydd, neu anghymeradwyaeth a beirniadaeth, neu ddiffyg hoffter, neu deimlad o beidio â bod fel pawb arall rywsut.

> - Llais pwy ydych chi'n ei glywed pan fyddwch chi'n bod yn llawdrwm arnoch chi'ch hun? Wyneb pwy sy'n dod i'r meddwl? Pa negeseuon wnaeth y person hwn (neu'r bobl hyn) eu rhoi i chi am y math o berson ydych chi?
> - Pa eiriau a ddefnyddiwyd i'ch disgrifio chi pan wnaethoch chi fethu plesio neu ddenu beirniadaeth? Efallai fod y geiriau a ddefnyddiai eraill wedi dod yn eiriau i chi amdanoch chi'ch hun.

Ffigur 33. Adnabod y Llinell Sylfaen:
Ffynonellau Gwybodaeth

- Eich gwybodaeth am eich hanes eich hun
- Yr ofnau sy'n cael eu mynegi yn eich rhagfynegiadau gorbryderus
- Eich meddyliau hunanfeirniadol
- Meddyliau sy'n ei gwneud hi'n anodd i chi ganolbwyntio ar eich nodweddion da, trin eich hun yn garedig a chaniatáu i chi'ch hun fwynhau bywyd
- Y canlyniadau rydych chi'n eu dychmygu petaech yn torri eich hen Reolau
- Y saeth i lawr

Yr ofnau sy'n cael eu mynegi yn eich rhagfynegiadau gorbryderus

Meddyliwch yn ôl i'r gwaith wnaethoch chi ar eich rhagfynegiadau gorbryderus. Efallai y bydd eich ofnau, a'r

CREU LLINELL SYLFAEN NEWYDD

rhagofalon diangen wnaethoch chi eu cymryd i gadw'ch hun yn ddiogel, yn rhoi cliwiau i chi am eich Llinell Sylfaen.

- O gymryd bod yr hyn roeddech chi'n ei ofni fwyaf wedi dod yn wir: beth fyddai hynny wedi'i ddweud amdanoch chi fel person? Pa fath o berson fyddai hynny wedi eich gwneud chi? Roedd Kate, er enghraifft, yn teimlo y byddai gofyn i'w rheolwr am yr arian oedd yn ddyledus iddi (tudalen 111) wedi dangos pa mor grintachlyd ac ariangar oedd hi, ac felly'n amhosib ei charu yn y bôn.
- A beth am eich rhagofalon diangen? Yn enwedig os yw'ch pryderon yn ymwneud yn aml â'r argraff rydych chi'n ei gwneud ar bobl eraill, mae'n bosib y bydd eich rhagofalon wedi'u cynllunio i guddio pwy ydych chi mewn gwirionedd. Os felly, pa chi 'go iawn' oeddech chi'n ei guddio? Pa fath o berson oeddech chi'n ofni fyddai'n cael ei ddatgelu pe baech chi ddim yn cymryd camau i amddiffyn a chuddio'ch hun? Roedd ymddygiad Tom i osgoi heriau, er enghraifft, wedi'i gynllunio i guddio'r ffaith ei fod (fel y gwelai ef bethau) yn dwp yn y bôn.

Eich meddyliau hunanfeirniadol

Edrychwch yn ôl ar y gwaith wnaethoch chi ar gwestiynu eich meddyliau hunanfeirniadol. Gall y meddyliau hyn fod yn adlewyrchiad uniongyrchol o'ch Llinell Sylfaen.

- Pa eiriau ddefnyddioch chi i ddisgrifio'ch hun pan oeddech chi'n bod yn hunanfeirniadol? Pa enwau wnaethoch chi eu galw arnoch chi eich hun?

> Chwiliwch am batrymau ailadroddus a ffyrdd awtomatig o siarad â chi'ch hun. Pa gredoau negyddol amdanoch chi'ch hun mae eich meddyliau hunanfeirniadol yn eu hadlewyrchu?
> - Ydy'r geiriau rydych chi'n eu defnyddio yn debyg i eiriau a ddefnyddiwyd amdanoch chi gan bobl eraill pan oeddech chi'n fach? Os felly, mae'n debyg eu bod nhw wedi bod yno ers hynny, ac efallai eu bod nhw'n adlewyrchu credoau hirhoedlog amdanoch chi'ch hun yn hytrach nag ymateb byrhoedlog.
> - Pan fyddwch chi'n gwneud pethau sy'n sbarduno hunanfeirniadaeth, beth mae'r pethau hynny'n ei awgrymu amdanoch chi fel person? Pa fath o berson fyddai'n gwneud pethau fel yna? Roedd Mike, er enghraifft, o'r farn ei bod yn rhaid bod ei anallu i reoli ei emosiynau yn golygu ei fod yn druenus a phathetig.

Meddyliau sy'n ei gwneud hi'n anodd derbyn eich nodweddion da, trin eich hun yn garedig a chaniatáu i chi'ch hun fwynhau bywyd

Archwiliwch yr amheuon a ddaeth i'r meddwl pan oeddech chi'n ceisio rhestru eich nodweddion da a gwyliwch nhw ar waith pan wnaethoch chi geisio cael pleser, rhoi clod i chi'ch hun am eich cyflawniadau a thrin eich hun yn garedig. Efallai fod eich amheuon wedi adlewyrchu'r ffaith nad oedd y ffyrdd newydd hyn o ymwneud â chi'ch hun yn cyd-fynd â'ch Llinell Sylfaen mewn gwirionedd. Ar ôl pwyso a mesur, cydnabu Rajiv, er enghraifft, fod ei amharodrwydd i roi clod iddo'i hun

CREU LLINELL SYLFAEN NEWYDD

am yr hyn roedd yn ei wneud neu neilltuo amser iddo'i hun i ymlacio yn adlewyrchu ei gred nad oedd e'n ddigon da.

Y canlyniadau rydych chi'n eu dychmygu petaech yn torri eich hen Reolau

Yn Rheolau Byw (tudalennau 272–3), weithiau mae'r 'yna...' sy'n dilyn 'os...' neu 'oni bai' yn ddatganiad uniongyrchol o'r Llinell Sylfaen fwy neu lai (e.e. 'Os bydda i'n gwneud camgymeriadau, yna *dwi'n fethiant*'). Ewch yn ôl at y Rheolau rydych chi wedi sylwi arnyn nhw, ac edrychwch ar yr hyn roeddech chi'n dychmygu fyddai'n deillio o'u torri.

- Os ydych chi'n torri eich Rheolau Byw, beth mae hynny'n ei ddweud amdanoch chi fel person?
- Pa fath o berson sy'n gwneud camgymeriadau, yn methu cael ei dderbyn, ei hoffi neu ei garu gan bawb, sy'n colli ei afael ar ei emosiynau, neu beth bynnag?
- Os yw'ch Rheol yn un sy'n dweud 'dylwn i', a fyddai'r 'neu fel arall' yn adlewyrchiad ohonoch chi fel person (e.e. 'Fe ddylwn i dreulio fy amser mewn ffordd adeiladol bob amser [neu fel arall dwi'n ddiog]')?

Y saeth i lawr

Gallwch ddefnyddio techneg y 'saeth i lawr' (tudalennau 286–7) i adnabod eich Llinell Sylfaen hefyd. Mae'r broses yr un fath â'r broses adnabod Rheolau Byw, ond mae pwyslais gwahanol ar y dilyniant o gwestiynau posib gan mai eu bwriad y tro hwn yw canolbwyntio'ch sylw ar eich credoau negyddol amdanoch chi'ch hun, yn hytrach na'ch safonau a'ch disgwyliadau. Y prif newid yw holi beth mae pob lefel o gwestiynau yn ei ddweud *amdanoch chi*, yn hytrach na'r hyn y mae'n ei olygu *i chi* o ran sut dylech chi ymddwyn a'r math o berson y dylech chi fod.

Fel o'r blaen, dechreuwch o ddigwyddiad penodol pan oeddech chi'n teimlo'n wael amdanoch chi'ch hun. Ewch ati i'w ddwyn i gof yn glir – ail-fyw pob manylyn os gallwch chi. Beth oedd y sefyllfa? Pa feddyliau neu ddelweddau oedd yn dod i'ch meddwl ar y pryd? Pa emosiynau a theimladau corfforol oedd yna? A beth wnaethoch chi? Ysgrifennwch yr hyn a ddigwyddodd, a hynny gyda chymaint o fanylion ag y gallwch chi eu cofio. Yn yr un modd â chwilio am Reolau Byw, gall fod yn ddefnyddiol canolbwyntio'n benodol ar yr hyn sydd yn eich meddwl oedd fwyaf pwerus ac yn gyfrifol am y rhan fwyaf o'r emosiwn wnaethoch chi ei deimlo. Yna, yn hytrach na chwilio am ddewisiadau amgen, gofynnwch gyfres o gwestiynau i chi'ch hun, er enghraifft:

- Petai hynny'n wir, beth fyddai hynny'n ei olygu amdanaf i?
- Petai hynny'n wir, beth fyddai'n ei ddweud wrtha i amdanaf i fy hun?
- Beth mae hynny'n ei ddweud amdanaf i fel person?
- Pa fath o berson mae hynny'n fy ngwneud i?
- Pa gredoau amdanaf i fy hun mae hynny'n eu hadlewyrchu?
- Beth yw goblygiadau hynny o ran sut dwi'n gweld fy hun?

Gall defnyddio amrywiaeth o gwestiynau gwahanol fod yn fanteisiol i'ch helpu chi i ddod o hyd i'ch Llinell Sylfaen. Rydych chi'n chwilio am ddatganiad cyffredinol amdanoch chi'ch hun ('Dwi'n ____'), sydd nid yn unig yn berthnasol yn y sefyllfa benodol rydych chi'n gweithio gyda hi nawr, ond yn fwy cyffredinol, mewn sefyllfaoedd amrywiol. Peidiwch â stopio gydag un syniad hunanfeirniadol penodol, oedd yn bresennol ar adeg benodol. Byddwch chi'n gweld eich Llinell Sylfaen fel barn sydd wedi bod gennych amdanoch chi'ch hun dros amser ac mewn llawer o sefyllfaoedd gwahanol. Fel eich man cychwyn, efallai y byddwch am gadarnhau eich canfyddiadau (neu gael cynnig arall, os ydych chi'n cael trafferth dod o hyd i'r Llinell Sylfaen neu ei rhoi mewn geiriau) drwy ddefnyddio nifer o sefyllfaoedd gwahanol lle rydych chi gan amlaf yn teimlo'n wael amdanoch chi'ch hun. Fe welwch chi enghraifft o saeth i lawr yn arwain at Linell Sylfaen ar dudalen 329 (Briony).

Creu Llinell Sylfaen newydd (Ailfeddwl)

Ar ôl deall beth yw eich Llinell Sylfaen, mae'n werth symud ymlaen ar unwaith i lunio Llinell arall, amgen sy'n fwy cadarnhaol a realistig, hyd yn oed cyn i chi ddechrau meddwl amdani a'i thanseilio. Mae hyn oherwydd, fwy na thebyg, eich bod wedi cynilo cronfa sylweddol mewn cyfrif banc o brofiadau sy'n ymddangos i chi fel petaen nhw'n cefnogi eich Llinell Sylfaen, o ystyried y rhagfarnau o ran meddwl a chofio sy'n cadw diffyg hunan-werth yn ei le. Gallwch fynd i gronfa 'Cyfrif Banc yr Hen Linell Sylfaen' unrhyw bryd y dymunwch chi, ychwanegu eitemau newydd, tynnu eitemau oddi yno a rhoi'ch holl sylw iddynt fel cybydd sy'n cyfrif ac yn ailgyfrif ei arian.

Mewn cyferbyniad, efallai na fydd gennych chi gyfrif i'r Llinell Sylfaen newydd hyd yn oed. Neu, os oes gennych chi un, gall fod fwy neu lai'n wag, ac yn anodd cael gafael arno. Mae eitemau'n mynd ar goll wrth eu trosglwyddo, ac rydych chi'n anghofio rhif a chod didoli eich cyfrif byth a beunydd. Mae hyn yn golygu nad oes gennych chi unman diogel, cadarn a pharhaol i roi eitemau 'Llinell Sylfaen Newydd'.

Mae creu Llinell Sylfaen Newydd yn agor cyfrif sydd o'ch plaid chi. Mae'n rhoi lle i chi storio profiadau sy'n gwrth-ddweud yr Hen Linell Sylfaen ac sy'n cefnogi persbectif newydd, mwy caredig sy'n barod i dderbyn pethau. Mae gennych chi rywle lle gallwch chi roi syniadau newydd a phrofiadau newydd a'u cadw'n ddiogel, gan wybod y byddant yno i chi pan fydd eu hangen nhw arnoch chi.

Mae'r gyfatebiaeth hon yn dangos diben creu Llinell Sylfaen Newydd. Mae'n rhoi rhywle i chi roi gwybodaeth gadarnhaol amdanoch chi'ch hun, profiadau sy'n cefnogi safbwynt mwy gwerthfawrogol. Mae hyn yn golygu nad ceisio tanseilio'ch hen gredoau negyddol ('Efallai nad ydw i'n gwbl ddi-werth, wedi'r cyfan') yn unig yr ydych chi, ond yn hytrach fynd ati i sefydlu ffordd arall o feddwl a dechrau sganio am wybodaeth a phrofiadau sy'n ei chefnogi ('Efallai, mewn gwirionedd, fy mod i'n *ddefnyddiol*').

Efallai y bydd y gwaith rydych chi eisoes wedi'i wneud mewn penodau cynharach, yn ogystal â rhoi gwybodaeth i chi am eich Hen Linell Sylfaen, wedi rhoi rhyw syniad i chi hefyd o beth fyddai'ch ffordd arall chi. Wrth i chi weithio drwy'r llyfr, edrych ar ragfynegiadau gorbryderus,

CREU LLINELL SYLFAEN NEWYDD

Ffigur 34. Y Saeth i Lawr: Adnabod y Llinell Sylfaen – Briony

Sefyllfa:
Ffrind newydd yn addo ffonio ond ddim yn gwneud hynny

Emosiynau:
Teimlo wedi'ch gwrthod, anobeithio

Teimladau Corfforol:
Teimlo'n sâl nes bod fy stumog yn troi

Meddwl:
'Mae e wedi anghofio'

Pe bai hynny'n wir, beth fyddai hynny'n ei olygu amdanoch chi?

↓

'Nad ydw i'n werth fy nghofio'

↓

A beth fyddai hynny'n ei ddweud wrthych chi amdanoch chi'ch hun?

↓

'Ei fod e wedi troi ei gefn arna i am ei fod wedi gweld pwy ydw i mewn gwirionedd'

↓

Pe bai wedi ffonio, beth fyddai wedi'i weld?

↓

'Rhywbeth nad oedd e'n ei hoffi'

↓

Beth fyddai hynny? Beth na fyddai yn ei hoffi?

↓

'Y fi go iawn, nad yw'n haeddu cael ei hoffi na'i garu gan neb'

↓

Pe bai hynny'n wir, beth fyddai hynny'n ei ddweud amdanoch chi fel person?

↓

'Dwi'n berson gwael'

cwestiynu meddyliau hunanfeirniadol, canolbwyntio ar eich nodweddion da, a newid eich Rheolau, pa syniadau newydd, mwy caredig amdanoch chi'ch hun sydd wedi dod i'ch meddwl? Wrth edrych yn ôl dros yr holl bethau rydych chi wedi'u gwneud ym mhob un o'r meysydd hyn, beth mae'r newidiadau rydych chi wedi'u gwneud yn ei ddweud wrthych chi amdanoch chi'ch hun? Ydyn nhw'n gwbl gyson â'ch hen farn negyddol chi?

Edrychwch yn benodol ar y rhinweddau, y cryfderau, y caffaeliadau a'r sgiliau rydych chi wedi'u nodi ac arsylwi arnynt, o ddydd i ddydd. Ydyn nhw'n cyd-fynd â'ch Hen Linell Sylfaen? Neu ydyn nhw'n awgrymu bod angen ei diweddaru hi, ei bod yn safbwynt rhagfarnllyd, annheg, sy'n methu ystyried beth sy'n dda, yn gryf ac yn deilwng ynoch chi? Pa bersbectif arnoch chi'ch hun fyddai'n rhoi darlun gwell o *bopeth* rydych chi wedi sylwi arno? Pa Linell Sylfaen Newydd fyddai'n cydnabod nad ydych chi, fel gweddill yr hil ddynol, yn gwbl berffaith, ond bod gennych chi gryfderau a rhinweddau, yn ogystal â'ch gwendidau a'ch diffygion, a'i bod yn iawn i fod yn chi yn y bôn?

Chi yw'r barnwr a'r rheithgor yn y cyswllt hwn, nid y cwnsler ar gyfer yr erlyniad. Eich gwaith chi yw ystyried yr *holl* dystiolaeth, nid dim ond y dystiolaeth o blaid condemnio'r carcharor. Pan fydd gennych chi syniad ynglŷn â beth yw'ch Llinell Sylfaen newydd, ysgrifennwch hynny ar bapur (ar y Daflen Grynhoi ar dudalennau 368–9 ar ddiwedd y bennod, os dymunwch). Rhowch sgôr ynghylch i ba raddau rydych chi'n credu eich Llinell Sylfaen Newydd, yn union fel y rhoesoch sgôr yng nghryfder eich cred yn eich Hen Linell Sylfaen, gan gynnwys y newid yn y graddau y mae hi'n eich argyhoeddi

CREU LLINELL SYLFAEN NEWYDD

chi a sut mae'ch cred wedi newid ers i chi ddechrau gweithio ar oresgyn eich diffyg hunan-werth. Yna cymerwch eiliad i ganolbwyntio'ch sylw arni a nodi pa emosiynau a theimladau corfforol sy'n dod i'r amlwg a pha mor gryf ydyn nhw. Wrth i chi barhau i fynd drwy'r bennod, dewch yn ôl at y Daflen Grynhoi o bryd i'w gilydd, ac edrych sut mae'ch cred yn y Llinell Sylfaen Newydd yn newid wrth i chi ganolbwyntio ar dystiolaeth sy'n ei chefnogi a'i chryfhau.

Wrth edrych ar yr enghreifftiau ar dudalennau 360–1, fe welwch fod y Llinell Sylfaen Newydd yn wahanol i'r hen un weithiau (e.e. Evie, Jack, Kate). Mewn rhai achosion, ar y llaw arall, mae'r Llinell Sylfaen Newydd yn 'neidio oddi ar y cledrau', fel petai, ac yn mynd i gyfeiriad newydd sy'n gwneud yr hen un yn amherthnasol bron iawn (e.e. Briony, Aaron, Tom, Mary). Weithiau mae'r Llinell Sylfaen Newydd rywle rhwng y rhain (e.e. Rajiv, Lin, Mike). Yr hyn sy'n bwysig fan hyn yw y dylai eich Llinell Sylfaen Newydd adlewyrchu safbwynt sy'n gwneud synnwyr i chi yn bersonol, a fydd yn newid sut rydych chi'n teimlo amdanoch chi'ch hun maes o law, ac yn cynnig cyfle i gael persbectif newydd ar eich profiadau a fydd yn eich galluogi i ddechrau sylwi ar eich rhinweddau a'ch cryfderau a'u gwerthfawrogi. Y geiriad cywir yw'r geiriad sy'n teimlo'n iawn i *chi*.

Efallai y gwelwch chi fod Llinell Sylfaen Newydd yn dod i'r meddwl yn syth pan fyddwch chi'n meddwl yn ôl dros bopeth rydych chi wedi'i wneud. Neu efallai y gwelwch chi fod eich meddwl yn wag bron iawn, yn enwedig os yw eich diffyg hunan-werth wedi bod gennych chi ers cryn amser a bod gennych chi dabŵ cryf ynglŷn â meddwl yn dda amdanoch chi'ch hun, y mae angen mynd i'r afael ag ef o hyd.

GORESGYN DIFFYG HUNAN-WERTH

Peidiwch â phoeni os yw hyn yn wir. Gall eich syniadau ddod yn fwy eglur wrth i chi weithio drwy'r bennod. Am y tro, efallai y byddai'n ddefnyddiol gofyn cwestiwn i chi'ch hun, cwestiwn y mae Christine Padesky, y therapydd gwybyddol y soniais amdani ym Mhennod 2, yn ei awgrymu: 'Pe baech chi ddim yn (eich Hen Linell Sylfaen), beth fyddech chi wir yn hoffi bod mewn gwirionedd?' Er enghraifft, 'Pe bawn i ddim mor ddi-glem, byddwn wir yn hoffi bod yn fedrus ac abl.' Os gallwch chi ateb y cwestiwn, waeth pa mor betrusgar, yna hyd yn oed os yw'n ymddangos yn ddamcaniaethol yn fwy na dim arall i chi ar hyn o bryd, ysgrifennwch yr ateb ar bapur. Bydd yn rhoi man cychwyn i chi ar gyfer casglu tystiolaeth o blaid persbectif newydd (yn yr achos yma, 'Dwi'n abl'), hyd yn oed os nad yw'n eich argyhoeddi chi rhyw lawer eto. Gall argyhoeddiad ddod wrth i chi barhau i weithio drwy'r bennod.

Ar y pwynt hwn, gall yr hen syniad ei bod yn anghywir meddwl yn dda amdanoch chi'ch hun ddod i'r wyneb – unwaith eto, mae 'ie, ond' yn ymddangos. Cofiwch nad ydym yn siarad am gael hunanddelwedd ymffrostgar fan hyn ('Dwi'n hollol wych ym mhob ffordd', 'Bob dydd ym mhob ffordd dwi'n dod yn well ac yn well'). Nid ceisio anghofio'ch diffygion a'ch gwendidau dynol yr ydych chi, nac anwybyddu agweddau arnoch chi eich hun yr hoffech chi eu newid neu eu gwella, ac esgus nad ydyn nhw'n bodoli. Does gan hunan-werth iach ddim byd i'w wneud â grym meddwl yn gadarnhaol, nac annog eich hun i fod mor afrealistig o gadarnhaol amdanoch chi'ch hun ag yr oeddech chi'n afrealistig o negyddol. Mae'n ymwneud â ffurfio barn gytbwys, ddiduedd amdanoch chi'ch hun sy'n rhoi eich

CREU LLINELL SYLFAEN NEWYDD

gwendidau a'ch diffygion yng nghyd-destun persbectif sy'n ffafriol yn gyffredinol, ac sy'n canu clodydd 'digon da' yn hytrach na 'pherffaith', gan eich galluogi chi i dderbyn eich hun yn union fel yr ydych chi. Felly mae gofyn gwrthsefyll y demtasiwn i sensro eich Llinell Sylfaen Newydd. Gadewch i'ch dychymyg grwydro'n rhydd, a rhoi cyfle i chi'ch hun gysylltu â'ch dymuniadau dyfnaf amdanoch chi'ch hun.

Mae'n annhebygol y bydd modd eich caru 100 y cant, eich bod yn fedrus 100 y cant, yn deilwng 100 y cant, yn ddeallus 100 y cant, yn ddeniadol 100 y cant, neu beth bynnag. Pam, wedi'r cyfan, mai chi ddylai fod yr unig aelod o'r hil ddynol i fod felly erioed? Mae'r gwaith rydych chi wedi bod yn ei wneud ac y byddwch chi'n ei wneud yn gofyn i chi wneud eich diffygion a'ch gwendidau yn ddim mwy na rhan ohonoch chi'ch hun, yn hytrach nag yn sail i'ch asesiad o'ch gwerth. Efallai y byddwch chi'n penderfynu y gallwch chi fyw gyda nhw neu efallai y byddwch chi'n penderfynu eich bod am eu newid nhw – chi sydd i benderfynu.

Er mwyn gwneud y pwynt hwn yn gliriach, beth am i ni ei ystyried mewn perthynas â 'hoffus'. Dychmygwch linell 10cm sy'n cynrychioli pa mor ddymunol neu hoffus ydych chi:

Hoffus	
0%	100%

Byddai rhywun ar ben y llinell ar y dde yn hoffus 100 y cant. Mewn ffordd arwynebol, gallai hyn gael ei weld fel peth da.

Fyddai rhywun ar ben y llinell ar y chwith ddim yn hoffus o gwbl. Nawr rhowch 'x' ar y llinell lle tybiwch rydych chi'n perthyn. Os oes gennych chi unrhyw amheuon ynglŷn â pha mor hoffus ydych chi, mae'n debyg eich bod yn agosach at ben chwith y llinell. Nawr, gadewch i ni ystyried beth fyddai 'hoffus 100 y cant' a 'ddim yn hoffus o gwbl' yn ei olygu mewn gwirionedd. Er mwyn bod yn 'hoffus 100 y cant', byddai'n rhaid i chi fod, er enghraifft:

- Yn hoffus drwy'r amser
- Yn gwbl hoffus (ni allai unrhyw agwedd arnoch chi fod yn un nad oes modd ei hoffi o gwbl)
- Yn hoffus i bawb

Bydd hi'n glir yn syth nad yw hoffus 100 y cant yn bosib o gwbl. Ni all neb fod mor berffaith. Meddyliwch am bobl rydych chi'n eu hadnabod. O gadw'r eithafion (0 a 100 y cant) mewn cof, ble fyddech chi'n eu rhoi nhw ar y llinell? Ac, eto, gan gadw'r eithafion mewn cof, ble fyddech chi'n rhoi eich hun nawr? Pan fyddwch chi'n penderfynu ar eich Llinell Sylfaen Newydd, cofiwch gadw hyn mewn cof. Dydych chi ddim yn chwilio am y 100 y cant nad oes modd ei gyflawni; rydych chi'n chwilio am 'ddigon da'.

I weld a ydych chi ar y trywydd iawn, gall fod yn ddefnyddiol dychwelyd nawr at y sefyllfa oedd yn broblem benodol ac yn fan cychwyn pan ddilynoch y saeth i lawr er mwyn ceisio adnabod eich Llinell Sylfaen. Unwaith eto, dewch â'r sefyllfa i'r meddwl yn fyw gan edrych ar bob manylyn. Yna gofynnwch i chi'ch hun: Sut byddai'r sefyllfa hon wedi datblygu pe bai fy Llinell Sylfaen Newydd ar waith? Fyddai pethau wedi bod yn wahanol mewn ffordd y byddwn i wedi'i hoffi? Os mai 'byddent' yw'r ateb, daliwch ati i weithio gyda'ch drafft cyntaf. Os mai'r ateb yw 'na fyddent', efallai y bydd angen i chi ailfeddwl.

Peidiwch â phoeni os yw cryfder eich cred yn eich Llinell Sylfaen Newydd yn isel ar hyn o bryd. Os yw'r Hen Linell Sylfaen wedi bod yn ei lle ers cryn amser, bydd yn cymryd amynedd, dyfalbarhad ac ymarfer i wneud i'r un newydd eich argyhoeddi i'r carn. Byddwn ni'n symud ymlaen nawr i ystyried sut i danseilio'ch Hen Linell Sylfaen ymhellach, a sut i gryfhau'r un newydd rydych chi wedi'i nodi'n betrus. Fe welwch chi y bydd y gwaith rydych chi wedi'i wneud eisoes yn eich rhoi chi mewn sefyllfa dda fan hyn.

Tanseilio'r Hen Linell Sylfaen (Ailfeddwl)

Mae eich credoau negyddol amdanoch chi'ch hun yn seiliedig ar brofiad – ymgais i wneud synnwyr o'r hyn a ddigwyddodd i chi yn y gorffennol. Mae hyn yn golygu, o ystyried y rhagfarnau o ran y ffordd o feddwl a chofio sy'n eu cadw yn eu lle, wrth i chi edrych yn ôl dros eich bywyd y byddwch chi'n gweld 'tystiolaeth' sy'n ymddangos fel pe bai'n eu cefnogi. Archwilio'r 'dystiolaeth' hon – a chwilio am ffyrdd eraill o'i hesbonio – yw'r cam nesaf tuag at oresgyn diffyg hunan-werth. Mae hyn yn debyg i'r hyn wnaethoch chi wrth ddysgu cwestiynu meddyliau hunanfeirniadol, a gall y syniadau wnaethoch chi eu defnyddio bryd hynny fod o gymorth i chi yma hefyd. Fodd bynnag, mae'n ehangach yma: mae'r ffocws ar eich credoau cyffredinol amdanoch chi'ch hun, yn hytrach nag ar feddyliau penodol sy'n codi ar adeg benodol. Y cwestiynau allweddol i'w cofio yw:

> - Pa 'dystiolaeth' sy'n cefnogi eich Hen Linell Sylfaen?
> - Ym mha ffordd arall y mae modd deall y 'dystiolaeth' hon?

Pa 'dystiolaeth' sy'n cefnogi eich Hen Linell Sylfaen?

Dwi wedi rhoi 'tystiolaeth' mewn dyfynodau fan hyn i ddangos, er y gallech chi fod wedi cael profiadau amrywiol sy'n cefnogi'ch Hen Linell Sylfaen – arwyddion bod yr hyn roeddech chi'n ei gredu amdanoch chi'ch hun yn wir – bod modd dehongli'r profiadau hyn mewn ffordd wahanol iawn. Efallai, os ydych chi'n craffu'n ofalus arnyn nhw, y sylweddolwch nad ydyn nhw'n adlewyrchu'n wael arnoch chi o gwbl. Y cam cyntaf tuag at ddeall hyn yw nodi'r profiadau rydych chi wedi bod yn eu hystyried fel tystiolaeth ategol.

Meddyliwch am eiliad am eich Hen Linell Sylfaen. Nid rhywbeth a ddaeth o nunlle yw'r syniad pwerus hwn. Pa brofiadau, yn y gorffennol a'r presennol, sy'n dod i'r meddwl? Pa ddigwyddiadau sy'n ymddangos fel pe baent yn ei chefnogi? Beth sy'n gwneud i chi ddweud eich bod yn annigonol, yn annymunol, yn ddi-glem neu beth bynnag yw'ch Llinell Sylfaen chi? Beth sy'n eich arwain i ddod i gasgliadau mor angharedig amdanoch chi'ch hun?

Mae 'tystiolaeth' ategol yn amrywio o un unigolyn i'r llall. Weithiau mae'r rhan fwyaf ohoni yn perthyn i'r gorffennol, yn gysylltiedig â'u perthynas ag eraill neu brofiadau fel y

CREU LLINELL SYLFAEN NEWYDD

rhai a ddisgrifir yn y straeon ym Mhennod 2 (tudalen 39). Mae modd defnyddio digwyddiadau mwy diweddar fel ffynonellau tystiolaeth hefyd. Disgrifir rhai ffynonellau 'tystiolaeth' cyffredin isod. Wrth i chi ddarllen, ceisiwch weld a oes unrhyw ddarnau o 'dystiolaeth' yn canu cloch.

Dydy'r rhestr ddim yn gwbl gynhwysfawr. Efallai na fydd y 'dystiolaeth' rydych chi wedi'i defnyddio i gefnogi'ch barn wael amdanoch chi'ch hun ar y rhestr. Serch hynny, defnyddiwch yr adran hon fel cyfle i fyfyrio ar yr hyn y gallai fod. Cofiwch y gallech chi fod yn defnyddio mwy nag un ffynhonnell o 'dystiolaeth' i gefnogi'ch Hen Linell Sylfaen, a gwnewch nodyn o gynifer â phosib. Eich tasg nesaf fydd cymryd cam yn ôl ac archwilio'r 'dystiolaeth' yn ofalus. Pan fyddwch chi'n edrych arni'n ofalus, ydy hi'n cadarnhau eich barn negyddol amdanoch chi'ch hun mewn gwirionedd, neu a oes modd ei deall hi mewn ffordd wahanol?

Ffigur 35. Ffynonellau 'Tystiolaeth' sy'n Cefnogi'r Hen Linell Sylfaen Negyddol

- *Anawsterau cyfredol a symptomau trallod*
- *Methu goresgyn yr anawsterau hyn heb gymorth*
- *Camgymeriadau a methiannau yn y gorffennol*
- *Problemau penodol*
- *Nodweddion personol – corfforol neu seicolegol*
- *Gwahaniaethau rhyngoch chi a phobl eraill*
- *Ymddygiad pobl eraill tuag atoch chi, yn y gorffennol neu'r presennol*
- *Ymddygiad pobl eraill rydych chi'n teimlo'n gyfrifol amdanyn nhw*

GORESGYN DIFFYG HUNAN-WERTH

- *Colli rhywbeth oedd yn rhan o'ch hunaniaeth*
- *Ymateb emosiynol ('Mae'n teimlo'n wir')*

ANAWSTERAU CYFREDOL A SYMPTOMAU TRALLOD

Roedd Briony, er enghraifft, yn eithaf isel ar un adeg. Fel sy'n nodweddiadol o bobl sy'n isel eu hysbryd, roedd yn swrth ac yn ei chael hi'n anodd cymell ei hun i wneud unrhyw beth. Roedd Briony yn credu bod hynny'n golygu ei bod hi'n ddiog ac yn dda i ddim. Hynny yw, roedd yn arwydd arall eto fyth o'i hannheilyngdod, yn hytrach nag yn symptom dros dro o gyflwr deallâdwy a fyddai'n diflannu ar ôl i'w hwyliau wella.

METHU GORESGYN ANAWSTERAU CYFREDOL HEB GYMORTH

Mae anhawster Mike i siarad yn agored â'i wraig a gofyn am gymorth allanol yn enghraifft o hyn. Roedd ef yn gweld ei anallu i ymdopi'n annibynnol yn arwydd o wendid, yn hytrach na chydnabod yn synhwyrol y gall trafod pethau gyda rhywun arall sy'n ein hadnabod yn dda helpu i ysgafnhau'r baich ar y meddwl, a bod angen cymorth cariadus ar bawb mewn bywyd, yn enwedig yn ystod cyfnodau anodd.

CAMGYMERIADAU A METHIANNAU YN Y GORFFENNOL

O ystyried pa mor eiddil yw bodau dynol, mae'n amhosib mynd trwy fywyd heb wneud pethau rydyn ni'n eu difaru. O bryd i'w gilydd, mae pob un ohonon ni'n hunanol, yn anystyriol, yn flin, yn gibddall neu'n llai na chwbl onest. Mae pob un ohonon ni'n gwneud pethau yn y ffordd hawsaf bosib yn hytrach na'r ffordd orau, yn gwneud camgymeriadau, yn osgoi heriau ac yn methu cyflawni amcanion. Yn aml mae gwendidau dynol o'r fath yn cael eu gweld gan bobl â diffyg hunan-werth fel tystiolaeth bellach o ba mor ddi-werth ydyn nhw yn y bôn.

Roedd hyn yn wir am Aaron. Yn ystod ei arddegau, roedd yn gweithredu ar gyrion y gyfraith yn aml. Ar adegau bu'n ymladd a chafodd pobl eraill eu brifo, unwaith yn wael iawn. Bu mewn trafferth gyda'r heddlu dro ar ôl tro ac ymddangosodd gerbron llys fwy nag unwaith. Wrth iddo dyfu'n hŷn, penderfynodd Aaron nad oedd y ffordd hon o fyw yn gwneud dim lles iddo. Ond roedd arno ofn newid gan ei bod yn ymddangos iddo ef mai hon oedd yr unig ffordd o oroesi mewn byd gelyniaethus. Er hynny, roedd yn ddigon dewr i symud o'i ddinas enedigol, gwneud ffrindiau newydd a dod o hyd i swydd roedd yn ei hoffi (cynorthwyo pobl ifanc o gefndiroedd difreintiedig), ac yn y pen draw fe briododd a chael plant. Er gwaethaf y newidiadau cadarnhaol iawn hyn, roedd yn dal i'w chael hi'n anodd teimlo'n dda amdano'i hun. Roedd ei orffennol fel rhyw fwgan iddo o hyd. Pryd bynnag roedd e'n edrych yn ôl, roedd e'n teimlo'n gwbl ddi-werth.

PROBLEMAU PENODOL

Does neb yn berffaith. Mae gan bob un ohonon ni ddiffygion ac agweddau yr hoffem eu newid neu eu gwella. Gall pobl â diffyg hunan-werth weld y diffygion hyn yn brawf pellach bod rhywbeth sylfaenol o'i le, yn hytrach nag fel problemau penodol y gallai fod modd eu datrys ac nad oes ganddyn nhw unrhyw gysylltiad â'u gwerth gwirioneddol. Bob tro roedd Tom yn cael problemau gyda darllen neu ysgrifennu, er enghraifft, roedd yn gweld hyn fel tystiolaeth bellach o'i dwpdra, yn hytrach nag fel anhawster dysgu penodol heb ei gydnabod nad oedd yn adlewyrchiad o'i ddeallusrwydd, ac y gallai ei oresgyn, gyda chymorth priodol.

NODWEDDION CORFFOROL

Gall pobl â diffyg hunan-werth deimlo eu bod yn rhy dal, yn rhy fyr, yn rhy dew, yn rhy denau, y lliw anghywir, y siâp anghywir neu'r maint anghywir. Gallant ddefnyddio'r syniadau hyn i danseilio eu hymdeimlad o hunan-werth. Roedd cred Evie fod ei gwerth yn dibynnu ar sut roedd hi'n edrych a faint roedd hi'n ei bwyso yn enghraifft o hyn. Os oedd ei phwysau'n drymach na'r hyn y credai y dylai fod, roedd hi'n teimlo'n syth ei bod hi'n dew, yn hyll ac nad oedd hi'n ddeniadol. Doedd dim byd arall o unrhyw bwys. Anwybyddodd yr holl bethau eraill oedd yn ei gwneud hi'n ddeniadol – er enghraifft, ei synnwyr o steil, ei gallu i fwynhau bywyd a'i deallusrwydd.

NODWEDDION SEICOLEGOL

Gall nodweddion seicolegol gymell pobl â diffyg hunan-werth i deimlo'n wael amdanyn nhw eu hunain hefyd. Roedd Jack, er enghraifft, hyd yn oed ac yntau'n oedolyn, yn ofni y byddai ei egni mawr, ei chwilfrydedd a'i ddyfeisgarwch yn cael eu gweld fel ffordd o ddangos ei hun. Ac yntau'n disgwyl gwg a beirniadaeth, roedd e'n gwneud popeth a allai i osgoi denu sylw, bod fel pawb arall, a mygu ei afiaith. Yn hytrach na derbyn ei briodweddau fel doniau, roedd yn eu gweld nhw fel tystiolaeth bellach ei fod e'n annerbyniol.

GWAHANIAETHAU RHYNGOCH CHI A PHOBL ERAILL

Pa mor dalentog bynnag ydych chi, mae'n debygol bod

yna bobl eraill sy'n fwy talentog. Waeth faint o ddoniau sydd gennych chi, mae'n debygol bod eraill sydd â mwy. Gall pobl â diffyg hunan-werth ddefnyddio cymariaethau â phobl eraill fel ffynhonnell tystiolaeth i gefnogi eu safbwyntiau gwael amdanyn nhw eu hunain. Gallan nhw gymharu eu hunain â'r bobl maen nhw'n eu hadnabod, neu â delweddau maen nhw'n eu gweld yn y wasg boblogaidd neu ar y cyfryngau cymdeithasol. Roedd Lin, er enghraifft, yn cymharu ei gwaith â gwaith artistiaid eraill bob amser. Yn y cymariaethau hyn, roedd hi'n teimlo nad oedd hi cystal gan amlaf. Yn hytrach na barnu ei hun ar sail ei rhinweddau ei hun, waeth beth fo ansawdd gwaith pobl eraill, roedd hi'n defnyddio cymariaethau negyddol i fwydo ei theimlad o israddoldeb.

YMDDYGIAD POBL ERAILL TUAG ATOCH CHI, YN Y GORFFENNOL NEU'R PRESENNOL

Gall pobl a gafodd eu trin yn wael fel plant ystyried y driniaeth hon fel tystiolaeth o'u diffyg gwerth eu hunain, p'un a oedd y driniaeth gan eu teulu, eu cyd-ddisgyblion neu'r gymdeithas roedden nhw'n byw ynddi. Yn yr un modd, mae modd defnyddio atgasedd, gwrthodiad, anghymeradwyaeth neu gam-drin yn y presennol i atgyfnerthu diffyg hunan-werth. Er enghraifft, y driniaeth gafodd hi gan ei llysrieni oedd prif ffynhonnell tystiolaeth Briony ei bod hi'n ddrwg. Am ba reswm arall fydden nhw wedi bod felly? Hyd yn oed fel oedolyn, pe bai rhywun yn ei thrin yn wael, roedd hi'n tybio'n syth ei bod yn rhaid ei bod wedi ei haeddu mewn rhyw ffordd. Felly daeth unrhyw angharedigrwydd, diffyg ystyriaeth neu anghytundeb yn dystiolaeth bellach o'i drygioni cynhenid.

YMDDYGIAD POBL ERAILL RYDYCH CHI'N TEIMLO'N GYFRIFOL AMDANYN NHW

Mae hon yn fagl arbennig i bobl â diffyg hunan-werth sy'n dod yn rhieni. Gallant roi'r bai arnyn nhw eu hunain am unrhyw beth sy'n mynd o'i le ym mywydau eu plant, hyd yn oed ar ôl i'r plant dyfu'n oedolion a gadael cartref. Roedd hyn yn wir yn achos Briony. Pan ddarganfu fod ei merch oedd yn ei harddegau wedi yfed gormod ac wedi cymryd cyffuriau stryd mewn partïon o dro i dro, ei hymateb cyntaf oedd mai ei bai hi oedd hyn yn llwyr. Roedd hi'n rhiant gwael. Roedd ei drygioni cynhenid hi ei hun wedi gollwng ohoni a halogi ei merch rywsut. Roedd y persbectif hwn yn ei gwneud hi'n anodd iddi ymdrin â'r sefyllfa'n adeiladol, a thrafod canlyniadau posib yr hyn roedd hi'n ei wneud gyda'i merch, a'r ffordd orau o wrthsefyll pwysau gan gyfoedion.

COLLI RHYWBETH OEDD YN RHAN O'CH HUNANIAETH

Dangosodd Pennod 7 (tudalennau 257–313) sut mae pobl yn hongian hunan-werth ar bob math o begiau gwahanol. Os caiff y peg rydych chi wedi hongian eich syniad o werth arno ei dynnu ymaith, mae hyn yn golygu eich bod chi'n agored i holl rym credoau negyddol amdanoch chi'ch hun. Cafodd Rajiv, er enghraifft, ei ddiswyddo ar un adeg oherwydd bod y cwmni roedd yn gweithio iddo yn mynd drwy gyfnod anodd. Ei waith oedd un o'r pegiau roedd wedi hongian ei hunan-werth arno. Er bod y cwmni wedi'i gwneud yn glir nad oedd am ei golli, cymerodd Rajiv y diswyddiad yn bersonol iawn. Roedd yn arwydd arall nad oedd e'n ddigon da. Er nad oedd hi ar fai ei hun, gwnaeth anallu Mary i ofalu am eraill fel roedd hi wedi bod wrth ei bodd yn ei wneud erioed iddi ei gweld ei hun fel rhywun cwbl ddi-werth.

Ym mha ffordd arall y mae modd deall y 'dystiolaeth'?

Mae modd dehongli pob ffynhonnell o 'dystiolaeth' sy'n cael ei defnyddio i gefnogi'r Llinell Sylfaen mewn ffyrdd amrywiol, yn union fel mae meddyliau hunanfeirniadol penodol sy'n dod i'ch pen mewn sefyllfaoedd penodol yn gallu cael eu dehongli mewn ffyrdd amrywiol. Ar ôl i chi adnabod y dystiolaeth rydych yn teimlo ei bod yn cefnogi eich Hen Linell Sylfaen, eich tasg nesaf yw ei harchwilio'n ofalus ac asesu i ba raddau mae'n cefnogi'r hyn rydych chi wedi arfer ei gredu amdanoch chi'ch hun mewn gwirionedd. Gwnewch nodyn o'ch casgliadau, ar y Daflen Grynhoi ar ddiwedd y bennod os dymunwch. Efallai y bydd cwestiynau a restrir isod yn ddefnyddiol i chi. Fe welwch eu bod nhw'n ymwneud yn uniongyrchol â'r gwahanol ffynonellau tystiolaeth a amlinellir uchod. Efallai hefyd y byddai'n werth i chi gofio am y cwestiynau wnaethoch chi eu defnyddio i fynd i'r afael â meddyliau hunanfeirniadol (tudalennau 183-4). Bydd y cwestiynau penodol sy'n gwneud synnwyr i chi'n dibynnu ar natur y 'dystiolaeth' rydych chi'n ei defnyddio i gefnogi'ch Hen Linell Sylfaen.

Ffigur 36. Adolygu'r 'Dystiolaeth' sy'n Cefnogi eich Hen Linell Sylfaen: Cwestiynau Defnyddiol

- Ar wahân i ddiffygion personol, pa esboniadau allai fod am anawsterau cyfredol neu arwyddion o drallod?
- Er ei bod hi'n ddefnyddiol gallu ymdopi'n annibynnol, beth fyddai manteision posib gofyn am gymorth a chefnogaeth?
- Pa mor deg yw barnu eich hun ar sail camgymeriadau a methiannau yn y gorffennol?
- Pa mor deg yw barnu eich hun ar sail gwendidau penodol?
- Pa mor ddefnyddiol yw hi i adael i'ch hunan-werth ddibynnu ar syniadau caeth am yr hyn y dylech chi ei wneud neu fod?
- Dim ond oherwydd bod rhywun arall yn well am wneud rhywbeth na chi, neu fod ganddo fwy o rywbeth na chi, ydy hynny'n ei wneud yn unigolyn gwell?
- Pa resymau posib, ar wahân i'r math o berson ydych chi, allai esbonio ymddygiad pobl eraill tuag atoch chi?
- Faint o rym sydd gennych chi mewn gwirionedd dros ymddygiad y bobl rydych chi'n teimlo eich bod chi'n gyfrifol amdanyn nhw?

AR WAHÂN I DDIFFYGION PERSONOL, PA ESBONIADAU ALLAI FOD AM ANAWSTERAU CYFREDOL NEU ARWYDDION O DRALLOD?

Os yw hon yn adeg pan ydych yn cael trafferthion neu'n profi trallod, yn hytrach nag ystyried hyn fel arwydd bod rhywbeth sylfaenol o'i le arnoch, edrychwch ar yr hyn sy'n digwydd yn eich bywyd ar hyn o bryd. Oes unrhyw beth yn digwydd a allai esbonio sut rydych chi'n teimlo?

CREU LLINELL SYLFAEN NEWYDD

Pe byddai rhywun sy'n annwyl i chi yn wynebu'r hyn rydych chi'n ei wynebu ar hyn o bryd, fyddai'r person hwnnw'n teimlo'n debyg? Os felly, beth fyddech chi'n ei feddwl am hynny? Fyddech chi'n tybio ei bod yn rhaid ei fod yntau'n annigonol, yn ddrwg neu rywbeth tebyg hefyd? Neu fyddech chi'n ystyried bod ei ymatebion yn ddealladwy, o ystyried yr hyn oedd yn digwydd, ac yn ymateb iddo gyda thosturi? Hyd yn oed os nad oes yna ddim byd amlwg iawn yn digwydd yn eich bywyd ar hyn o bryd i esbonio sut rydych chi'n teimlo, oes modd ei ddeall yng nghyd-destun hen arferion meddwl sy'n ganlyniad i'ch profiadau yn y gorffennol? Os felly, efallai y bydd yn fwy defnyddiol i chi fod yn dosturiol tuag atoch chi'ch hun a dangos dealltwriaeth, gan annog eich hun i wneud beth bynnag sydd angen ei wneud ac i gael yr help sydd ei angen arnoch chi, yn hytrach nag ychwanegu at eich trallod trwy fod yn llawdrwm arnoch eich hun.

ER EI BOD HI'N DDEFNYDDIOL GALLU YMDOPI'N ANNIBYNNOL, BETH FYDDAI MANTEISION POSIB GOFYN AM GYMORTH A CHEFNOGAETH?

Fel Mike, efallai eich bod chi'n teimlo bod gofyn am gymorth yn arwydd o wendid neu annigonolrwydd. Dylech allu sefyll ar eich traed eich hun. Ond efallai fod gallu gofyn am help pan fydd ei angen go iawn arnoch chi yn eich rhoi chi mewn sefyllfa gryfach mewn gwirionedd, ac nid un wannach, oherwydd gallai roi cyfle i chi fynd i'r afael yn llwyddiannus ag amrywiaeth ehangach o sefyllfaoedd nag y gallech chi ymdopi â nhw ar eich pen eich hun. Sut rydych chi'n teimlo pan fydd pobl eraill sydd mewn trafferth yn dod atoch chi am gymorth neu gefnogaeth? Ydych chi'n dod i gasgliad awtomatig eu bod nhw'n amlwg yn wan neu'n

GORESGYN DIFFYG HUNAN-WERTH

anobeithiol? Yn aml mae pobl sy'n ei chael hi'n anodd gofyn am gymorth eu hunain yn dda iawn am roi cymorth i eraill. Dydyn nhw ddim yn barnu eraill mewn ffordd angharedig. I'r gwrthwyneb, mae gallu cynnig cymorth yn golygu eu bod nhw'n teimlo'n ddefnyddiol, bod ar eraill eu hangen nhw a'u bod yn teimlo cynhesrwydd tuag at y bobl hynny. Dyma sut gallai pobl eraill sy'n poeni amdanoch chi deimlo amdanoch chithau, pe baech chi'n rhoi hanner cyfle iddyn nhw.

Neu efallai eich bod chi'n ofni (fel Kate) y cewch eich siomi os byddwch chi'n gofyn am help. Efallai y bydd pobl eraill yn ei ystyried mewn ffordd negyddol. Gallan nhw wrthod, neu fod yn ddilornus, neu fethu rhoi'r hyn sydd ei angen arnoch chi. Mewn gwirionedd, gall pobl fod yn fwy parod eu cymorth na'r disgwyl – ac, os nad ydyn nhw, gall hynny ddweud mwy am eu cyfyngiadau nhw na'ch rhai chi. Serch hynny, wrth gwrs, mae'n synhwyrol dewis pobl nad oes gennych chi unrhyw reswm penodol i dybio y byddan nhw'n ymateb fel hyn. Y ffordd orau o weld sut bydd eraill yn ymateb yw rhoi cynnig arni. Meddyliwch o flaen llaw sut rydych chi'n rhagweld pethau ac yna gweld beth sy'n digwydd, fel y dysgoch chi ei wneud ym Mhennod 4 (tudalennau 105–50).

PA MOR DEG YW BARNU EICH HUN AR SAIL CAMGYMERIADAU A METHIANNAU YN Y GORFFENNOL?

Weithiau mae pobl â diffyg hunan-werth yn drysu rhwng yr hyn maen nhw'n ei wneud a'r hyn ydyn nhw. Maen nhw'n cymryd yn ganiataol bod gweithred ddrwg yn arwydd o berson drwg, neu fod methu gwneud rhywbeth yn golygu bod rhywun yn fethiant drwyddo draw. Pe bai hyn yn wir, fyddai dim modd i neb yn y byd deimlo'n dda amdano'i

CREU LLINELL SYLFAEN NEWYDD

hun. Efallai y byddwn ni'n difaru pethau rydyn ni wedi'u gwneud (fel Aaron), ond mae symud ymlaen o hynny i hunangondemnio llwyr yn ddi-fudd ac yn anghywir. Os gwnewch chi un peth da, ydy hynny'n eich gwneud chi'n berson cwbl dda? Os ydych chi'n teimlo diffyg hunan-werth, mae'n debyg nad ydych chi'n credu hyn. Ond pan fyddwch chi'n gwneud rhywbeth o'i le, mae'n debyg ei bod yn stori wahanol. Dyna chi, mae'n dangos bod yr hyn rydych chi wedi ei gredu amdanoch chi'ch hun erioed yn wir.

Gall credu eich bod chi'n gwbl ddrwg, yn ddi-werth, yn annigonol, yn dda i ddim neu beth bynnag, fod yn broffwydoliaeth hunangyflawnol. Mae'n ei gwneud hi'n anodd gwneud iawn am bethau rydych chi'n eu difaru, dysgu o brofiad a sicrhau nad ydych chi'n gwneud yr un camgymeriad eto, a cheisio gweld sut i wneud pethau'n wahanol – sut i weithredu'n unol â'ch gwir werthoedd. Beth yw diben hynny, os yw'n ddigyfnewid? Gall deall eich methiannau yn y gorffennol o safbwynt ffaeleddau dynol naturiol a dysgu cynnar fod yn fwy adeiladol. Bydd yn eich galluogi chi i drin eich hun yn fwy tosturiol – i gondemnio'r pechod ond nid y pechadur.

Nid yw hyn yr un fath ag osgoi neu droi cefn ar rywbeth. Mae'n gam cyntaf tuag at unioni beth bynnag sydd angen ei gywiro, a meddwl sut gallech chi osgoi gwneud yr un camgymeriadau yn y dyfodol. Efallai mai'r hyn wnaethoch chi oedd yr unig beth allech chi ei wneud, o ystyried y wybodaeth oedd gennych chi ar y pryd. Nawr gallwch chi weld pethau'n wahanol, felly manteisiwch ar y persbectif ehangach sydd gennych chi bellach. A chofiwch: efallai eich bod chi wedi gwneud peth drwg neu dwp, ond dyw hynny ddim yn eich gwneud chi'n berson drwg neu dwp.

PA MOR DEG YW BARNU EICH HUN AR SAIL GWENDIDAU PENODOL?

Ydy hi'n dilyn bod yna rywbeth sylfaenol o'i le arnoch chi fel person am y rheswm syml eich bod chi'n ei chael hi'n anodd bod yn bendant a di-ildio, neu fod yn brydlon, neu drefnu'ch amser, neu siarad â phobl heb deimlo'n orbryderus? Mae bod â rhywbeth amdanoch chi eich hun y byddech chi'n hoffi ei wella yn eich gwneud chi'n rhan o'r hil ddynol. Os ydych chi'n defnyddio anawsterau penodol fel sail i ddiffyg hunan-werth, efallai eich bod chi'n defnyddio safon ddwbl (gweler tudalennau 184–5). A fyddech chi'n barnu rhywun arall sydd â'r un anhawster penodol yn yr un modd? Pe na baech chi'n gwneud hynny, arbrofwch gan ddefnyddio dull mwy caredig o drin eich hun. Unwaith eto, gall hyn eich helpu i symud ymlaen yn hytrach na chael eich caethiwo gan hunanfeirniadaeth.

Cofiwch mai dim ond un ochr ohonoch chi yw eich diffygion, beth bynnag ydyn nhw (efallai fod eich rhestr o nodweddion da wedi dechrau gwneud hyn yn glir yn barod). Defnyddiodd Albert Ellis, a gychwynnodd fath o driniaeth seicolegol o'r enw 'Therapi Rhesymoli Emosiwn', gyfatebiaeth i wneud y pwynt hwn. Dychmygwch fasged o ffrwythau. Yn y fasged mae pinafal godidog, afalau da, oren neu ddau digon di-nod, clwstwr o rawnwin sydd â gwawr ffres arnyn nhw o hyd, gellyg sydd wedi gweld dyddiau gwell fwy na thebyg ac, yn llechu oddi tanynt, banana sy'n gwbl ddu a phwdr. Nawr, y cwestiwn yw: sut rydych chi'n barnu'r fasged yn ei chyfanrwydd? Mae gwneud hynny'n amhosib. Dim ond fesul ffrwyth y gallwch farnu ei chynnwys.

Mae'r un peth yn wir am bobl. Allwch chi ddim eu barnu yn eu cyfanrwydd – dim ond agweddau unigol arnyn nhw allwch chi eu barnu, a'r pethau maen nhw'n eu gwneud fel unigolion. Meddyliwch am Aaron. Ydy e'n berson drwg oherwydd ei ymddygiad fel dyn ifanc? Neu ydy e'n berson da oherwydd y ffordd y mae'n ymddwyn yn y pen draw? Efallai nad yw e'n ddim mwy na bod dynol normal, ffaeledig arall, sy'n gallu ymddwyn yn dda ac yn wael.

PA MOR DDEFNYDDIOL YW HI I ADAEL I'CH HUNAN-WERTH DDIBYNNU AR SYNIADAU CAETH AM YR HYN Y DYLECH CHI EI WNEUD NEU FOD?

Mae'n anochel bod hongian hunan-werth ar begiau penodol, nad ydyn nhw o reidrwydd dan eich rheolaeth chi, yn eich gwneud chi'n agored i ddiffyg hunan-werth. Efallai eich bod chi'n ymwybodol erioed bod eich hunan-werth yn seiliedig ar agwedd benodol ohonoch chi (e.e. eich gallu i wneud i bobl chwerthin, eich cryfder corfforol, neu'ch gallu i ennill cyflog uchel). Neu (fel Mary, wrth iddi fynd yn sâl a methu gwneud pethau i eraill yn y ffordd yr arferai wneud) efallai mai dim ond ar ôl i chi ei golli y sylweddoloch faint roeddech chi'n dibynnu ar rywbeth i deimlo'n dda amdanoch chi'ch hun. Mae angen i chi ofyn i chi'ch hun nawr ar beth mae'ch gwerth yn dibynnu *ac eithrio'r* un peth rydych chi wedi'i dderbyn fel dechrau a diwedd eich gwirionedd chi.

Gall eich rhestr o nodweddion da fod yn fan cychwyn defnyddiol fan hyn. Edrychwch arni eto. Faint o'r rhinweddau, y cryfderau, y sgiliau a'r doniau ar y rhestr sy'n dibynnu ar y peg rydych chi'n hongian eich hunan-werth arno fel arfer? Os ydych chi'n ei chael hi'n anodd cael persbectif clir ar hyn, meddyliwch am bobl rydych chi'n eu hadnabod, yn eu hoffi a'u parchu. Nodwch ar bapur beth sy'n eich denu chi atyn nhw. Wrth ystyried pam rydych chi'n gwerthfawrogi pob unigolyn, pa mor bwysig yw'r un peth hwnnw y mae eich hunan-werth *chi* yn dibynnu arno? Gwelodd Evie fod holi fel hyn yn ddefnyddiol iawn wrth ailasesu cyfraniad ei hymddangosiad corfforol at ei hunan-werth. Nid oedd gan lawer o'r nodweddion cadarnhaol roedd hi wedi'u rhestru amdani hi ei hun (synnwyr o steil, gallu i fwynhau bywyd, deallusrwydd) ddim byd o gwbl i'w wneud â'i phwysau na'i siâp. Ar y llaw arall, gallai weld sut gallai'r nodweddion hyn gael eu tanseilio gan y *gred* mai dim ond pwysau a siâp oedd yn bwysig. Roedd hi'n anodd mwynhau bywyd, er enghraifft, pan oedd hi'n meddwl am fwyta byth a hefyd ond ddim yn bwyta.

Gwnaeth restr o bobl roedd hi'n eu hoffi a'u parchu hefyd, a nodi'r hyn roedd hi'n ei ystyried yn ddeniadol ym mhob un. Roedd hi'n edmygu pobl oedd yn denau ac yn heini, ond ar lefel bersonol roedd nodweddion eraill yn bwysicach, megis synnwyr digrifwch, sensitifrwydd, bod yn ystyriol o eraill a synnwyr cyffredin. O'i gymharu â'r rhain, roedd ymddangosiad corfforol yn ddibwys. Daeth Evie i'r casgliad y byddai'n well iddi dderbyn a gwerthfawrogi ei hun yn union fel yr oedd hi, yn dew neu'n denau, yn hytrach na gwneud i'r ffordd roedd hi'n meddwl amdani hi ei hun ddibynnu ar ryw safon amherthnasol.

DIM OND OHERWYDD BOD RHYWUN ARALL YN WELL AM WNEUD RHYWBETH NA CHI, NEU FOD GANDDO FWY O RYWBETH NA CHI, YDY HYNNY'N EI WNEUD YN WELL UNIGOLYN NA CHI?

Dydy'r faith bod rhai pobl rai camau o'ch blaen chi ar ddimensiwn penodol (medrusrwydd, harddwch, llwyddiant materol, datblygiad gyrfa) ddim yn eu gwneud nhw'n well pobl na chi. Dydy bod y gorau ym mhopeth ddim yn bosib. Ac (ar wahân i gymariaethau penodol iawn fel taldra, pwysau ac incwm) does dim modd cymharu pobl mewn ffordd ystyrlon, ddim mwy nag y gellir cymharu llosgfynyddoedd a draenogod. Y lle gorau i'ch ymdeimlad o'ch gwerth eich hun yw ynoch chi'ch hun, waeth ble rydych chi o gymharu â phobl eraill, neu â'r math o ddelweddau delfrydol sy'n cael eu hyrwyddo gan y cyfryngau cymdeithasol a'r wasg boblogaidd.

PA RESYMAU POSIB, AR WAHÂN I'R MATH O BERSON YDYCH CHI, ALLAI ESBONIO YMDDYGIAD POBL ERAILL TUAG ATOCH CHI?

Yn aml, os bydd eraill yn eu trin yn wael neu'n ymateb iddynt yn negyddol (wyneb yn wyneb neu yn y seiberofod), mae pobl â diffyg hunan-werth yn cymryd yn ganiataol eu bod yn ei haeddu mewn rhyw ffordd. Gall hyn ei gwneud hi'n anodd i chi osod terfynau ar yr hyn y byddwch chi'n caniatáu i eraill ei wneud i chi, i deimlo bod gennych chi hawl i amser a sylw pobl eraill, i fynnu cydnabyddiaeth i'ch anghenion eich hun, ac i roi terfyn ar unrhyw berthynas wenwynig sy'n eich niweidio ac yn eich rhwystro rhag teimlo'n well amdanoch chi'ch hun.

Dydy derbyn beth mae eraill yn ei feddwl ohonoch chi, na sut maen nhw'n ymddwyn tuag atoch chi, fel ffordd o fesur eich gwerth personol ddim yn gwneud synnwyr am sawl rheswm. Er enghraifft:

- Dydy barn pobl ddim yn ddibynadwy bob amser. Er enghraifft, roedd llawer o bobl yn parchu Hitler yn y 1930au a hyd yn oed wedi hynny yn ei wlad ei hun. Mae hanes wedi dangos bod y farn hon yn anghywir.

GORESGYN DIFFYG HUNAN-WERTH

- Dydy'r ffaith nad yw rhywun yn hoffi rhywbeth ddim yn golygu nad oes ganddo werth. Pe na fyddwn i'n hoffi hufen iâ siocled, er enghraifft, a fyddai hynny'n golygu ei fod yn beth drwg?
- Os yw eich barn amdanoch chi'ch hun yn dibynnu ar farn pobl eraill amdanoch chi, mae'n anodd (os nad yn amhosib) cael unrhyw ymdeimlad sefydlog ohonoch chi'ch hun. Os yw rhywun yn eich hoffi chi ar ddiwrnod penodol, yna mae hynny'n golygu eich bod chi'n iawn fel person. Os byddwch chi'n ffraeo gyda nhw drannoeth, dydych chi ddim yn iawn mwya sydyn. Sut ar y ddaear all y ddau beth fod yn wir? Yr un person ydych chi o hyd. Ac eto, petaech chi gyda dau berson, a bod un ohonyn nhw'n eich hoffi chi ond nid y llall, yna byddech chi'n iawn a ddim yn iawn ar yr un pryd. Mae dibynnu ar farn pobl eraill am eich ymdeimlad chi ohonoch chi'ch hun yn rysáit berffaith ar gyfer dryswch.
- Mae'n amhosib cael cymeradwyaeth, hoffter neu gariad pawb drwy'r amser. Mae chwaeth pobl yn rhy amrywiol. Os ydych chi'n ceisio plesio pawb, byddwch chi'n wynebu galwadau cyson sy'n gwrthdaro. Hyd yn oed os ydych chi'n llwyddo i blesio'r rhan fwyaf o'r bobl y rhan fwyaf o'r amser, byddwch yn dal i fod heb unrhyw ymdeimlad o werth go iawn o hyd, gan y gallech chi, ar amrantiad, bechu rhywun neu ddenu beirniadaeth neu angharedigrwydd. Mae seilio'ch teimladau da amdanoch chi'ch hun ar farn dda pobl eraill amdanoch chi fel adeiladu eich tŷ ar y tywod.

CREU LLINELL SYLFAEN NEWYDD

Mae yna lawer o resymau posib pam mae pobl yn ymddwyn fel maen nhw. Yn achos yr unigolyn (neu'r bobl) penodol sydd fel pe bai eu hymddygiad nhw tuag atoch chi'n ategu eich Hen Linell Sylfaen, pa resymau allai fod am hynny? Er enghraifft, efallai fod eu dysgu cynnar hwy eu hunain wedi ei gwneud hi'n anodd iddyn nhw ymddwyn yn wahanol (yn union fel mae plant sy'n cael eu cam-drin neu eu trin yn dreisgar yn aml yn mynd ymlaen i gam-drin neu fod yn dreisgar eu hunain). Efallai eu bod nhw'n ymddwyn yn wael oherwydd amgylchiadau yn unig (straen, pwysau, salwch, ofn).

Yn ddiarwybod iddyn nhw o bosib, efallai eich bod chi'n eu hatgoffa nhw o rywun nad ydyn nhw'n cyd-dynnu ag ef. Efallai nad ydyn nhw'n hoff iawn o rywun fel chi. Efallai nad oes dim byd personol ynglŷn â'r ffordd maen nhw'n eich trin chi – mae eu ffordd o ymateb yn feirniadol, yn swta neu'n ddiystyrllyd gyda phawb, nid dim ond gyda chi.

Os ydych chi'n ei chael hi'n anodd datgysylltu'ch hun oddi wrth eich persbectif hunanfeio arferol a meddwl am resymau eraill pam mae pobl yn ymddwyn tuag atoch fel maen nhw, edrychwch ar y ffordd rydych chi'n esbonio ymddygiad gwael neu angharedigrwydd tuag at bobl heblaw chi. Er enghraifft, yn y blynyddoedd diwethaf, mae camdrin plant wedi mynnu lle yn y penawdau. Pan adroddir am achos, ydych chi'n tybio bob tro bod y plentyn dan sylw ar fai? Neu ydych chi'n credu mai'r oedolyn sy'n cam-drin sy'n llwyr gyfrifol? Yn yr un modd, os ydych chi'n darllen am ymddygiad bygythiol, erledigaeth, trais rhywiol neu ymosodiad, ai'ch casgliad awtomatig chi yw ei bod yn rhaid bod y person sydd wedi cael ei drin felly'n haeddu hynny?

Neu allwch chi weld mai'r tramgwyddwr sy'n gyfrifol am yr hyn a wnaeth? Ydych chi'n credu bod pobl gyffredin sy'n dioddef mewn rhyfel ar fai am eu tynged? Neu ydych chi'n eu hystyried nhw'n ddioddefwyr diniwed sy'n wynebu trais gan eraill am eu rhesymau eu hunain? Ym mhob un o'r achosion hyn, ai eich ymateb awtomatig yw esbonio beth ddigwyddodd gan gymryd bod rhywbeth o'i le ar y sawl sy'n cael ei drin yn wael – mae'n rhaid ei fod ar fai mewn rhyw ffordd? Neu ydych chi'n esbonio beth ddigwyddodd mewn ffordd arall, fwy tosturiol? Os felly, ceisiwch gymhwyso esboniadau tebyg i'ch profiadau chi eich hun.

FAINT O RYM SYDD GENNYCH CHI MEWN GWIRIONEDD DROS YMDDYGIAD Y BOBL RYDYCH CHI'N TEIMLO EICH BOD CHI'N GYFRIFOL AMDANYN NHW?

Os ydych yn teimlo'n wael amdanoch chi'ch hun oherwydd nad yw pethau'n iawn i rywun rydych chi'n teimlo eich bod chi'n gyfrifol amdano, yna mae hynny'n rhagdybio bod gennych chi rywfaint o rym dros eraill. Y gwir amdani yw nad yw'r grym hwnnw gennych chi o reidrwydd. I roi enghraifft ar ben cymharol ddibwys y raddfa, petaech chi'n gwahodd criw draw am swper, fe allech chi wneud eich cartref yn gynnes a chroesawgar, gallech chi ddarparu bwyd a diod da, gallech chi chwarae cerddoriaeth rydych chi'n gwybod y mae eich gwesteion yn debygol o'i gwerthfawrogi, a gallech chi wahodd cymysgedd o bobl y mae gennych chi reswm da dros gredu y byddant yn cyd-dynnu â'i gilydd – ond allech chi ddim gwarantu y bydd pawb yn mwynhau eu hunain. Dim ond nhw all wneud hynny.

Gan droi at enghraifft fwy difrifol, sef merch Briony, mae

llawer y gall Briony ei wneud i ddangos pa mor ofidus yw hi. Gallai esbonio i'w merch pam y gall yr hyn mae hi'n ei wneud achosi niwed iddi, a'i helpu i feddwl drosti ei hun yn hytrach na dilyn y dorf. Ond all hi ddim (heb ddileu'n llwyr yr annibyniaeth y mae ei merch ei angen fel oedolyn ifanc) trefnu gwyliadwriaeth ddydd a nos a'i gwahardd rhag gadael y tŷ. Hynny yw, mae Briony'n gyfrifol am reoli'r sefyllfa yn y ffordd fwyaf gofalgar a gofalus y gall hi, ond yn y pen draw ni all fod yn gyfrifol am yr hyn mae ei merch yn ei wneud mewn mannau eraill – does ganddi ddim cymaint â hynny o rym.

Ceisiwch fod yn glir ynglŷn â therfynau eich cyfrifoldeb chi tuag at bobl eraill, o ran gwahanu'r hyn allwch chi ei wneud yn realistig i ddylanwadu arnyn nhw oddi wrth yr hyn sydd y tu hwnt i'ch rheolaeth. Mae seilio'ch barn dda amdanoch chi'ch hun ar eich parodrwydd i gyflawni eich cyfrifoldebau yn rhesymol i ryw raddau. Dydy hi ddim yn rhesymol seilio'ch hunan-werth ar bethau nad oes gennych chi unrhyw reolaeth drostyn nhw.

Crynodeb

Pan fyddwch chi wedi nodi'r dystiolaeth rydych chi'n ei defnyddio i gefnogi eich Hen Linell Sylfaen a dod o hyd i ffyrdd eraill o'i deall, nodwch eich canfyddiadau'n gryno, gan ddefnyddio'r Daflen Grynhoi ar ddiwedd y bennod os dymunwch. Yna, unwaith eto, rhowch sgôr i ba mor gryf rydych chi'n credu eich Llinellau Sylfaen Hen a Newydd, a sut rydych chi'n teimlo pan fyddwch chi'n eu hystyried nhw. Allwch chi weld unrhyw newid? Os felly, beth wnaeth wahaniaeth? Os na allwch weld newid, ai'r rheswm yw nad ydych chi wedi darganfod ffordd arall sy'n eich argyhoeddi chi yn sgil dehongli'r 'dystiolaeth' hyd yma? Neu oes yna fwy o 'dystiolaeth' nad ydych chi wedi mynd i'r afael â hi eto? Os felly, rhowch gynnig arall arni.

Ochr arall y stori: Pa dystiolaeth sy'n cefnogi'r Llinell Sylfaen Newydd ac sy'n gwrth-ddweud yr hen un?

Rydych chi wedi nodi'r dystiolaeth rydych chi wedi arfer ei defnyddio i gefnogi'ch Hen Linell Sylfaen, wedi ei phwyso a'i mesur hi ac wedi edrych am ffyrdd eraill o'i dehongli neu ei hesbonio. Beth yw ochr arall y stori? Pa dystiolaeth sy'n gwrth-ddweud yr Hen Linell Sylfaen yn uniongyrchol ac sy'n cefnogi'ch dewis newydd? (Os nad ydych chi wedi diffinio dewis arall eto, daliwch ati i chwilio am dystiolaeth nad yw'n gyson â'ch Hen Linell Sylfaen.) Mae'r ddwy agwedd wahanol yma ar danseilio'r Hen Linell Sylfaen yn gyfystyr ag ateb meddyliau hunanfeirniadol a chanolbwyntio ar eich nodweddion da. Maen nhw'n ategu ei gilydd. Yn ogystal, yn union fel y gallai'ch gwaith ar hunanfeirniadu fod wedi eich helpu chi i ailwerthuso'r dystiolaeth sy'n cefnogi'r Hen Linell Sylfaen, gall y gwaith rydych chi wedi'i wneud yn tynnu sylw at eich cryfderau, eich sgiliau a'ch rhinweddau, a dod yn fwy ymwybodol ohonyn nhw o ddydd i ddydd, eich helpu chi i chwilio mewn ffordd fwy penodol am wybodaeth sy'n cefnogi eich Llinell Sylfaen Newydd.

Mae dwy brif ffordd o gasglu tystiolaeth newydd sy'n cefnogi'r Llinell Sylfaen Newydd ac yn gwrth-ddweud yr hen un, sef arsylwi, ac arbrofion ymddygiad.

1. Arsylwi

Disgrifiodd Pennod 2 (tudalennau 39–75) sut y cedwir yr Hen Linell Sylfaen yn ei lle trwy ragfarnau systematig mewn canfyddiad. Mae'r rhain yn ei gwneud hi'n hawdd i chi sylwi ar wybodaeth sy'n gyson â'r Llinell Sylfaen a rhoi pwysigrwydd i'r wybodaeth honno, ond ar yr un pryd yn eich annog chi i anwybyddu neu ddiystyru gwybodaeth sy'n ei gwrth-ddweud. Rydych chi wedi gweithio ar gywiro'r duedd hon eisoes pan wnaethoch chi eich rhestr o nodweddion da a mynd ati i gofnodi enghreifftiau ymarferol. Felly, man cychwyn da yw adolygu'ch rhestr a'r cofnodion rydych chi wedi'u cadw a thynnu sylw at unrhyw beth sy'n gwrth-ddweud eich hen Linell Sylfaen hunanfeirniadol. Peidiwch ag anghofio cynnwys y ffaith eich bod chi wrthi'n gweithio drwy'r llyfr hwn; mae'n adlewyrchiad o'ch dewrder a'ch dyfalbarhad.

Y cam nesaf yw dechrau mynd ati i chwilio am wybodaeth sy'n gwrth-ddweud eich hen syniadau amdanoch chi'ch hun yn uniongyrchol, ac sy'n cefnogi'ch Llinell Sylfaen Newydd. Unwaith eto, bydd cadw cofnod, a'i adolygu'n rheolaidd, yn ddefnyddiol fan hyn. Bydd yn mireinio'ch ffocws ar eich nodweddion da, ac yn cadarnhau a chryfhau eich Llinell Sylfaen newydd.

Mae'n bwysig cael syniad clir o'r union beth rydych chi'n chwilio amdano cyn i chi ddechrau eich arsylwadau, yn union fel y gwnaethoch chi ddysgu bod yn benodol am yr hyn roeddech chi'n ofni allai ddigwydd pan oeddech chi'n edrych ar ragfynegiadau gorbryderus. Fel arall, gallech chi wastraffu amser ar arsylwadau nad ydyn nhw'n berthnasol iawn i'r mater rydych chi'n gweithio arno, ac felly fyddwch chi ddim yn gwneud dim byd i wanhau'r Hen Linell Sylfaen a chryfhau'r un Newydd. Efallai y byddwch chi'n colli gwybodaeth a allai fod wedi gwneud gwahaniaeth gwirioneddol hefyd.

Bydd y wybodaeth (neu'r dystiolaeth) sydd angen i chi chwilio amdani yn dibynnu ar union natur eich Llinell Sylfaen. Er enghraifft, os mai'ch Hen Linell Sylfaen oedd 'Dwi'n annymunol' a'ch Llinell Sylfaen Newydd yw 'Dwi'n hoffus', yna byddai angen i chi gasglu tystiolaeth sy'n cefnogi'r syniad eich bod chi'n hoffus mewn gwirionedd (er enghraifft, pobl yn gwenu arnoch chi, pobl am dreulio amser gyda chi, neu bobl yn dweud eu bod nhw wedi mwynhau'ch cwmni chi). Os, ar y llaw arall, mai'ch Hen Linell Sylfaen oedd 'Dwi'n ddi-glem' a'ch Llinell Sylfaen Newydd yw 'Dwi'n abl a medrus', yna byddai angen i chi gasglu tystiolaeth sy'n cefnogi'r syniad eich bod chi'n abl a medrus mewn gwirionedd (er enghraifft, cwblhau tasgau o fewn y terfyn amser, ymateb yn synhwyrol i gwestiynau, neu drin argyfyngau yn y gwaith yn effeithiol).

Er mwyn darganfod pa wybodaeth sydd angen i chi chwilio amdani'n bersonol, gwnewch restr o gymaint o bethau ag y gallwch chi feddwl amdanyn nhw wrth ateb y cwestiynau cysylltiedig canlynol:

- Pa dystiolaeth fyddech chi'n ei hystyried yn anghyson â'ch Hen Linell Sylfaen?
- Pa wybodaeth neu brofiadau fyddai'n awgrymu i chi ei bod yn anghywir, yn annheg neu'n annilys?

ac, i'r gwrthwyneb:

> - Pa dystiolaeth fyddech chi'n ei hystyried yn gyson â'ch Llinell Sylfaen Newydd?
> - Pa wybodaeth neu brofiadau fyddai'n awgrymu i chi ei bod yn gywir, yn deg ac yn ddilys?

Gwnewch yn siŵr bod yr eitemau ar eich rhestr yn gwbl glir ac yn benodol. Os ydyn nhw'n amwys ac wedi'u diffinio'n wael, byddwch chi'n cael trafferth penderfynu a ydych chi wedi sylwi arnyn nhw ai peidio. Dyma pam mae 'hoffus' a 'medrus' uchod wedi cael eu rhannu'n elfennau bychain, yn hytrach na'u gadael fel termau cyffredinol a allai olygu pethau gwahanol i wahanol bobl.

I roi rhyw syniad i chi o'r posibiliadau, dyma enghreifftiau gan y bobl wnaethoch chi eu cyfarfod gyntaf ym Mhennod 2 (tudalennau 39–75). Maen nhw'n ganlyniad i feddwl gofalus gan bob unigolyn am beth yn union fyddai'n cyfrif fel tystiolaeth ategol ar gyfer eu Llinell Sylfaen Newydd.

GORESGYN DIFFYG HUNAN-WERTH

Ffigur 37. Tystiolaeth sy'n cefnogi'r Llinell Sylfaen newydd: Enghreifftiau

	Hen Linell Sylfaen	Llinell Sylfaen Newydd	Tystiolaeth ategol i chwilio amdani
Briony	Dwi'n ddrwg	Dwi'n deilwng	Pethau dwi'n eu gwneud i bobl eraill Pethau dwi'n eu cyfrannu at gymdeithas (e.e. fy ngwaith elusennol, gweithredu gwleidyddol) Fy nodweddion da, o ddydd i ddydd (o'r rhestr) Fy mherthynas ag eraill – arwyddion bod pobl yn fy ngharu (e.e. galwadau ffôn, llythyrau, gwahoddiadau, pobl yn stopio i siarad â mi)
Rajiv	Dydw i ddim yn ddigon da	Dwi'n iawn fel ydw i	Arwyddion bod pobl yn gwerthfawrogi'r hyn dwi'n ei wneud (gwenu, canmoliaeth, diolch) hyd yn oed pan nad yw cystal â'm hen safon Y pethau da amdanaf i nad ydyn nhw'n ymwneud â sut dwi'n perfformio (e.e. mwynhau bod yn gymdeithasol, gwerthfawrogi cerddoriaeth) Fy nghyfeillgarwch ag eraill – pethau mae pobl yn eu dweud ac yn eu gwneud sy'n dangos eu bod nhw'n fy hoffi i fel person, nid oherwydd y gwaith da dwi'n ei wneud
Evie	Dwi'n dew ac yn hyll	Dwi'n dderbyniol	Yr holl nodweddion da sydd gen i nad ydyn nhw'n ymwneud ag ymddangosiad corfforol (o fy rhestr – yr enghreifftiau dyddiol sydd wedi'u nodi) Arwyddion bod gan ddynion ddiddordeb ynof i (cael cynnig mynd mas gyda rhywun, edrych yn werthfawrogol arna i, siarad â fi er mwyn cael dêt) Pobl yn ymateb yn gynnes i mi (gwenu, chwerthin ar fy jôcs, pobl yn eistedd wrth fy ymyl, yn edrych yn falch o'm gweld i)
Jack	Dwi ar fai o hyd	Dydw i ddim ar fai o hyd	Ymatebion cadarnhaol pan fydda i'n meiddio bod yn fi fy hun, pan fyddaf yn dilyn fy mympwy, yn swnllyd, yn mynd ar drywydd pethau doed a ddêl, yn defnyddio fy holl egni (pobl yn ymuno, yn cael eu sbarduno gan fy mrwdfrydedd, eisiau gwybod mwy, yn gofyn i mi ddod yn ôl, eisiau treulio amser gyda mi)

CREU LLINELL SYLFAEN NEWYDD

Aaron	Dwi'n ddi-werth	Dwi'n perthyn	Popeth sy'n dangos fy mod i'n rhan o bethau (y clwb pêl-droed, cyd-weithwyr yn fy ngwahoddi i am ddiod, fy mhlant i'n rhedeg i ddweud helô pan dwi'n cyrraedd adref, fy ngwraig yn rhoi cwtsh i mi)
Kate	Dwi'n anodd fy ngharu	Dwi'n hawdd fy ngharu	Hoffter fy ffrindiau ohonof i Y pethau ymarferol mae fy rhieni yn eu gwneud i mi (eu ffordd nhw o'i ddangos) Y pethau da ynof i sy'n golygu fy mod i'n rhywun hawdd ei garu (rwy'n ffyddlon, yn ystyriol o eraill, yn gallu deall anghenion pobl eraill)
Lin	Dwi'n israddol	Dwi cystal ag unrhyw un arall	Fy nodweddion cadarnhaol (dal ati i gofnodi enghreifftiau ar fy rhestr) Y pethau da yn fy mywyd, pethau dwi'n eu haeddu (fy fflat, fy ffrindiau, y cefn gwlad dwi'n ei garu, fy nghath fach newydd)
Tom	Dwi'n dwp	Mae gen i feddwl agored	Y ffordd dwi'n manteisio ar gyfleoedd i ddysgu Fy chwilfrydedd i Y ffaith fy mod i'n wynebu fy nyslecsia nawr ac yn gwneud rhywbeth yn ei gylch
Mike	Dwi'n gryf ac abl → Dwi'n druenus	Dwi mor gryf ac abl ag sydd ei angen	Arwyddion dyddiol o'm gallu i reoli fy mywyd (delio ag argyfyngau gartref ac yn y gwaith; rheoli sefyllfa ariannol y teulu; gwneud fy ngwaith yn dda) Cydnabod pan fydd angen help arna i a gofyn amdano
Mary	Dwi'n garedig a gofalgar → Dwi'n dda i ddim	Dwi'n cael fy ngharu ac yn cael fy nerbyn fel ydw i	Pobl yn ffonio i ofyn sut ydw i Pobl yn amlwg yn falch o'm gweld i pan fyddan nhw'n ymweld Gweld sut mae fy nghefnogaeth a'm hoffter o bobl yn dal i gael eu gwerthfawrogi

361

2. Arbrofion ymddygiad

Rydych chi eisoes wedi cael profiad o sut i sefydlu a chynnal arbrofion i weld ydy'ch rhagfynegiadau gorbryderus yn dal dŵr, i weithredu yn erbyn meddyliau hunanfeirniadol ac i roi cynnig ar brofi Rheolau Byw newydd. Nawr yw'r amser i wthio yn erbyn waliau'r carchar y mae diffyg hunan-werth wedi'u hadeiladu o'ch cwmpas chi trwy arbrofi gyda gweithredu fel pe bai eich Llinell Sylfaen Newydd yn wir, a meiddio torri'n rhydd a dechrau symud yn ddirwystr ac ymestyn ymhellach. Os dymunwch, gallwch ddefnyddio'r daflen waith 'Gweithredu'n unol â'm Llinell Sylfaen Newydd' (tudalen 423) i gofnodi'r hyn rydych chi'n ei wneud a chanlyniad eich arbrofion. Er gwaethaf y gwaith rydych chi eisoes wedi'i wneud ar ailfeddwl am eich hen sefyllfa, efallai y byddwch chi'n dal i deimlo'n anghyfforddus neu hyd yn oed yn ofni gwneud hyn. Mae amheuon yn gwbl naturiol. Pe na bai eich Hen Linell Sylfaen wedi ymwreiddio cystal ac mor rymus, byddech chi wedi dianc o'i chrafangau ers talwm.

Sylwch pa feddyliau sy'n dod i'ch meddwl pan fyddwch chi'n ystyried gweithredu'n wahanol, pan fyddwch chi'n teimlo'n bryderus am fynd i sefyllfaoedd newydd, ac efallai hefyd pan fyddwch chi wedi llwyddo i gyrraedd y fersiwn newydd ohonoch chi eich hun ac wedyn yn dechrau amau pa mor dda oedd hynny. Rydych chi'n debyg o ddod o hyd i ragfynegiadau gorbryderus a meddyliau hunanfeirniadol y tu ôl i'r teimladau hyn. Os felly, rydych chi'n gwybod beth i'w wneud yn eu cylch nhw.

Unwaith eto, mae'r arbrofion y mae angen i chi eu gwneud yn dibynnu ar union natur eich Llinell Sylfaen Newydd. Ystyriwch pa brofiadau fyddai'n cadarnhau ac yn cryfhau eich golwg newydd arnoch chi eich hun.

Beth sydd angen i chi ei wneud er mwyn darganfod bod y persbectif newydd hwn yn ddefnyddiol ac yn ymddangos yn wir? Cofiwch y sefyllfaoedd roeddech chi'n eu hosgoi pan oeddech chi'n gweithio ar ragfynegiadau gorbryderus, a'r sefyllfaoedd lle'r oeddech chi'n teimlo bod angen i chi ddefnyddio rhagofalon diangen. Rydych chi wedi arbrofi wrth fynd i'r afael â'r hyn roeddech chi'n ei osgoi a rhoi'ch rhagofalon o'r neilltu – sut mae'r hyn wnaethoch chi ei ddarganfod yn perthyn fan hyn? Pa arbrofion eraill tebyg allech chi eu gwneud?

Yn yr un modd, ystyriwch y newidiadau wnaethoch chi pan oeddech chi'n dysgu trin eich hun yn garedig a chynnwys gwobrau a phleserau yn eich bywyd. Sut mae *hynny'n* cyd-fynd â'r hyn rydych chi'n ei wneud nawr? Oes yna bethau tebyg eraill y gallech chi eu gwneud nawr i gryfhau eich cred yn eich Llinell Sylfaen Newydd? Neu ragor o'r un peth?

Ceisiwch ddadansoddi'n fanwl beth fyddai rhywun sy'n credu eich Llinell Sylfaen Newydd yn ei wneud, sut bydden nhw'n gweithredu o ddydd i ddydd. Gwnewch restr o gymaint o bethau ag y gallwch chi feddwl amdanyn nhw yng ngwahanol feysydd bywyd – gwaith, amser hamdden, perthynas agos ag eraill, bywyd cymdeithasol, gofalu amdanoch chi'ch hun. Yna, troswch eich rhestr yn arbrofion penodol a dechreuwch eu rhoi ar waith yn eich bywyd bob dydd. Yn yr ychydig dudalennau blaenorol fe welwch chi enghreifftiau, i roi syniad i chi o'r amrywiaeth o arbrofion sy'n bosib.

Crynodeb

Bydd hi'n bwysig cofnodi beth rydych chi'n sylwi arno ar yr adeg hon. Gwnewch yn siŵr eich bod chi'n asesu canlyniad

GORESGYN DIFFYG HUNAN-WERTH

Ffigur 38. Adeiladu Llinell Sylfaen Newydd – Arbrofion Ymddygiad

	Llinell Sylfaen Newydd	Tystiolaeth ategol i chwilio amdani
Briony	Dwi'n deilwng	Cysylltu gyntaf gyda phobl dwi'n ymddiried ynddyn nhw, yn hytrach na disgwyl iddyn nhw gysylltu â mi Bod yn fwy agored amdanaf i fy hun gyda phobl, fesul cam Cynllunio pethau pleserus i mi fy hun
Rajiv	Dwi'n iawn fel ydw i	Gostwng fy safonau – treulio llai o amser yn paratoi aseiniadau a dogfennau Gadael mân wallau a sylwi ar yr effaith Cyfaddef anwybodaeth Ymarfer dweud, 'Does gen i ddim barn am hynny'
Evie	Dwi'n ddeniadol	Mynd i nofio, hyd yn oed os ydw i'n teimlo'n dew Gwisgo lliwiau llachar sy'n gweddu i mi yn hytrach na chuddio tu ôl i ddillad di-liw
Jack	Dydw i ddim ar fai o hyd	Rhoi'r gorau i guddio fy hun – dangos fy nheimladau a gweld sut mae pobl yn ymateb Mynegi fy syniadau yn hytrach na disgwyl i rywun arall siarad Dweud beth bynnag sy'n dod i 'mhen yn lle ymarfer popeth
Aaron	Dwi'n perthyn	Mentro gwneud y cysylltiad cyntaf â phobl Chwilio am dŷ i'w brynu, yn hytrach na byw mewn ystafelloedd rhent o hyd

CREU LLINELL SYLFAEN NEWYDD

Kate	Dwi'n hawdd fy ngharu	Dweud 'na' Gofyn am yr hyn sydd ei angen arna i – fel arall fydda i byth yn ei gael
Lin	Dwi cystal ag unrhyw un arall	Ymddwyn fel pe bai gen i hawl i gael amser a sylw pobl Chwilio am gyfleoedd i arddangos fy ngwaith, yn hytrach na'u hosgoi nhw Darllen sylwadau'r beirniaid – does dim rhaid i mi gytuno â'r hyn maen nhw'n ei ddweud
Tom	Mae gen i feddwl agored	Gwneud iawn am gyfleoedd coll – edrych ar addysg oedolion a gweld pa gyfleusterau sydd ar gael i bobl â dyslecsia Dweud wrth bobl am y broblem yn lle ceisio esgus nad yw'n bodoli
Mike	Dwi mor gryf ac abl ag sydd ei angen	Mynd ati i ofyn am gymorth, hyd yn oed pan nad ydw i ei angen mewn gwirionedd Pan fydd rhywbeth yn fy mhoeni, siarad amdano
Mary	Dwi'n cael fy ngharu ac yn cael fy nerbyn fel ydw i	Parhau i weld y bobl sy'n bwysig i mi. Hyd yn oed os nad ydw i'n gryf yn gorfforol mwyach, fe alla i ddal i fod yn wrandäwr da a chynnig cefnogaeth a chyngor cariadus – gwneud hynny, a sylwi ar ei effaith

365

eich arbrofion yn ofalus hefyd, yn union fel y gwnaethoch chi asesu canlyniad arbrofion wrth wirio eich rhagfynegiadau gorbryderus. Cadwch gofnod gofalus o'r hyn rydych chi'n sylwi arno, yn union beth wnaethoch chi, a sut beth oedd y canlyniad. Efallai y gallech chi nodi'r wybodaeth hon yn eich Portffolio Pethau Cadarnhaol, gydag enghreifftiau o'ch nodweddion da. Os na wnewch chi ei gofnodi, efallai y caiff ei anghofio neu ei golli, ac ni fydd ar gael i chi yn y dyfodol pan fyddwch chi'n teimlo'n amheus amdanoch chi'ch hun.

O un arbrawf i'r nesaf, daliwch ati i ofyn i chi'ch hun: Sut mae'r canlyniadau hyn yn cyd-fynd â'm Llinell Sylfaen Newydd? Ac o bryd i'w gilydd, wrth i chi gasglu tystiolaeth newydd, sylwch pa mor gryf rydych chi'n credu'r Llinellau Sylfaen Hen a Newydd nawr, a sut rydych chi'n teimlo nawr. Gallech chi ddefnyddio'r Daflen Grynhoi ar ddiwedd y bennod ar gyfer hyn. Po fwyaf y byddwch chi'n troi eich persbectif newydd yn weithredu, cryfaf fydd e, yn enwedig os ydych chi'n cadw meddwl agored ac yn chwilfrydig ac yn barod i roi cynnig arni a dysgu.

Golwg tymor hir

Gall adeiladu a chryfhau Llinell Sylfaen fod yn broses hir. Gall gymryd wythnosau (neu hyd yn oed fisoedd) o arsylwi ac arbrofi'n systematig cyn i chi deimlo bod y meddylfryd amgen rydych chi wedi'i ddewis yn eich argyhoeddi'n llawn. Rydych chi wedi cronni oes o dystiolaeth sy'n cefnogi'r Hen Linell Sylfaen, wedi'i chasglu a'i storio, wedi ei phwyso a'i mesur ac ystyried y goblygiadau i chi'ch hun. Ni fydd angen oes debyg o dystiolaeth arnoch chi i gefnogi'ch Llinell Sylfaen Newydd (byddai hynny'n syniad digalon!). Ond dylech ddisgwyl buddsoddi rhywfaint o amser ac egni, ymrwymiad rheolaidd i gadw cofnodion ac ymarfer, er mwyn cyrraedd y pwynt lle mae meddwl a gweithredu yn unol â'ch Llinell Sylfaen Newydd yn dod yn ail natur. Pan gyrhaeddwch y pwynt hwn, byddwch chi wedi cymryd y cam terfynol tuag at oresgyn diffyg hunanwerth a derbyn a gwerthfawrogi eich hun yn union fel yr ydych chi. Bydd pennod olaf y llyfr yn rhoi rhai syniadau i chi am sut i gyrraedd y pwynt hwn.

> **Crynodeb o'r bennod**
>
> 1. *Eich cam terfynol tuag at oresgyn diffyg hunanwerth yw adnabod eich hen Linell Sylfaen negyddol, yn eich geiriau eich hun. Gallwch chi ddefnyddio sawl ffynhonnell wahanol o wybodaeth i ddod yn ymwybodol ohoni.*
> 2. *Yna gallwch symud ymlaen ar unwaith i lunio dewis mwy caredig, mwy cytbwys. Bydd hyn yn eich helpu chi i sylwi ar wybodaeth rydych wedi'i hanwybyddu a'i diystyru sy'n gwrth-ddweud eich hen gredoau amdanoch chi'ch hun.*
> 3. *Y cam nesaf yw nodi'r 'dystiolaeth' rydych chi wedi'i defnyddio i gefnogi'ch Hen Linell Sylfaen, a dod o hyd i ffyrdd eraill o ddeall y dystiolaeth honno, yn hytrach na chymryd yn ganiataol bod rhaid iddi adlewyrchu'ch hunan go iawn (ailfeddwl).*
> 4. *Yn olaf, mae'n bryd cynnal arbrofion. Penderfynwch pa brofiadau a gwybodaeth fyddai'n cefnogi eich Llinell Sylfaen Newydd a dechreuwch chwilio amdanyn nhw, gan weithredu fel pe bai'ch Llinell Sylfaen Newydd yn wir a sylwi ar y canlyniadau.*

GORESGYN DIFFYG HUNAN-WERTH

Ffigur 39. Taflen Waith y Llinell Sylfaen

Fy Hen Linell Sylfaen: 'Dwi'n ....,'

	Cred ynddi (%)	Emosiynau (0–100)
Pan fydd yr Hen Linell Sylfaen yn argyhoeddi fwyaf:	....	....
Pan fydd yr Hen Linell Sylfaen yn argyhoeddi leiaf:	....	....
Pan ddechreuais i'r llyfr:	....	....

Fy Llinell Sylfaen Newydd: : 'Dwi'n ....,'

	Cred ynddi (%)	Emosiynau (0–100)
Pan fydd yr Hen Linell Sylfaen yn argyhoeddi fwyaf:	....	....
Pan fydd yr Hen Linell Sylfaen yn argyhoeddi leiaf:	....	....
Pan ddechreuais i'r llyfr:	....	....

'Tystiolaeth' sy'n cefnogi'r Hen Linell Sylfaen a sut dwi'n deall y dystiolaeth honno nawr:

'Tystiolaeth'	Dealltwriaeth newydd
....	....
....	....
....	....
....	....
....	....
....	....
....	....
....	....
....	....
....	....
....	....
....	....
....	....
....	....

Yng ngoleuni'r ddealltwriaeth newydd hon, nawr dwi'n credu fy Hen Linell Sylfaen: ....%

Yng ngoleuni'r ddealltwriaeth newydd hon, nawr dwi'n credu fy Llinell Sylfaen Newydd: ....%

CREU LLINELL SYLFAEN NEWYDD

Tystiolaeth (yn y gorffennol a'r presennol) sy'n cefnogi fy Llinell Sylfaen Newydd:

Yng ngoleuni'r ddealltwriaeth newydd hon, nawr dwi'n credu fy Hen Linell Sylfaen: ....%
Yng ngoleuni'r ddealltwriaeth newydd hon, nawr dwi'n credu fy Llinell Sylfaen Newydd: ....%

Arsylwi. Gwybodaeth a phrofiadau mae angen i mi fod yn effro iddyn nhw, er mwyn casglu mwy o dystiolaeth i gefnogi fy Llinell Sylfaen Newydd:

Arbrofion. Pethau penodol mae angen i mi eu gwneud, er mwyn casglu mwy o dystiolaeth i gefnogi fy Llinell Sylfaen Newydd:

GORESGYN DIFFYG HUNAN-WERTH

Ffigur 40. Taflen Waith Llinell Sylfaen: Briony

Fy Hen Linell Sylfaen: 'Dwi'n .... *ddrwg* ....'

	Cred ynddi (%)	Emosiynau (0–100)
Pan fydd yr Hen Linell Sylfaen yn argyhoeddi fwyaf:	70%	Anobaith 75, Euogrwydd 60
Pan fydd yr Hen Linell Sylfaen yn argyhoeddi leiaf:	45%	Anobaith 50, Euogrwydd 40
Pan ddechreuais i'r llyfr:	100%	Anobaith 100, Euogrwydd 100

Fy Llinell Sylfaen Newydd: : 'Dwi'n ....'

	Cred ynddi (%)	Emosiynau (0–100)
Pan fydd yr Hen Linell Sylfaen yn argyhoeddi fwyaf:	50%	Gobaith 30, Rhyddhad 40
Pan fydd yr Hen Linell Sylfaen yn argyhoeddi leiaf:	20%	Gobaith 10, Rhyddhad 10
Pan ddechreuais i'r llyfr:	0%	Gobaith 0, Rhyddhad 0

'Tystiolaeth' sy'n cefnogi'r Hen Linell Sylfaen a sut dwi'n deall y dystiolaeth honno nawr:

'Tystiolaeth'	Dealltwriaeth newydd
Bu farw fy rhieni – roeddwn i'n beio fy hun	Roedden nhw'n fy ngharu i a fydden nhw byth wedi fy ngadael i pe gallen nhw fod wedi osgoi hynny.
Ymddygiad fy llysrieni	Nid fy mai i – roedd eu hymddygiad yn filain ac yn greulon, a doedd dim rheswm drosto. Does yna'r un plentyn yn haeddu cael ei drin fel yna.
Camdriniaeth fy llystad	Roedd e'n beth ofnadwy i'w wneud. Roedd e'n gwybod hynny: dyna pam wnaeth e guddio'r peth. Fe oedd yr oedolyn: fi oedd y plentyn. Ddylai e byth fod wedi manteisio ar fy ymddiriedaeth i fel 'na. Roedd yn ffiaidd.
Fy mhriodas gyntaf – roedd fy ngŵr yn fy mychanu a'm beimiadu i yn gyson, roedd yn fwm ama i	Dwi'n gwybod nawr ei fod yr un fath yn ei berthynas ag eraill. O ystyried yr hyn oedd wedi digwydd i mi'n barod, doeddwn i ddim mewn sefyllfa i ymladd yn ôl. Roedd fy nghred fy mod yn ddrwg yn broffwydoliaeth a oedd yn hunangyflawnol. Roeddwn i'n meddwl fy mod i'n ei haeddu.
Pobl yn bod yn groendenau neu'n angharedig	Yn rhwym o ddigwydd weithiau – ddim yn gallu plesio pawb. Dyw hynny ddim yn golygu fy mod i'n ddrwg.

Yng ngoleuni'r ddealltwriaeth newydd hon, nawr dwi'n credu fy Hen Linell Sylfaen: ...30%...%
Yng ngoleuni'r ddealltwriaeth newydd hon, nawr dwi'n credu fy Llinell Sylfaen Newydd: ...75%...%

CREU LLINELL SYLFAEN NEWYDD

Tystiolaeth (yn y gorffennol a'r presennol) sy'n cefnogi fy Llinell Sylfaen Newydd:

Roedd fy rhieni'n fy ngharu i. Dwi'n gwybod hynny o'm hatgofion i fy hun ac o luniau a phethau sydd gen i. Roedd fy mam-gu'n fy ngharu i. Allai hi ddim fy amddiffyn i ond fe wnaeth i mi deimlo'n werth chweil ac yn rhywun oedd yn haeddu cael ei charu. Fe wnes i rai ffrindiau yn yr ysgol, ond roeddwn i'n rhy bigog ac anhapus i gael llawer o ffrindiau (nid fy mai i). Hyd yn oed pan oeddwn i'n cael fy ngham-drin yn fy mhriodas gyntaf, fe lwyddais i gadw fy swydd, ac yna, ar ôl cael y plant, fe wnes i eu hamddiffyn rhag eu tad. Pan ddechreuodd e ddangos arwyddion ei fod yn eu cam-drin nhw, fe ges i'r dewrder i adael, er nad oeddwn i wedi meddwl erioed y byddwn i'n gallu llwyddo ar fy mhen fy hun. Fe wnes i gyfarfod ail ŵr sy'n fy ngharu a'm cefnogi i. Mae e'n ddyn da, ac fe wnaeth e fy newis i a bod yn gefn i mi er gwaethaf fy holl anawsterau. Dwi wedi cael trafferth dod dros yr hyn ddigwyddodd i mi. Mae wedi bod yn anodd iawn weithiau, a dwi wedi cael llawer o ddyddiau da a drwg. Dwi wedi gorfod bod yn ddewr a dyfalbarhau, ac yn y diwedd dwi wedi gwneud y gorau o bethau. Yr holl nodweddion da ar fy rhestr.

Yng ngoleuni'r ddealltwriaeth newydd hon, nawr dwi'n credu fy Hen Linell Sylfaen: ...20...%
Yng ngoleuni'r ddealltwriaeth newydd hon, nawr dwi'n credu fy Llinell Sylfaen Newydd: ...85...%

Arsylwi. Gwybodaeth a phrofiadau mae angen i mi fod yn effro iddyn nhw, er mwyn casglu mwy o dystiolaeth i gefnogi fy Llinell Sylfaen Newydd:

Pethau dwi'n eu gwneud i bobl eraill, yn enwedig yr amser a'r gofal dwi'n eu rhoi i'r plant. Fy nghariad tuag atyn nhw a'm gŵr. Y pleser maen nhw'n ei roi i mi. Fy nghreadigrwydd a'm dychymyg wrth ofalu amdanyn nhw a'u helpu i ddatblygu'n bobl dda. Pethau dwi'n eu cyfrannu at gymdeithas (fy ngwaith elusennol, fy ngweithgarwch gwleidyddol). Fy nodweddion da wrth iddyn nhw amlygu eu hunain o ddydd i ddydd. Fy mherthynas ag eraill – arwyddion bod pobl yn fy ngharu i fel galwadau ffôn, llythyrau, gwahoddiadau, pobl yn stopio i siarad â mi ac eisiau imi gymryd rhan mewn pethau. Fy neallusrwydd – dwi'n dechrau meddwl o'r diwedd fy mod i'n werth fy addysgu, ac yn gwneud rhywbeth ynghylch hynny.

Arbrofion. Pethau penodol mae angen i mi eu gwneud, er mwyn casglu mwy o dystiolaeth i gefnogi fy Llinell Sylfaen Newydd:

Dechrau siarad gyntaf â phobl dwi'n ymddiried ynddyn nhw yn hytrach na gadael hynny iddyn nhw. Bod yn fwy agored amdanaf fy hun gyda phobl, gam wrth gam – gweld a ydyn nhw'n troi cefn mewn gwirionedd. Cynllunio pethau pleserus i mi fy hun – dwi'n haeddu hynny. Neilltuo amser i astudio. Dechrau cynilo ar gyfer cwrs priodol. Rhoi mwy o gyfrifoldeb i'r lleill gartref i gadw popeth i fynd. Chwilio am swydd well, un sydd wir yn defnyddio'r hyn sydd gen i i'w gynnig.

9

Cynllunio at y dyfodol

Cyflwyniad

Wrth weithio drwy'r llyfr hwn, rydych chi wedi mynd i'r afael â'r arferion meddwl amrywiol sy'n cynnal diffyg hunan-werth. Rydych chi wedi creu Rheolau Byw newydd a Llinell Sylfaen newydd, ac wedi dod i weld sut i'w rhoi ar waith ac i weithredu fel pe baen nhw'n wir o ddydd i ddydd. Yn y bennod hon, bydd y syniadau ymarferol ar gyfer goresgyn diffyg hunan-werth rydych chi wedi bod yn gweithio arnyn nhw yn cael eu cysylltu'n ôl â'r siart llif ym Mhennod 2 (tudalen 42), er mwyn i chi weld sut mae'r hyn rydych chi wedi bod yn ei wneud yn cyd-fynd â'r ddealltwriaeth o ddiffyg hunan-werth oedd yn fan cychwyn i chi. Yna byddwn ni'n symud ymlaen i ystyried ffyrdd o sicrhau bod y newidiadau rydych chi wedi'u gwneud yn cael eu hatgyfnerthu a'u cynnal, yn hytrach na'u hanghofio pan fyddwch chi'n cau'r llyfr. Bydd y bennod yn gorffen gyda syniadau am sut i chwilio am help o'r tu allan os byddwch chi'n gweld bod y syniadau rydych chi wedi'u darllen yma'n ddiddorol a pherthnasol, ond yn teimlo bod angen rhywun arnoch chi i'ch helpu chi i'w rhoi nhw ar waith yn llwyddiannus.

Goresgyn diffyg hunan-werth: Ble mae popeth yn ffitio?

Ar dudalennau 375–6, fe welwch y siart llif sy'n esbonio datblygiad a dycnwch diffyg hunan-werth. Rydych chi'n gyfarwydd â hyn eisoes, o benodau blaenorol. Yma, fodd bynnag, yn hytrach na mapio sut mae diffyg hunan-werth yn datblygu a beth sy'n ei gynnal, fe welwch chi fod y gwahanol ddulliau rydych chi wedi'u defnyddio i danseilio eich Hen Linell Sylfaen ac i sefydlu a chryfhau Llinell Sylfaen Newydd wedi'u cofnodi o dan y gwahanol benawdau. Mae hyn er mwyn i chi allu gweld yn glir sut mae'r newidiadau rydych chi wedi'u gwneud yn ffitio gyda'i gilydd fel rhannau o gynllun cydlynol ar gyfer goresgyn diffyg hunan-werth. Mae'r ddealltwriaeth ymddygiadol wybyddol o ddiffyg hunan-werth, sy'n cael ei dangos yn y siart llif, yn pwysleisio dylanwad cyson meddyliau a chredoau ar deimladau ac ymddygiad bob dydd. Mae'r pwyslais hwn wedi llywio pob cam o'r llwybr rydych chi wedi'i ddilyn.

Cynllunio at y dyfodol

Efallai eich bod chi wedi bod yn llwyddiannus iawn wrth ddelio â rhagfynegiadau gorbryderus a meddyliau hunanfeirniadol, gan ganolbwyntio ar eich nodweddion da, canmol eich hun am yr hyn rydych chi'n ei wneud, rhoi cyfle i chi'ch hun ymlacio a chael tipyn o bleser, a chreu a rhoi Rheolau newydd ar waith, ynghyd â Llinell Sylfaen sy'n fwy hael a pharod i dderbyn. Fodd bynnag, oni bai eich bod chi'n dal ati i roi'r hyn rydych chi wedi'i ddysgu ar waith yn rheolaidd, mae'n bosib y bydd yr hyn sydd yn ymddangos yn ddealltwriaeth dreiddgar nawr yn mynd yn amwys ac yn anodd ei chredu, a bydd eich ffyrdd newydd o fod yn fwy caredig â chi'ch hun yn dirywio.

CYNLLUNIO AT Y DYFODOL

Ffigur 41. Goresgyn Diffyg Hunan-werth: Map o'r Diriogaeth
Tanseilio'r credoau negyddol sydd wrth wraidd diffyg hunan-werth:

Profiad (Cynnar)

Pa brofiadau (digwyddiadau, perthynas ag eraill, amodau byw) a gyfrannodd at ddatblygiad eich credoau negyddol amdanoch chi'ch hun?

Pa brofiadau a gyfrannodd at eu cynnal?

Ydy'r profiadau hyn yn rhan o'r 'dystiolaeth' sy'n cefnogi eich barn wael amdanoch chi'ch hun?

Y Llinell Sylfaen

Ar sail profiad, pa gasgliadau ddaethoch chi iddyn nhw amdanoch chi'ch hun?

Beth oedd eich hen gredoau negyddol amdanoch chi'ch hun?

Pa olwg arnoch chi'ch hun fyddai'n gwneud mwy o synnwyr?

Beth yw eich Llinell Sylfaen Newydd?

Pa 'dystiolaeth' oeddech chi'n ei defnyddio i gefnogi'ch Hen Linell Sylfaen?

Ym mha ffordd arall allech chi ddeall y 'dystiolaeth' hon?

Pa brofiadau (tystiolaeth) sy'n cefnogi eich Llinell Sylfaen Newydd ac yn gwrthddweud yr Hen un?

Pa wybodaeth newydd (pethau rydych chi wedi'u hanwybyddu/eu diystyru) mae angen i chi fod yn effro iddi?

Pa arbrofion sydd angen i chi eu cynnal?

Newid rheolau di-fudd:

Rheolau Byw

Beth yw eich Rheolau Byw? Ym mha ffyrdd maen nhw'n afresymol ac yn ddi-fudd?

Pa ddewisiadau amgen fyddai'n fwy rhesymol a defnyddiol?

Rhowch nhw ar waith

Torri'r Cylch Cythreulig:

Sefyllfaoedd Sbardun

Ym mha sefyllfaoedd ydych chi'n mentro torri eich Rheolau Byw?

Neu'n teimlo eich bod chi wedi eu torri?

GORESGYN DIFFYG HUNAN-WERTH

Rhoi'r Hen Linell Sylfaen ar Waith

Pa feddyliau, emosiynau, teimladau corfforol a mathau o ymddygiad sy'n dweud wrthych chi fod eich Hen Linell Sylfaen ar waith?

Beth sydd angen i chi ei wneud i osgoi ei rhoi ar waith a'i disodli gyda'ch Llinell Sylfaen Newydd a'ch Rheolau Byw newydd?

Iselder

Ei leihau neu ei atal rhag datblygu.

Rhagfynegiadau Negyddol

Adnabod, cwestiynu a phrofi (arbrofion).

Ymddygiad Di-fudd

Trin eich hun yn garedig a rhoi cyfle i chi'ch hun ymlacio a mwynhau bywyd.

Gorbryder

Ei leihau neu ei atal rhag datblygu.

Meddwl yn Hunanfeirniadol

Adnabod a chwestiynu.

Arbrofi drwy annog a chanmol eich hun.

Cydnabod eich nodweddion da a rhoi clod i chi'ch hun am eich cyflawniadau.

Ymddygiad Di-fudd

Wynebu pethau y byddwch chi'n eu hosgoi, rhoi'r gorau i ragofalon diangen, gwneud yn fawr o'ch llwyddiannau.

Cadarnhau'r Llinell Sylfaen

Ydych chi'n anwybyddu neu'n diystyru'r adegau pan fydd pethau'n mynd yn dda?

Ydych chi'n rhoi gormod o bwys ar yr adegau pan na fydd pethau'n mynd yn dda, a thybio eu bod yn dweud rhywbeth amdanoch chi fel person?

Fel rydyn ni wedi ei ddweud yn barod, mae'n anodd troi cefn ar hen arferion. Yn enwedig ar adegau pan fyddwch dan straen neu dan bwysau, neu pan ydych chi'n teimlo'n isel, yn sâl neu'n flinedig neu ddim cystal ag y gallech chi fod, efallai y gwelwch chi fod eich Hen Linell Sylfaen yn dod i'r wyneb eto. Wrth i hynny'n digwydd, gall hen batrymau meddwl a gweithredu ddechrau ailsefydlu eu hunain. Efallai y byddwch chi'n dod yn ymwybodol bod eich safonau llym ac anfaddeugar ar eich cyfer chi'ch hun yn dod i'r amlwg unwaith eto, a chyda nhw hen arferion o ddisgwyl y gwaethaf, anwybyddu pethau cadarnhaol a chanolbwyntio ar bethau negyddol, beirniadu'ch hun ac anghofio rhoi cyfle i chi'ch hun ymlacio a chael tipyn o bleser, anghofio rhoi clod i chi'ch hun am yr hyn rydych chi'n ei wneud neu anghofio trin eich hun yn garedig.

Does dim angen poeni am hyn. Mae'n debyg nad yw arferion meddwl hirhoedlog byth yn cael eu dileu o 'ddisg galed' yr ymennydd. Felly, o gael yr amgylchiadau cywir, efallai y byddan nhw'n ailymddangos eto. Ond mae pethau'n wahanol nawr. Rydych chi'n gwybod sut i dorri'r cylch cythreulig sy'n cadw diffyg hunan-werth i fynd, ac rydych chi wedi sefydlu ac ymarfer Rheolau Byw newydd a Llinell Sylfaen Newydd. Felly dydych chi ddim yn gaeth i un safbwynt angharedig a phoenus – mae gennych chi rywle arall i fynd iddo. Yn syml, mae'n fater o fynd yn ôl at yr hyn rydych chi'n ei wybod yn barod a'i ymarfer yn systematig nes eich bod chi'n gallu dod â phethau'n ôl i drefn unwaith eto.

Os oes gennych chi ymwybyddiaeth iach y gallai rhwystr neu anffawd ddigwydd, byddwch chi yn y sefyllfa orau bosib i adnabod arwyddion cynnar bod eich Hen Linell Sylfaen yn ailgodi ei phen ac i ymdrin â hynny'n ddi-oed. Efallai y gallwch chi ei rhoi'n ôl yn ei lle bron ar unwaith (heb fawr ddim mwy nag 'O wel, dyma ni eto' a newid gêr yn gyflym). Neu gall gymryd ychydig o amser i chi.

Y naill ffordd neu'r llall, bydd y profiad (hyd yn oed os yw'n annymunol) yn un gwerthfawr. Bydd yn rhoi cyfle i chi fireinio'ch ymwybyddiaeth o'r signalau rhybudd cynnar sy'n dweud wrthych chi fod eich ymdeimlad ohonoch chi'ch hun yn colli ei gydbwysedd, i ddarganfod eto sut gall syniadau a sgiliau newydd helpu, ac i weithio ar fireinio a chryfhau eich golwg newydd fwy caredig arnoch chi eich hun. Drwy gynllunio ymlaen llaw ac ystyried sut gallai anawsterau godi a beth i'w wneud pan fyddan nhw'n gwneud hynny, byddwch chi'n sicrhau bod y newidiadau rydych chi wedi'u gwneud yn para am y tymor hir.

Ar y llaw arall, efallai eich bod chi'n teimlo eich bod chi wedi dysgu llawer, ond bod ffyrdd newydd o feddwl ac ymddwyn tuag atoch chi'ch hun yn fregus o hyd. Mae hyn yn arbennig o debygol o fod yn wir os yw'ch diffyg hunan-werth wedi bod yno ers blynyddoedd lawer, ac os yw wedi cael effaith sylweddol ar eich bywyd. Yma eto, bydd yn werth i chi grynhoi'r hyn rydych chi wedi'i ddysgu, edrych ymlaen a chynllunio sut i atgyfnerthu eich darganfyddiadau a sicrhau eu bod yn parhau i ddylanwadu ar y ffordd rydych yn byw bob dydd, gan gryfhau eich cred yn eich Llinell Sylfaen Newydd a sicrhau bod y newidiadau rydych chi wedi'u gwneud yn cael eu cynnal.

Yn yr adran sy'n dilyn, fe welwch chi gwestiynau i'ch helpu chi i lunio cynllun gweithredu ar gyfer y dyfodol (gweler y crynodeb ar dudalennau 389–90, a'r cwestiynau enghreifftiol ar dudalennau 402–5). Nod y cwestiynau hyn yw eich helpu chi i wneud crynodeb byr o'r pwyntiau allweddol rydych chi wedi'u dysgu, i ystyried y ffordd orau o barhau i roi syniadau newydd ar waith yn ddyddiol, ac i baratoi ar gyfer anawsterau fel na fyddan nhw'n eich bwrw chi oddi ar eich echel, ac y byddwch chi'n gallu eu rheoli yn y ffordd orau bosib. Meddyliwch am hunan-werth iachus, sydd â gwreiddiau cadarn, fel arwyddbost i chi ar y gorwel. Eich crynodeb dysgu a'ch cynllun gweithredu yw'r pecyn sydd ei angen arnoch chi yn eich bag cefn i'ch cefnogi wrth i chi barhau ar eich taith tuag at yr arwyddbost hwnnw.

Camau tuag at gynllun gweithredu sy'n dal dŵr

Y drafft cyntaf

Nodwch eich atebion i'r cwestiynau ar bapur, ynghyd ag unrhyw bwyntiau defnyddiol eraill sy'n codi wrth i chi weithio drwyddyn nhw. Dyma ddrafft cyntaf eich Cynllun Gweithredu. Pan fyddwch chi wedi cwblhau'r drafft, dylech ei adolygu a gweld ydych chi wedi gadael unrhyw beth pwysig allan. Ewch yn ôl drwy'r llyfr, ac unrhyw gofnodion rydych chi wedi'u cadw, i atgoffa'ch hun o bopeth rydych chi wedi'i wneud. Pan fyddwch chi'n fodlon bod y fersiwn orau bosib gennych chi am y tro, rhowch eich Cynllun Gweithredu ar waith am bythefnos neu dair wythnos.

Gwnewch yn siŵr eich bod yn ei gadw yn rhywle sy'n hawdd mynd ato, boed ar bapur neu'n electronig, a'ch bod yn atgoffa'ch hun yn rheolaidd beth mae'n ei ddweud, a'i gadw yng nghefn eich meddwl, er mwyn gallu manteisio ar unrhyw brofiadau defnyddiol sy'n codi. Efallai y byddai'n ddefnyddiol i chi roi ambell arwydd syml i chi'ch hun i'ch helpu chi i gofio – er enghraifft, dotiau lliw gludiog yn rhywle lle gallwch chi eu gweld nhw'n hawdd (e.e. ar yr oergell neu'r drych rydych chi'n ei ddefnyddio yn y bore), nodiadau atgoffa ar eich ffôn neu naid-nodiadau ar eich cyfrifiadur o bosib.

Yr ail ddrafft

Dylai pythefnos neu dair wythnos o roi eich drafft cyntaf ar waith roi syniad da i chi o ba mor ddefnyddiol yw eich Cynllun Gweithredu. Mae'n amser da i'w adolygu a'i fireinio nawr, os hoffech chi wneud hynny. Efallai y gwelwch eich bod chi wedi hepgor rhywbeth hanfodol, neu fod pethau'n codi nad ydych chi wedi'u rhagweld, neu fod yr hyn oedd yn ymddangos yn glir i chi pan wnaethoch chi ei ysgrifennu ar bapur yn ymddangos yn llai defnyddiol i chi wrth geisio ei gymhwyso mewn bywyd go iawn, neu wrth edrych yn ôl arno ymhen amser.

Gwnewch ba newidiadau bynnag yr ystyriwch eu bod yn angenrheidiol, ac yna ysgrifennwch fersiwn ddiwygiedig i'w rhoi ar brawf am gyfnod hirach. Penderfynwch drosoch eich hun pa mor hir y byddwch chi'n ymarfer y fersiwn hon – tri mis? Chwe mis? Mae angen digon o amser arnoch i ddarganfod pa mor ddefnyddiol yw'r cynllun yn y tymor hwy. Mae angen cyfle i chi ddarganfod i ba raddau y mae eich Llinell Sylfaen Newydd wedi'i sefydlu, a pha mor gyson mae hi'n dylanwadu ar sut rydych chi'n teimlo amdanoch chi'ch hun yn eich bywyd bob dydd. Mae angen rhyw fath o syniad arnoch chi hefyd ynghylch pa mor dda mae'ch Cynllun Gweithredu yn eich helpu chi i ymdrin â'r da a'r drwg, ac â'r adegau hynny pan fydd yr hen Linell Sylfaen yn dod i'r wyneb unwaith eto. Felly, gall fod yn ddefnyddiol penderfynu ymlaen llaw pryd y byddwch chi'n adolygu sut mae pethau'n mynd a gwneud unrhyw newidiadau sydd eu hangen arnoch chi. Rhowch nodiadau atgoffa yn eich dyddiadur neu ar eich cyfrifiadur neu'ch ffôn clyfar.

Y drafft terfynol

Ar ôl cyfnod hirach o ymarfer, ewch ati i gynnal adolygiad trylwyr o'ch Cynllun Gweithredu unwaith eto. Pa mor ddefnyddiol fu'r cynllun i chi? I ba raddau wnaeth y cynllun eich cadw chi ar y trywydd iawn? Ydy'r cynllun wedi'ch galluogi chi i barhau i dyfu a datblygu a symud tuag at yr arwyddbost hwnnw ar y gorwel – hunan-werth iach? Ydy'r cynllun wedi sicrhau eich bod wedi delio ag anawsterau yn y ffordd orau bosib?

Os yw popeth yn mynd yn iawn, efallai mai eich ail ddrafft fydd eich drafft terfynol. Ar y llaw arall, os oes gan eich Cynllun Gweithredu ddiffygion o hyd, gwnewch unrhyw newidiadau sydd eu hangen, a phrofwch eich fersiwn newydd am gyfnod cyfyngedig rydych chi'n cytuno arno â chi'ch hun. Yna adolygwch eto.

Mae'n werth nodi, oni bai bod gennych chi bwerau eithriadol i ragweld y dyfodol, na fydd eich Cynllun Gweithredu byth yn cwmpasu popeth. Bydd hyd yn oed eich drafft terfynol yn *ddrafft* o hyd, nid yn wirionedd eithaf wedi'i ysgythru ar lechi o garreg. Waeth pa mor dda mae'n gweddu i chi, a waeth faint o gymorth yw'r cynllun, byddwch yn barod i'w newid a'i fireinio ar unrhyw adeg yn y dyfodol pan fyddwch chi'n sylweddoli bod modd ei ymestyn, ei ehangu neu ei wella.

Dod yn GAMPUS

Wrth lunio Cynllun Gweithredu, mae'n bwysig sicrhau y bydd yr hyn rydych chi'n bwriadu ei wneud yn golygu eich bod yn cyrraedd eich nod. Os yw'ch cynllun yn rhy uchelgeisiol, fyddwch chi ddim yn gallu ei roi ar waith yn llwyddiannus, ac mae hyn yn debygol o'ch digalonni chi. Os yw'ch cynllun yn rhy amwys, efallai y gwelwch nad oes gennych chi fawr o glem ar ôl wythnos neu ddwy (neu fis neu ddau) am yr hyn rydych chi i fod i'w wneud. Os yw'ch cynllun yn rhy gyfyngedig, efallai y byddwch chi'n teimlo nad ydych chi'n gwneud unrhyw gynnydd gwirioneddol tuag at ddatblygu i fod y math o berson rydych chi eisiau bod. Felly, waeth pa gam rydych chi arno – drafft cyntaf, ail ddrafft neu ddrafft terfynol – dylech chi sicrhau bod eich Cynllun Gweithredu'n bodloni'r meini prawf **CAMPUS** isod. CAMPUS yw Cyraeddadwy, Amserlennol, Mesuradwy, Penodol, Uchelgeisiol, a Synhwyrol, neu SMART yn Saesneg (Specific, Measurable, Agreed, Realistic, and Time-bound):

Ffigur 42. Cynllunio Gweithredu: Meini Prawf SMART

S	Ydy e'n	Ddigon Syml a Phenodol?
M	Ydy e'n	Fesuradwy?
A	Ydy e	Wedi'i Gytuno?
R	Ydy e'n	Realistig?
T	Ydy'r	Amserlen yn Rhesymol?

S: Ydy e'n Ddigon Syml a Phenodol?

Allwch chi egluro beth rydych chi'n bwriadu ei wneud mewn geiriau un sillaf? Ydy e mor syml fel y gallai plentyn ei ddeall hyd yn oed? I wirio hyn, ceisiwch ei ddarllen i ffrind rydych chi'n ymddiried ynddo neu un o'ch teulu. Ydyn nhw'n gofyn i chi esbonio neu egluro unrhyw ran ohono? Os felly, mae angen ailddrafftio'r rhan honno. Pan fyddwch chi wedi ailddrafftio'ch cynllun, holwch nhw sut mae'n swnio iddyn nhw nawr.

M: Ydy e'n Fesuradwy?

Sut byddwch chi'n gwybod pan fyddwch wedi cyflawni'r hyn roeddech chi'n bwriadu ei gyflawni? Er enghraifft, ymhen chwe mis, os ydych chi wedi rhoi eich Cynllun Gweithredu ar waith yn llwyddiannus, sut byddwch chi'n teimlo? Pa rai o'ch arferion newydd fydd yn eu lle o hyd? Pa dargedau penodol fyddwch chi wedi'u cyrraedd? Sut byddwch chi'n gwybod bod eich Llinell Sylfaen Newydd yn dal i weithio'n dda? Ac os oes gennych chi newidiadau i'w gwneud ac arbrofion i'w cynnal o hyd, beth fyddwch chi'n ei wneud bryd hynny nad ydych chi'n ei wneud nawr?

Os gallwch chi nodi'n glir beth yw'ch nod, bydd yn ei gwneud hi'n llawer haws i chi farnu ydy'ch cynllun o fewn eich gafael, gweld pa mor dda rydych chi'n llwyddo i'w roi ar waith a lle mae'n methu, ac asesu pa mor ddefnyddiol yw'r cynllun i chi. Wrth i chi wneud hyn, gofalwch nad ydych chi'n troi'n hunanfeirniadol os nad yw'ch cynllun chi'n mynd cystal ag y dymunwch neu y credwch y dylai. Beth sy'n bwysig yw dysgu a datblygu'ch sgiliau wrth atgyfnerthu a chryfhau eich ffyrdd newydd o weithredu, a bydd hyn yn cymryd amser ac ymarfer wrth reswm. Rydych chi'n dysgu sgiliau bywyd newydd, ac mae dysgu sgiliau bywyd yn broses gydol oes.

A: Ydy e Wedi'i Gytuno?

Ydych chi wedi ystyried barn a theimladau pobl y bydd eich cynllun yn effeithio arnyn nhw? Ydych chi wedi cael eu cydsyniad nhw (neu eu dealltwriaeth nhw o leiaf) ynghylch yr hyn mae'n ei awgrymu?

Drwy ddweud hyn, dwi'n sicr ddim yn golygu na ddylech chi fwrw ymlaen oni bai bod pobl eraill o blaid yr hyn rydych chi'n ceisio'i wneud – does dim angen caniatâd arnoch chi i deimlo'n well amdanoch chi'ch hun a gwneud newidiadau yn eich bywyd a fydd yn gwella'ch hunan-werth. Fodd bynnag, mae'n werth cydnabod y bydd newidiadau ynoch chi yn golygu newidiadau i bobl eraill. Er enghraifft, os ydych chi'n bwriadu dod yn fwy pendant ynglŷn â lleisio'ch barn a sicrhau bod eich anghenion yn cael eu diwallu, yna mae'n anochel y bydd hyn yn effeithio ar y rhai sydd o'ch cwmpas chi. Os ydych chi'n bwriadu newid sut rydych chi'n trefnu eich bywyd gwaith (e.e. cwtogi ar eich oriau gwaith er mwyn cael mwy o amser hamdden ac amser i gymdeithasu, neu chwilio am aseiniadau sy'n fwy o her), unwaith eto bydd hyn yn effeithio ar bobl eraill, yn y gwaith ac yn y cartref.

Wrth lunio eich Cynllun Gweithredu, mae'n bwysig ystyried hyn. Oes yna bethau am eich bwriad mae angen i chi eu cyfleu i bobl eraill? A fyddai'n helpu i drafod rhai o'r newidiadau rydych chi eisiau eu gwneud gyda'r rhai sydd fwyaf annwyl i chi? Beth am ofyn am help i gadw at eich cynllun?

Yn ogystal, hyd yn oed os nad ydych chi'n dymuno cynnwys pobl eraill yn uniongyrchol, ystyriwch pa effaith y bydd newidiadau ynoch chi yn ei chael arnyn nhw. Ydyn nhw'n debygol o ymateb yn negyddol mewn unrhyw ffordd? Beth ydych chi'n ei ragweld? Wrth gwrs, fe allech chi fod yn anghywir – ond byddwch mewn sefyllfa gryfach i gadw ar y trywydd iawn os ydych chi wedi ystyried yr hyn a allai ddigwydd mewn gwirionedd, ac wedi cynllunio sut byddwch chi'n delio â hynny (gyda chymorth allanol os oes angen).

Rhan o gynllun Briony, er enghraifft, oedd rhoi mwy o amser iddi hi ei hun wneud pethau roedd hi'n eu mwynhau. Roedd hi'n sylweddoli bod hyn yn golygu na allai hi barhau i reoli tasgau'r cartref ar ei phen ei hun. Er mwyn teimlo fel mam dda, roedd hi wedi teimlo bob amser bod rhaid iddi wneud yr holl siopa, coginio, golchi a glanhau ar gyfer ei theulu, er bod ei gŵr hi'n gallu ei helpu hi a bod ei phlant yn ddigon hen i gyfrannu bellach.

Sylweddolodd Briony ei bod hi wedi dysgu ei theulu i adael yr holl waith tŷ iddi hi. Penderfynodd y byddai'n syniad da dweud wrthyn nhw am y gwaith roedd hi wedi bod yn ei wneud i wella'i hunan-werth, a dweud wrthyn nhw ei bod hi'n bwriadu dechrau system decach o rannu'r gwaith tŷ. Rhagwelodd, yn ddamcaniaethol, y byddai ei theulu'n gallu gweld tegwch hyn, ac y bydden nhw o blaid yr hyn roedd hi'n ceisio'i wneud. Yn ogystal, rhagwelodd, yn ymarferol, y bydden nhw'n gyndyn o wneud eu rhan ac, yn ddealladwy, y byddai'n well ganddyn nhw adael pethau fel yr oedden nhw. Wedi'r cyfan, pam baeddu'ch dwylo os oes gennych chi forwyn fach sy'n barod i wneud y gwaith budr drosoch chi? Felly, yn ei chynllun, fe wnaeth hi gynnwys manylion gofalus am beth i'w wneud pan fyddai ei theulu'n gwrthod newid gyda hi. Roedd hyn yn cynnwys atgoffa ei hun o'i rhesymau dros wneud y newid: roedd hi'n berson teilwng oedd yn haeddu mwy o'i bywyd na bod yn forwyn fach.

R: Ydy e'n Realistig?

Wrth gynllunio at y dyfodol, ystyriwch y canlynol:

> - Cyflwr eich iechyd emosiynol a chorfforol a'ch ffitrwydd
> - Eich adnoddau (e.e. arian, amser, pobl sy'n poeni amdanoch chi ac yn eich parchu chi)
> - Galwadau eraill ar eich amser a'ch egni
> - Lefel y gefnogaeth sydd gennych chi gan ffrindiau, teulu, cyd-weithwyr ac eraill (er enghraifft, grwpiau rydych chi'n perthyn iddyn nhw, fel grŵp menywod neu grŵp sy'n gysylltiedig â chapel neu eglwys).

Bydd eich Cynllun Gweithredu ar ei fwyaf cadarn a realistig os yw'n ystyried y ffactorau hyn. A chadwch e'n fyr. Bydd ar ei fwyaf defnyddiol i chi os nad yw'n rhy hir. Po fwyaf hir a llawn manylion yw'ch cynllun, lleiaf tebygol ydych chi o ddychwelyd ato a'i ddefnyddio dros amser. Os oes yna bwyntiau yr hoffech chi gynnwys mwy o fanylion amdanynt, rhowch nhw ar dudalennau ar wahân y gallwch gyfeirio atyn nhw yn y Cynllun Gweithredu a'u cadw gydag e. Mae'n ddefnyddiol defnyddio lliw i bwysleisio pwyntiau allweddol hefyd – uwcholeuo, ffontiau gwahanol, papur gludiog lliwgar.

T: Ydy'r Amserlen yn rhesymol?

Yn olaf, gwnewch yn siŵr eich bod chi wedi ystyried yn ofalus faint o amser rydych chi'n fodlon ei neilltuo i roi eich Cynllun Gweithredu ar waith, a pha amserlen sy'n gwneud synnwyr er mwyn cyflawni pa dargedau bynnag rydych chi wedi'u gosod i chi'ch hun. Gallai hyn gynnwys penderfynu pa newidiadau sydd bwysicaf i chi, a pha rai sy'n llai o flaenoriaeth. Gofynnwch i chi'ch hun:

- Beth yw eich blaenoriaethau? Os mai dim ond 20 y cant o'ch cynllun y gallech chi ei gwblhau, pa 20 y cant fyddai hynny?
- Faint o amser bob wythnos sydd ei angen arnoch chi i sicrhau bod eich Cynllun Gweithredu'n dod yn realiti? Os ydych chi'n credu y byddai'n dal i fod yn ddefnyddiol i chi ysgrifennu a chwestiynu eich meddyliau'n rheolaidd, faint o amser fydd angen i chi ei neilltuo bob dydd i sicrhau eich bod yn gwneud hyn yn y ffordd fwyaf defnyddiol a heb deimlo dan bwysau na gorfod rhuthro? (Gall hyn olygu penderfynu faint o enghreifftiau rydych chi'n dymuno gweithio arnyn nhw bob dydd.) Ar y llaw arall, efallai y byddwch chi wedi cyrraedd y cam lle rydych chi'n mynd i'r afael â

GORESGYN DIFFYG HUNAN-WERTH

meddyliau gofidus yn eich pen erbyn hyn, a byddwch chi'n sylwi ar dystiolaeth sy'n cefnogi eich Llinell Sylfaen Newydd fel mater o drefn, heb fod angen ei hysgrifennu ar bapur. Serch hynny, gallai cynllunio adolygiadau rheolaidd fod o fudd. Faint o amser fydd ei angen arnoch chi bob wythnos (neu fis) i asesu sut mae pethau'n mynd a gosod heriau newydd i chi'ch hun i'w meistroli?

- Beth yw eich amcanion personol chi, o ran hunan-werth (eich cerrig milltir ar y daith tuag at hunan-werth iach)? Ble ydych chi eisiau bod ar ôl tri mis? Ar ôl chwe mis? Ar ôl blwyddyn?
- Pa mor aml fyddwch chi'n adolygu cynnydd (llwyddiannau, anawsterau, yr hyn a'ch helpodd chi, a'r hyn fu'n rhwystr i chi)?
- Ydych chi wedi pennu dyddiad ar gyfer eich adolygiad cyntaf? Gallai hyn fod yr wythnos nesaf, neu'r mis nesaf, neu rywbryd eto. Pryd bynnag fydd hynny, penderfynwch ar ddyddiad pendant a threfnwch apwyntiad gyda chi'ch hun. Gwnewch eich adolygiad yn achlysur arbennig. Ewch allan i gael cinio, ewch am ddiwrnod mas yn y wlad, mewn sba iechyd neu ar lan y môr. Hyd yn oed os na wnewch chi ddim byd arall, chwiliwch am le tawel yn eich cartref, rhywle lle rydych chi'n teimlo'n gyfforddus ac yn gartrefol, a dewiswch amser pan na fydd neb yn tarfu arnoch chi. Dylech chi greu rhywle lle gallwch chi ymlacio a myfyrio ar yr hyn rydych chi wedi'i gyflawni a meddwl am y dyfodol.

Nodwch y dyddiad a'r amser y byddwch chi'n adolygu nawr. A pheidiwch â gadael i chi'ch hun ei ohirio nac anghofio amdano. Dyma rywbeth rydych chi'n ei wneud er eich mwyn chi eich hun. Mae'n bwysig. Ac rydych chi'n ei haeddu.

Gair o rybudd

Mae modd i Gynlluniau Gweithredu gael eu ffeilio a'u hanghofio. Os nad ydych chi'n gwybod ble mae'r cynllun, fyddwch chi ddim yn gallu ei ddefnyddio. Mae ei adael yn rhywle nes ei fod wedi'i staenio ac yn flêr, neu ei gladdu yn rhywle ar eich cyfrifiadur neu'ch ffôn sy'n gofyn am gyfrinair rydych chi wedi'i anghofio, fel neges i chi'ch hun nad yw o bwys mewn gwirionedd – nad ydych *chi* o bwys mewn gwirionedd. Felly gwnewch yn siŵr eich bod chi'n gwybod ble mae'ch Cynllun Gweithredu, ac y gallwch chi ddod o hyd iddo'n rhwydd pan fydd angen. Rhowch y cynllun yn rhywle lle mae'n hawdd cael gafael arno, rhywle arbennig os gallwch chi: rhywle sy'n eiddo i chi a neb arall.

Cynlluniau gweithredu: cwestiynau defnyddiol

Dyma gwestiynau i'ch helpu chi i ddatblygu eich cynllun gweithredu. Mae pob un yn cael ei esbonio'n fanylach isod.

Ffigur 43: Cynlluniau Gweithredu: Cwestiynau Defnyddiol

1. Sut gwnaeth fy niffyg hunan-werth ddatblygu?
2. Beth oedd yn ei gynnal?
3. Beth ydw i wedi'i ddysgu wrth i mi weithio fy ffordd drwy'r llyfr?
4. Beth oedd fy meddyliau, fy rheolau a'm credoau di-fudd pwysicaf? Pa ddewisiadau amgen ddes i o hyd iddyn nhw yn eu lle?
5. Sut galla i adeiladu ar yr hyn dwi wedi'i ddysgu?
6. Beth allai arwain at rwystr i mi a cham posib yn ôl?
7. Sut bydda i'n gwybod nad yw popeth yn iawn?
8. Os oes rhywbeth yn fy rhwystro i, beth fydda i'n ei wneud yn ei gylch?

1. Sut gwnaeth fy niffyg hunan-werth ddatblygu?

Crynhowch y profiadau wnaeth arwain at ffurfio eich Hen Linell Sylfaen. Dylech gynnwys profiadau diweddarach sydd wedi'i hatgyfnerthu hefyd, os yw hyn yn berthnasol.

2. Beth oedd yn ei gynnal?

I ateb y cwestiwn hwn, lluniwch grynodeb o'r Rheolau Byw di-fudd yr oeddech wedi'u datblygu fel ymgais i ymdopi â'ch Llinell Sylfaen, a'r ffordd o feddwl wnaeth ysgogi eich cylch cythreulig (rhagfynegiadau gorbryderus a meddyliau hunanfeirniadol sydd wedi bod yn nodweddiadol ohonoch chi). Dylech chi gynnwys unrhyw ragfarnau yn yr hyn y sylwoch chi arno a'r pwysigrwydd a roesoch iddyn nhw. Pa agweddau arnoch chi'ch hun wnaethoch chi ganolbwyntio arnyn nhw'n awtomatig? Beth wnaethoch chi ei anwybyddu neu ei ddiystyru'n awtomatig? Yn olaf, nodwch unrhyw ragofalon diangen ac ymddygiad hunandrechol wnaeth eich rhwystro chi rhag darganfod nad oedd eich rhagfynegiadau'n gywir a'u bod yn cynllwynio i'ch cadw dan y fawd.

3. Beth ydw i wedi'i ddysgu wrth i mi weithio fy ffordd drwy'r llyfr?

Gwnewch nodyn o syniadau newydd rydych chi wedi'u gweld yn ddefnyddiol (er enghraifft, 'Mae'r pethau dwi'n eu credu amdanaf fy hun yn safbwyntiau ac yn farn, nid yn ffeithiau'). Dylech chi gynnwys dulliau penodol rydych chi wedi'u dysgu hefyd ar gyfer ymdopi â meddyliau gorbryderus a hunanfeirniadol, Rheolau a'r Llinell Sylfaen (er enghraifft, 'Adolygu'r dystiolaeth a chwilio am y darlun ehangach', 'Peidio â chymryd dim yn ganiataol – bwrw golwg fanylach'). Edrychwch yn ôl dros yr hyn rydych chi wedi'i wneud a gwnewch nodyn o beth bynnag wnaeth synnwyr i chi, a beth bynnag y gwnaethoch chi'n bersonol ei weld yn fuddiol yn ymarferol.

4. Beth oedd fy meddyliau, fy rheolau a'm credoau di-fudd pwysicaf? Pa ddewisiadau amgen ddes i o hyd iddyn nhw yn eu lle?

Nodwch y rhagfynegiadau gorbryderus, y meddyliau hunanfeirniadol, y Rheolau Byw a'r Llinellau Sylfaen a achosodd y trafferthion mwyaf i chi. Yn erbyn pob un, crynhowch y safbwyntiau amgen rydych chi wedi'u darganfod. Gall fod yn ddefnyddiol neilltuo lle arbennig i hyn, y tu allan i'r prif gynllun gweithredu, os oes gennych chi nifer o eitemau y byddai'n ddefnyddiol eu crynhoi. Gallech ddefnyddio'r fformat hwn:

Syniad/rheol/cred ddi-fudd	Dewis/safbwynt amgen defnyddiol

5. Sut galla i adeiladu ar yr hyn dwi wedi'i ddysgu?

Dyma'ch cyfle i feddwl am y dyfodol ac ystyried yn fanwl beth sydd angen i chi ei wneud er mwyn sicrhau bod y safbwyntiau a'r sgiliau newydd rydych wedi'u dysgu yn cael eu hatgyfnerthu a'u gwneud yn rhan reolaidd o'r ffordd rydych chi'n byw eich bywyd. Dyma'ch cyfle i ystyried pa newidiadau rydych chi'n dal am eu gwneud hefyd. Gallai hyn gynnwys mynd yn ôl i rannau penodol o'r llyfr a gweithio drwy rai adrannau eto, neu ddefnyddio'r dulliau rydych chi wedi'u dysgu i newid Rheolau Byw neu gredoau di-fudd amdanoch chi'ch hun nad ydych chi wedi mynd i'r afael â nhw eto. Gallai gynnwys darllen pellach hefyd, neu benderfyniad i ofyn am gymorth er mwyn datblygu'r hyn rydych chi wedi'i ddarganfod ymhellach neu ei roi ar waith yn fwy effeithiol (gweler isod).

Yn benodol, gan ystyried y cyfan fesul pennod:

- Oes yna rannau nad ydych wedi'u mapio'n llawn eto o'ch dealltwriaeth o'r modd y datblygodd eich diffyg hunan-werth a beth oedd yn ei gynnal? Os felly, sut gallech chi fynd ati i'w mapio a'u hegluro?
- Oes yna sefyllfaoedd o hyd lle rydych chi'n teimlo'n orbryderus, ond nad ydych chi'n sicr pam? Os felly, beth sydd angen i chi ei wneud er mwyn gweld y rhagfynegiadau rydych chi'n eu gwneud yn y sefyllfaoedd hynny'n glir? Oes yna sefyllfaoedd lle rydych chi'n deall yn iawn beth yw eich rhagfynegiadau, ond nad ydych chi wedi eu hwynebu'n llawn eto heb ollwng gafael ar eich rhagofalon diangen? Os felly, sut gallech chi wneud cynllun cam wrth gam i fynd i'r afael â nhw? Hyd yn oed os ydych chi wedi wynebu'r sefyllfaoedd a wnaeth i chi deimlo'n orbryderus yn llwyddiannus ac wedi darganfod bod eich rhagfynegiadau'n afrealistig, mae'n ddigon posib y bydd pryderon eraill yn codi yn y dyfodol (yn wir, byddai'n anhygoel pe *na* bai hyn yn digwydd, gan fod gorbryder yn rhan arferol o brofiad dynol). Sut byddwch chi'n defnyddio'r hyn rydych chi wedi'i ddysgu i ddelio â phryderon yn y dyfodol?
- Sut byddwch chi'n sicrhau eich bod chi'n parhau i ymestyn eich gallu i adnabod ac ateb meddyliau hunanfeirniadol? Pa ymddygiad hunandrechol mae angen i chi gadw llygad amdano o hyd? Beth ydych chi'n bwriadu ei wneud yn lle hynny?

GORESGYN DIFFYG HUNAN-WERTH

- Pa mor dda ydych chi am gadw'ch nodweddion da mewn cof a sylwi ar enghreifftiau o'ch rhinweddau, eich cryfderau, eich sgiliau a'ch doniau o ddydd i ddydd? Oes angen i chi ddal ati i gadw cofnod ysgrifenedig? Hyd yn oed os nad oes, a fyddai gwneud hynny'n werth chweil? A allai'r cofnod hefyd fod yn adnodd defnyddiol i edrych arno, pe baech chi'n wynebu rhwystr rywbryd yn y dyfodol?
- Wrth edrych ar batrwm eich diwrnod a'ch wythnos, a oes cydbwysedd da rhwng gweithgareddau 'C' (pethau i'w cyflawni, dyletswyddau, ymrwymiadau, tasgau) a gweithgareddau 'P' (pleser, mwynhad)? Os felly, sut byddwch chi'n sicrhau eich bod chi'n parhau i wneud hynny? Ac os nad ydych, beth sydd angen i chi ei wneud i adeiladu ar y newidiadau rydych chi wedi'u gwneud eisoes?
- Ydych chi'n rhoi clod i chi eich hun fel mater o drefn am yr hyn rydych chi'n ei wneud ac yn gwerthfawrogi eich cyflawniadau? Os felly, sut gallwch chi sicrhau eich bod chi'n parhau i wneud hynny? Os na, pam ddim? Er enghraifft, oes yna feddyliau hunanfeirniadol yn dod i'r meddwl, neu ydych chi'n dal i ddal gafael ar safonau perffeithydd ar eich cyfer eich hun? Os felly, beth sydd angen i chi ei wneud yn ei gylch?
- I ba raddau mae'ch Rheolau Byw newydd yn argyhoeddiadol i chi nawr? Pa mor hawdd yw hi i'w rhoi nhw ar waith? Os ydyn nhw'n gwneud synnwyr llwyr i chi, ac nad ydych chi'n cael unrhyw drafferth gweithredu'n unol â nhw, yna sut gallwch chi sicrhau

bod hyn yn parhau i fod yn wir, hyd yn oed pan fydd pethau'n anodd ac amgylchiadau'n sbarduno'r hen Reolau? I ba raddau ddylech chi barhau i weithredu'n fwriadol yn erbyn yr hen Reolau a sylwi ar y canlyniadau? Pa mor aml ddylech chi ddarllen eich crynodeb 'Newid y Rheolau' er mwyn sicrhau bod yr hyn rydych chi wedi'i ysgrifennu'n dal i fod yn ffres yn eich meddwl? Os oes gennych chi amheuon o hyd am eich Rheolau newydd neu os ydych chi'n ei chael hi'n anodd eu rhoi ar waith, beth sydd angen i chi ei wneud i gryfhau eich cred ynddyn nhw a gwneud gweithredu arnyn nhw'n ail natur? Pa arbrofion sydd angen i chi eu cyflawni o hyd? Pa feddyliau sy'n rhwystr i chi a sut gallwch chi fynd i'r afael â nhw?

- Pa mor gryf ydych chi'n credu yn eich Llinell Sylfaen Newydd nawr? A'ch hen un? I ba raddau ydych chi'n gallu gweithredu fel pe bai'r Llinell Sylfaen Newydd yn wir? Os ydych chi'n credu bod y Llinell Sylfaen Newydd yn gryf a'ch bod yn gweithredu'n gyson fel pe bai'n wir, sut gallwch chi sicrhau ei bod hi'n aros yn gadarn fel craig, hyd yn oed mewn cyfnodau o bwysau neu ofid? Pa wybodaeth sydd ei hangen arnoch chi i barhau i sylwi arni (hyd yn oed os nad ydych chi'n ei hysgrifennu ar bapur mwyach)? Pa arbrofion sydd angen i chi barhau i'w cynnal a'u gwneud yn rhan o'ch bywyd? Pa mor aml ddylech chi ddarllen eich crynodeb 'Llinell Sylfaen', er mwyn sicrhau ei fod yn aros ar flaen eich meddwl?

6. Beth allai arwain at rwystr i mi a cham posib yn ôl?

Ystyriwch pa brofiadau neu newidiadau yn eich amgylchiadau a allai barhau i achosi problemau i chi trwy danio eich Hen Linell Sylfaen. Bydd eich gwybodaeth am sefyllfaoedd sydd wedi ysgogi eich Llinell Sylfaen yn y gorffennol yn ddefnyddiol yma (gweler Pennod 3, tudalennau 81–2). Mae'n debyg eich bod chi mewn sefyllfa erbyn hyn i ymdopi â'r sefyllfaoedd hyn yn llawer mwy adeiladol. Fodd bynnag, pe baech chi'n wynebu lefel uchel o straen, neu fod amgylchiadau eich bywyd yn troi'n anodd iawn, neu eich bod yn flinedig neu'n sâl neu wedi cynhyrfu am ryw reswm arall, gallai hyn eich gwneud yn agored i hunanamheuaeth o hyd. Bydd ceisio deall beth yw eich gwendidau personol chi yn eich paratoi chi i sylwi'n gyflym pan fydd pethau'n mynd o chwith a gwneud rhywbeth yn ei gylch.

7. Sut bydda i'n gwybod nad yw popeth yn iawn?

Mae'r arwyddion nad yw popeth yn iawn, a bod eich ymdeimlad newydd ohonoch chi'ch hun yn colli ei gydbwysedd, yn unigryw i bob unigolyn – yn debyg iawn i olion bysedd neu lofnod. Dyma gwestiynau y gallech chi eu gofyn i chi'ch hun i'ch helpu chi i adnabod eich patrwm personol:

Pa gliwiau fyddai'n dweud wrthych chi fod eich Hen Linell Sylfaen yn ôl ar waith unwaith eto?

- Sut byddech chi'n teimlo (eich emosiynau)?
- Pa deimladau corffol allech chi eu cael?

- Pa feddyliau fyddai'n croesi'ch meddwl?
- Pa ddelweddau fyddai'n ymddangos yn llygad eich meddwl?
- Beth fyddech chi'n sylwi arno am eich ymddygiad (e.e. dechrau osgoi heriau, rhoi'r gorau i weithgareddau pleserus, rhoi'r gorau i ddal eich tir a diwallu eich anghenion eich hun)?
- Beth allech chi sylwi arno mewn pobl eraill (e.e. ymddygiad croendenau, lleddfu pryderon, ymddiheuriadau)?

Gwnewch nodyn o'r arwyddion fyddai'n dweud wrthych fod eich hunan-werth yn dechrau llithro – dyma eich llofnod rhwystr personol.

Os oes gennych rywun sy'n eich adnabod chi'n dda iawn ac rydych chi'n ymddiried ynddo, efallai y byddai'n ddefnyddiol gofyn am ei gymorth gyda hyn. Gall newidiadau mewn cyflwr meddwl a hwyliau fod yn eithaf cynnil ac anodd eu gweld, yn enwedig os ydych chi y tu mewn iddyn nhw. Weithiau mae pobl sy'n poeni amdanon ni ac sy'n ein hadnabod ni'n dda iawn yn gallu gweld y rhybuddion cynnil yma bod rhwystr ar droed cyn i ni eu gweld nhw. Os ydych chi'n teimlo'n hyderus ynghylch ei ewyllys da, gallech chi hyd yn oed ddod i gytundeb ag ef ei bod hi'n iawn i'r unigolyn hwn ddweud rhywbeth os yw'n meddwl nad yw popeth yn iawn, a thrafod sut orau y gall wneud rhywbeth ynghylch hynny.

GORESGYN DIFFYG HUNAN-WERTH

8. Os oes rhywbeth yn fy rhwystro i, beth fydda i'n ei wneud yn ei gylch?

Y peth nesaf yw ystyried yn fanwl beth ddylech chi ei wneud os ydych chi'n gweld arwyddion rhybudd cynnar o rwystr. Sut gallwch chi ofalu amdanoch chi'ch hun orau yn y sefyllfa anodd hon, osgoi disgyn i bwll diffyg hunan-werth, a gwneud yn siŵr eich bod chi'n cael y cymorth sydd ei angen arnoch chi wrth i chi wneud hynny? Y peth cyntaf i'w ddweud wrthych chi'ch hun yw'r cyfarwyddyd brys yn *Hitchhiker's Guide to the Galaxy* gan Douglas Adams: *DON'T PANIC*. Mae'n gwbl naturiol i chi wynebu rhwystrau ar eich taith tuag at oresgyn diffyg hunan-werth, yn enwedig os yw'r broblem wedi bod gyda chi ers amser maith.

Dydy rhwystr ddim yn golygu eich bod yn ôl lle dechreuoch chi, neu nad oes diben gwneud dim byd pellach i helpu'ch hun. I'r gwrthwyneb, mae angen i chi ddychwelyd at yr hyn rydych chi wedi'i ddysgu a dechrau ei roi ar waith yn systematig nes bod eich hunan-werth yn ôl ar ei echel unwaith eto. Gall hyn olygu gwneud y pethau sylfaenol – er enghraifft, dechrau cofnodi pethau'n rheolaidd eto, a hynny ar ôl i chi beidio â gorfod gwneud hynny ers cryn amser o bosib. Gall hyn deimlo fel cam yn ôl. Ond y gwir amdani yw mai dim ond cydnabyddiaeth synhwyrol yw hynny bod angen i chi neilltuo rhywfaint o amser ac ymdrech ychwanegol am gyfnod byr i atgyfnerthu eich Llinell Sylfaen Newydd. Mae hyn yn debyg i'r hyn y gallai fod angen i chi ei wneud pe baech wedi dysgu iaith, heb ei siarad ers amser maith, ac yna'n ymweld â'r wlad dan sylw unwaith eto. Hyd yn oed pe baech chi wedi dod yn eithaf rhugl, da o beth o hyd fyddai adolygu'r hyn roeddech chi'n ei wybod, er mwyn ateb yr her yn llwyddiannus.

Beth i'w wneud os oes angen cymorth o'r tu allan arnoch chi

Os yw'r syniadau yn y llyfr hwn yn gwneud synnwyr i chi, ond eich bod chi'n ei chael hi'n anodd eu rhoi ar waith (efallai oherwydd bod eich Hen Linell Sylfaen mor gryf neu oherwydd ei bod wedi cael effaith mor andwyol ar eich bywyd), yna gallai fod yn fuddiol chwilio am therapydd a allai eich helpu chi i fynd â phethau ymhellach nag y gallwch chi ei wneud ar y dechrau ar eich pen eich hun. Os ydych chi'n hoffi'r ffordd arbennig hon o ddeall diffyg hunan-werth a'i oresgyn, yna mae'n debyg mai'r syniad gorau yw chwilio am therapydd ymddygiad gwybyddol. Ar y llaw arall, pe bai'n well gennych chi ymagwedd fwy myfyriol, lai strwythuredig, gyda mwy o bwyslais ar ddatblygu dealltwriaeth nag ar dechnegau ymarferol ar gyfer sicrhau newidiadau mewn bywyd bob dydd, yna gall cwnselydd neu seicotherapydd fod yn fwy addas i chi. Mae yna rai cyfeiriadau defnyddiol ar ddiwedd y llyfr.

Fel y dywedais ym Mhennod 1 (tudalennau 3–36), does dim angen teimlo cywilydd wrth ofyn am gymorth seicolegol. Dydy e ddim yn gyfaddefiad eich bod wedi cael eich trechu, ond yn hytrach mae'n gam tuag at gymryd rheolaeth dros eich bywyd a gwneud yr hyn sydd angen ei wneud er mwyn bod yr hyn yr hoffech chi fod fel person. Pe baech ar daith oedd yn cynnwys teithio yn y tywyllwch trwy diriogaeth anghyfarwydd, mae'n siŵr y byddech chi'n falch o gael tywysydd, ac yn llai tebygol o syrthio i gorsydd a cholli'ch ffordd na phe baech chi wedi mentro ar eich pen eich hun. Mae therapydd fel tywysydd. Bydd ef neu hi yn eich helpu chi i gael gafael ar y sgiliau darllen mapiau sydd eu hangen arnoch chi er mwyn cyrraedd pen eich taith yn llwyddiannus, a bydd yn eich dysgu sut i adnabod peryglon a heriau ac ymdrin â nhw'n adeiladol ar eich pen eich hun.

Yn yr un modd, pe baech chi am ddysgu sgìl newydd (er enghraifft, gyrru lorri neu feistroli camp ym myd chwaraeon), mae'n debyg y byddai'n rhesymol i chi gael gwersi neu chwilio am hyfforddwr. Mae therapyddion fel hyfforddwyr hefyd. Eu nod pennaf yw eich helpu chi i ddatblygu eich sgiliau eich hun hyd nes y daw'r therapydd yn ddiangen, oherwydd eich bod chi'n gallu gwneud hynny drosoch eich hun.

Crynodeb o'r bennod

1. *Mae'r syniadau a'r technegau rydych chi wedi'u dysgu wrth i chi weithio drwy'r llyfr yn ffurfio rhaglen gydlynol ar gyfer newid, pob un yn ymwneud ag agwedd benodol ar ddealltwriaeth ymddygiadol wybyddol o ddiffyg hunan-werth.*
2. *Er mwyn sicrhau eich bod chi'n dal ati gyda'r hyn rydych chi wedi'i ddysgu, a'i wneud yn rhan o'r ffordd rydych chi'n byw eich bywyd, gwnewch Gynllun Gweithredu ysgrifenedig ar gyfer y dyfodol.*
3. *Gwnewch eich Cynllun Gweithredu yn syml ac yn realistig. Gofalwch eich bod chi'n glir ynglŷn â sut i fesur eich cynnydd wrth ei gyflawni, a'i fod yn ystyried*

effaith newidiadau ynoch chi ar y rhai sydd o'ch cwmpas. Dylai'r Cynllun ystyried cyfyngiadau ar eich amser a'ch adnoddau hefyd, a dylai'r amserlen fod yn realistig.

4. *Yn y Cynllun Gweithredu, crynhowch eich dealltwriaeth o sut y datblygodd eich diffyg hunan-werth a'r hyn wnaeth ei gynnal. Nodwch yr hyn rydych chi wedi'i ddysgu wrth i chi weithio'ch ffordd drwy'r llyfr, a sut rydych chi'n bwriadu adeiladu ar safbwyntiau a sgiliau newydd. Nodwch ddigwyddiadau ac achosion o straen yn y dyfodol a allai arwain at rwystr, a'r arwyddion rhybudd cynnar a fydd yn dweud wrthych chi nad yw popeth yn iawn. Yna ceisiwch weld beth i'w wneud yn ei gylch, beth yw'r ffordd orau o ofalu amdanoch chi'ch hun os bydd rhwystr yn digwydd.*

Ffigur 44. Cynllun Gweithredu at y Dyfodol: Briony

1 Sut gwnaeth fy niffyg hunan-werth ddatblygu?

Pan fu farw fy rhieni, roeddwn i'n teimlo mai fy mai i oedd hynny. Pan wnaeth fy llysrieni fy nhrin mor wael, fe wnaeth hynny ei gadarnhau. Yn olaf, pan ddechreuodd fy llystad fy ngham-drin, fe ddes i i'r casgliad bod popeth oedd wedi digwydd yn ganlyniad i rywbeth ynof i. Roedd hyn i gyd yn golygu fy mod i'n DDRWG. Hon oedd fy Hen Linell Sylfaen. Unwaith roedd y syniad yna ar waith, roedd pethau eraill yn digwydd oedd fel pe baen nhw'n cadarnhau hynny. Er enghraifft, roedd fy mhriodas gyntaf â dyn oedd yn fy meirniadu i a gwneud hwyl am fy mhen i'n gyson. Oherwydd yr hyn a ddigwyddodd cyn hynny, roeddwn i'n meddwl mai dyna ro'n i'n ei haeddu.

2 Beth oedd yn ei gynnal?

Fe wnes i barhau i weithredu a meddwl fel pe bawn yn berson drwg. Doeddwn i byth yn talu sylw i bethau da amdanaf fy hun. Fe wnes i gadw'r fi go iawn yn gudd oddi wrth bobl, yn sicr fy meddwl na fydden nhw eisiau dim mwy i'w wneud â mi pe baen nhw'n darganfod sut berson oeddwn i mewn gwirionedd. Roeddwn i'n llawdrwm iawn arnaf fy hun bob amser. Roedd unrhyw beth roeddwn i'n ei gael yn anghywir yn fy llenwi ag anobaith – mwy fyth o dystiolaeth fy mod i'n berson mor ddrwg. Allwn i ddim cael perthynas agos â neb, ac eithrio gyda'r ychydig bobl oedd yn dyfalbarhau hyd yn oed pan oeddwn i'n dal yn ôl. Fe wnes i ganiatáu i bobl fy ngwrthod i a fy nhrin i'n wael. Doeddwn i ddim yn meddwl fy mod i'n haeddu dim byd gwell.

3 Beth ydw i wedi'i ddysgu wrth i mi weithio fy ffordd drwy'r llyfr?

Deall pethau'n well – fy nghred i fy mod i'n ddrwg yw'r broblem, nid y ffaith fy mod i'n ddrwg mewn gwirionedd. Dwi wedi dysgu ei bod hi'n bosib newid y pethau rydych chi'n eu credu amdanoch chi'ch hun sydd wedi bod yno ers amser maith, os ydych chi'n gweithio arnyn nhw. Dwi wedi dysgu sut i ddistewi fy llais beirniadol a chanolbwyntio ar y pethau da amdanaf fy hun. Dwi'n newid fy rheolau ac yn mentro gadael i bobl weld mwy o'r fi go iawn.

4 Beth oedd fy meddyliau, fy rheolau a'm credoau di-fudd pwysicaf? Pa safbwyntiau amgen ddes i o hyd iddyn nhw yn eu lle?

Dwi'n ddrwg → Dwi'n deilwng

Os ydw i'n gadael i unrhyw un ddod yn agos ataf, bydd y person hwnnw'n fy mrifo i ac yn cymryd mantais arnaf → Os ydw i'n gadael i bobl ddod yn agos ataf, dwi'n cael y cynhesrwydd a'r hoffter sydd eu hangen arna i. Bydd y rhan fwyaf o bobl yn fy nhrin i'n iawn – a gallaf amddiffyn fy hun rhag y rhai nad ydyn nhw'n gwneud hynny.

Rhaid i mi beidio byth â gadael i neb weld y fi go iawn → Gan fod y fi go iawn yn deilwng, does dim angen i mi ei guddio. Os nad yw rhai pobl yn ei hoffi, eu problem nhw yw hynny.

GORESGYN DIFFYG HUNAN-WERTH

5 Sut galla i adeiladu ar yr hyn dwi wedi'i ddysgu?

Darllen y Taflenni Crynhoi ar gyfer fy rheolau a'm Llinell Sylfaen newydd bob dydd – mae angen i mi eu gwneud nhw'n ail natur i mi. Dal ati i weithredu fel pe baen nhw'n wir a sylwi ar y canlyniadau. Pan fydda i'n sylwi arnaf fy hun yn troi'n bryderus ac eisiau osgoi pethau neu amddiffyn fy hun, ceisio deall beth dwi'n ei ragweld a mynd ati i'w herio.

Cadw llygad am hunanfeirniadaeth – mae wedi'i hen sefydlu ac mae angen i mi barhau i'w ymladd.

Dal ati i gofnodi enghreifftiau o bethau da amdanaf i – mae wedi gwneud gwahaniaeth yn barod.

Neilltuo amser i mi fy hun – peidio â bod ofn atgoffa'r teulu pan fyddan nhw'n ailgydio yn eu hen arferion.

6 Beth allai arwain at rwystr i mi ac at gam posib yn ôl?

Mynd i deimlo'n isel am unrhyw reswm. Cael fy nhrin yn wael gan rywun yn gyson. Rhywbeth gwael yn digwydd i rywun roeddwn i'n poeni amdano (byddwn i'n tueddu i feio fy hun).

7 Sut bydda i'n gwybod nad yw popeth yn iawn?

Eisiau cau fy hun i ffwrdd ac osgoi pobl. Troi'n ddiamynedd a blin gyda'm gŵr a'm plant. Cynnydd mewn tensiwn – yn enwedig yn fy ngwddf a'm hysgwyddau.

8 Os oes rhywbeth yn fy rhwystro i, beth fydda i'n ei wneud yn ei gylch?

Ceisio sylwi ar yr arwyddion rhybudd cynnar, yn y lle cyntaf. Gofyn i'm gŵr helpu gyda hyn – mae e'n sylweddoli pan fydda i'n dechrau cuddio fy hun oddi wrth eraill a bod yn flin ac yn amddiffynnol, ac mae'n sylwi pan fydda i'n dechrau trin fy hun yn llym. Yna bwrw golwg ar fy nodiadau, yn enwedig y Taflenni Crynhoi a'r Cynllun Gweithredu hwn, a dilyn beth dwi'n gwybod sy'n gweithio. Peidio â bod yn llawdrwm arna i fy hun am gymryd cam yn ôl – mae'n siŵr o ddigwydd o bryd i'w gilydd, o ystyried pa mor hir dwi wedi teimlo'n wael amdanaf fy hun a sut ddes i i fod felly. Annog, dangos tosturi a bod yn garedig – dyna fyddwn i'n ei wneud i unrhyw un arall mewn trallod. Cael gafael ar yr holl gymorth y gallaf ei gael, a mynd yn ôl at y pethau sylfaenol.

Llyfrau a chyfeiriadau defnyddiol

Llyfrau defnyddiol

A. Baer, 2014. *Practising Happiness: How Mindfulness Can Free You From Psychological Traps and Help You Build the Life You Want.* Robinson.

David Burns, 2000. *Feeling Good: The New Mood Therapy.* Avon Books (2il argraffiad).

Gillian Butler, 2008. *Overcoming Social Anxiety and Shyness: A Self-Help Guide Using Cognitive Behavioural Techniques.* Basic Books.

Gillian Butler a Tony Hope, 2007. *Manage Your Mind: The Mental Fitness Guide.* Oxford University Press (2il argraffiad).

Paul Gilbert, 2009. *Overcoming Depression: A Self-Help Guide Using Cognitive Behavioural Techniques.* Robinson (3ydd argraffiad).

Paul Gilbert, 2013. *The Compassionate Mind.* Robinson.

Dennis Greenberger a Christine A. Padesky, 2016. *Mind Over Mood: Change How You Feel By Changing the Way You Think.* Guilford Press (2il argraffiad).

Steven Hayes (gyda Spencer Smith), 2005. *Get Out of Your Mind & Into Your Life: The New Acceptance & Commitment Therapy.* New Harbinger Publications.

Helen Kennerley, 2020. *Goresgyn Gorbryder: Canllaw Hunangymorth Sy'n Defnyddio Technegau Ymddygiad Gwybyddol (CBT).* Y Lolfa.

Helen Kennerley, 2009. *Overcoming Childhood Trauma: A Self-Help Guide Using Cognitive Behavioural Techniques.* Robinson (2il argraffiad).

Matthew McKay, Patrick Fanning, Carole Honeychurch a Catherine Sutker, 2005. *The Self-Esteem Companion.* New Harbinger.

Susan Nolen-Hoeksma, 2004. *Women Who Think Too Much: How to Break Free of Overthinking and Reclaim Your Life.* Piatkus

Mary Welford, 2012. *Building Your Self-Confidence Using Compassion Focused Therapy.* Robinson.

Mark Williams a Danny Penman, 2011. *Mindfulness: A Practical Guide to Finding Peace in a Frantic World.* Piatkus.

Cyfeiriadau defnyddiol

Cymdeithas Cwnsela a Seicotherapi Prydain / British Association for Counselling and Psychotherapy
BACP House
15 St John's Business Park
Lutterworth, Swydd Gaerlŷr LE17 4HB
Ffôn: 01455 883300
Gwefan: www.bacp.co.uk

LLYFRAU A CHYFEIRIADAU DEFNYDDIOL

Cymdeithas Seicolegol Prydain / British Psychological Society
St Andrews House
48 Princess Road East
Caerlŷr LE1 7DR
Ffôn: 0116 254 9568
Gwefan: www.bps.org.uk.

Cymdeithas Seicotherapïau Ymddygiadol a Gwybyddol
    Prydain / British Association for Behavioural and
    Cognitive Psychotherapies
Imperial House
Hornby Street
Bury, Swydd Gaerhirfryn BL9 5BM
Ffôn: 0330 320 0851
Gwefan: www.babcp.com

MIND Cymru, yr elusen iechyd meddwl
3ydd Llawr, Tŷ Quebec
Heol y Bontfaen (Dwyrain)
Caerdydd CF11 9AB
Ffôn: 0300 123 3393 / 029 2039 5123 (Swyddfa Cymru)
Gwefan: www.mind.org.uk/about-us/mind-cymru-cymraeg

meddwl.org
Y wefan iechyd meddwl Gymraeg

Sefydliad Iechyd Meddwl / Mental Health Foundation
 (Pencadlys)
Colechurch House
1 London Bridge Walk
Llundain SE1 2SX
Ffôn: 02078 031100
Gwefan: www.mentalhealth.org.uk

Atodiad

GORESGYN DIFFYG HUNAN-WERTH

Ffigur 10. Taflen Waith Rhagfynegiadau a Rhagofalon

Dyddiad/ Amser	Sefyllfa	Emosiynau a theimladau'r corff	Rhagfynegiadau gorbryderus	Rhagofalon
	Beth oeddech chi'n ei wneud pan ddechreuoch chi deimlo'n orbryderus?	(e.e. gorbryderus, panig, tensiwn, calon yn curo'n gyflym) Rhowch sgôr 0–100% yn ôl pa mor ddwys oedden nhw	Beth yn union oedd yn mynd trwy'ch meddwl pan ddechreuoch chi deimlo'n orbryderus? (e.e. meddyliau mewn geiriau, delweddau) Rhowch sgôr 0–100% yn ôl pa mor gryf roeddech chi'n credu hyn	Beth wnaethoch chi i atal eich rhagfynegiadau rhag dod yn wir? (e.e. osgoi'r sefyllfa, mathau o ymddygiadau diogelu)

ATODIAD

Ffigur 10. Taflen Waith Rhagfynegiadau a Rhagofalon

| Dyddiad/ Amser | Sefyllfa

Beth oeddech chi'n ei wneud pan ddechreuoch chi deimlo'n orbryderus? | Emosiynau a theimladau'r corff (e.e. gorbryderus, panig, tensiwn, calon yn curo'n gyflym) Rhowch sgôr 0–100% yn ôl pa mor ddwys oedden nhw | Rhagfynegiadau gorbryderus

Beth yn union oedd yn mynd trwy'ch meddwl pan ddechreuoch chi deimlo'n orbryderus? (e.e. meddyliau mewn geiriau, delweddau) Rhowch sgôr 0–100% yn ôl pa mor gryf roeddech chi'n credu hyn | Rhagofalon

Beth wnaethoch chi i atal eich rhagfynegiadau rhag dod yn wir? (e.e. osgoi'r sefyllfa, mathau o ymddygiadau diogelu) |
|---|---|---|---|---|
| | | | | |

GORESGYN DIFFYG HUNAN-WERTH

Ffigur 13. Taflen Waith Gwirio Rhagfynegiadau Gorbryderus

Dyddiad/ Amser	Sefyllfa	Emosiynau a theimladau'r corff Rhowch sgôr 0–100% yn ôl pa mor ddwys oedd pob un	Rhagfynegiadau gorbryderus Rhowch sgôr 0–100% yn ôl pa mor gryf roeddech chi'n credu pob un	Safbwyntiau amgen Defnyddiwch y cwestiynau allweddol i ganfod safbwyntiau eraill ar y sefyllfa Rhowch sgôr 0–100% yn ôl pa mor gryf roeddech chi'n credu pob un	Arbrawf 1 Beth wnaethoch chi yn hytrach na rhoi eich rhagofalon arferol ar waith? 2 Beth oedd y canlyniadau? 3 Beth wnaethoch chi ei ddysgu?

ATODIAD

Ffigur 13. Taflen Waith Gwirio Rhagfynegiadau Gorbryderus

| Dyddiad/ Amser | Sefyllfa | Emosiynau a theimladau'r corff

Rhowch sgôr 0–100% yn ôl pa mor ddwys oedd pob un | Rhagfynegiadau gorbryderus

Rhowch sgôr 0–100% yn ôl pa mor gryf roeddech chi'n credu pob un | Safbwyntiau amgen

Defnyddiwch y cwestiynau allweddol i ganfod safbwyntiau eraill ar y sefyllfa

Rhowch sgôr 0–100% yn ôl pa mor gryf roeddech chi'n credu pob un | Arbrawf

1 Beth wnaethoch chi yn hytrach na rhoi eich rhagofalon arferol ar waith?
2 Beth oedd y canlyniadau?
3 Beth wnaethoch chi ei ddysgu? |
|---|---|---|---|---|---|
| | | | | | |

GORESGYN DIFFYG HUNAN-WERTH

Ffigur 16. Taflen Waith Sylwi ar Feddyliau Hunanfeirniadol

Dyddiad/Amser	Sefyllfa Beth oeddech chi'n ei wneud pan ddechreuoch chi deimlo'n wael amdanoch chi'ch hun?	Emosiynau a theimladau'r corff (e.e. trist, blin, euog) Rhowch sgôr 0–100% yn ôl pa mor ddwys oedd pob un	Meddyliau hunanfeirniadol Beth yn union oedd yn mynd trwy'ch meddwl pan ddechreuoch chi deimlo'n wael amdanoch chi'ch hun? (e.e. meddyliau mewn geiriau, delweddau, ystyron) Rhowch sgôr 0–100% yn ôl pa mor gryf roeddech chi'n credu pob un	Ymddygiad di-fudd Beth wnaethoch chi o ganlyniad i'ch meddyliau hunanfeirniadol?

ATODIAD

Ffigur 16. Taflen Waith Sylwi ar Feddyliau Hunanfeirniadol

Dyddiad/Amser	Sefyllfa	Emosiynau a theimladau'r corff	Meddyliau hunanfeirniadol	Ymddygiad di-fudd
	Beth oeddech chi'n ei wneud pan ddechreuoch chi deimlo'n wael amdanoch chi'ch hun?	theimladau'r corff (e.e. trist, blin, euog) Rhowch sgôr 0–100% yn ôl pa mor ddwys oedd pob un	Beth yn union oedd yn mynd trwy'ch meddwl pan ddechreuoch chi deimlo'n wael amdanoch chi'ch hun? (e.e. meddyliau mewn geiriau, delweddau, ystyron) Rhowch sgôr 0–100% yn ôl pa mor gryf roeddech chi'n credu pob un	Beth wnaethoch chi o ganlyniad i'ch meddyliau hunanfeirniadol?

GORESGYN DIFFYG HUNAN-WERTH

Ffigur 16. Taflen Waith Sylwi ar Feddyliau Hunanfeirniadol

Dyddiad/Amser	Sefyllfa Beth oeddech chi'n ei wneud pan ddechreuoch chi deimlo'n wael amdanoch chi'ch hun?	Emosiynau a theimladau'r corff (e.e. trist, blin, euog) Rhowch sgôr 0–100% yn ôl pa mor ddwys oedd pob un	Meddyliau hunanfeirniadol Beth yn union oedd yn mynd trwy'ch meddwl pan ddechreuoch chi deimlo'n wael amdanoch chi'ch hun? (e.e. meddyliau mewn geiriau, delweddau, ystyron) Rhowch sgôr 0–100% yn ôl pa mor gryf roeddech chi'n credu pob un	Ymddygiad di-fudd Beth wnaethoch chi o ganlyniad i'ch meddyliau hunanfeirniadol?

ATODIAD

Ffigur 16. Taflen Waith Sylwi ar Feddyliau Hunanfeirniadol

Dyddiad/Amser	Sefyllfa Beth oeddech chi'n ei wneud pan ddechreuoch chi deimlo'n wael amdanoch chi'ch hun?	Emosiynau a theimladau'r corff (e.e. trist, blin, euog) Rhowch sgôr 0–100% yn ôl pa mor ddwys oedd pob un	Meddyliau hunanfeirniadol Beth yn union oedd yn mynd trwy'ch meddwl pan ddechreuoch chi deimlo'n wael amdanoch chi'ch hun? (e.e. meddyliau mewn geiriau, delweddau, ystyron) Rhowch sgôr 0–100% yn ôl pa mor gryf roeddech chi'n credu pob un	Ymddygiad di-fudd Beth wnaethoch chi o ganlyniad i'ch meddyliau hunanfeirniadol?

GORESGYN DIFFYG HUNAN-WERTH

Ffigur 18: Taflen Waith Cwestiynu Meddyliau Hunanfeirniadol

Dyddiad/ Amser	Sefyllfa	Emosiynau a theimladau'r corff Rhowch sgôr 0–100% i bob un	Meddyliau hunanfeirniadol Rhowch sgôr 0–100% yn ôl pa mor gryf roeddech chi'n credu pob un	Safbwyntiau amgen Defnyddiwch y cwestiynau allweddol i ddod o hyd i safbwyntiau eraill amdanoch chi'ch hun. Rhowch sgôr 0–100% yn ôl pa mor gryf roeddech chi'n credu pob un	Canlyniad 1 A chithau nawr wedi dod o hyd i safbwyntiau amgen i gymryd lle eich meddyliau hunanfeirniadol, sut rydych chi'n teimlo (0–100%)? 2 Pa mor gryf ydych chi'n credu eich meddyliau hunanfeirniadol nawr (0–100%)? 3 Beth allwch chi ei wneud nawr (cynllun gweithredu, arbrofion)?

ATODIAD

GORESGYN DIFFYG HUNAN-WERTH

Ffigur 31: Taflen Waith Arbrofi gyda Rheolau Newydd

Dyddiad/amser	Y sefyllfa	Beth wnes i	Y canlyniad

ATODIAD

Ffigur 45. Gweithredu'n unol â'm Llinell Sylfaen Newydd

Dyddiad/amser	Arbrawf (beth wnes i)	Canlyniadau (yr hyn dwi'n sylwi arno, fy nheimladau a'm meddyliau, ymateb pobl eraill, yr hyn a ddysgais)	Fy nghred yn fy Llinell Sylfaen (%)	Fy nghred yn fy Hen Linell Sylfaen (%)	Fy nghred yn fy Llinell Sylfaen Newydd

Ffigur 22: Dyddiadur Gweithgareddau Dyddiol

		Llun	Mawrth	Mercher
B O R E	6-7			
	7-8			
	8-9			
	9-10			
	10-11			
	11-12			
P R Y N H A W N	12-1			
	1-2			
	2-3			
	3-4			
	4-5			
	5-6			
M I N N O S	6-7			
	7-8			
	8-9			
	9-10			
	10-11			
	11-12			

ATODIAD

Iau	Gwener	Sadwrn	Sul

Cydnabyddiaeth

Diolch i bawb rydw i wedi dysgu cymaint ganddyn nhw, yn enwedig John, Gillian, David, Anke, Paul, Ann, Joan, Christine a Kathleen, Ferris, Mark, a'r holl gleifion dwi wedi cael y fraint o dreulio amser yn eu cwmni dros y blynyddoedd. Ac yn anad neb i Clive, Emily a Jacob.

Mynegai

Aaron (achos enghreifftiol) 52–4, 63–4, 73, 81, 84, 273, 331, 339, 347, 349, 361, 364
Adams, Douglas 398
adnoddau, tanamcanu
  rhai pobl eraill 112–13
  rhai personol 112
adolygu 234–5
agored i gael niwed gan broblemau 18–19
anghenion, blaenoriaethu'ch 237
anghydbwysedd grym 354–540
ailfeddwl (cwestiynu) 105–6, 116, 128–38, 148
  a chwestiynau allweddol 130–8, 175–91
  a Llinellau Sylfaen 327–55
  a mynd i'r afael â meddyliau hunanfeirniadol 173–89
  a mynd i'r afael â rhagfynegiadau gorbryderus 116, 128–38, 147–8
  a newid eich Rheolau Byw 292–302
anadlu, newid mewn 122

ail-fyw digwyddiad 167
anawsterau cyfredol 337–8, 343–5
Andersen, Hans Christian, *The Snow Queen* 204
anhwylder straen wedi trawma 60
anobaith 92
anodd eich caru, cael eich gwneud i deimlo'n 56
ansicrwydd 83
arbrofion 25–6
  a dewisiadau amgen i gymryd lle rhagofalon diangen 142–3
  a mynd i'r afael â meddyliau hunanfeirniadol 190–98
  a mynd i'r afael â rhagfynegiadau gorbryderus 105–6, 113, 116, 128, 139–49
  a newid eich Rheolau Byw 258
  ac ehangu hunandderbyn 243–54
    canlyniad 144–5

cynnal 143–4
enghraifft 147–9
meddwl am yr hyn rydych chi
   wedi'i ddysgu 146–7
mynegi eich rhagfynegiadau
   141–2
rhoi clod i chi'ch hun am 147
sut i gynnal 140–7
arferion, cyndynrwydd 377
arlunydd 56–7
arsylwi 116–17, 126, 228–42,
   357–61
atgofion
  a Rheolau Byw 280–3
  ail-greu 222
  natur annibynadwy 27, 169
  poenus 62
    gweler hefyd profiad
       plentyndod

bai, cymryd y 188–9
  gweler hefyd hunanfeio
barn
  amdanoch chi'ch hun 279–80,
     341, 352
  amgen 128–38
  pobl eraill 213, 215–16, 351–2
barnu eich hun 341, 346–7
barnwr mewnol 187
Beck, Aaron T. 30
beirniadu 62–3
  systematig 43–5
  gweler hefyd meddyliau
     hunanfeirniadol
bod ar ddeiet 48

Briony (achos enghreifftiol)
   44–5, 46, 63–6, 72–3, 81,
   109, 258, 272–4, 321, 327,
   329, 338, 341–2, 354–5,
   360, 364, 370–1, 385–6,
   402–5
Burns, David 284
bwlio 48–51
bywyd, effaith diffyg
   hunan-werth ar 14–15

cadw dyddiadur 116–27, 129,
   163–72 *gweler hefyd*
      taflenni gwaith
  a meddyliau hunanfeirniadol
     165–6, 167–8
  a rhagfynegiadau gorbryderus
     123–5
  a rhagofalon diangen 125–7,
     165–6
  a theimladau corfforol 118–19,
     121–3, 165–6, 167
  ac emosiynau 118–21, 165–6,
     167
  canlyniadau 174, 176–9
  dyddiad ac amser 120, 164,
     165–6
  Dyddiadur Gweithgareddau
     Dyddiol 223–36, 243–54,
     279, 306
  safbwyntiau amgen 174, 176–9,
     181–2, 191–2
  y sefyllfa 116, 164
cam-drin 341, 353
  ar-lein 50

systematig 43–6, 370–1, 402
camgymeriadau a methiannau
  yn y gorffennol 338–9, 346–7
canfyddiad
  o fygythiad 113
  tueddiadau negyddol o ran
    68, 201–2
canlyniad, y 69–71
CBT *gweler* therapi ymddygiad
  gwybyddol
cefnogaeth 26, 28–9, 345–6, 386
cerdyn fflach 304
Chesterton, G. K. 189
cofnodi 27–8, 116–27, 129,
    163–72
  a Rheolau Byw 304, 307–12
  Dyddiadur Gweithgareddau
    Dyddiol 223–36, 243–54,
    279, 306
  Llinellau Sylfaen 357, 362,
    366, 368–71
  meddyliau hunanfeirniadol
    163–80, 191–8
  'Portffolios Pethau
    Cadarnhaol' 220–3, 366
  rhagfynegiadau
    gorbryderus 123–5, 129,
    131–3
  rhagofalon 125–7
  gweler hefyd taflenni gwaith
cosb systematig 43–5
credoau *gweler* hunangredoau
cryfderau
  anwybyddu eich 186–7
  cofnodi (eich 'Portffolio

  Pethau Cadarnhaol')
    220–3, 366
cwestiynau allweddol i
  sefydlu eich 209–16
  gwneud rhestr o'ch 206–16
  meddyliau sy'n ei gwneud
    hi'n anodd derbyn 324–6
crynodeb ysgrifenedig 291,
    309–12
cwnselydd 399
cyflawniadau
  diffyg 239–42
  rhestru eich 211
cyfradd curiad y galon 122
cyfrifoldeb, ymdeimlad o 342
cylch cythreulig diffyg
  hunan-werth 77–102, 258,
    315–16
  a hunanfeirniadaeth 154, 162
  a rhagfynegiadau gorbryderus
    107–8, 127–8
  mapio 79, 97–9
  torri 77–102, 375–6
cymdeithas, lle eich teulu mewn
    52–4
cymorth
  gofyn am 338, 345–6
  proffesiynol 28–32, 399–400
cymryd pethau gam wrth gam
    24–5
Cynllun Gweithredu 379–99,
    402–5
  adolygu 389
  amserlen resymol 387–9
  cwestiynau defnyddiol 389–99

dod yn SMART/CAMPUS
    382–99
  gair o rybudd 389
  mesuradwyedd 383–4
  natur realistig 386–7
  symlrwydd 383
  wedi'i gytuno 384–6
cynlluniau dyddiol 244–54
cynllunio at y dyfodol 373–405
cywilydd 49, 53–4

damweiniau 59–60
datganiadau
  'Os..., yna' 272–3, 305, 325
  'Os na..., yna' 272–3, 305, 325
  uniongyrchol 278
dehongli, tuedd negyddol wrth
    201
dehongliad rhagfarnllyd 68–9
delwedd y corff 47–8, 340, 350
delweddu'r gorau a allai
    ddigwydd 136
derbyn y bydd pethau weithiau ar
    i fyny, weithiau ar i lawr 28
diffyg hunan-werth 5–6
  achosion/datblygiad 39–75,
    390, 402
  amrywiadau o ran rôl a
    statws 15–19
  cydnabod 7–9
  cynnal 77–101, 390–1, 402
  diffiniad 3–36
  effaith 10–15, 19–22
  ffactorau amddiffynnol 22–7
  mapio tiriogaeth 40–2

profiadau diweddarach 59–61
  gweler hefyd goresgyn
    diffyg hunan-werth; cylch
    cythreulig diffyg hunan-werth
diffygion naturiol 339, 346–7
'digon da', bod yn 196, 307, 311,
    333, 334
  gweler hefyd 'ddim yn ddigon da'
digwyddiadau bywyd
  a datblygiad diffyg
    hunan-werth 39–75
  goramcanu effaith rhywbeth
    gwael yn digwydd 111–12
  goramcanu'r posibilrwydd
    o rywbeth gwael yn
    digwydd 110–11
  tanamcanu adnoddau eraill
    i'ch galluogi i ddelio â'r
    gwaethaf 112–13
  tanamcanu adnoddau
    personol i'ch galluogi i
    ddelio â'r gwaethaf 112
diwylliant a Rheolau Byw 261,
    265–7, 295–6
doniau, rhestru eich 212
drwg, teimlo eich bod chi'n 45,
    341, 346–7, 354, 402
drwgweithredu 339
dull sy'n seiliedig ar dystiolaeth
    30
Dyddiadur Gweithgareddau
    Dyddiol 223–36, 243–54,
    279, 306
  a diffyg cyflawniad 239–42
  a hunanarsylwi 235–42

MYNEGAI

adolygu 234–5, 246
beth wnaethoch chi 228
cynlluniau ar gyfer y diwrnod 244–54
graddfeydd cyflawniad 229–33, 236, 243–6, 253–4
graddfeydd pleser 228–9, 231, 236, 233–6, 243
dyfarniadau gwerth 274–5
'dylwn i' 269, 273–4, 325
dysgu 43
  rhwystro 158
dyslecsia 58–9
dywediadau teuluol 280–3

'ddim yn ddigon da' 42, 46–7, 63, 71, 73, 79, 99, 152, 238, 264, 309–10, 324–5, 342, 360

eiriolwr mewnol 187
Ellis, Albert 348
emosiynau
  a Rheolau Byw 268
  cofnodi ar bapur 118–21, 164–6
  diffyg hunan-werth ac 13
  meddyliau hunanfeirniadol ac 94–6, 161, 167
  rhagfynegiadau negyddol ac 85–7
  sgorio cryfder eich 121, 167
  gweler hefyd teimladau
enwogrwydd, delfrydau 47–8
esgeulustod systematig 43–5
euogrwydd 60, 151–2, 166–7

Evie (achos enghreifftiol) 47–8, 63–4, 73, 81, 109, 331, 340, 350, 360, 364

ffeithiau, ymdrin â meddyliau fel 10, 39, 107, 180
ffrind da i chi'ch hun, bod yn 206

Gilbert, Paul 239
gorbryder 18
  a thorri Rheolau Byw 80–83
  perfformiad 90–1
  sefyllfaoedd sbarduno 109
  sut mae meddwl gorbryderus yn gweithio 109–13
  symptomau corfforol 118–20, 121–3
goresgyn diffyg hunan-werth 105–405
  creu Llinellau Sylfaen newydd 315–71
  cwestiynu meddyliau hunanfeirniadol 151–99
  cynllunio at y dyfodol 373–405
  ehangu hunanddderbyn 201–55
  gwirio rhagfynegiadau gorbryderus 105–50
  newid y Rheolau 257–313
gorgyffredinoli 269
gwahanol, bod yr un 56–9
gwaith a diffyg hunan-werth 14
gweithgareddau
  hamdden a diffyg hunan-werth 15
  pleserus 223, 228–9, 231–4,

235–6, 243–6, 248–52, 253
    diffyg 237–9
gwendidau
  canolbwyntio ar 186–8
  cymharu'n anffafriol ag eraill
      46–7, 238, 340–1, 350
  naturiol 340, 348–9
  gweler hefyd
      hunangaredigrwydd
gwerth 49, 61

heriau, rhestru eich 211–12
hoffter, anawsterau'n dangos
    55–6
hoffus, pa mor 333–5
hunan
  dysgu rhoi mwy o sylw i
      agweddau cadarnhaol 155
  gosodiadau am 12–13
  gwir 262
  meddyliau am 12–13
hunanamddiffyn yn ddiangen
    88–90, 113–27
hunanamheuaeth 19–22, 80,
    109, 160, 324, 396
hunanarsylwi 228–42
hunan-barch 5
hunandosturi 292, 347
hunanddelwedd 3–4, 32
hunanderbyn 5, 32, 201–55
  a chwestiynau defnyddiol
      209–16
  a hunangaredigrwydd 223
  a 'Phortffolios Pethau
      Cadarnhaol' 220–2

a'r Dyddiadur Gweithgareddau
    Dyddiol 223–7
a'r tabŵ yn ei erbyn 202–6
ac ail-fyw 217–19, 222
ac arbrofion 243–54
ac ymwybyddiaeth 202, 206–16,
    228–42
adnabod 206–16
hunaneffeithiolrwydd 4–5, 32
hunanfeio 12, 188–9, 353
hunanfeirniadaeth, rhwystro
    dysgu a thwf 158
hunangaredigrwydd 223, 324,
    328–30
hunangondemnio 186
hunangredoau 10–11
  cadarnhaol 11
  gweler hefyd Llinellau
      Sylfaen
  negyddol 317–18, 325–6, 335–6,
      342–3
    a chynnal diffyg hunan-
        werth 77–8, 83–4, 91–2,
        94, 97
    tanseilio 375
    wrth wraidd diffyg
        hunan-werth 33–5,
        39–41, 43, 67–71
hunangysyniad 3–4, 32
  tueddiadau a rhagfarn 67
hunanhyder 4–5, 32
hunaniaeth
  ar-lein 49
  colli rhan o 342–3
hunanladdiad 51

hunanofal, effaith diffyg
hunan-werth ar 15
hunanragfarn 70
hunan-werth 5
  cadarnhaol 6
  diffyg yr hyn sydd ei angen
    arnoch i ddatblygu 54–6
  gorgadarnhaol 6
  iach 5–6, 32
  pegiau 269–71, 342–3, 349–50
    gweler hefyd diffyg
    hunan-werth

'ie, ond' 219, 332
iselder 157, 376
  a cholli pleser mewn pethau 239
  a chylch cythreulig diffyg
    hunan-werth 96, 100
  a'r Llinell Sylfaen 338
  symptomau 16–18

Jack (achos enghreifftiol) 51,
  62–4, 73, 81, 84–5, 167–8,
  273–4, 340, 360, 364

Kate (achos enghreifftiol) 55–6,
  63, 64, 73, 81, 84, 88,
  110–12, 116, 119, 124,
  126–7, 132–3, 136, 147–9,
  262, 272, 283, 323, 331,
  346, 361, 365

Lin (achos enghreifftiol) 56–7,
  62–5, 74, 82, 84, 216, 218,
  221–2, 229–30, 232–3,
  234–5, 238, 241–2, 272,
  279, 321, 341, 361, 365

Llinellau Sylfaen 42, 62–7, 73–4,
  77, 79–85, 96–100, 110,
  202, 257–8, 390–2
  a chadw cofnodion 357, 362,
    366, 368–71
  a hunanfeirniadaeth 193,
    323–4, 376
  a phrofiad plentyndod 320–2
  a rhagdueddiadau gwybyddol
    327–8, 335–6
  a rhagfynegiadau gorbryderus
    322–3
  a Rheolau Byw 263–4, 268,
    274, 284–5, 315–16, 325,
    390–1
  a'r dechneg saeth i lawr
    325–7, 329, 334–5
  ac ailfeddwl 327–55
  ac anawsterau 396–9, 405
  ac arbrofion 362–6, 369, 371
  ac emosiynau 268
  adnabod 317–27, 334
  adolygu'r dystiolaeth sy'n
    cefnogi 344
  arsylwi 357–61, 369, 371
  cadarnhau 92, 376
  creu 106, 205, 242, 315–71,
    374–5, 377–8, 380, 395
  cymorth proffesiynol gyda
    399–400
  diffinio 317–20
  ffynonellau gwybodaeth 320–7

golwg tymor hir 366–7
rhoi ar waith 376
sgorio cyfradd eich cred yn 318–20, 330–1, 355–6
taflen waith 'Gweithredu'n unol â'm Llinell Sylfaen Newydd' 423
tanseilio'r hen 335–56
tystiolaeth ar gyfer yr hen 336–66
llun yn fflachio 62
llwybr iselder 96–7
llwyddiant, diystyru 91–2

mabwysiadu 44
magl pendroni 194–6
Mary (achos enghreifftiol) 61, 64–5, 74, 82, 331, 342–3, 349, 361
meddwl
  cadarnhaol 332
  'fe ddylai fod yn wahanol' 193–4, 238
  popeth-neu-ddim 185, 269
meddyliau
  hunanfeirniadol 20–2, 92–6, 97–8, 138, 253, 257–8, 316
    a diffyg ymdeimlad o gyflawniad 241–2
    a Llinellau Sylfaen 193, 323–4, 376
    a nodi Rheolau Byw 275–6, 278–80
    a phrofiad plentyndod 155

a realiti 158–9
ac ymddygiad hunandrechol 169
ailfeddwl 173–89
annhegwch 157
arbrofion 190–98
cwestiynau allweddol 175–89
cwestiynu 151–99
effaith 151, 182
fel rhwystr i ddysgu a thwf 158
natur sy'n parlysu 156–7
niwed 155–60
safbwyntiau amgen 174, 176–9, 181–2, 191–2, 197
taflen waith 'Cwestiynu Meddyliau Hunanfeirniadol' 173–80, 176–9, 191–8
taflen waith 'Sylwi ar Feddyliau Hunanfeirniadol' 163–72, 173
trin fel ffeithiau 180
tystiolaeth ar gyfer 180–1
ymwybyddiaeth 161–72, 207
yn ystod iselder 159
ysgrifennu ar bapur 163–80, 191–98
ystyr 168
'lladd pleser' 224, 238

negyddol
  a Rheolau Byw 267
  patrymau 235–6
  trin fel ffeithiau 10, 39, 107, 180
meini prawf CAMPUS 382–8
methiannau yn y gorffennol
  338–9, 346–7
Mike (achos enghreifftiol)
  59–60, 64–5, 74, 82, 85,
  152–3, 166, 178–9, 262,
  273–4, 324, 331, 338, 345,
  361, 365
mwynhau bywyd 206, 316, 319,
  322, 324–5, 376
  gweler hefyd gweithgareddau
    pleserus

neidio i gasgliadau byrbwyll 182–3
'neu' 273–4
newidiadau meddyliol 122
nodweddion
  corfforol 47–8, 340, 349–50
  nodweddion drwg, cofnodi
    eu gwrthwyneb 214–15
  seicolegol 340

ofn 113, 322–3

Padesky, Christine 70, 332
panig 18
parch, trin eich hun â 223
pendroni 93, 95, 96, 100, 101
perffeithiaeth 43–4, 189, 196,
  262, 264, 268, 279, 297, 310,
  312, 333

perthynas ag eraill, effaith diffyg
  hunan-werth ar 14–15
plesio, awydd i 14, 283
pobl eraill
  dioddef trallod 50–1
  rhinweddau 213
  ymddygiad tuag atoch 341,
    351–5
'Portffolio Pethau Cadarnhaol'
  220–3, 366
posibiliadau newydd 23–4
problemau
  a diffyg hunan-werth 17–18
  bod yn agored i 18–19
  mynd i'r afael â 252–4
profiad plentyndod 375
  a datblygiad diffyg
    hunan-werth 43–5, 61–3,
    66
  a hunanfeirniadaeth 155
  a Rheolau Byw 261–2, 280–3,
    294, 310
  a'r Llinell Sylfaen 320–2
proffwydoliaethau
  hunangyflawnol 347
prosesu ar sail anghysondeb
  193–4
pwyntiau cadarnhaol, diystyru
  214
pwysau gan gyfoedion 47–8, 342

Rajiv (achos enghreifftiol) 46–7,
  63–4, 72–3, 81, 88,
  93–6, 97, 99, 109, 262–4,
  267–8, 269, 272, 278, 279,

280, 294–5, 297–8, 301,
309–12, 324–5, 331, 342,
360, 364
realiti 158–9, 292, 386–7

rhagfarnau 68–71, 201
  a Rheolau Byw 267–8
  Llinellau Sylfaen 327, 335
  meddwl gorbryderus 110–13, 129
  meddwl hunanfeirniadol 182–89
rhagfynegiadau gorbryderus 83–92, 97–8, 253, 257–8, 315–16, 391, 393
  a Llinellau Sylfaen 322–3
  a nodi Rheolau Byw 275–6, 278
  a rhagofalu diangen 113–27
  ac ailfeddwl 105, 128–38, 148
  ac arbrofion 105, 113, 116, 126–7, 128, 140–9
  ac ymddygiadau osgoi 87, 126, 128
  ac ymwybyddiaeth 105–6, 115–27
  adnabod 115–27
  cofnodi 123–5, 129, 131–3
  gwirio 105–50
  mynd i'r afael â 105–6
  taflen waith 'Gwirio Rhagfynegiadau Gorbryderus' 131–3
  trin fel ffeithiau 107
  ymatebion amgen i 130–8
rhagofalon diangen 88–9, 113–27

a dewisiadau amgen 142–3
a'r Llinell Sylfaen 323
cofnodi 123–5, 165–6
sylwi ar 115–27
rheidrwydd 240, 269, 273
Rheolau Byw 42, 66–7, 71–4, 77, 100, 390–5, 404
  a bod yn berffaith 189
  a datganiadau uniongyrchol 278
  a diffyg ymdeimlad o gyflawniad 240
  a diwylliant 261, 265–7, 295–6
  a dyfarniadau gwerth 274–5
  a dywediadau teuluol 280–1
  a meddyliau hunanfeirniadol 275–6, 279–80
  a mwynhau 238
  a phrofiad plentyndod 261, 280–3, 294, 310
  a sicrhau parhad diffyg hunan-werth 269–71
  a'r cerdyn fflach 304
  a'r dacteg 'dilyn y gwrthwyneb' 283–4
  a'r dechneg saeth i lawr 284–8, 290, 301–2
  a'r Llinell Sylfaen 263–4, 268, 284–5, 315–16, 325, 390–1
  ac ailfeddwl 258, 292–302
  ac arbrofion 292–302, 305–7
  ac atgofion 280–2
  ac emosiynau 268
  adnabod eich 258, 271–88
  anfanteision ufuddhau 298–9

MYNEGAI

anhyblygrwydd 261, 267–8, 349–50
arbrofi gyda 308
asesu effaith 288–90
beirniadu 279–80
canlyniadau petaech yn eu torri 325
crynhoi canfyddiadau 291–2, 303–12
crynodebau ysgrifenedig 303, 309–12
cwestiynau defnyddiol 293–303
datblygu Rheolau llai cyfyng 106
delio â'r hen Reol 304–5
ffynonellau gwybodaeth 277–88
gwreiddiau 259–62, 281–3
manteision ufuddhau i 297–8, 299–300
natur afresymol 268, 296
natur ormodol 269
natur unigryw 267
newid 257–313, 375, 394–5
rhagdybiaethau 272–3
rheolau amgen 300–2
sut bethau yw Rheolau? 265–71
torri 78–83, 96–7, 98, 105, 107, 109, 113, 115, 126, 258
treialu 302–12
themâu 279
ysgogwyr 273–4
rhwystrau 396–9, 404–5

safbwyntiau amgen 131–2, 134–5, 138, 145, 150, 173–4, 176–9, 181–2, 191–2, 197
safon ddwbl 184, 213, 348
safonau rhieni, methu â chyrraedd 46–7
sefyllfaoedd sbarduno/tanio 42, 81–3, 109
seiberfwlio 45, 48–51
seicotherapi 30
seicotherapydd 399
senarios gwaethaf, y
 rhagweld 135–6
 ymdrin â 137–8
sgiliau
 newydd 25–6
 rhestru eich 212
siarad cyhoeddus 83–7, 88–9
Smith, Sydney 157
straen pobl eraill 51–2
syniadau newydd, eu rhoi ar waith 25–6
system gastrig 122

taflenni gwaith
 a meddyliau hunanfeirniadol 165–6, 167–8
 cadw 163–72
 'Cwestiynu Meddyliau Hunanfeirniadol' 173–80, 176–9, 191–98
 'Gweithredu'n unol â'm Llinell Sylfaen Newydd' 362, 423
 'Gwirio Rhagfynegiadau Gorbryderus' 131–3
 'Sylwi ar Feddyliau Hunanfeirniadol' 163–72

techneg saeth i lawr 284–8, 290, 302, 325–7, 329, 334
teimladau
  corfforol
      cofnodi 118–19, 121–3, 167
      effaith diffyg hunan-werth ar 13
      drwg a meddyliau hunanfeirniadol 152, 156–7, 161–2
      gofidus 193
      gweler hefyd emosiynau
tensiwn yn y cyhyrau 121
teuluoedd
  bod 'yr un gwahanol' 56–7
  bwch dihangol 44
  wedi'u gwrthod gan gymdeithas 52–4
  Tom (achos enghreifftiol) 58–9, 64, 74, 82, 323, 339–40, 361, 365
trallod 338, 343–5
  pobl eraill 51–2
treisio 44
trychinebu 112, 128–9
tueddiadau yn eich ffordd o feddwl 67–70, 201
  a Llinellau Sylfaen 327–8, 335–6
  a Rheolau Byw 267
  canfyddiad rhagfarnllyd 67, 201–2, 357
  dehongli rhagfarnllyd 68–9, 201–2

meddwl gorbryderus 110–13, 129
meddwl hunanfeirniadol 182–89
twf, hunanfeirniadaeth yn rhwystro 158
tystiolaeth
  ar gyfer Llinellau Sylfaen 336–66, 368–71
  o'ch meddyliau hunanfeirniadol 180–1
  o'ch rhagfynegiadau gorbryderus 130, 134
  yn erbyn safbwyntiau negyddol personol 181

'Therapi Rhesymoli Emosiwn' 348
therapi ymddygiad gwybyddol (CBT) 30–2, 43, 126
therapïau siarad 31
therapydd 29–32, 399–401
  ymddygiad gwybyddol 399

'un sydd ddim yn perthyn', bod yr 56–9

ymateb
  i fygythiad 83–5, 122–3
  'ymladd neu ffoi' 122
ymddygiad
  diffyg hunan-werth ac 13
  diogelu 126, 128, 145
  meddyliau hunanfeirniadol ac 94–6

osgoi 87–8, 126, 128, 240
rhagfynegiadau gorbryderus
 ac 87–92
ymrwymiadau 231–4, 243–6,
 250–2, 394
ymwybyddiaeth 105–6, 115–27
 a Llinellau Sylfaen 317-20
 a meddyliau hunanfeirniadol
  161–72
 a newid eich Rheolau Byw
  258, 284
 a rhagfynegiadau gorbryderus
  105–6, 115–27
 ac ehangu hunandderbyn
  202, 206–16, 228–42
ysgol
 bod 'yr un gwahanol' yn yr 57–9
 effaith diffyg hunan-werth ar
  14